未来规划师

全国大学生国土空间规划设计竞赛获奖作品集（2024）

自然资源部国土空间规划局
自然资源部人力资源开发中心　编
重庆大学建筑城规学院

科学出版社

内 容 简 介

未来规划师——“重庆规划杯”第四届全国大学生国土空间规划设计竞赛，是国家行业主管部门举办的全国性竞赛，由自然资源部国土空间规划局指导，自然资源部人力资源开发中心主办，重庆市规划和自然资源局、重庆大学建筑城规学院、重庆市规划设计研究院承办，共有26个省（区、市）、81所院校、280支队伍、千余人参加。本届竞赛选取重庆市南岸区莲花村片区、江北区鲤鱼池片区、九龙半岛电厂片区三个地块为城市更新规划单元，参赛者综合运用专业知识，分析地块真实问题，结合城市更新实际，从多角度提出规划方案，成果最终以可视化的图纸形式表现。

本书为本届竞赛获奖作品集，收录了设计任务书与全部获奖作品，在内容上尽可能忠实地展现参赛图纸原貌，全面展现竞赛成果，每个获奖作品附有竞赛组委会的方案点评，供国土空间规划相关专业师生、从业者以及关注城市更新工作的非专业读者阅读。

审图号：渝S（2025）005号

图书在版编目（CIP）数据

未来规划师：全国大学生国土空间规划设计竞赛获奖作品集. 2024 / 自然资源部国土空间规划局，自然资源部人力资源开发中心，重庆大学建筑城规学院编. -- 北京：科学出版社，2025. 3. -- ISBN 978-7-03-081295-7

Ⅰ. F129.9

中国国家版本馆 CIP 数据核字第 202588LF60 号

责任编辑：付 娇 董雅乔 / 责任校对：马英菊

责任印制：吕春珉 / 封面设计：宋 卉

科学出版社 出版

北京东黄城根北街16号

邮政编码：100717

http://www.sciencep.com

北京中科印刷有限公司印刷

科学出版社发行 各地新华书店经销

*

2025年3月第 一 版 开本：889×1194 1/12

2025年3月第一次印刷 印张：16

字数：278 000

定价：208.00 元

（如有印装质量问题，我社负责调换）

销售部电话 010-62136230 编辑部电话 010-62135319-2031

本书编委会

主　编

张　兵　　易树柏　　李和平

副主编

苗　泽　　吴卫东　　李云燕

编　委（按姓氏笔画排序）

于海涛　　王　兰　　王世福　　王国恩　　王宣淇　　井嘉玥
卢　涛　　田春华　　刘　鹏　　阳建强　　李云燕　　李志刚
李和平　　吴卫东　　何　波　　余　颖　　张　兵　　张　彤
张　悦　　张　鑫　　陈　涛　　陈晓东　　武廷海　　苗　泽
林　坚　　卓　建　　易树柏　　罗小龙　　周　俭　　赵　瑜
钟　远　　段　进　　恽　爽　　贺灿飞　　徐　峰　　黄　勇
黄亚平　　黄经南　　商　静　　董　慰　　敬　博　　傅　兆
曾　鹏　　塞尔江·哈力克

序　言

2024 年 8 月的重庆，热辣滚烫、烟火连城，第四届全国大学生国土空间规划设计竞赛在山城完美落幕。竞赛收到 148 份参赛作品，涌现出大量优秀作品，涵盖城中村改造、老旧社区更新、工业遗址活化的创新设计方案，评选产生本科生组一等奖 6 项、二等奖 12 项、三等奖 17 项、佳作奖 13 项，专项奖 5 项；研究生组一等奖 2 项、二等奖 3 项、三等奖 5 项、佳作奖 3 项，成果丰硕。

当前，国土空间规划已从“体系构建”全面转向“蓝图落地”阶段。作为“十四五”的收官之年，2025 年是我国国土空间规划体系深化实施的关键节点，全国自然资源工作会议要求持续深化“多规合一”改革，强化国土空间规划基础作用，以国土空间规划“一张图”建设为支撑，全面提升规划编制、审批、实施、监督全生命周期，推动国土空间规划治理体系和治理能力现代化，为经济社会高质量发展和美丽中国建设提供坚强保障。

当前城市更新工作已摒弃大拆大建的模式，强调“留改拆”有机融合的内涵式更新，以持续性、渐进式的路径提升空间品质、带动城市活力、推进产业迭代，保护城市文脉和历史肌理，对城中村、工业遗产、历史街区等空间类型实施重点突破。本届竞赛每个参赛作品都有“她”的灵魂指引，直面城市更新中的“留改拆”矛盾，探索历史街区保护、产业振兴与空间活化的融合路径，展现新时代青年规划师对国土空间高质量发展的深刻思考，是规划行业的宝贵财富。这些作品不仅为重庆城市更新提供切实可行的规划参考，更成为全国国土空间规划学科教育与行业实践紧密结合的典范，推动高校教学与行业需求的深度衔接，为国土空间规划人才培养注入实践动能。

国土空间规划肩负着建设美丽中国、推进生态文明的时代使命。近年来，自然资源部立足“两统一”职责，推动“多规合一”改革取得 9 大成就，规划学科建设和人才培养位列其中。青年学子作为“未来规划师”，需要以更开放的视野拥抱技术变革，赋予规划更多可能性。面向新时代，让我们凝心聚力，当好党中央“多规合一”改革精神的实践者，发挥好“多规合一”改革优势，形成“政产学研”协同联动良好局面，培养出新时代“能用、管用、好用”国土空间规划人才。

最后，感谢庄少勤副部长对规划学科建设和人才培养的领导关怀，特别是对竞赛优秀作品成果应用和获奖选手未来发展的关注关爱；感谢张兵总规划师每届竞赛亲力亲为和对“未来规划师”提出的殷殷期盼；感谢自然资源部国土空间规划局领导的悉心指导和大力支持；感谢本届竞赛承办方重庆市规划和自然资源局、重庆大学建筑城规学院、重庆市规划设计研究院的有序组织和辛苦付出，期待新一代规划师继续秉持“以人为本”的初心，为构建“人与自然和谐共生”的国土空间格局贡献青春力量。

自然资源部人力资源开发中心党委书记、主任
易树柏
2025 年 3 月

目　录

[二等奖]

[三等奖]

① 专项奖由本届一等奖、二等奖、三等奖和佳作奖遴选产生。

“重庆规划杯”第四届全国大学生国土空间规划设计竞赛设计任务书

1.设计主题

充分发挥“多规合一”改革优势，加强规划与土地政策融合，围绕“规划引领城市更新　创新激发城市活力”主题，聚焦“生态文明　老旧社区更新　工业遗址活化”，围绕城市更新的可实施性，加强城市更新项目运营维护、收益分配等方面的研究。深入应用城市设计理念和方法，提高城市空间场所品质，体现规划的科学性、协调性、操作性。

突出城市更新的五大价值取向：

(1)面向存量地区，立足资源资产等权益关系，注重突出民生公益、提高人居环境品质；

(2)坚持节约集约、优化国土空间布局；

(3)充分尊重权益、激发多元主体活力；

(4)加强生态保护、促进绿色低碳发展；

(5)传承历史文脉、激发文化遗产活力。

2.场地背景

重庆市地处中国西南部，是国务院批复的国家重要中心城市之一、长江上游地区经济、金融、科创、航运和商贸物流中心。重庆市辖38个区县，总面积8.24万平方千米，2023年末常住人口3191.43万。

重庆市自然生态资源丰富，境内有金佛山、大巴山、雪宝山等国家级自然保护区，森林覆盖率达到42.76%。同时，重庆市还是长江经济带重要节点城市之一，拥有长江、嘉陵江、涪江等多条重要江河，水域面积占全市总面积的18.6%(图1)。

重庆市一直致力于积极推进乡村振兴战略，推动农业供给侧结构性改革，加大城乡融合发展力度。截至2021年底，重庆市城镇化率达到73.9%。同时，农村居民人均可支配收入达到两万多元，增速居全国前列。

在社区发展方面，截至2021年底，重庆市建成社区(村)两千多个，实现城乡社区全覆盖。市区已全面实现“四化”配置，即党组织建设现代化、居民自治法治化、社会服务便民化、文化活动常态化。同时，重庆市积极推进智慧社区建设，在城市管理、公共服务等方面进行信息化、智能化改造，提升居民生活品质。

重庆市有着悠久的工业历史和丰富的工业遗产。现有三十多处工业遗产保护单位，包括重庆铁路机械厂、白象煤矿、重庆纺织厂等具有代表性的工业遗址。在现代产业发展方面，重庆市加快传统产业转型升级，积极培育新兴产业。截至2021年底，全市高新技术企业达到五千多家，累计引进境外投资项目六千多个。

图1　重庆江景

3. 场地简介及规划设计要求

场地一：重庆市南岸区莲花村片区（图2）

设计主题：城中村改造

莲花村位于重庆市南岸区涂山镇南山山脚，西临长江，是山、江、城、景汇聚之处。周边有多条道路可快速到达主城各区，交通便捷。设计面积195公顷，共767户居民。产业现状以机械厂、运输公司、混凝土公司、餐饮店等产业为主。

对莲花村进行较为深入扎实和客观理性的调查分析，从创新发展和操作可行的角度，因地制宜制定规划方案。强调村庄与东侧山体自然生态的关系，加强村庄生态环境治理。同时要强调对村民主体的考虑、对资源的挖掘、对问题的剖析及规划策略的针对性。鼓励对学科前沿新理念、新技术方法的探索和应用。

场地二：重庆市江北区鲤鱼池片区（图3）

设计主题：社区规划及治理

鲤鱼池片区位于重庆市江北区观音桥街道，西临观音桥商圈、北至北城天街、南至建新东路、东至鲤鱼池路、西至兴隆路和兴塔路，总面积约40公顷。含鲤鱼池老旧社区、桃花源老旧社区，以及其他一些零星高层住区及公共配套设施。这些社区主要建于20世纪八九十年代，物业管理不佳，流动人口多。小区环境脏乱差、基础设施陈旧、车辆乱停、治安形势复杂、邻里矛盾频发，急需提升空间环境品质，营建美好社区。

以场地为中心，以15分钟生活圈形成为目标，对场地及周边开展调查，总结规划范围内社区特征以及存在的核心问题。结合规划范围内的实际情况，提出15分钟生活圈的划定方案，基于“五宜”完善教育、医疗、文化、养老、休闲、就业等15分钟生活圈的要素，编制现代社区规划。

审图号：渝S（2024）023号　　重庆市规划和自然资源局　监制　　二〇二四年六月

图2　重庆市南岸区莲花村片区

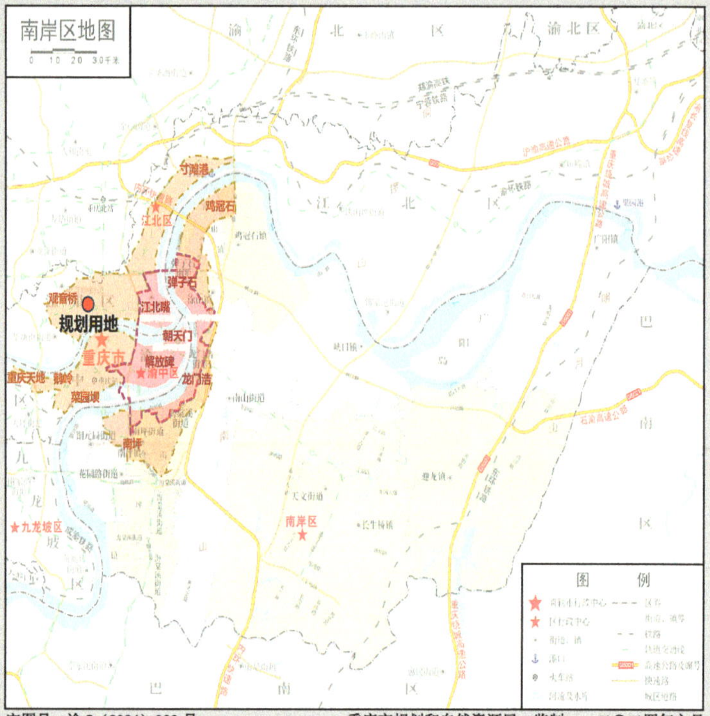

审图号：渝S（2024）023号　　重庆市规划和自然资源局　监制　　二〇二四年六月

图3　重庆市江北区鲤鱼池片区

场地三：重庆市九龙半岛电厂片区（图 4）

设计主题：工业遗产保护与更新

九龙半岛电厂片区位于重庆市主城西南九龙坡区，是长江文化艺术湾区核心地带。规划设计范围总用地面积约46公顷。研究范围拓展至南侧长江江岸，总面积约78公顷。半岛山环水绕，是江、山、岛、城融合之处，且具有丰富的工业遗产和艺术文化资源。地块北侧的四川美术学院和黄角坪艺术街区为艺术文化产业发展提供了良好基础。规划将以留改拆结合的形式对原老旧厂区和周边环境进行升级改造。

结合九龙半岛艺术和工业遗产资源底蕴，充分考虑山地、滨江特色，从长江艺术湾区视角，研究确定规划片区的发展方向和发展定位，并考虑其一定时期内的社会经济可行性，考虑片区对未来九龙半岛居民以及重庆城区人居环境的提升作用。

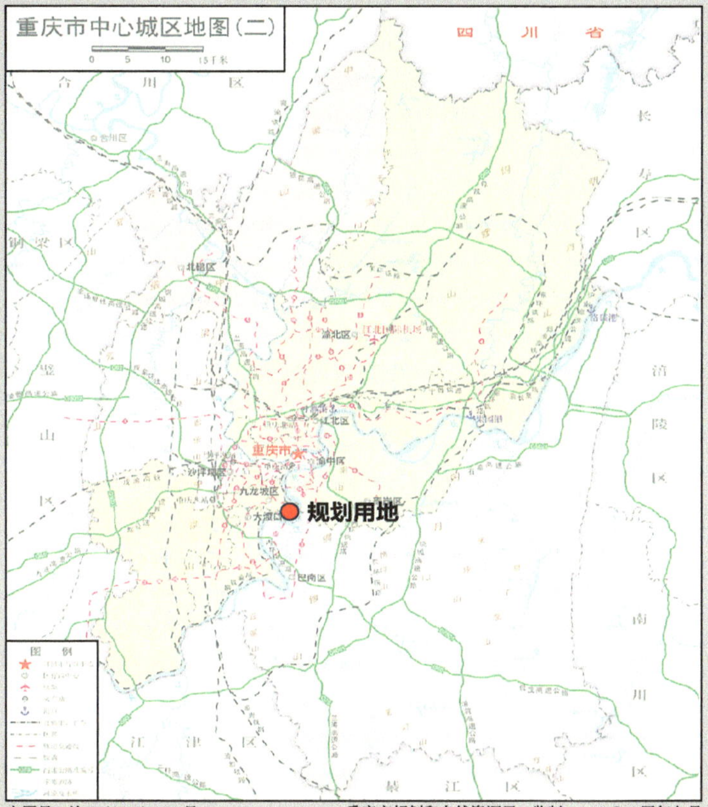

审图号：渝S（2024）060号　　重庆市规划和自然资源局　监制　　二〇二四年九月

图 4　重庆市九龙半岛电厂片区

未来规划师

2024年“重庆规划杯”第四届全国大学生国土空间规划设计竞赛获奖作品

——本科生组

城村关系期望：从“附生”“寄生”到“共生”

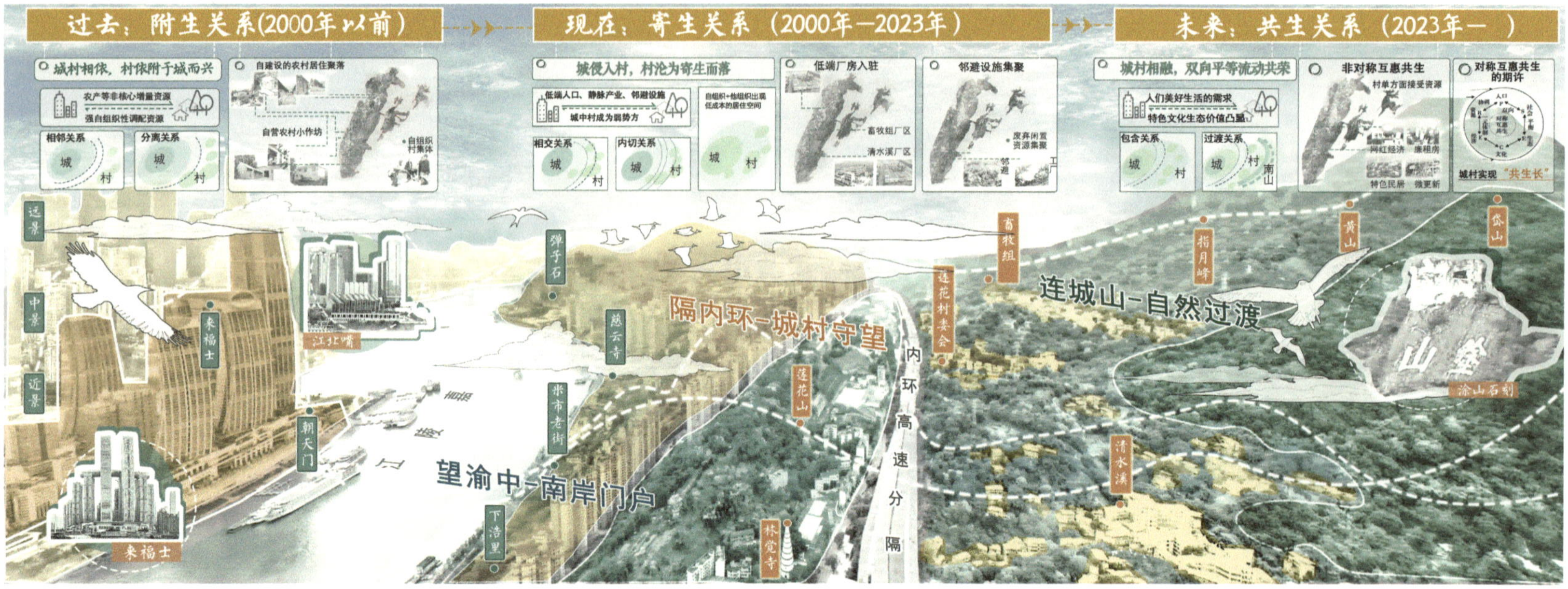

城中村生长演化解码

1/周边情况：外部导向带来发展转型契机

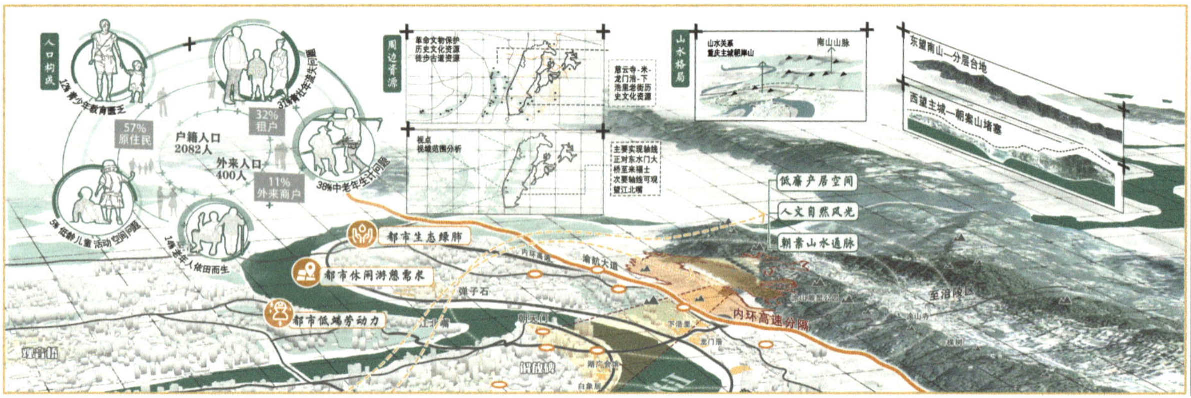

2/场地现状：特性凸显

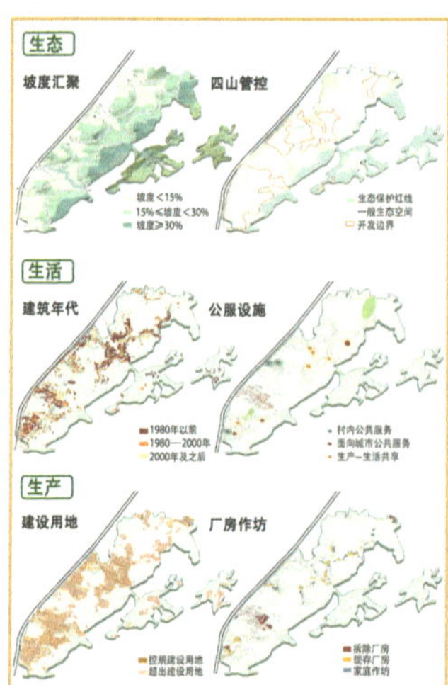

都市原乡 · “共生长”指南——包容性视角下的重庆市莲花村更新模式探索

参赛院校：重庆大学
作者姓名：刘 苏 胡慧琳 耿榆韵 马宏博
指导老师：杨 柳 应 文
“重庆规划杯”第四届全国大学生国土空间规划设计竞赛　一等奖、最佳设计奖

方案点评：

该作品深度分析了城村关系从“附生”“寄生”到“共生”的生长演化过程，剖析了莲花村现状发展及建设问题，提出了“共生长”的城村协同、内生更迭机制，及“共生长”实施模式指南。作品因地制宜地提出了原乡片的整治更新、临溪片的重建改造、望城片拆整结合的差异化策略，并提出了不同类型乡村建筑的更新改造设计及其更新改造指南，整体空间环境设计能结合现状基地物理环境及风貌特点，保持乡土建筑风貌及环境特色，多类型建筑更新改造及重建设计、成本收益分析、实施策略分析深入，是一个较为优秀的规划设计方案。

"共生长"机制重塑

1/共生长路径生成

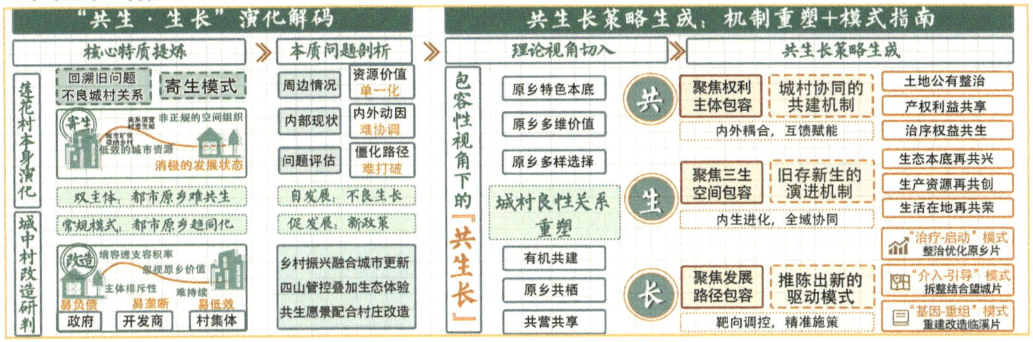

2/城村协同的共建机制：内外耦合，主体包容

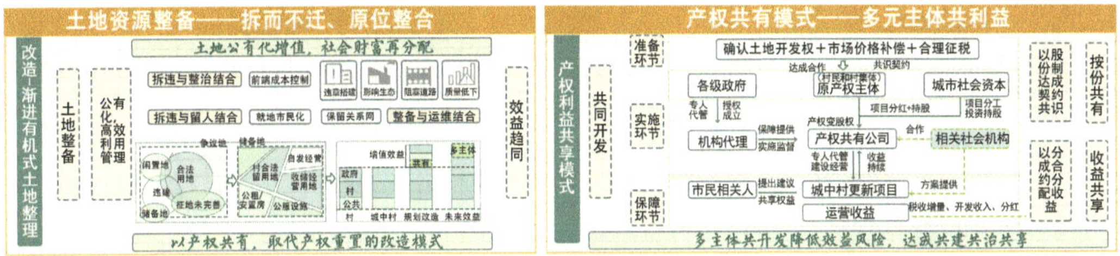

3/内生更迭的演进机制：旧存新生，三生包容

4/空间落实

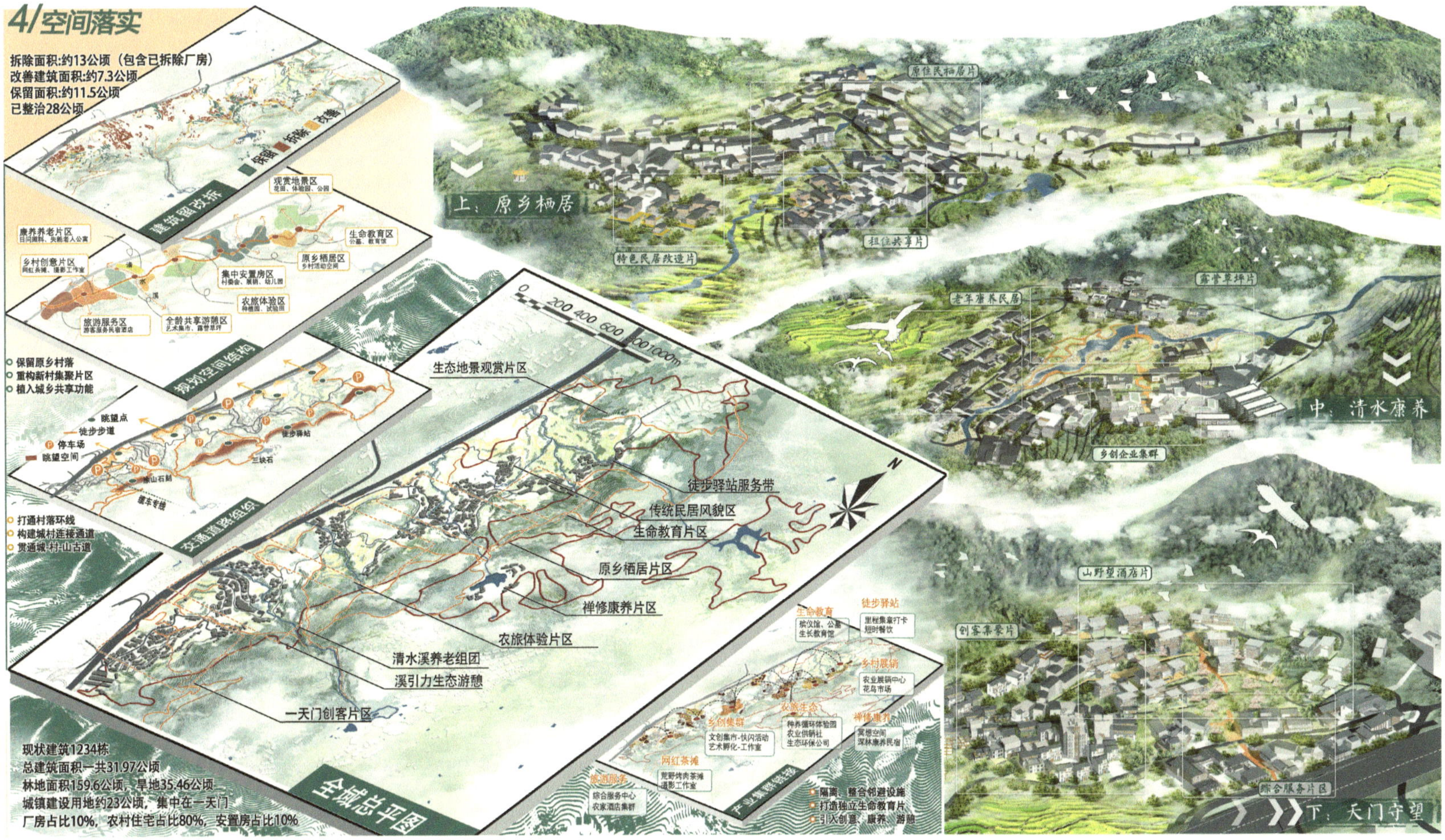

“共生长”驱动模式：靶向调控，精准施策

1/“治疗–活化”模式

上——原乡片典型区域：整治更新

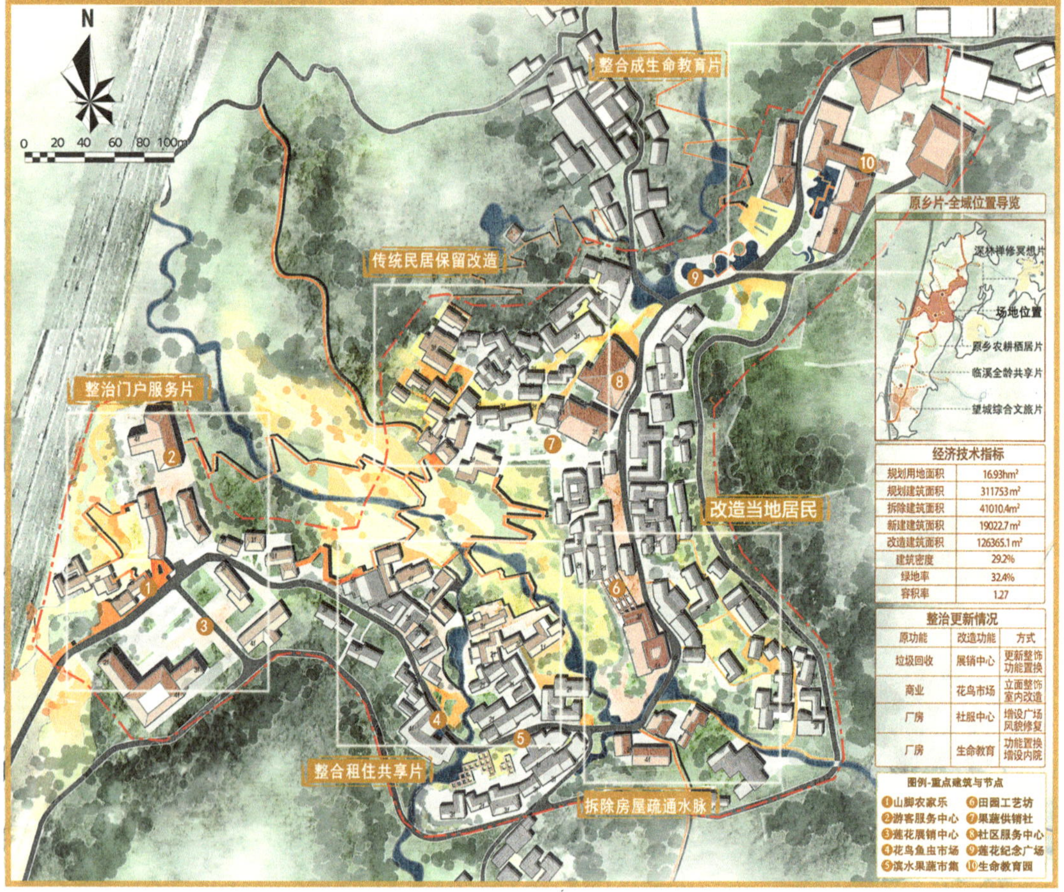

经济技术指标	
规划用地面积	16.93hm²
规划建筑面积	311753 m²
拆除建筑面积	41010.4m²
新建建筑面积	19022.7 m²
改造建筑面积	126365.1 m²
建筑密度	29.2%
绿地率	32.4%
容积率	1.27

整治更新情况

原功能	改造功能	方式
垃圾回收	展销中心	更新整饰 功能置换
商业	花鸟市场	立面整饰 室内改造
厂房	社服中心	增设广场 风貌修复
厂房	生命教育	功能置换 增设内院

现状分析

模式生成

殡葬影响氛围　居住环境无序　山水通廊未打通

目标解读

围绕核心问题：公墓氛围进行整改
↓
针对多元人群：居住环境品质提升
↓
整治核心手段：自然做功打造原乡

模式落实

去腐–核心问题–整合生命相关服务
↓
补充–优化现状–疏通道路解决混行
↓
完善–品质提升–自然做功组团秩序

类型化设计

景观：以都市田园景观为核心特色
整合闲置用地打造田园农耕共享体验

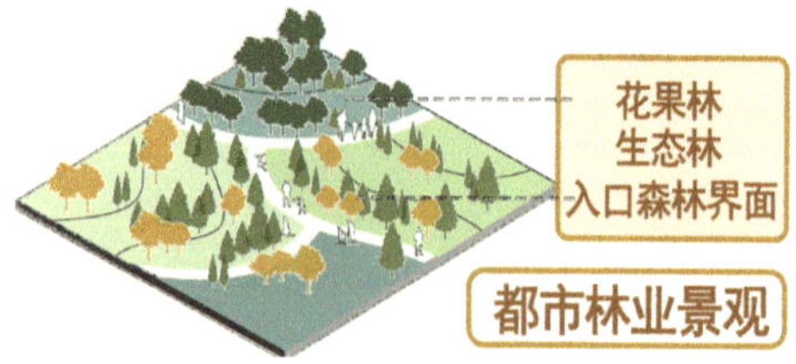

节点：以多元主体共享为设计目标
利用拆违空间打造人群活动节点

建筑：以功能品质提升为主要手段
更新老旧建筑置入公共特色功能

2/“基因-编辑”模式

类型化设计

节点：以**临溪游憩活动**为契机
基于清水溪打造公有自然

清水溪岸生态

建筑：以**类川东院坝为**回归空间
利用拆违空地打造原真栖居

养老颐居院坝

经济技术指标	
规划用地面积	12.87 hm^2
规划建筑面积	250276 m^2
拆除建筑	239872.1 m^2
新建建筑	175193.6 m^2
改造建筑	35038.6 m^2
建筑密度	26.5%
绿地率	45.3%
容积率	1.94

整治更新情况		
原功能	改造功能	方式
厂房公司	露营草坪	拆除新建 环境治理
民居	乡创孵化	拆除新建 原位复建

3/“介入-引导”模式

类型化设计

景观：以**硬质空间为主**的活动广场
利用城镇用地补足集散活动共享空间

游客中心广场

清闲花田公园

建筑：以空间**创意功能置换**为手段
利用自组织力量持续引导外部置入

莲花网红文创街

山野望农家乐

经济技术指标	
规划用地面积	12.21 hm^2
规划建筑面积	366312 m^2
拆除建筑	12 m^2
新建建筑	12 m^2
改造建筑	12 m^2
建筑密度	34.5%
绿地率	33.8%
容积率	1.41

整治更新情况		
原功能	改造功能	方式
厂房公司	游客服务	拆除新建 建停车楼
民居	野望酒店	拆除新建 增加玻璃
民居	餐饮	保留维护 外墙整治

一水绕半岛，创艺兴九龙——发电流程视角下九龙半岛电厂片区更新规划设计

参赛院校：安徽建筑大学
作者姓名：张　迅　邵雅宁　丁星宇　盛　成
指导老师：李伦亮　周梦茹
“重庆规划杯”第四届全国大学生国土空间规划设计竞赛　一等奖、最佳设计奖

方案点评：

对九龙半岛电厂旧址现状交通不畅、地形复杂、建筑功能单一、生态功能弱等问题认识深入，更新规划的土地利用、功能分区合理，空间结构及交通组织结构清晰，提出的“场地内生空间激活”“构建未来生活图景”两大策略富有创意。整体作品突出了山地城市特点，设计结合地形，较好地处理了场所与长江防洪的关系，充分利用九龙半岛既有工业和铁路遗产，将创新及艺术产业植入电厂高炉更新、铁路仓储区保护利用，充分挖掘山地建筑特色，结合既有建筑进行改造提升设计。方案平面图、三维空间透视图表达规范、准确，体现了设计者有较强的空间设计及表达能力，尤其值得称赞。

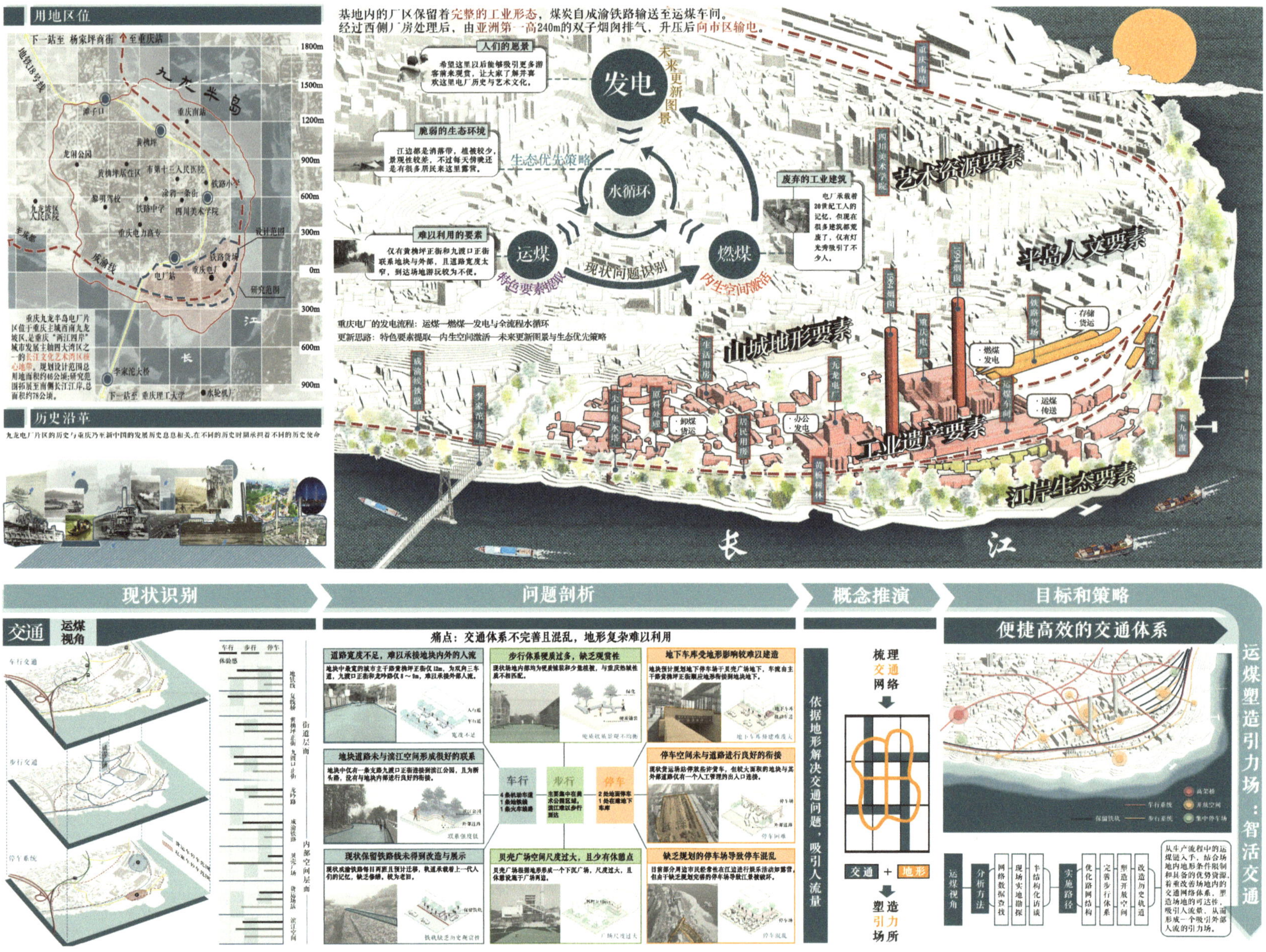

设计说明

随着城市更新与产业转型，昔日的重庆九龙电厂旧址如今已转变为九龙半岛美术公园，成为承载一代人城市记忆的艺术地标。

由于交通阻隔、建筑失活、生态脆弱等困境无法适应于社会新的功能空间需求，本设计方案从生产流程的“运煤－燃煤－水循环－发电”视角切入，提出工业遗产更新的“二次发电”计划，使火力发电厂转变为“活”力发电“场”——从生产流程中的“运煤”链入手，结合场地内地形条件限制及具备的优势资源，着重改善场地交通网络体系，塑造场地可达性，吸引人流量，从而形成“引力”场所；以生产流程中的“燃煤”链为主要抓手，结合自然与人文资源构建多元复合的建筑空间，激发不同人群对场地认同感，从而营建出“动力”场；以生产流程中的“水循环”为基础，修复滨江生态与江岸活力，融合自然与人文资源打造景观节点，织补绿色生态网络，从而形成弹性有机的“弹力场”。

由此打造出交通－建筑－生态交互产生的电能带动边界城市服务设施运转，实现半岛电能自给与输出。

经济技术指标

总用地面积（公顷）
规划范围 46 公顷
研究范围 78 公顷

建筑总面积 (m^2):860000m^2

各类功能建筑总面积 (m^2)
商业商务建筑 655300m^2
居住建筑 :175000m^2
文化建筑 :23000m^2
其他建筑 :6700m^2

容积率
居住用地 2.0
商业商务用地 3.0

建筑限高
居住用地 36m
商业商务建筑 60m

建筑密度 (%):42%
绿地率 (%):45%
总人口 :3500 人

停车值（辆）:6000 辆

留改拆面积
保留建筑 42800m^2
改造建筑125400m^2
拆除建筑133700m^2

土地利用图

功能分区图

景观分析图

规划结构图

道路交通图

江岛艺景九龙图：规划方案

交通组织引导

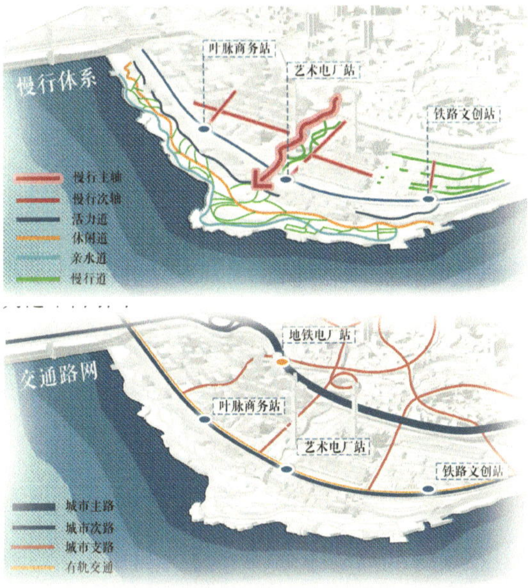

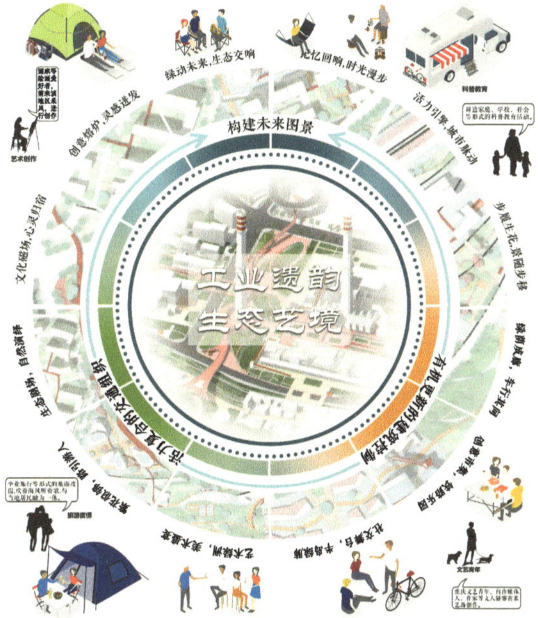

建筑控制引导

场地内生空间激活：规划场景

节点壹 理想社区空间的打造

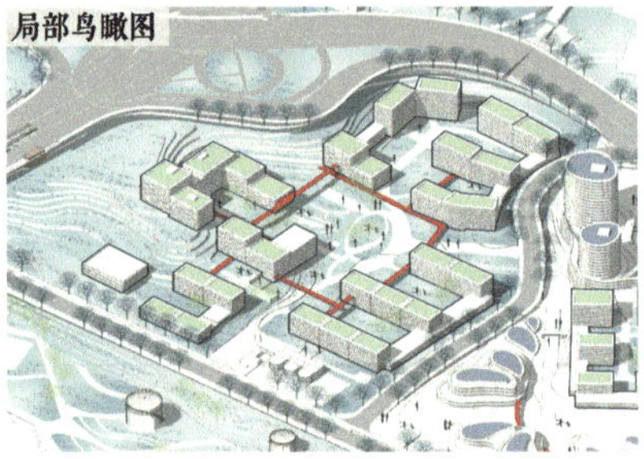

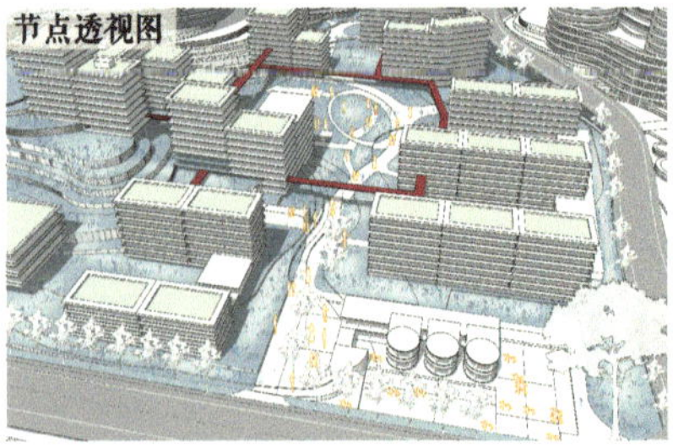

节点贰 滨江生态空间的利用

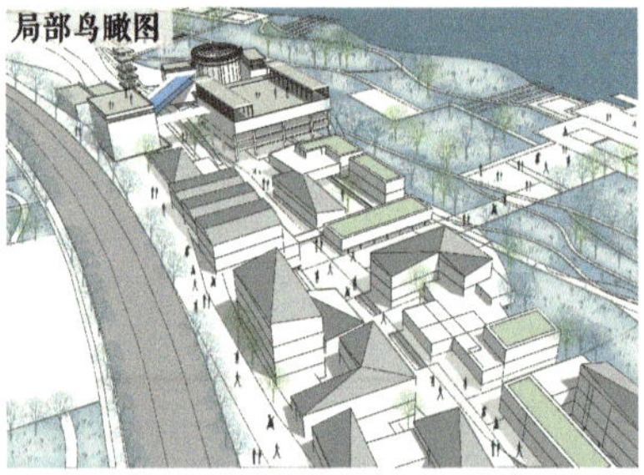

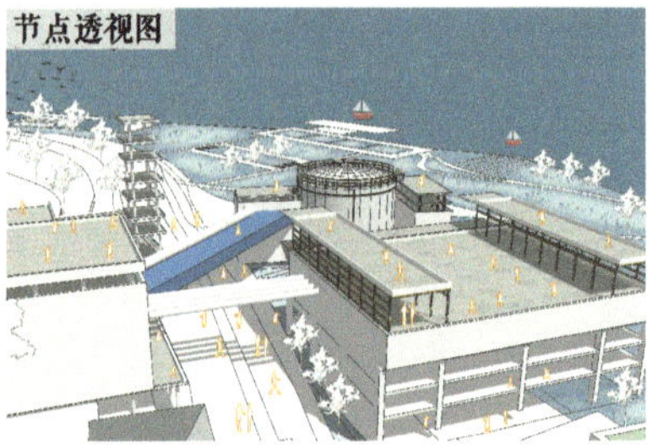

节点叁 工业遗产空间的激活

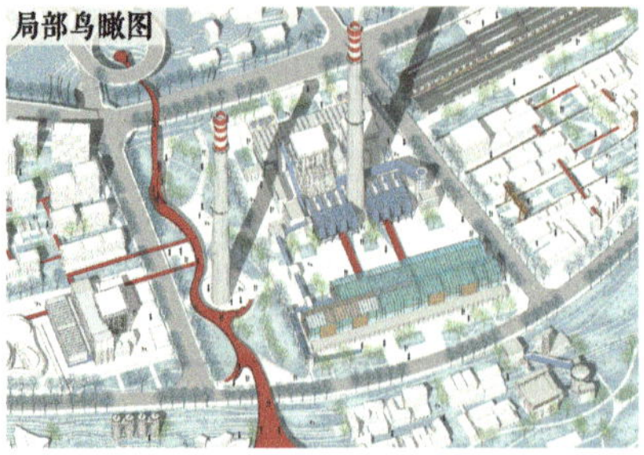

节点肆 龙门吊艺术空间的焕新

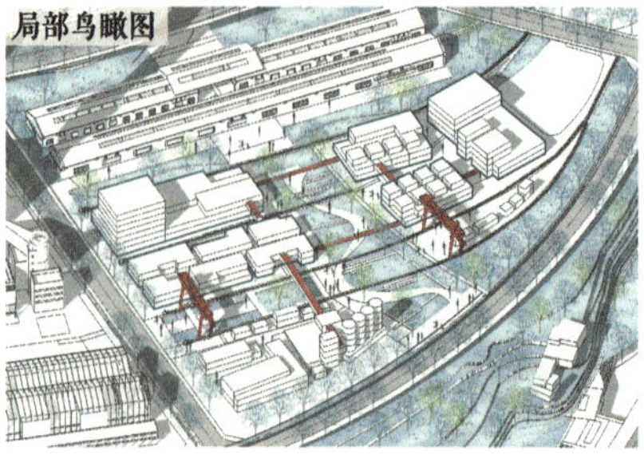

构建未来生活图景：规划策略

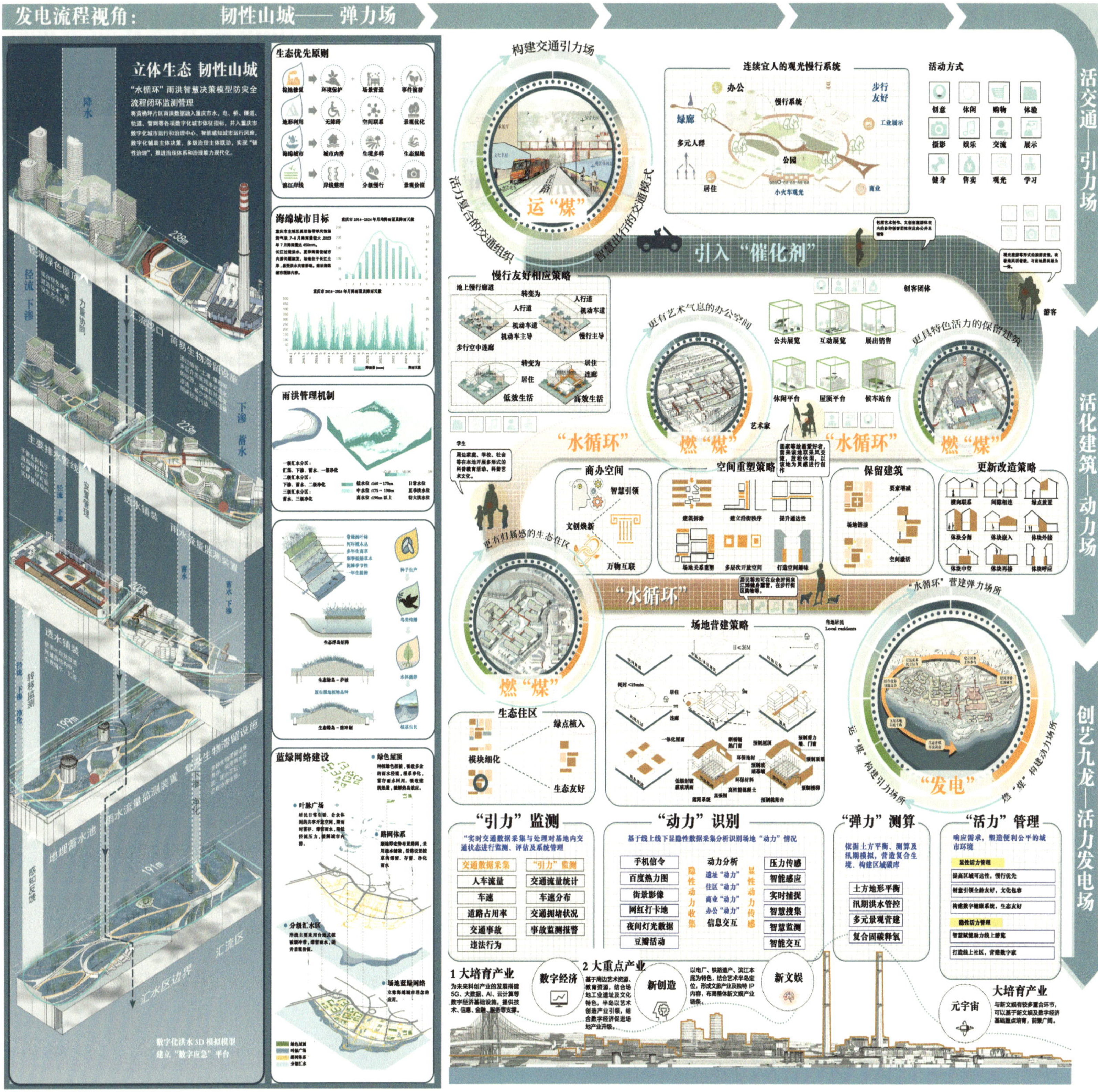

工 · 艺蔓延——基于在地性视域下的重庆市九龙半岛电厂更新改造设计

参赛院校：北京交通大学
作者姓名：袁　鑫　余青蔓　李如玉　孙嘉琪
指导老师：高　巍　徐高峰
“重庆规划杯”第四届全国大学生国土空间规划设计竞赛　一等奖

方案点评：

作品对现状空间失活、资源分散、记忆流失等问题的分析较准确，围绕活力再现、景观激活、艺术重塑等目标，提出的东西“双”轴体系，南北蔓延渗透的整体设计策略富有创意。作品基于重庆在地性，提出电厂更新改造重在传承历史工业文化滨江蔓延属性，在保留原有格局基础上，构建十字遗址广场，再通过打造横向“双轴”体系，以实现艺术文化及生态自然蔓延，利用艺术媒介营造艺术延伸轴，串联生活、文化、生态空间；利用铁路打造线性公园，形成生态蔓延轴，共享江景风光；利用纵向渗透引导，将公共空间及公共服务沿江布局，引向江岸绿园，引江入岛，引绿共享。整体规划分区布局较为合理，竖向空间形态设计有深度，设计表达能力强。

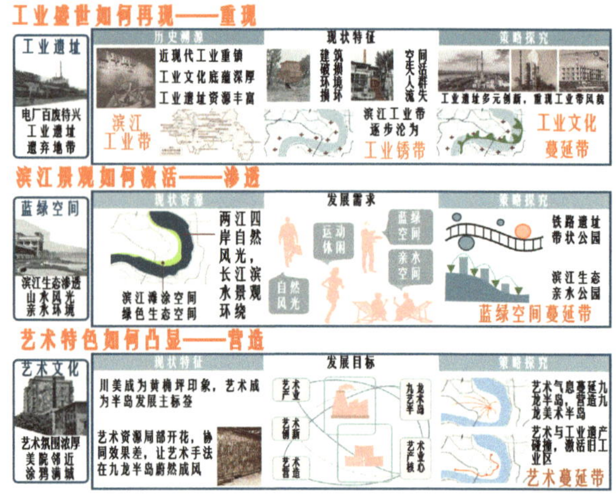

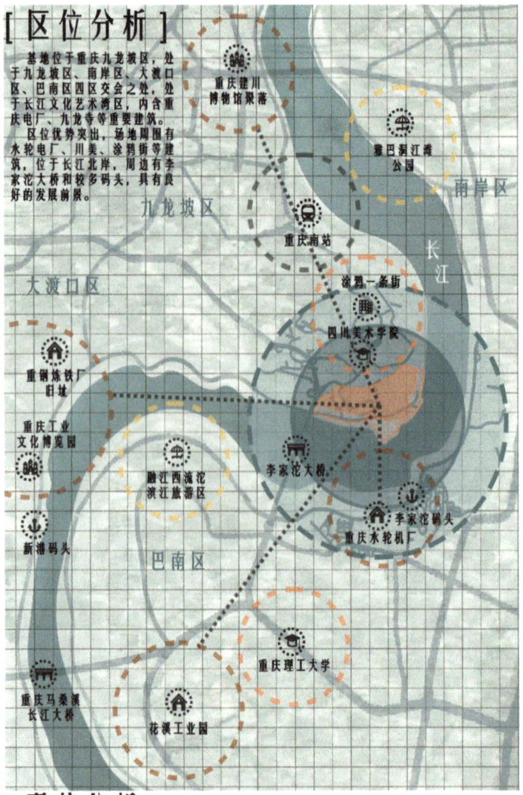

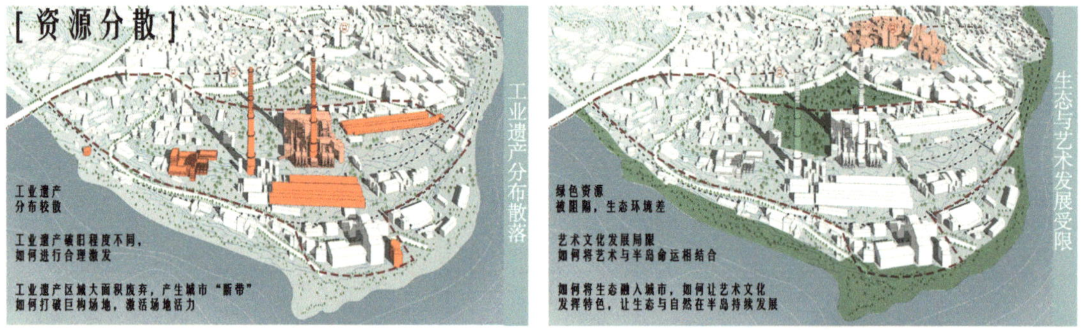

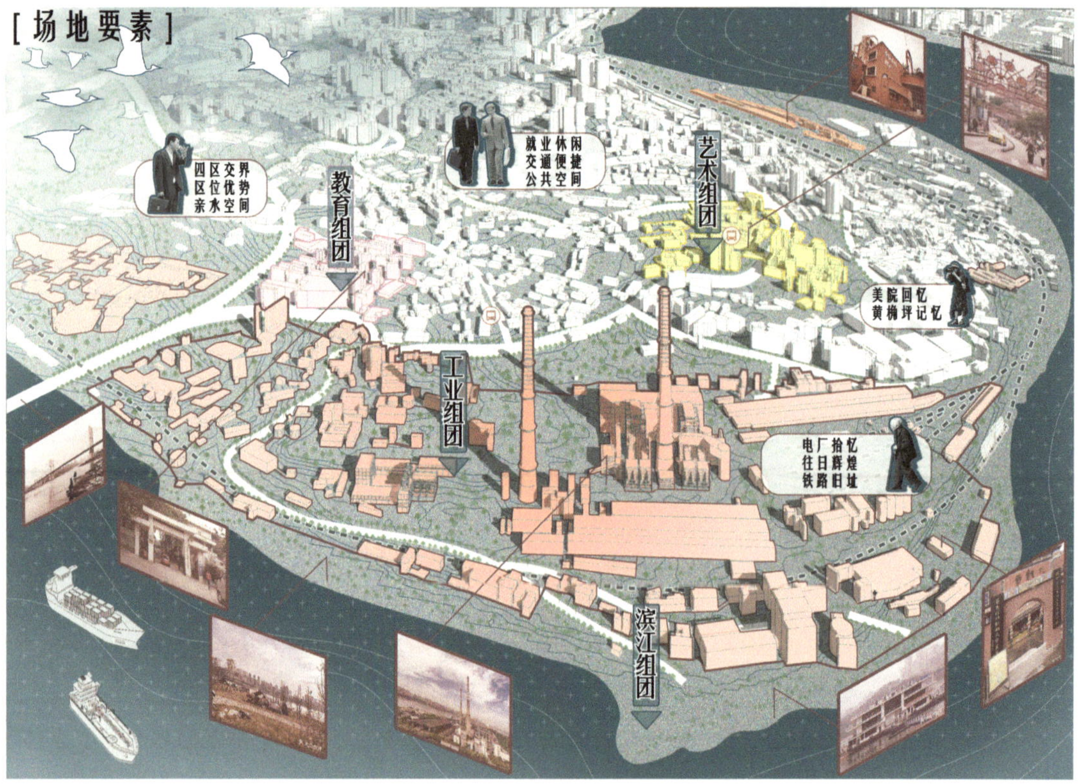

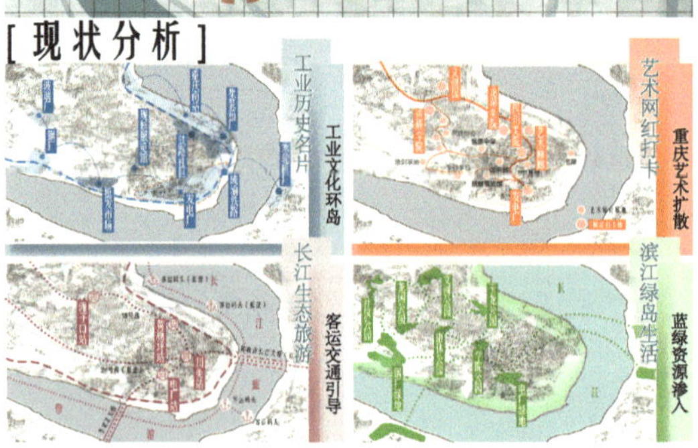

[设计框架]

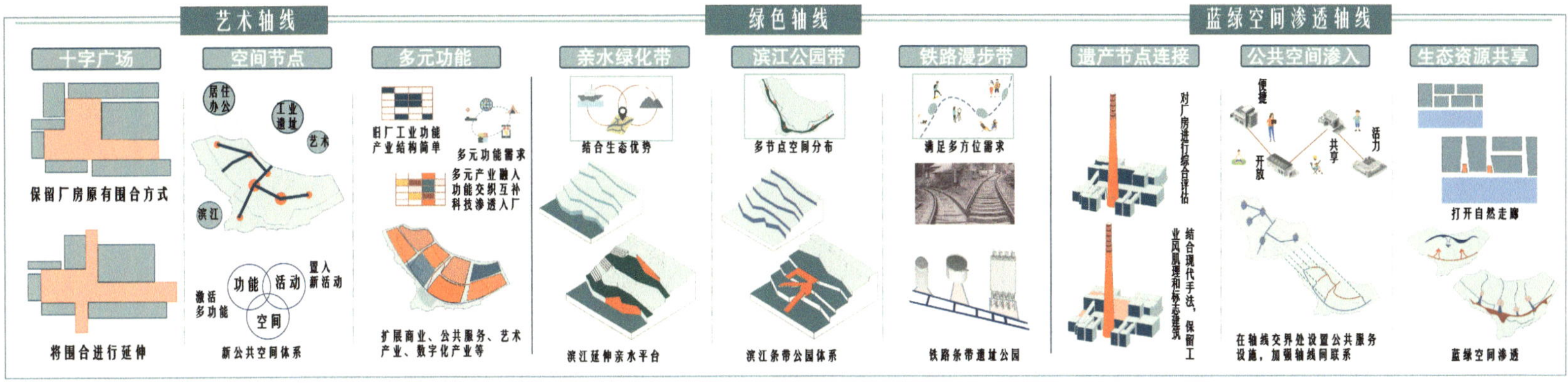

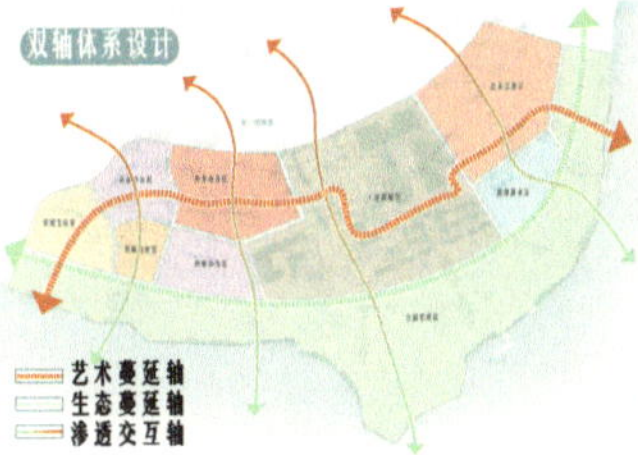

[总体设计]

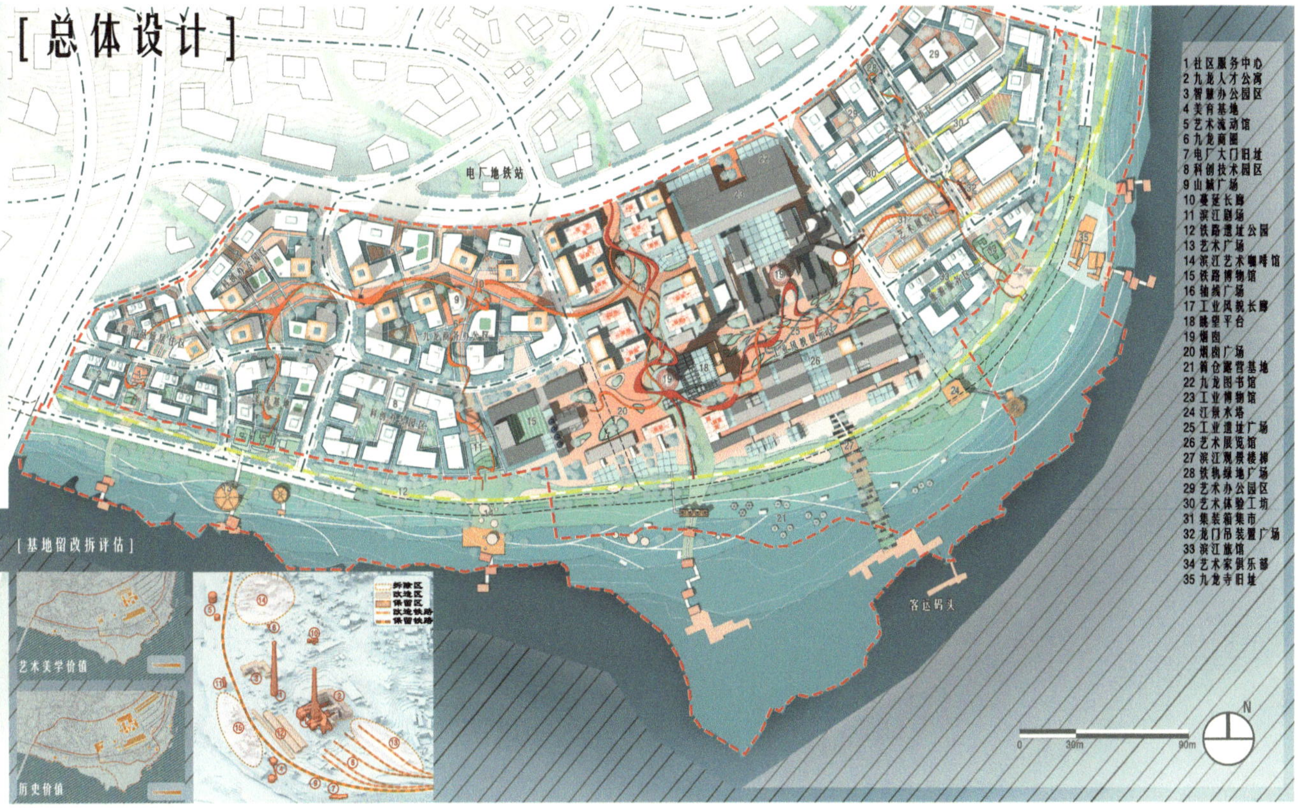

[天际线设计]

[鸟瞰全景图]

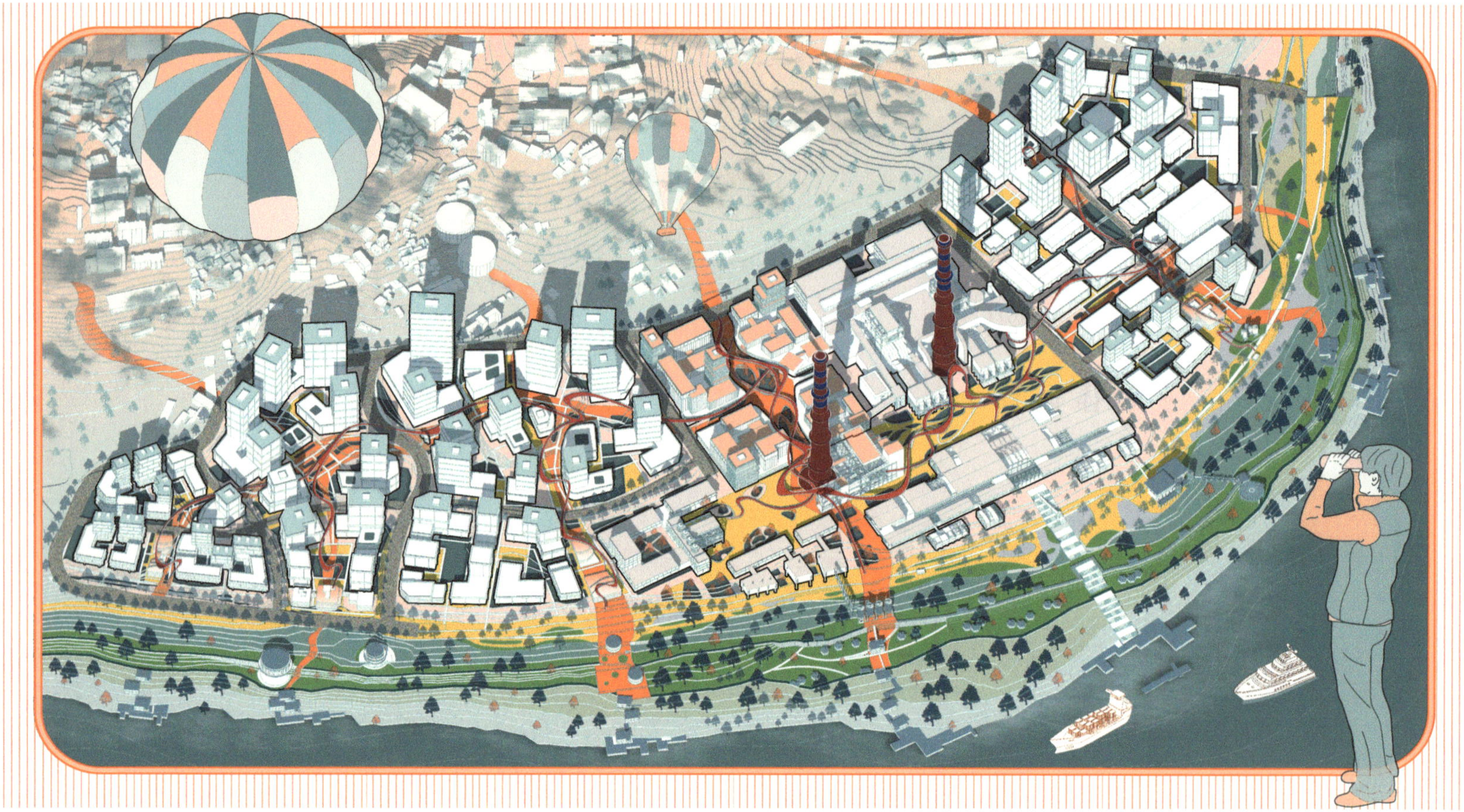

[策略一：双轴渗透体系建设]

艺术轴设计

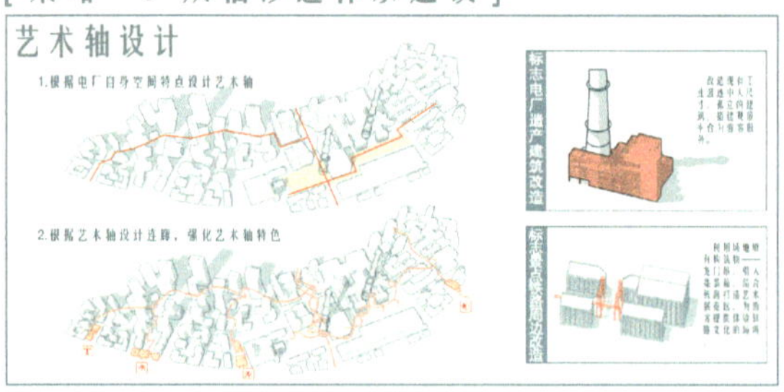

铁路公园设计

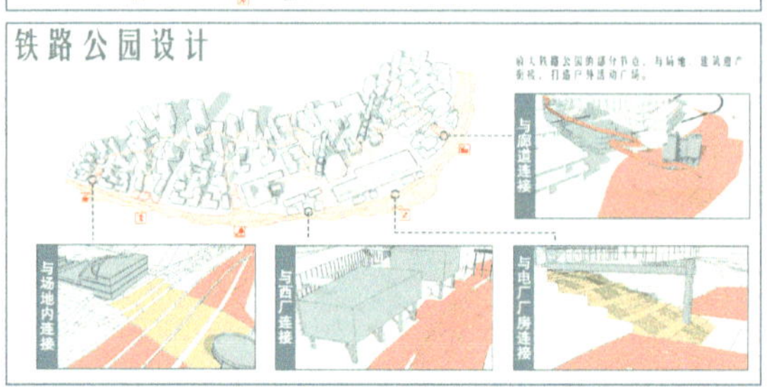

渗透体系设计

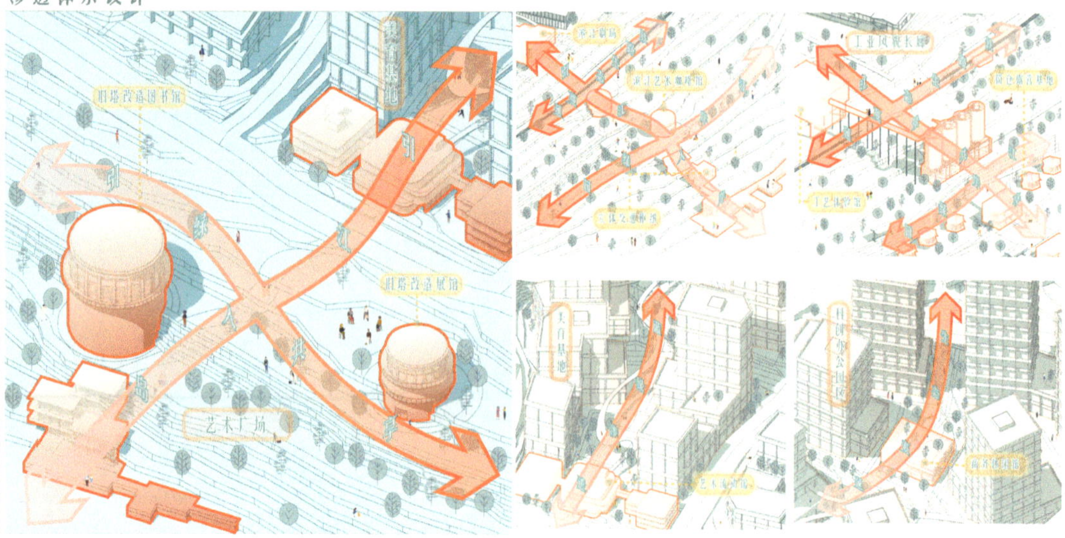

连廊体系设计

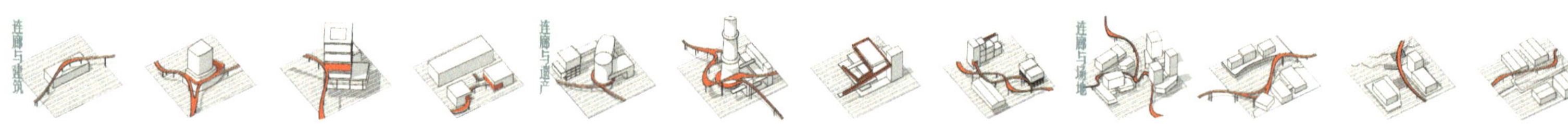

[滨江公园全景图]

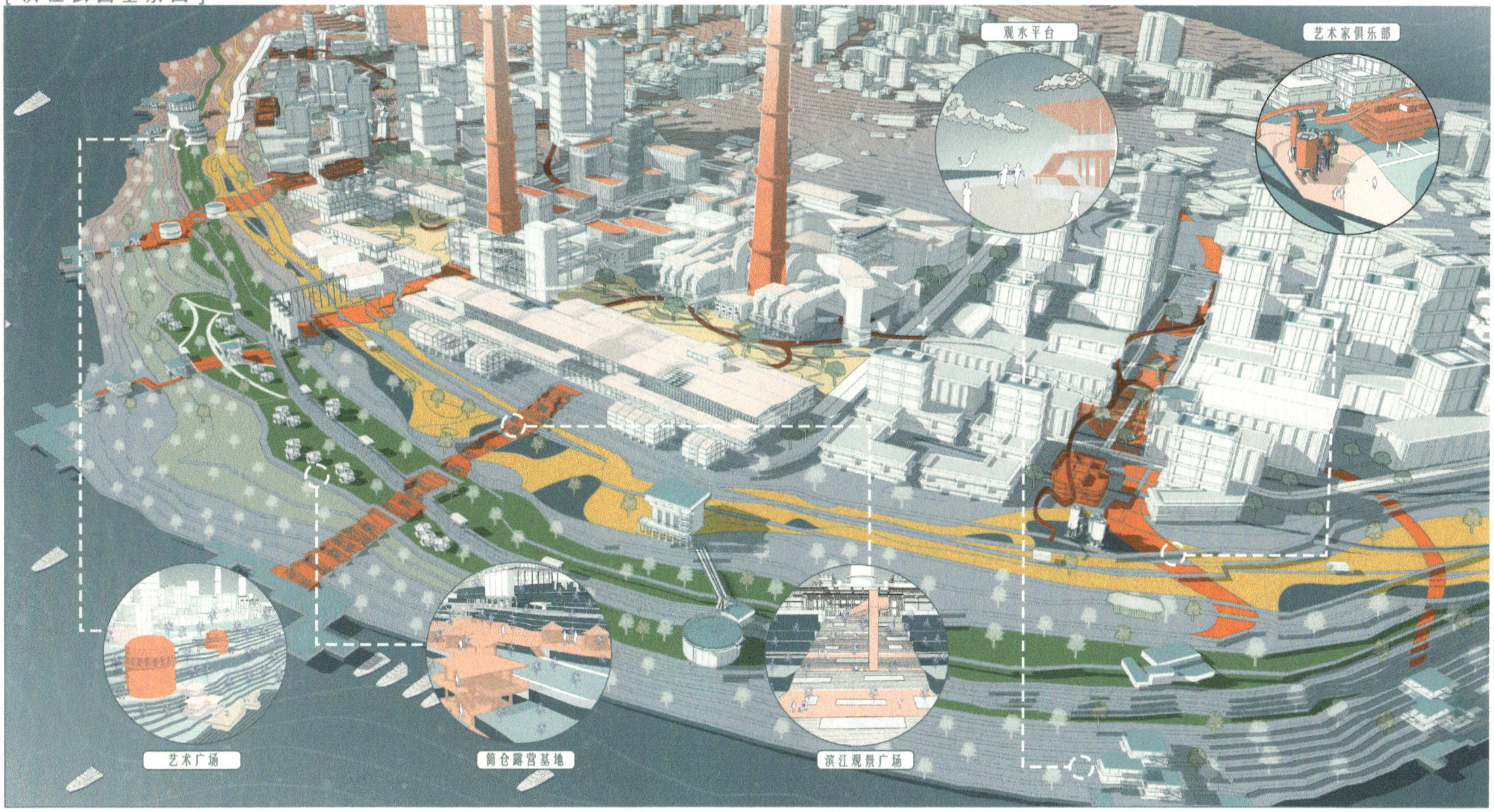

[策略二：十字轴线营造]

保留电厂原有的围合形式，构建工业风貌十字广场，使电厂烟囱位于两个广场中心，不仅利用烟囱的高度形成视觉引领，也通过激活电厂最具特色的工业装置，形成完整的工业风貌展示区，使工业文化：一向岛内蔓延，实现重庆工业时代的记忆重拾；二向江岸蔓延，实现文化、生活与自然的渗透交织。

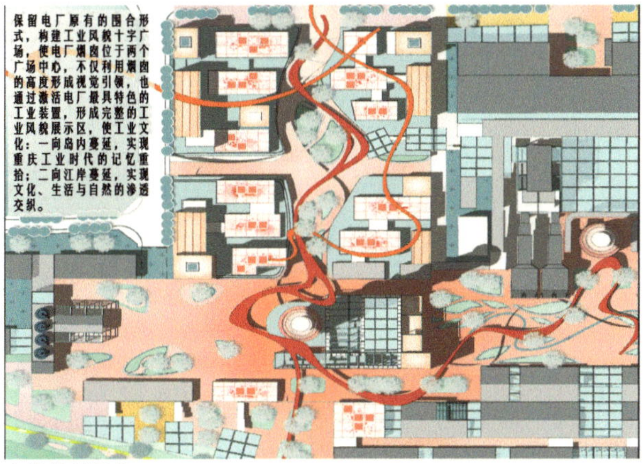

[策略三：滨江公园打造]

人视透视图组

立体置入串联资源

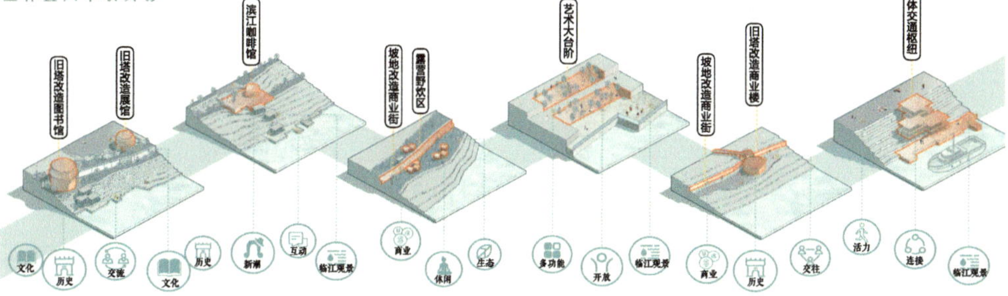

九龙永动计划——城市触媒理论下重庆九龙半岛电厂片区更新改造设计

参赛院校：浙江工业大学
作者姓名：陈　新　周洛芸　郑智勇
指导老师：陈怀宁　龚　强
“重庆规划杯”第四届全国大学生国土空间规划设计竞赛　一等奖

方案点评：

该作品结合半岛区域位置，通过梳理九龙半岛废弃电厂区块在产业、文化、生态上的价值与矛盾，得出设计区块肩负从“动力厂”到“动能场”转变的时代使命，提出“九龙永动计划”。针对产业、文化、生态三方面，借助城市触媒理论，以空间触媒“点线面”的全面触活与事件触媒的艺术赋能，实现工业遗产从“厂”到“场”的转变，将原本失能的九龙电厂真正打造成为“产业互动、文化触动、生态联动”的永恒动能之场。

整体来看，该作品基于背景条件以研究产业活力、文化气息、生态基底的问题分析，确定了清晰的功能定位。对引入的触媒理论研究透彻，并将其运用到场地设计中，提出了具有全面适应性的设计策略，空间设计方案能够充分利用场地资源、延续时代价值，具有更新改造的落地性。

■ 区位背景

■ 区域分析

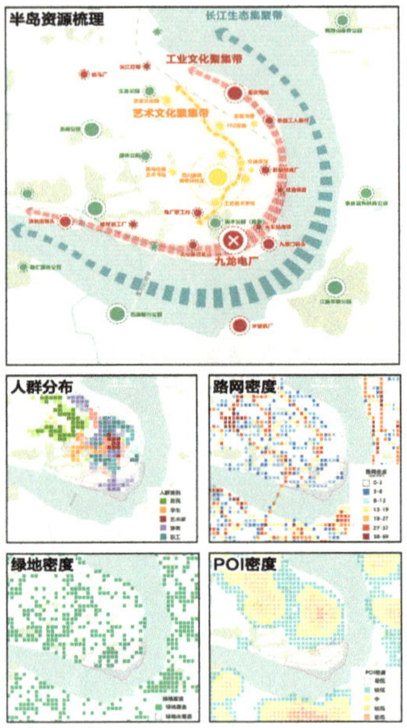

■ 场地现状

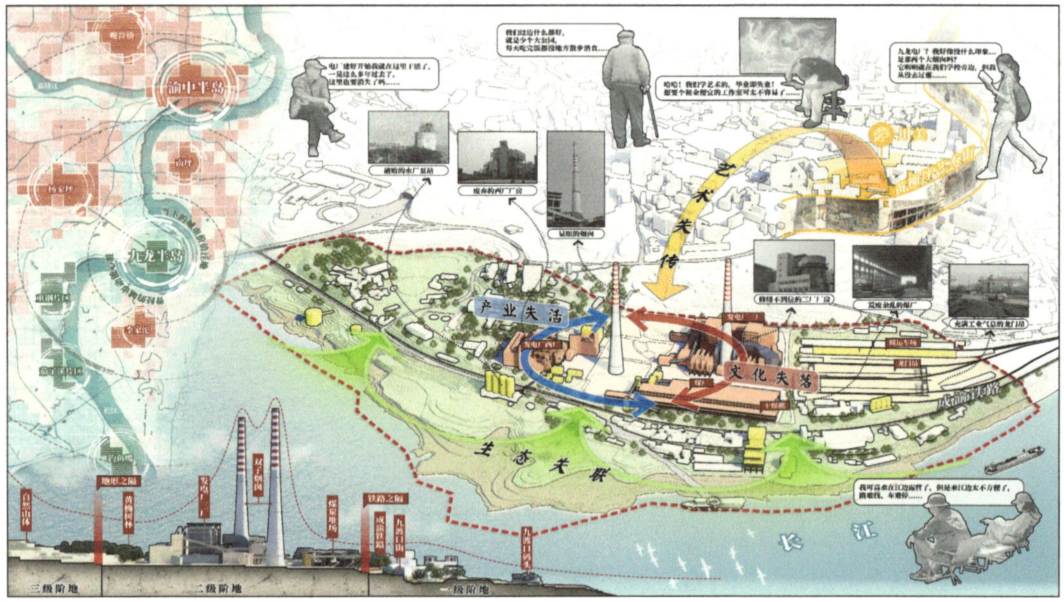

■ 问题剖析

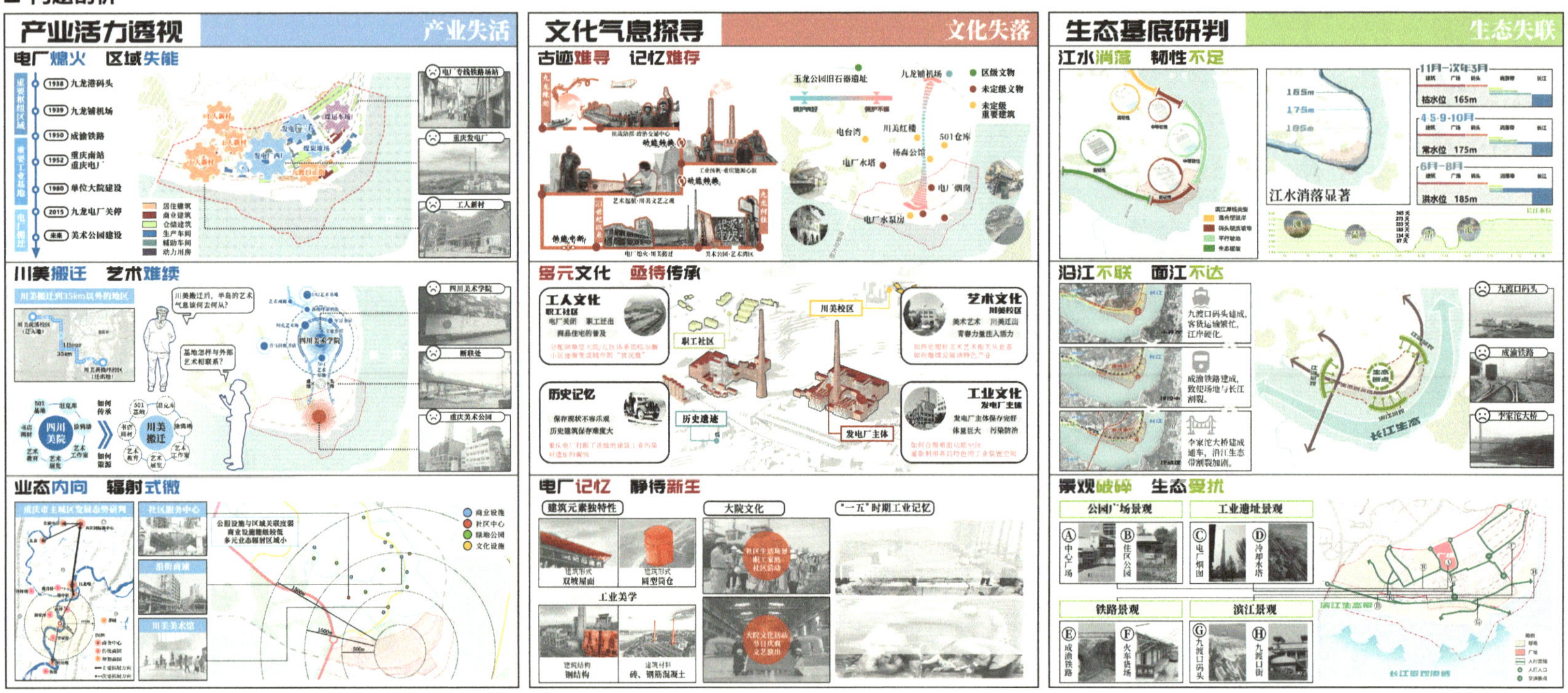

■ 规划系统分析

空间结构规划

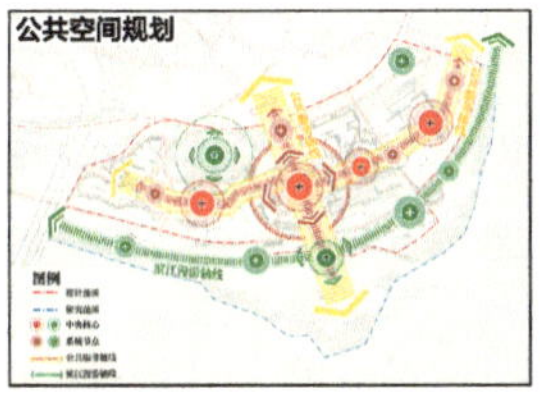
公共空间规划

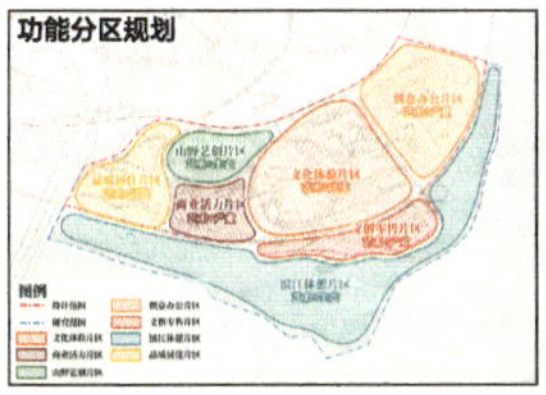
功能分区规划

景观系统规划

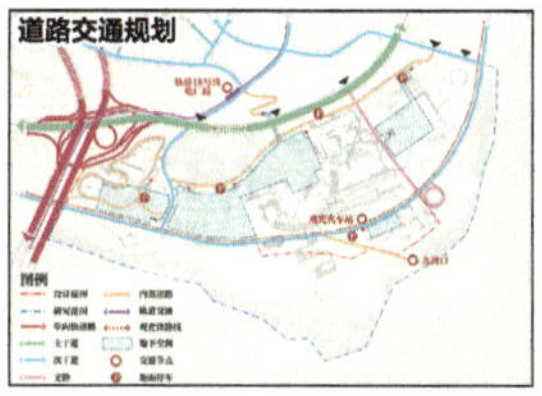
道路交通规划

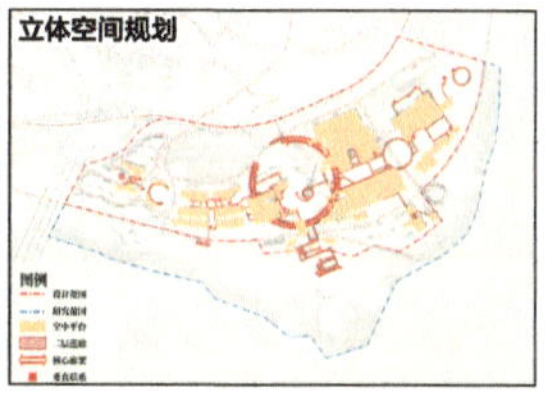
立体空间规划

■ 总平面图

图例

1. 铁路公园入口广场
2. 艺术家SOHO
   交互中庭
   时空隧道
   商业模块
   创作模块
   服务模块
   居住模块
3. 铁路公园
4. 储罐艺术中心
5. 森林绿苑
6. 工业记忆廊
7. 艺术展陈中心
   艺术画廊
   集装箱市集
   时尚秀场
   创意酒咖
8. 旋转广场
9. 光阴储罐
10. 工业博物馆
    电厂博览馆
    工业文化体验馆
    工业溯源管道
11. 双子烟囱（次）
12. 重庆观光火车站
13. 下沉广场
14. 聚能公园
15. 双子烟囱（上）
16. 聚能广场
17. 九龙美术馆
18. 文创零售点
19. 聚能广场入口节点
20. 聚能环
21. 生态水塔
22. 山野艺趣馆
23. 山野步道
24. 零碳BOX
25. 山野公园入口广场
26. 商业街入口广场
27. 展销中心
28. 艺术品交易中心
29. 艺术家孵化器
30. 共享画廊
31. 众绘空间
32. 艺教中心
33. 快闪广场
34. 社区服务环
35. 艺术酒店
36. 螺旋塔
37. 圆筒茶馆
38. 滨江漫游步道
39. 滨江广场
40. 滨江观景台
41. 漂浮餐厅
42. 生态浮岛
43. 生态露营浮网
44. 滨江商业街

技术经济指标：

指标		数值	单位
总用地面积		46	hm^2
总建筑面积		34.96	万m^2
容积率		0.76	
建筑密度		28.67	%
建筑限高		48	m
绿地率		58	%
停车位	地上	200	个
	地下	3000	个

■ 目标定位

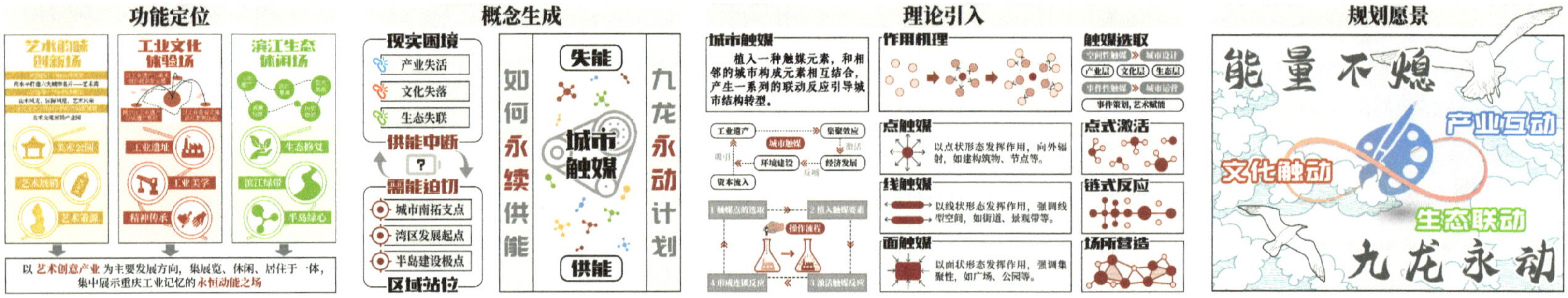

功能定位
艺术创城 创新场
工业文化 体验场
滨江生态 休闲场
以艺术创意产业为主要发展方向，集展览、休闲、居住于一体，集中展示重庆工业记忆的永恒动能之场
概念生成
现实困境
产业失活
文化失落
生态失联
供能中断
需能迫切
城市南拓支点
湾区发展起点
半岛建设极点
区域站位
如何永续供能
失能
城市触媒
供能
九龙永动计划
理论引入
城市触媒
植入一种触媒元素，和相邻的城市构成元素相互结合，产生一系列的联动反应引导城市结构转型。
作用机理
点触媒
以点状形态发挥作用，向外辐射，如建构筑物、节点等。
线触媒
以线状形态发挥作用，强调线型空间，如街道、景观带等。
面触媒
以面状形态发挥作用，强调集聚性，如广场、公园等。
触媒选取
点式激活
链式反应
场所营造
规划愿景
能量不熄
产业互动
文化触动
生态联动
九龙永动

■ 策略实施

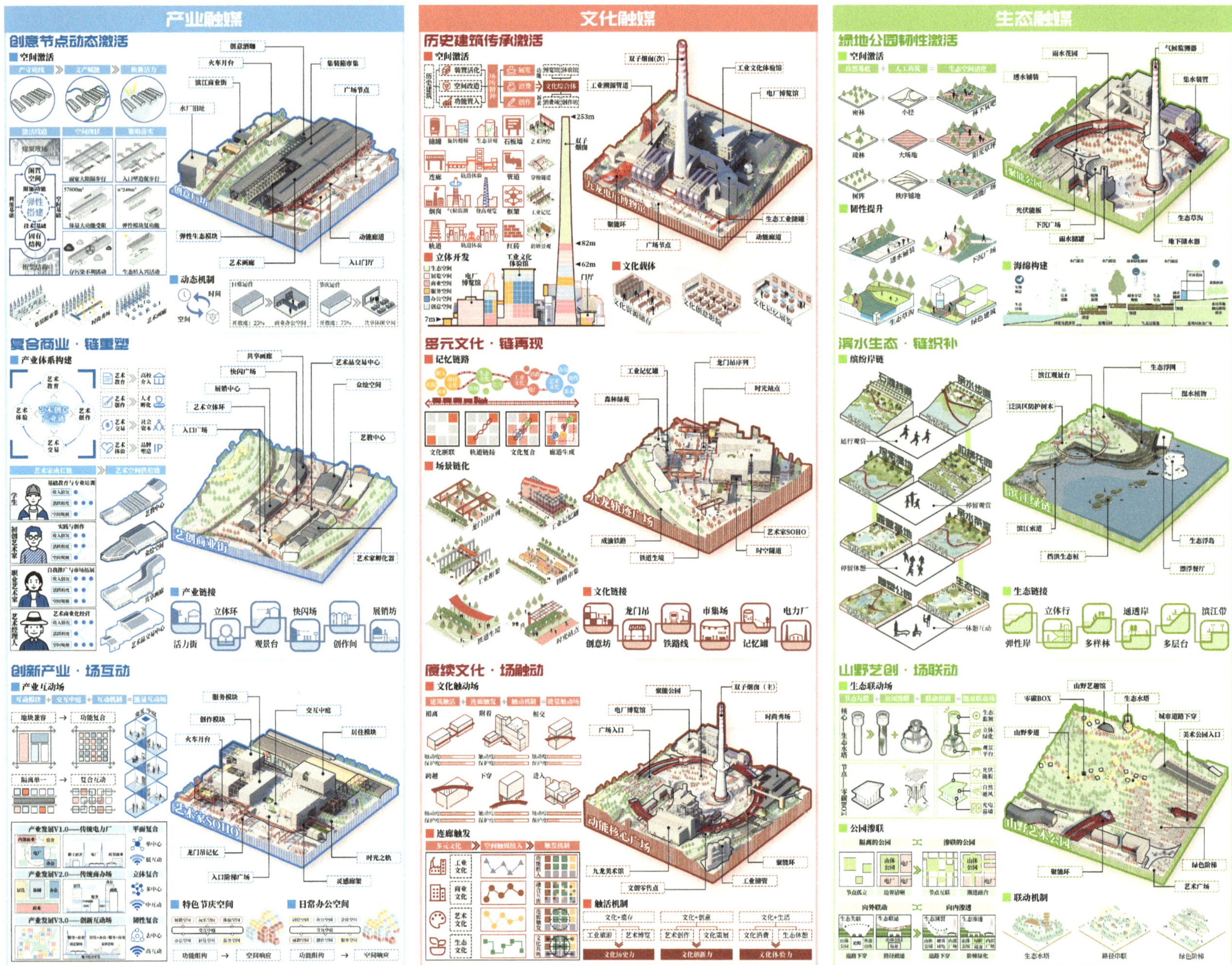

产业触媒
创意节点动态激活
空间激活
动态机制
复合商业·链重塑
产业体系构建
产业链接
创新产业·场互动
产业互动场
特色节庆空间
日常办公空间
文化触媒
历史建筑传承激活
空间激活
立体开发
文化载体
多元文化·链再现
记忆链路
场景链化
文化链接
赓续文化·场触动
文化触动场
连廊触发
触活机制
生态触媒
绿地公园韧性激活
空间激活
韧性提升
海绵构建
滨水生态·链织补
缤纷岸链
生态链接
山野艺创·场联动
生态联动场
公园渗联
联动机制

■ 鸟瞰及节点效果图

■ 主轴剖透视

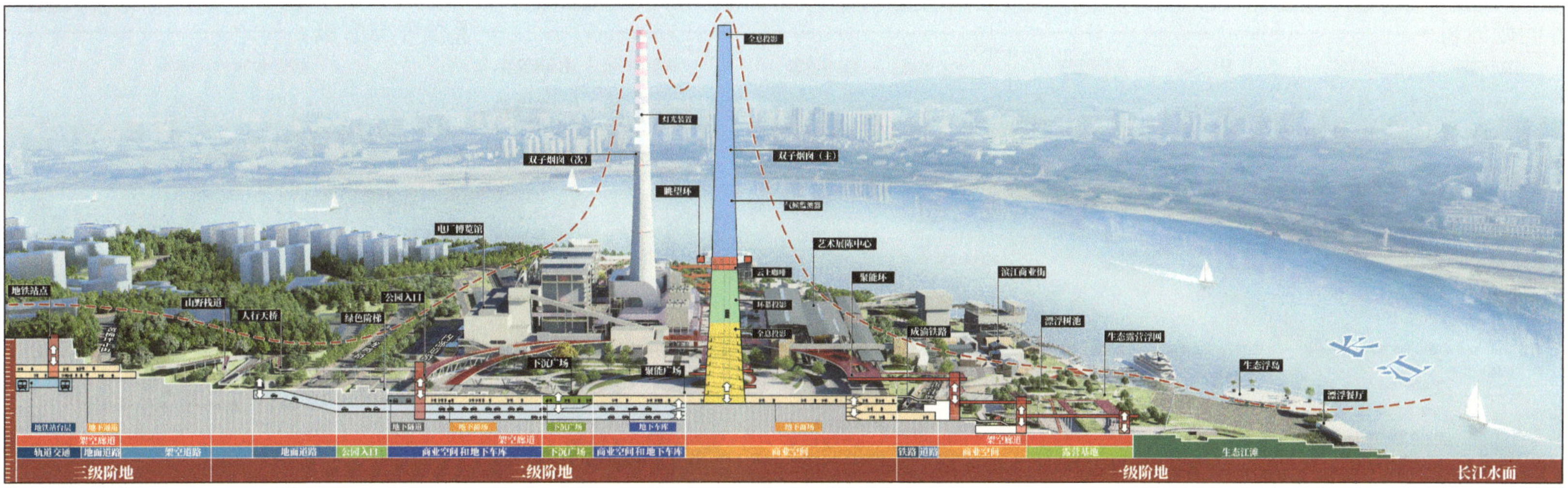

旧厂遗韵，艺叙华章——事件空间理论下的重庆九龙半岛电厂片区城市设计

参赛院校：福州大学
作者姓名：罗逸晖　释燃音　林润融　莫宁娴　王　祯
指导老师：彭　琳　张兵华
“重庆规划杯”第四届全国大学生国土空间规划设计竞赛　一等奖、最佳分析奖

方案点评：

该设计作品基于详尽的现状分析与梳理，总结出“空间失忆”“文化失遗”“产业失意”“环境失宜”这四个核心问题，引入事件空间理论，将其与工业遗产空间耦合，通过焕活工业遗产、完善艺术产业链、交融新旧空间，打造以艺术创意产业和工业遗产博览为主导的工业遗产与艺术创意体验空间。针对外地游客、本地游客、上班族和艺术家四种人群，对重庆九龙半岛滨江工业遗址片区进行四个步骤的策略改造，分别为挖掘地方事件、重组事件空间、塑造认同感知、复兴三重空间。

该作品对基地底蕴及现状问题分析得十分透彻，在规划设计中思路清晰，能够紧扣现状存在的问题，利用所提出的事件空间理论一以贯之地提出相应策略，作品架构合理有序，内容紧凑充实，图纸表达深入且美观。

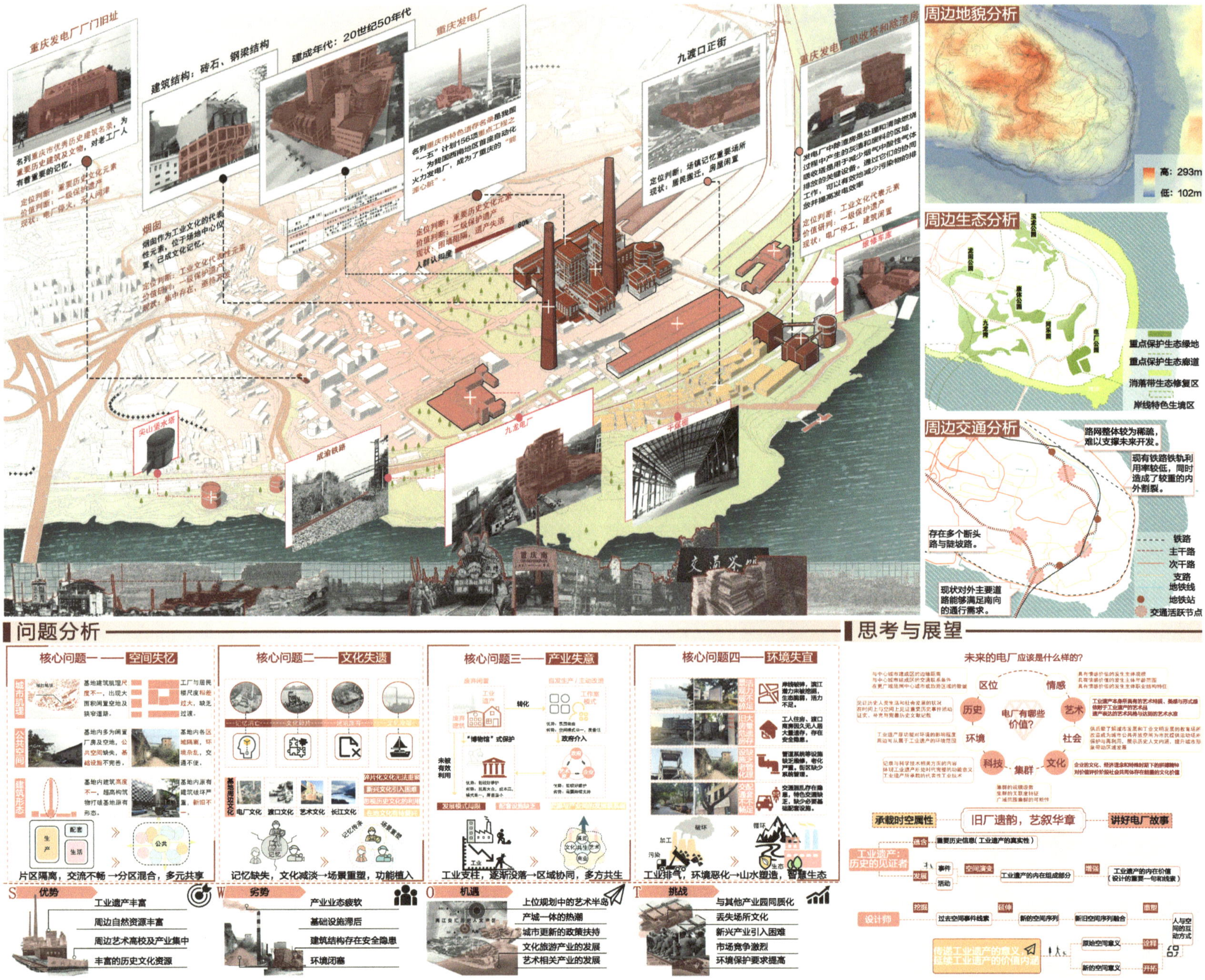

具体策略

旧事挖掘，遗产焕活
重庆电厂
吸收塔和除渣房
九龙电厂
干煤棚
电厂烟囱
九龙半岛存在多种工业遗产，包括电厂和铁路遗产，包含建筑物与构筑物
新事置入，功能置换
文化
产业
社区
食
住
行
游
购
娱
工
叙事结构，镜头演绎
单一线性叙事
主线为单一线性叙事：工业遗产旧事件轴
根据叙事逻辑将空间转译手法分为单一线性叙事、并置叙事和拼贴叙事
并置叙事：艺术产业链新事件轴
并置叙事
工艺遗产构筑物作为新兴叙事外的碎片，构成拼贴叙事
拼贴叙事
挖掘地方事件
商业商务用地
公共服务用地
开敞空间用地
居住用地
旧事件点
旧事件线
交通疏导，道路构建
串联：串联建筑，延展外部空间
架空：联通底层，打破边界
连续：形成人流聚集点
滨水：链接平台，打造滨水廊道
权益协调，智慧分时
协调不同主题线路上，不同时段，不同人群的权益，打造智慧街道，实现分时可变，满足多种不同需求。
压力传感引导，收集信息，识别人流
模块升降路面，满足多种临时需求
空间重组，主题串联
重组事件空间
①铁路公园主题线路
②电厂遗址沉浸式游戏线路
③"九龙之眼"遗址剧场线路
④创意长廊主题线路
⑤艺术疗愈主题线路
⑥滨江露营主题线路
塑造认同感知
叙事体验
8:00 9:00 12:00 14:00 18:00 20:00 22:00
本游地客
外游地客
上班族
艺术家
展练
健身活动
亲子游戏
广场舞
旅游、休闲、购物
购物游乐
音乐会
乡趣休闲
早高峰
技能课程
文化讲座
健身房
夜间消费
光影艺术节
画展、摄影展
户外活动
休闲活动
聚会放松
交友娱乐
价值特征
在地记忆
特色活动
类游戏式体验——数字化阐释
通过AR技术在手机呈现
· 路线导览
· 美食导览
· 阅览建筑故事
AR
通过VR技术沉浸式体验
· 工业遗迹
· 光阴故事
· 滨江记忆
VR
通过MR技术构建游戏体验增强互动
· 探索历史
· 开拓场景
· 游戏评分
MR
周一
周二
周三
周四
周五
周六
周日
MR游戏
复兴三重空间
文化空间
时序保护文化焕兴
遗址改造旅游开发
活动打造多方参与
①旧电厂遗址——原址保护
博物馆——展览
工业记忆
VR/AR展现
艺术节场地
②干煤棚——功能置换
文化展示墙
休憩中庭
第五立面改造
③维修车库——空间发展
环境美化——铁路公园
铁路文化讲述
游客服务中心
④烟囱——节点打造
艺术广场
文化地标
地下漫游空间——歌剧院
产业空间
功能植入产业链完善
地块兼容业态多元
模块构建功能复合
工业遗产 艺术文化 数字文化经济
①九龙电厂——空间活化
商业展览
立面艺术改造
增加绿化
活动广场
②艺术商业街——吸引人流
商业综合体
光影连廊
艺创工坊
③吸收塔和除渣房——住宿服务
主题民宿
景观构筑物
④产业园——业态丰富
商业办公
文创工坊
购物服务
社区空间
多元出行多样体验
非机动车停车
地上停车场
公园步行道
坡道停车
地下停车库
滨水步行道
街区开放活力提升
景观整合生态内渗
①艺术家住宅——人居环境
屋顶绿化
山体公园
②社区公园——滨水公共空间
水塔－工业遗迹
社区绿地
滨水休闲平台
③社区中心——社区活动
社区服务中心
社区活动广场
④SOHO——功能混合
餐饮商业功能
居住办公
休闲绿地
空间落位
工业博物馆
文化广场
剧院
展览馆
铁路服务中心
记忆长廊
艺术疗愈中心
山语驿站
创艺办公楼
文创销售中心
商业中心
创艺酒店
铁路服务中心
记忆长廊
艺蕾轩
创艺
社区服务中心
工坊
住宅
社区公园
滨江服务中心

规划分析

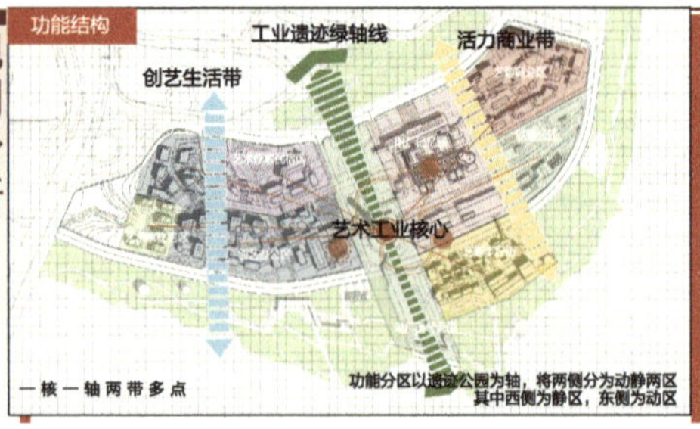

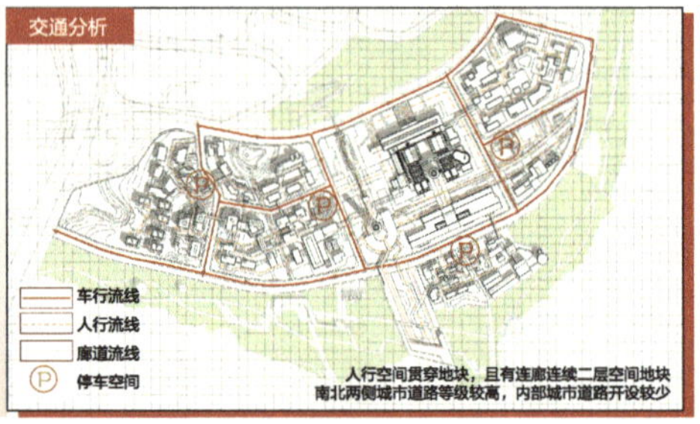

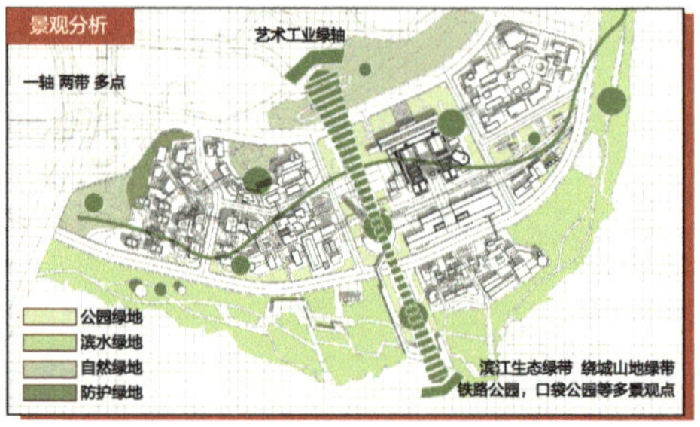

公共环路设计策略

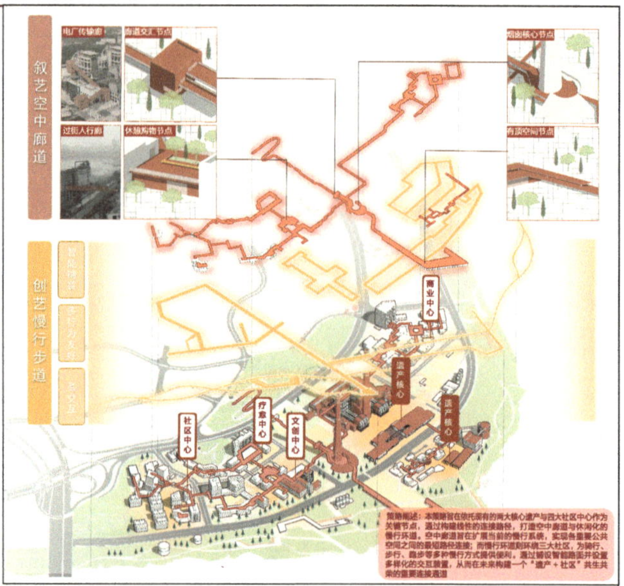

总平面图

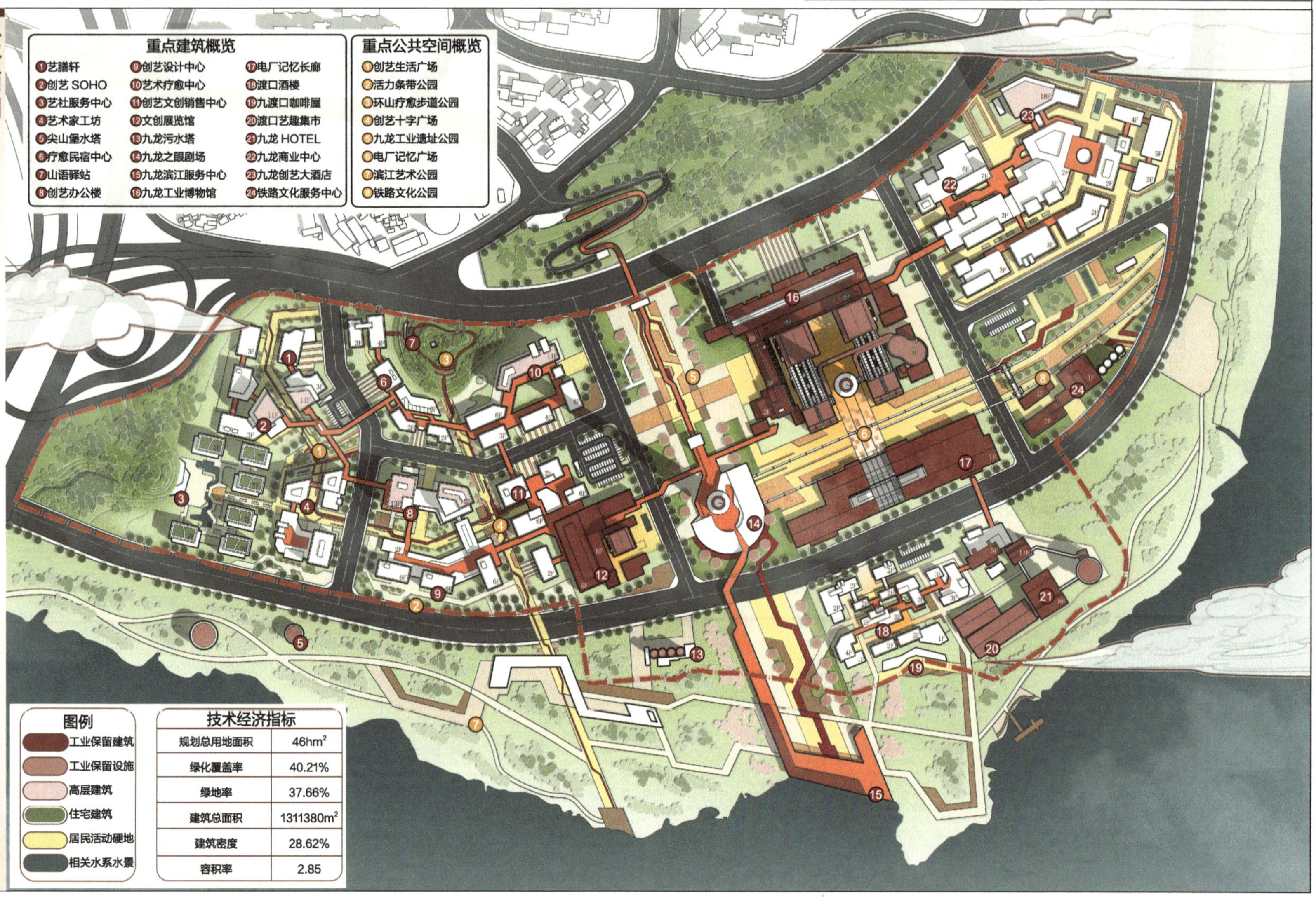

技术经济指标	
规划总用地面积	46hm²
绿化覆盖率	40.21%
绿地率	37.66%
建筑总面积	1311380m²
建筑密度	28.62%
容积率	2.85

【开端】

从地铁下来，映入眼帘的是多样化的商业街区和拥有多种可能的创意廊道。远处，那些穿梭在厂房之间的烟囱，虽已不再是往日工业繁荣的象征，却以一种静默的姿态，向过往的行人诉说着这片土地曾经的辉煌与梦想。创意廊道蜿蜒其间，如同时间的脉络，引领着每一位游客步入深度探索之旅。

【回落】

步入艺术集群的深处，游客们漫步其间，或驻足欣赏，或轻声交流，都沉浸在这种浓厚的艺术氛围中，切身感受着艺术家的生活气息与创作灵感。

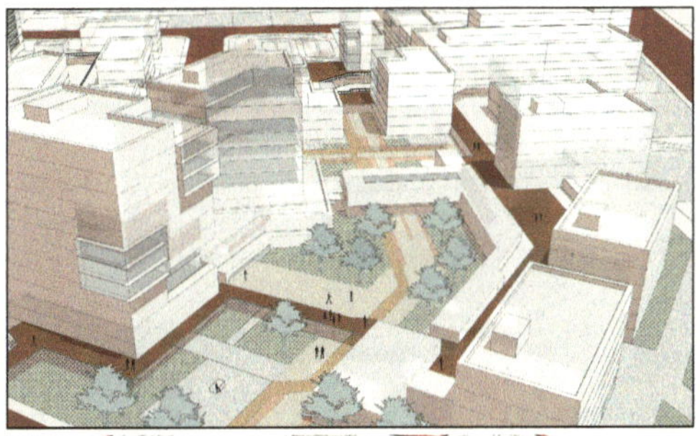

【高潮】

登上廊道的一刹那，即是达到了视觉的盛宴。电厂的VR展示区如同一个梦幻的窗口，将人们带入了一个充满无限想象与可能的世界。艺术的创意集群则如同璀璨的星辰，点缀在新旧建筑的交织之中，它们以独特的视角和方式，展现着半岛的文化底蕴与创新精神。新旧对比之下，产生的不仅仅是视觉上的冲击，更是心灵上的震撼。

【发展】

告别承载历史记忆的博物馆，步入电厂记忆长廊，厂房的粗犷与岁月的痕迹交织成一幅幅生动的画面，每一块斑驳的砖瓦、每一根锈迹斑斑的钢梁，都仿佛在低语，讲述着往昔的故事。游客们穿行其间，不仅是在体验建筑的粗犷美学，更是在与过去进行一场跨越时空的对话，感受那份来自心底的震撼。

【尾声】

夜幕降临，人们带着满满的收获与感动，意犹未尽地走进疗愈中心。在这里，他们可以放松身心，回想着一天的所见所闻，向窗外望去，他们也满怀憧憬地展望着自己心中的未来美好家园——一个既有深厚文化底蕴，又充满创新活力的地方，正如所展现的那样，让每一个到访的人都能找到属于自己的那份感动与归属感。

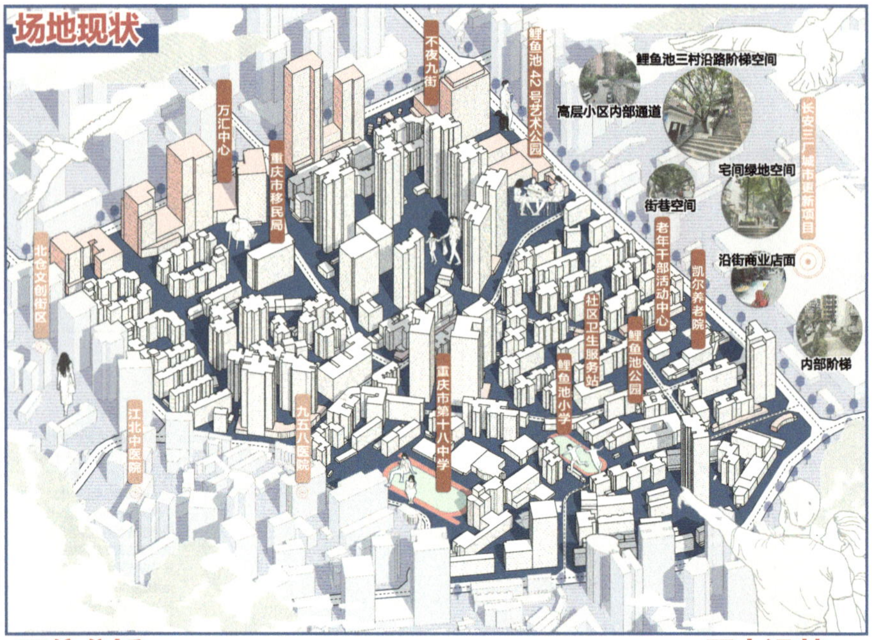

山城蒙太奇——时空间行为规划视角下的观音桥鲤鱼池片区城市设计

参赛院校：浙江工业大学

作者姓名：蒋冰雁　陈　锦　黄镥钡　诸葛斌　王琼雪

指导老师：李凯克　龚　强

“重庆规划杯”第四届全国大学生国土空间规划设计竞赛　一等奖

方案点评：

该作品基于时空间行为规划理论，从空间、时间、行为三个维度出发，以“蒙太奇”式的表达手法，打造具有重庆特色的共享空间。具体通过优化调整社区公共服务设施可达性与共享性，构建重庆新型社区生活圈模式，以期达成乐享山城空间圈、重塑活力时间轴、共创包容社群体三大目标，实现“最重庆烟火社区”的愿景。作品前期调查研究工作扎实，问题概括准确，在高密度城市环境下，以时间换空间，以行为促活力，策略针对性强，规划设计方案合理，图纸表达清晰，是高水平的规划设计作品。

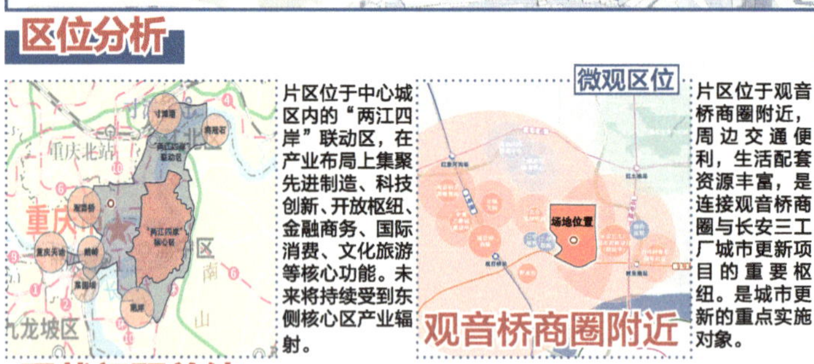

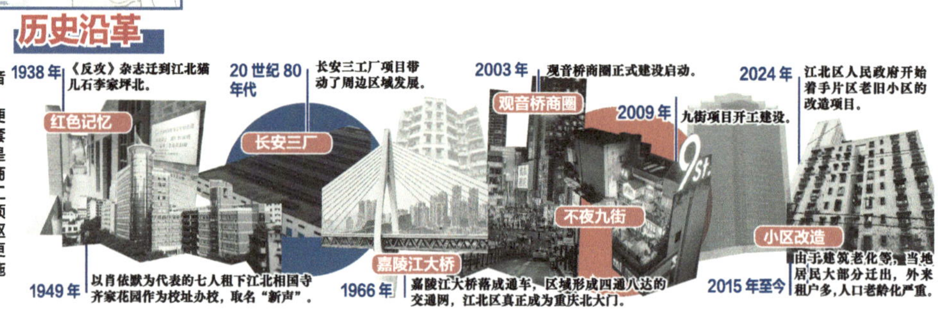

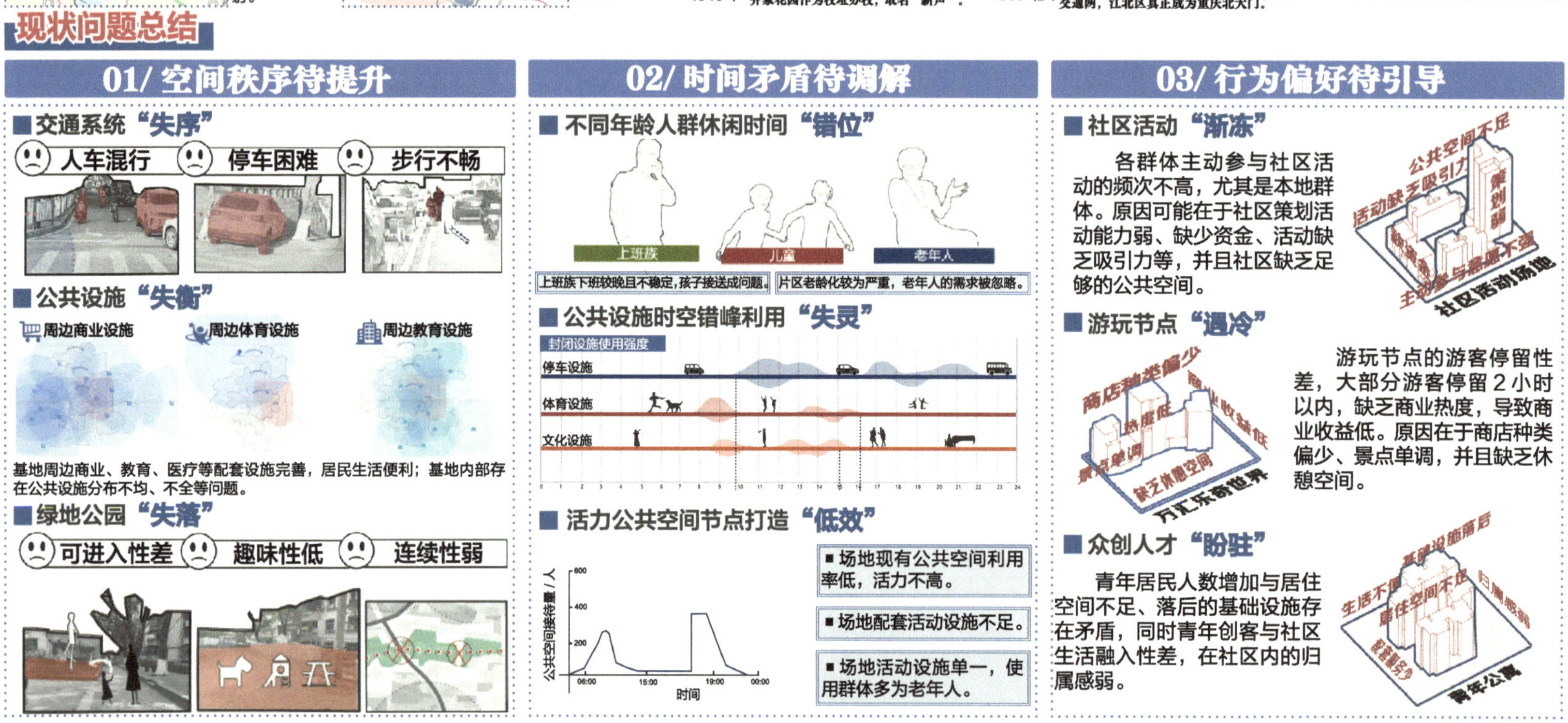

目标梳理

活力融合圈，"鲤"好艺创时

现实问题
- 空间秩序待提升
- 时间矛盾待调整
- 行为偏好待引导

具体表现
- 闲置低效的宅前绿地
- 拥挤堵塞的交通空间
- 失衡不足的公共设施
- 未成规模的产业业态
- 单调失活的景观节点
- 缺少交流的社区自治

迫切需求
- 物质空间提升
- 生活配套完善
- 道路体系优化
- 产业空间梳理
- 包容社群营造

概念引入

蒙太奇叙事视角下的时空间行为规划

概念引入

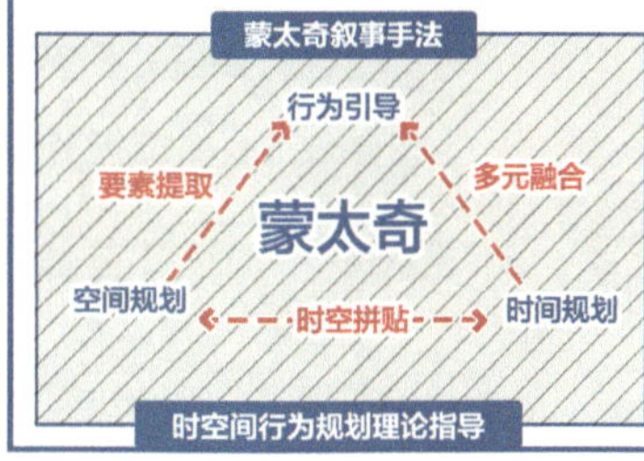

策略概要

空间营造策略
- 01 步行友好交通圈
- 02 便民服务生活圈
- 03 绿地共享品质圈

时间塑造策略
- 01 社区服务全时享
- 02 配套设施全时用
- 03 公共空间全时活

行为引导策略
- 01 共享社区自治体
- 02 打造艺创漫游街
- 03 游牧办公新部落

具体策略

时间＋空间＋行为 多维打造"最·重庆"片区

表现蒙太奇：乐享山城「空间圈」

步行友好交通圈

智慧街道

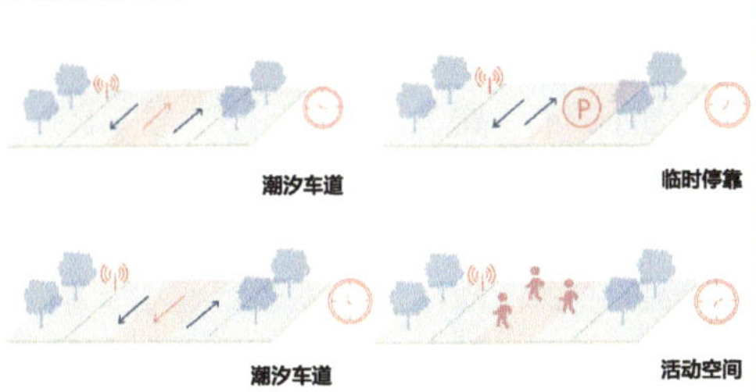

便民服务生活圈

综合邻里空间

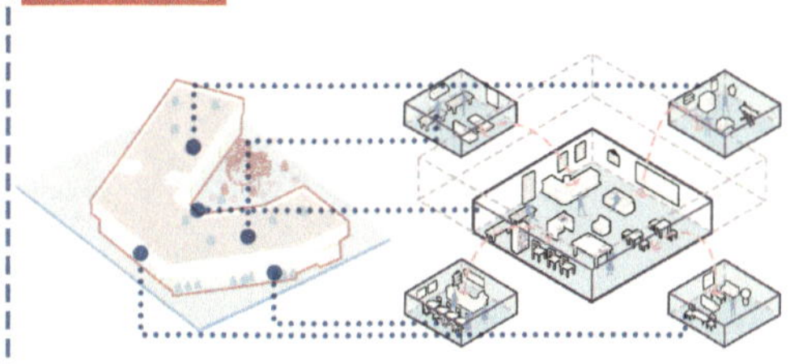

绿地共享生活圈

激活绿地空间

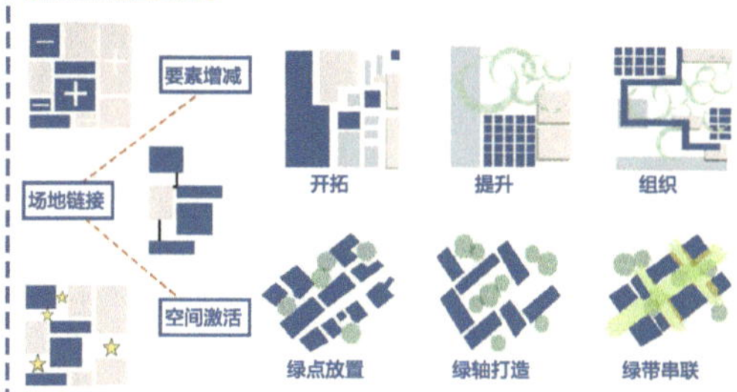

叙事蒙太奇：重塑活力「时间轴」

社区服务全时享

潮汐业态

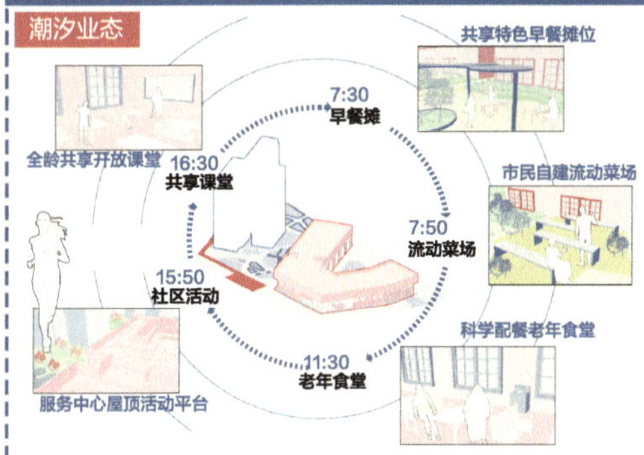

配套设施全时用

共享校园

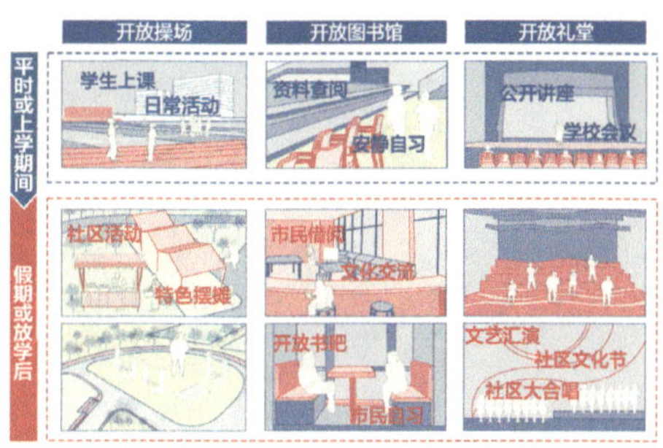

公共空间全时活

全时段活力策划

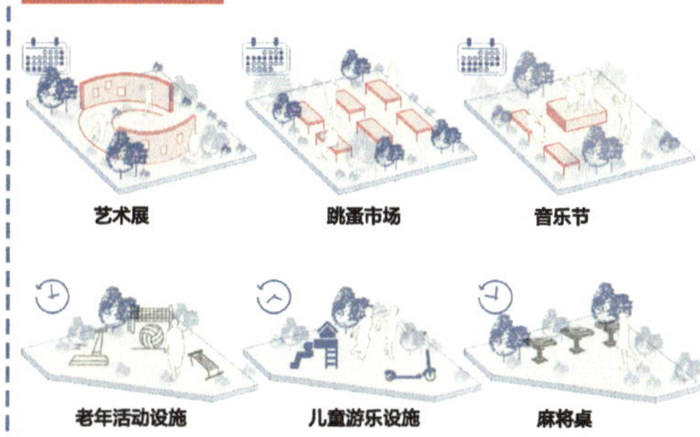

理性蒙太奇：共创包容「社群体」

共建社区自治体

重点节点打造

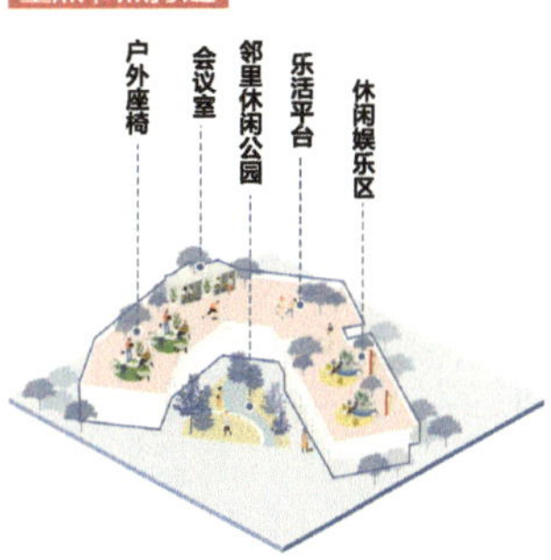

- 各社区融合交流
- 各功能集聚分布
- 各活动定期开展
- 共建片区管理组织

打造艺创漫游街

商业外摆空间

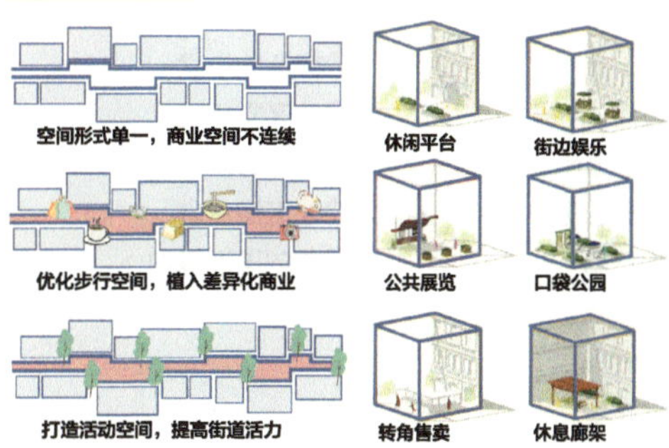

游牧办公新部落

游牧商办区

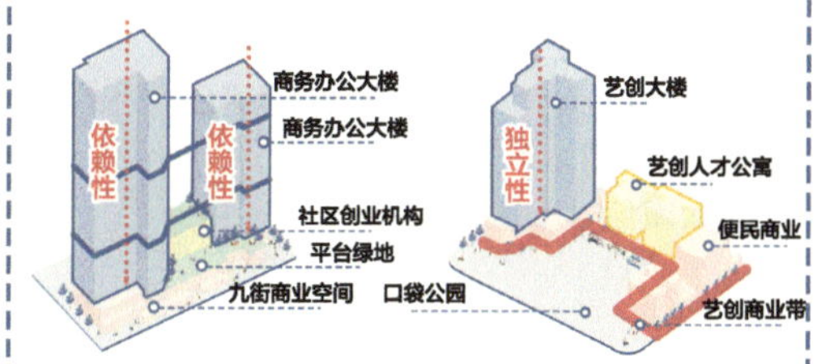

总平面图

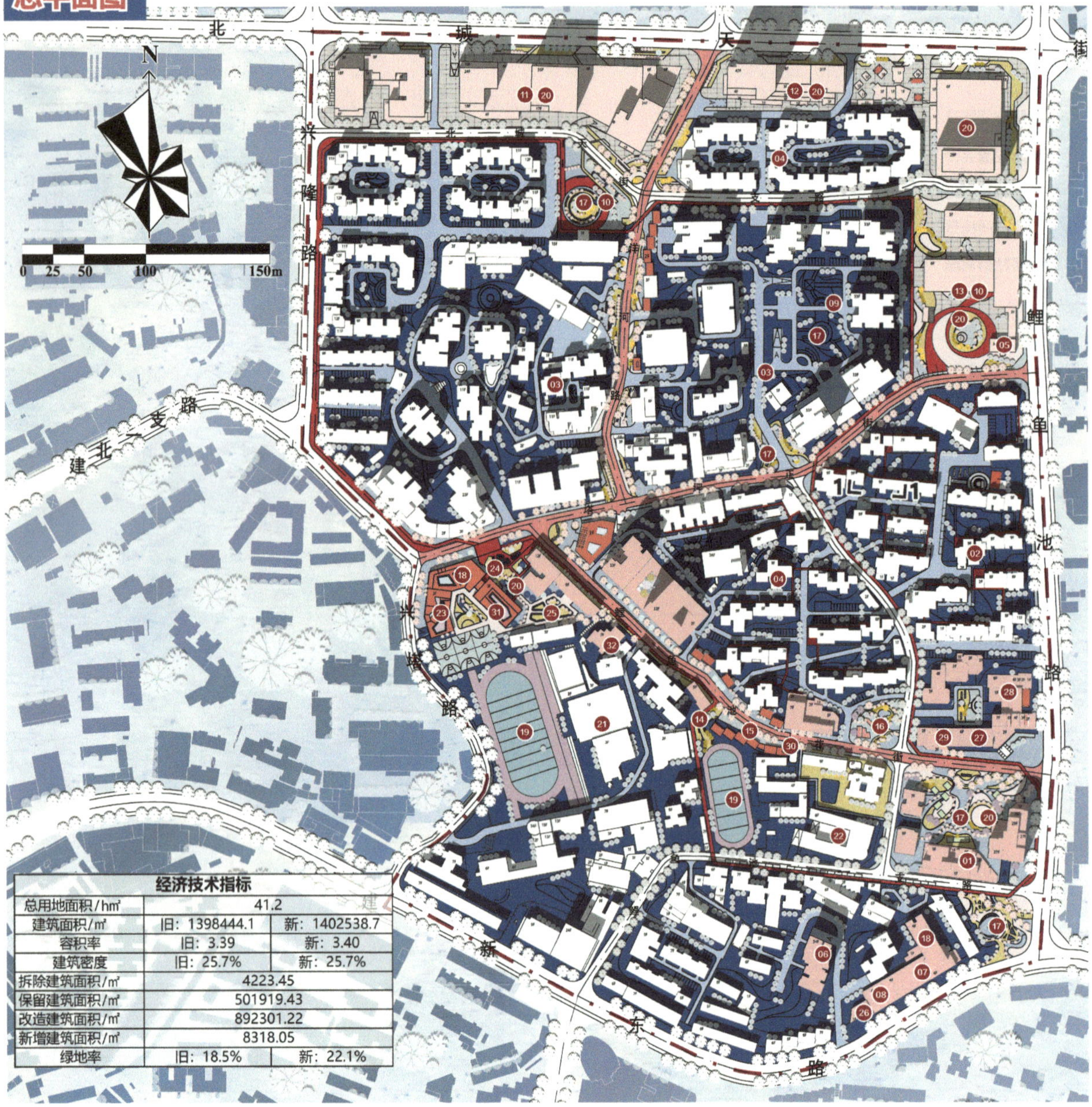

经济技术指标		
总用地面积/hm²	41.2	
建筑面积/m²	旧：1398444.1	新：1402538.7
容积率	旧：3.39	新：3.40
建筑密度	旧：25.7%	新：25.7%
拆除建筑面积/m²	4223.45	
保留建筑面积/m²	501919.43	
改造建筑面积/m²	892301.22	
新增建筑面积/m²	8318.05	
绿地率	旧：18.5%	新：22.1%

图例：

宜居场景

01 艺创公寓
02 适老化改造住区
03 开放共享街区
04 混合住区
05 信息服务窗口
06 保障公寓

宜业场景

07 艺创中心
08 创客食堂
09 艺创商品展
10 就业资讯平台

宜游场景

11 万汇乐奇世界
12 九街
13 鲤鱼池 42 号公园
14 全民健康步道
15 网红商业街
16 亲和广场
17 口袋公园
18 屋顶健身
19 开放操场
20 地下停车场

宜学场景

21 重庆第十八中学
22 鲤鱼池小学
23 社区文化展
24 社区影院
25 社区阅览室
26 艺创培训基地

宜养场景

27 养老服务中心
28 日间照料中心
29 老年食堂
30 24 小时药店
31 社区卫生服务站
32 养育托管点

规划系统分析

功能结构规划图

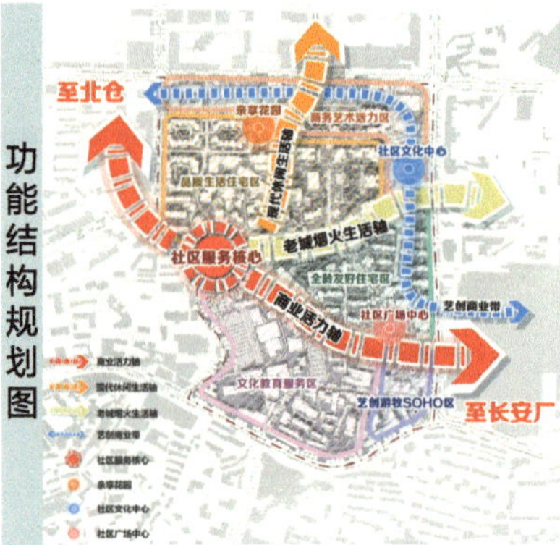

景观系统规划图

道路系统规划图

建筑留改建规划图

重要节点展示

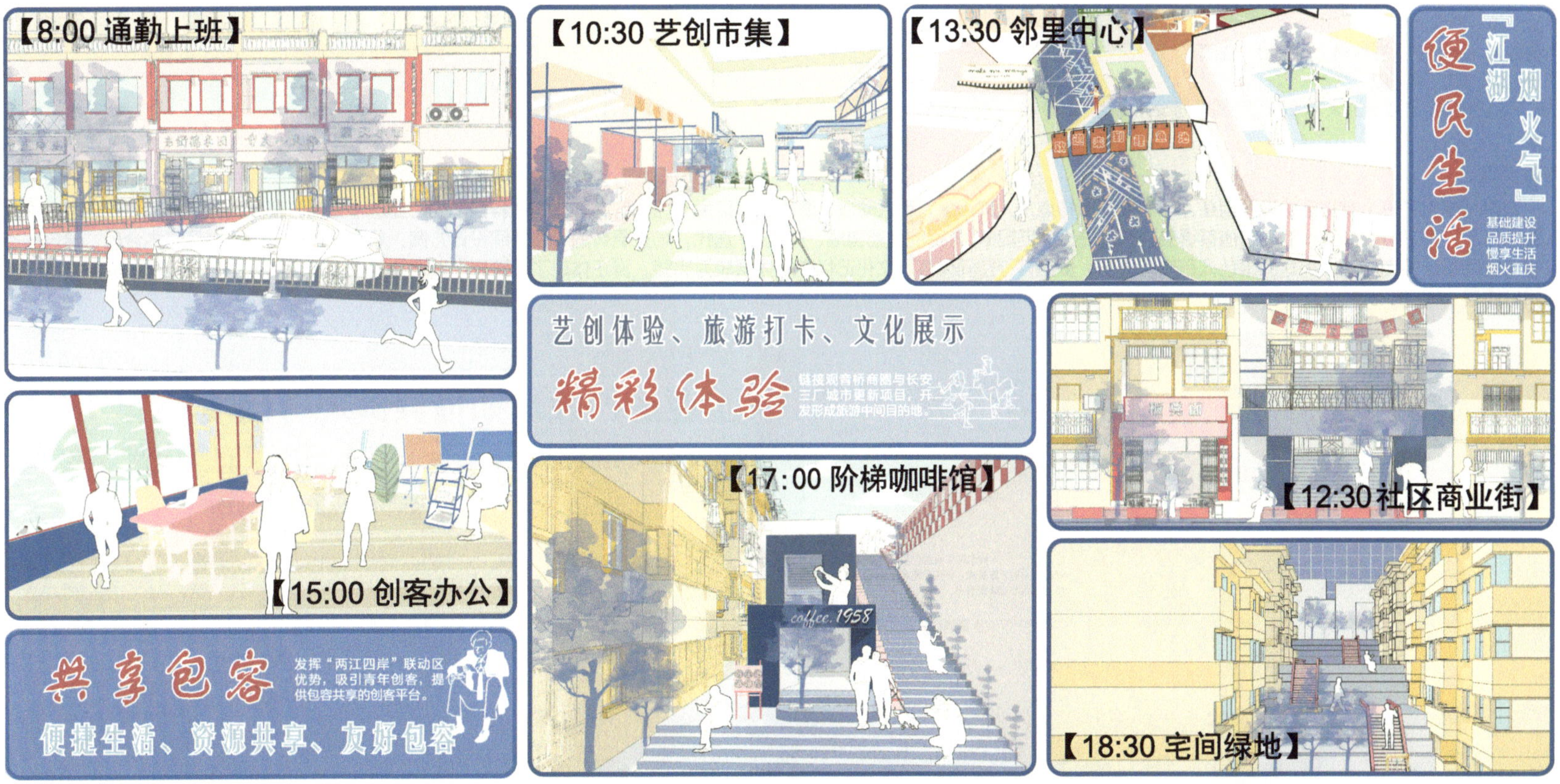
【8:00 通勤上班】
【10:30 艺创市集】
【13:30 邻里中心】
便民生活
「江湖烟火气」
基础建设
品质提升
慢享生活
烟火重庆
艺创体验、旅游打卡、文化展示
精彩体验
链接观音桥商圈与长安三厂城市更新项目，开发形成旅游中间目的地。
【12:30 社区商业街】
【15:00 创客办公】
【17:00 阶梯咖啡馆】
coffee 1958
【18:30 宅间绿地】
共享包容
发挥“两江四岸”联动区优势，吸引青年创客，提供包容共享的创客平台。
便捷生活、资源共享、友好包容

8:00
15:00
21:00
欢迎来到鲤鱼池
创客中心
邻里中心
临街店铺
街角公园
健身步道
道路管制
临街店铺
夜市
道路通行
20
老街故事
以通行功能为主的商业主街
通行功能与商业功能并重的商业主街
以商业功能为主的商业主街

跨界引流，潮变电厂——基于IP特性的九龙半岛电厂片区更新规划

参赛院校：重庆大学
作者姓名：赵心彤　齐艳艳　周夕贺　任雨平
指导老师：李　旭　应　文
“重庆规划杯”第四届全国大学生国土空间规划设计竞赛　二等奖

方案点评：

该作品突出了一个有特色的设计创意，即根据场地特点及人群需求，引入动漫、游戏及其衍生 IP 品牌，再依据 IP 特性匹配工业遗存空间，形成跨界融合的多元业态，这种从业态入手，再进行空间设计的思路值得提倡。作品提出了匹配 IP 特性的功能构成，适应 IP 迭代，场景更替的弹性空间设计方案，总平面功能分区及布局基本合理，建筑形态及竖向空间设计特色鲜明，构建的绿色低碳空间体系、多维慢行空间体系、文化记忆空间体系较为完整，真正体现了“跨界”以增加流量，风潮变化引领火电厂发展新质生产力的目标愿景。

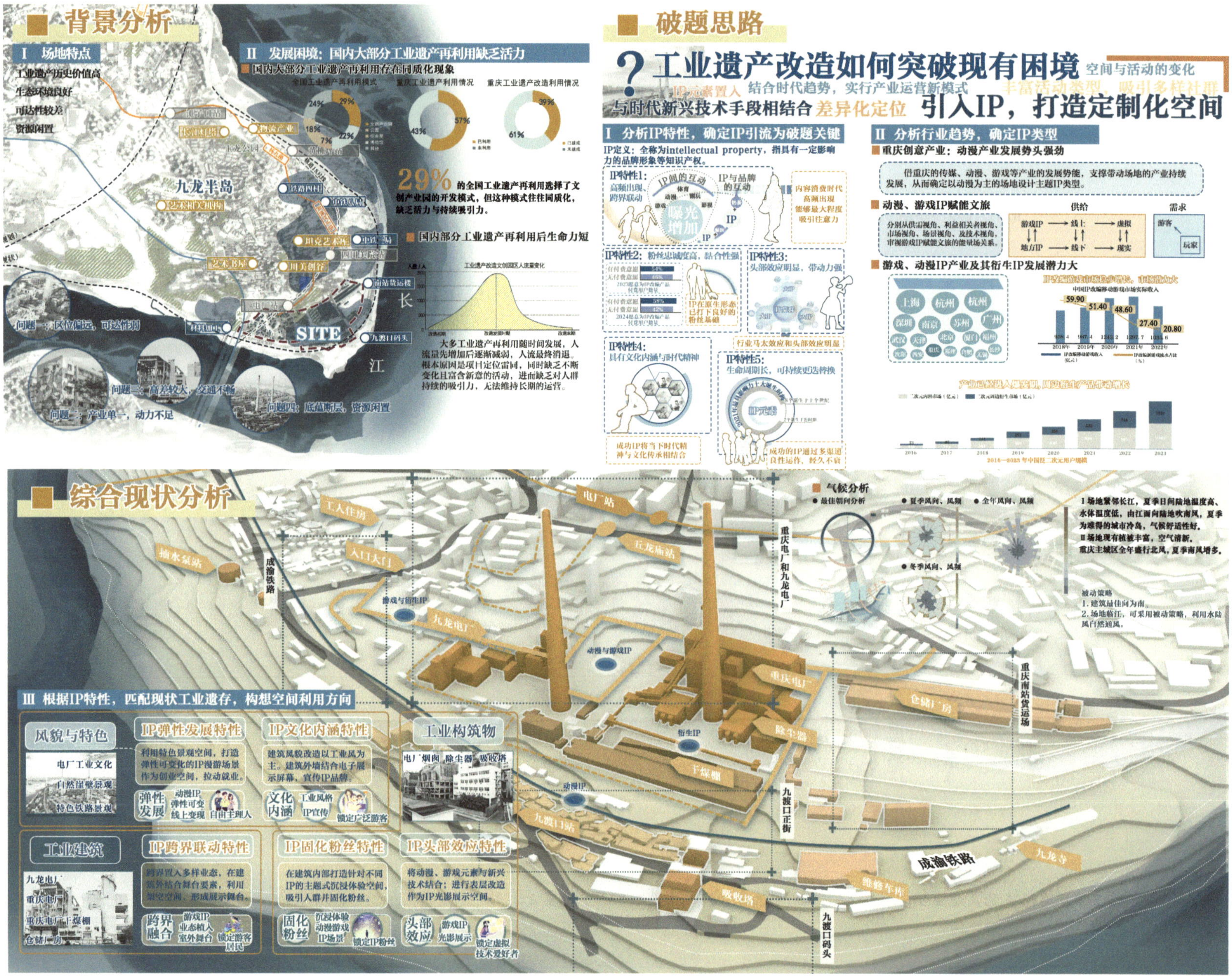

策略生成

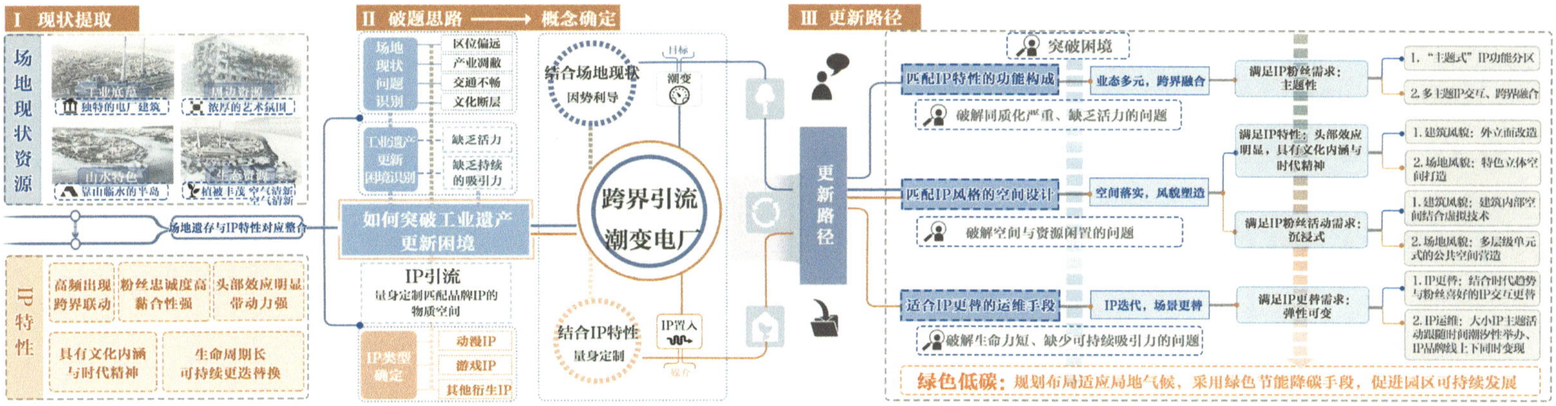

I 现状提取
场地现状资源
独特的电厂建筑
浓厚的艺术氛围
山水特色
靠山临水的半岛
生态资源
植被丰茂 空气清新
场地遗存与IP特性对应整合
IP特性
高频出现 跨界联动
粉丝忠诚度高 黏合性强
头部效应明显 带动力强
具有文化内涵与时代精神
生命周期长 可持续更迭替换
II 破题思路 ——→ 概念确定
场地现状问题识别
区位偏远
产业凋敝
交通不畅
文化断层
工业遗产更新困境识别
缺乏活力
缺乏持续的吸引力
如何突破工业遗产更新困境
IP引流
量身定制匹配品牌IP的物质空间
IP类型确定
动漫IP
游戏IP
其他衍生IP
结合场地现状
因势利导
目标
潮变
跨界引流 潮变电厂
结合IP特性
量身定制
IP置入
III 更新路径
更新路径
突破困境
匹配IP特性的功能构成
业态多元，跨界融合
满足IP粉丝需求：主题性
1. "主题式"IP功能分区
2. 多主题IP交互、跨界融合
破解同质化严重、缺乏活力的问题
匹配IP风格的空间设计
空间落实，风貌塑造
满足IP特性：头部效应明显，具有文化内涵与时代精神
1. 建筑风貌：外立面改造
2. 场地风貌：特色立体空间打造
满足IP粉丝活动需求：沉浸式
1. 建筑风貌：建筑内部空间结合虚拟技术
2. 场地风貌：多层级单元式的公共空间营造
破解空间与资源闲置的问题
适合IP更替的运维手段
IP迭代，场景更替
满足IP更替需求：弹性可变
1. IP更替：结合时代趋势与粉丝喜好的IP交互更替
2. IP运维：大小IP主题活动跟随时间潮汐性举办、IP品牌线上下同时变现
破解生命力短、缺少可持续吸引力的问题
绿色低碳：规划布局适应局地气候，采用绿色节能降碳手段，促进园区可持续发展

规划分析

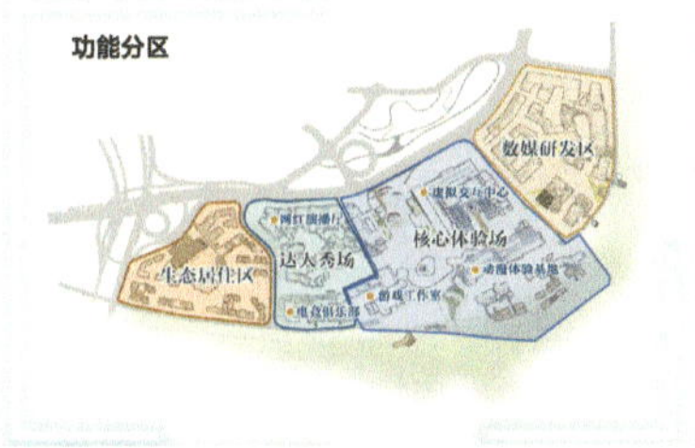

功能分区
数媒研发区
核心体验场
达人秀场
生态居住区

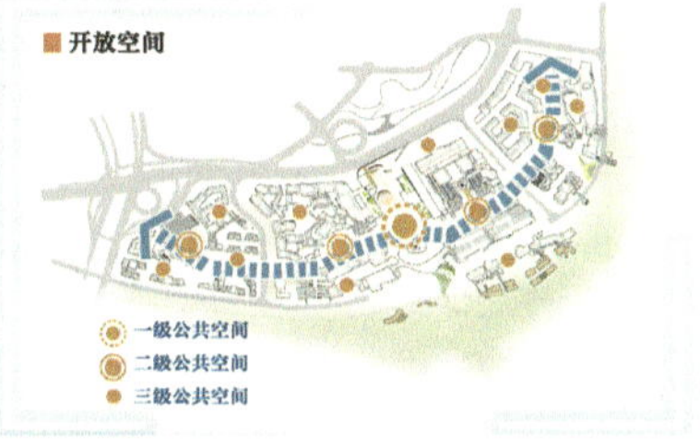

开放空间
一级公共空间
二级公共空间
三级公共空间

道路系统
主干路
次干路
下穿路
地下停车场

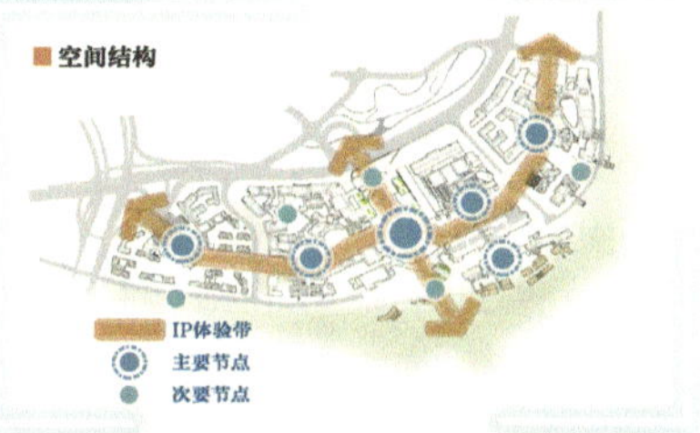

空间结构
IP体验带
主要节点
次要节点

总平面图
1:2500
0 25 50 100 200m
A-生态居住区
1 综合文娱楼
2 创新混居广场
3 创新办公工坊
4 主题展示厅
5 绿色新型住宅
B-达人秀场
6 达人办公楼
7 达人演播厅
8 达人剧场
9 达人会议厅
10 电子娱乐门户广场
11 电竞擂台
C-核心体验场
12 电竞工作室
13 坡地展台
14 圆形剧场
15 烟囱光影秀场
16 廊桥观景台
17 草坪音乐厅
18 码头广场
19 码头
20 虚拟技术中心
21 烟囱虚拟舞台
22 虚拟交互广场
23 动漫体验基地
24 滨江游戏盒子
25 滨江动漫盒子
D-数媒开发区
26 数媒工作室
27 数媒论坛大楼
28 数媒论坛大楼
29 数媒动漫手工坊
经济技术指标
总用地面积：46 公顷
总建筑面积：487383m²
容积率：1.06
建筑密度：37.3%
绿地率：36%

一级公共空间

场景特点

集中在大型广场
内部构筑物等灵活布局

节日庆典　大型展览

二级公共空间

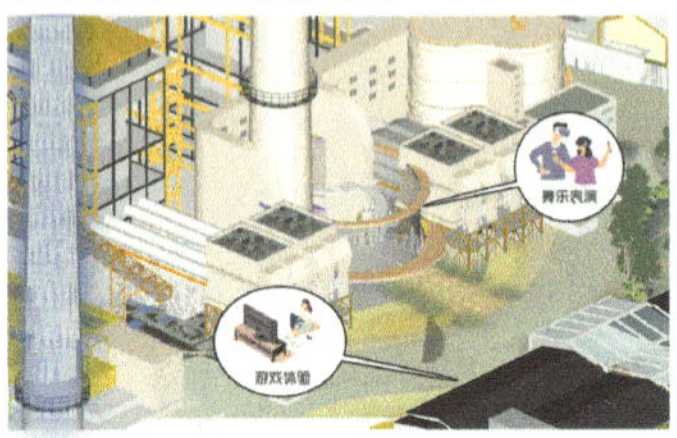

由建筑围合限定
广场活动随IP主题而更替

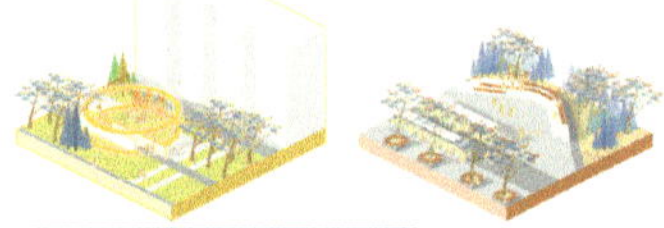

三级公共空间

借助建筑立面与建筑内部
空间，容纳日常活动

休息平台　直播单元

绿色低碳空间体系

在碳中和视角下，通过能源循环再利用设计，集约紧凑的复合空间设计，绿色低碳建筑设计增加碳汇，碳汇生能。

炭转电 ---→ 清洁能源

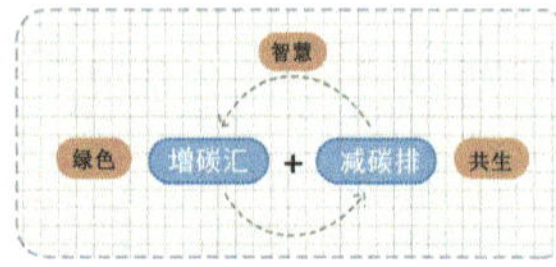

低碳工具箱

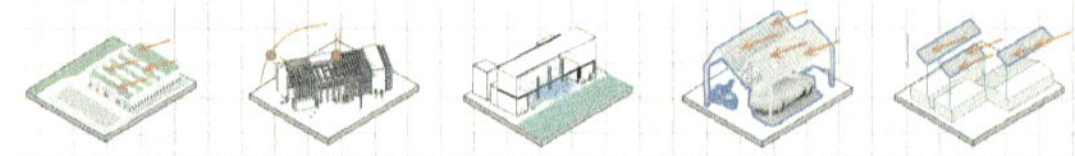

屋顶绿化	架设格栅	底层架空	充储一体	光伏铺设
吸收外围环境热辐射同时减轻内部空间的热负荷	阻挡直射光，通过格栅的反射，形成柔和光环境	形成架空层顶下的风环境减轻屋顶的热负荷	充电桩上增设光伏板架，使充电、储电一体	将光能转化为电能，提供场地能源使用

低碳空间体系

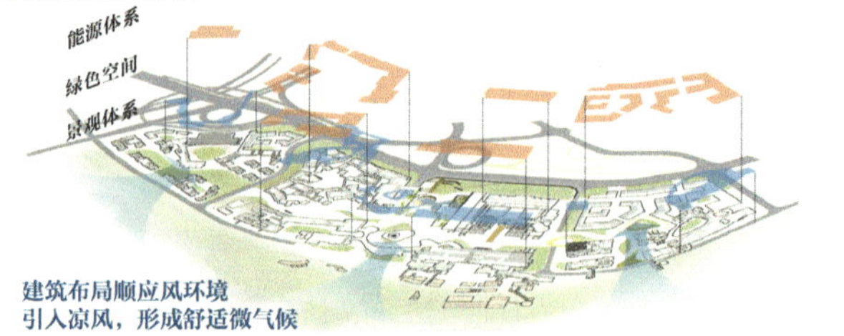

建筑布局顺应风环境
引入凉风，形成舒适微气候

充储一体充电站
利用光伏太阳能发电，储能系统，供给绿色电能，辅助实现电力削峰填谷。

光伏板铺设
在部分建筑屋面及墙面铺设随太阳光线照射角度转动的光伏板，转化光能。

光伏遮阳"树"
通过光伏效应将光能转化为电能，既可以遮阳，也可以发电储能。

多维慢行空间体系

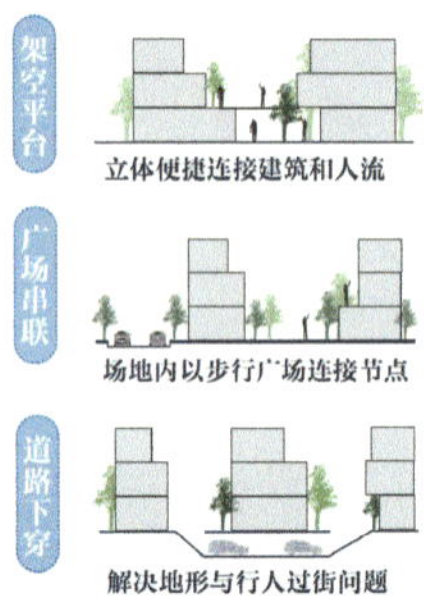

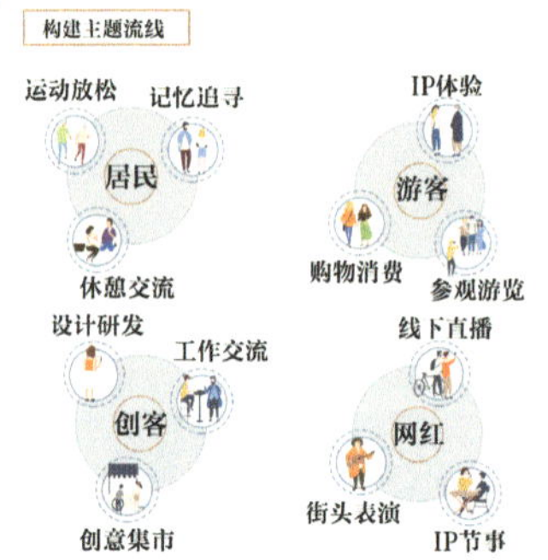

慢行系统路径组织

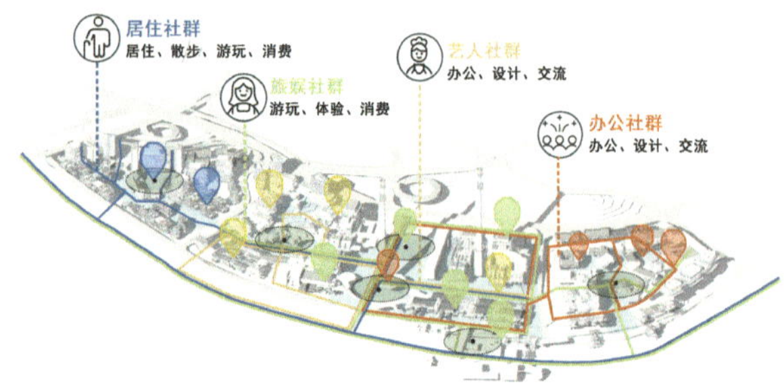

文化记忆空间体系

文化要素识别，记忆空间营造

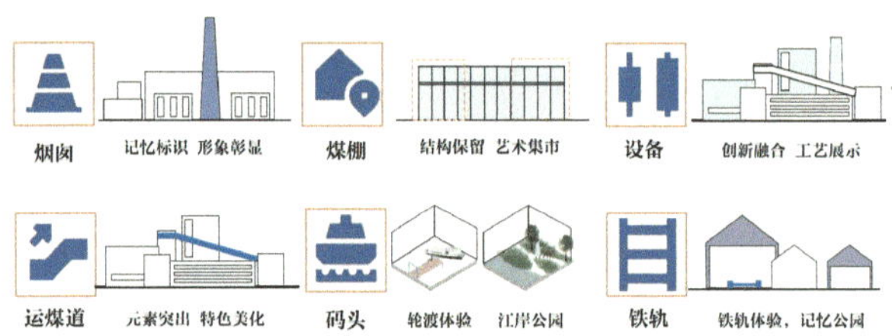

文化感知路径

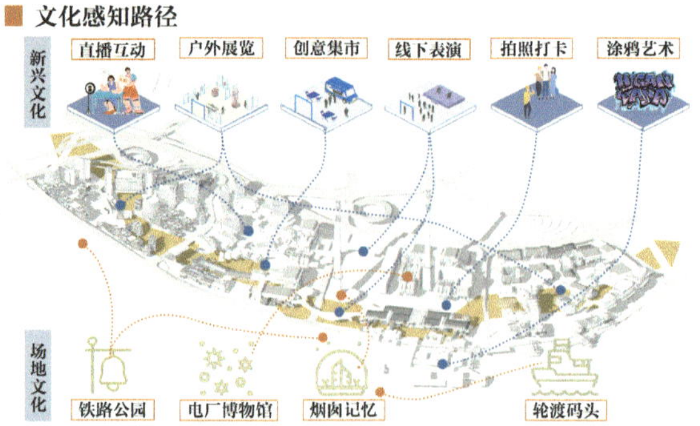

旧建筑更新与利用

建筑+历史元素保留

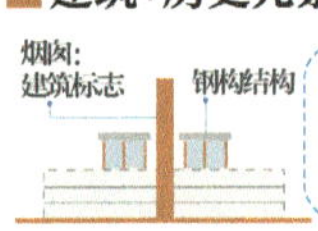

保留了具有工业特征的建筑元素，融合到新的设计中。

电厂烟囱与设备房	元素保留 置入技术	风貌展示 视觉体验 品牌宣传

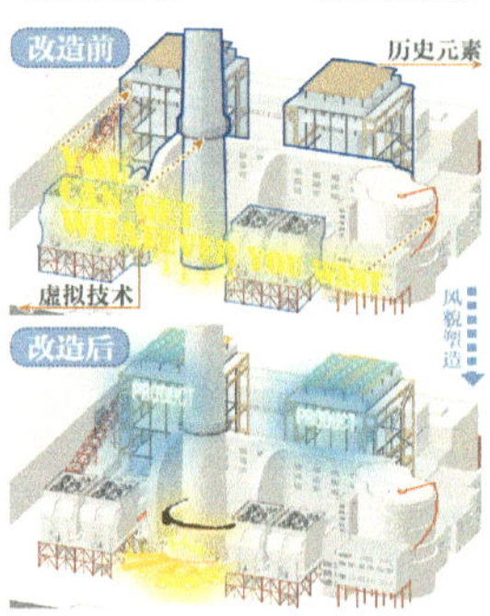

建筑+空间重组

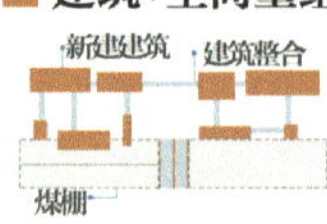

原有建筑被保留整合到新的设计中，形成整体。

煤棚	功能置入 空间重组	场景塑造 活动体验 弹性空间

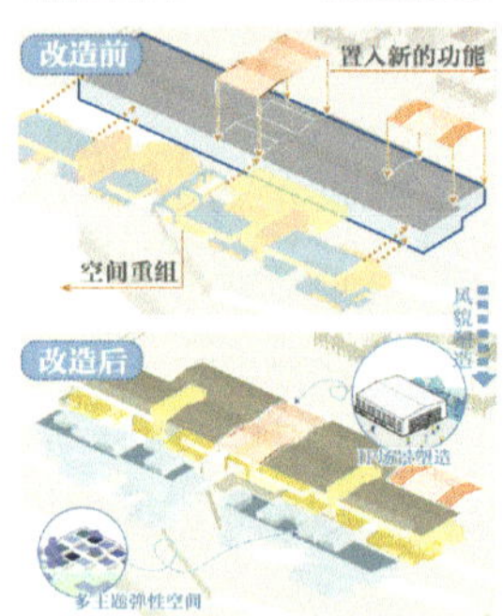

新建筑突出山地特色与绿色节能

可持续设计

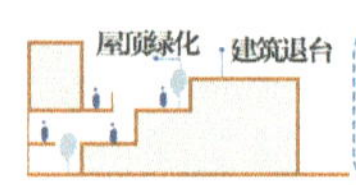

新建居住建筑采用整体退台，增加立体绿化。

居住建筑	建筑退台 景观置入	立体绿化 绿色持续 风格转化

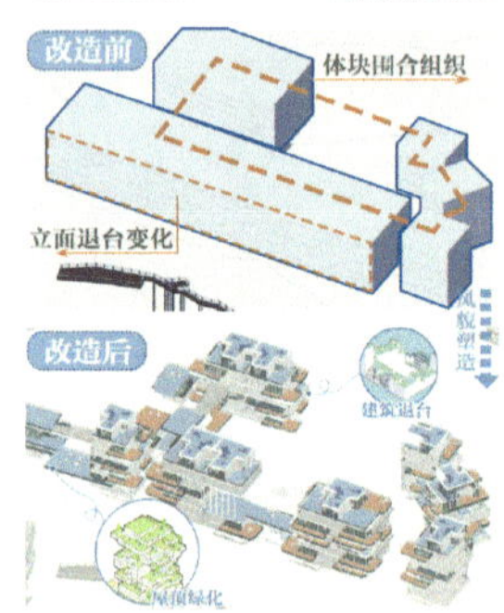

灵活布局

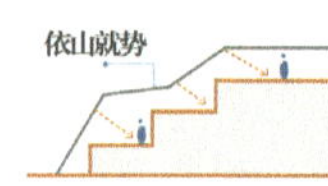

顺应江岸山地地形，依山就势、灵活建筑布局。

摩崖建筑	依山就势 灵活布局	特色风貌 立体空间 江景眺望

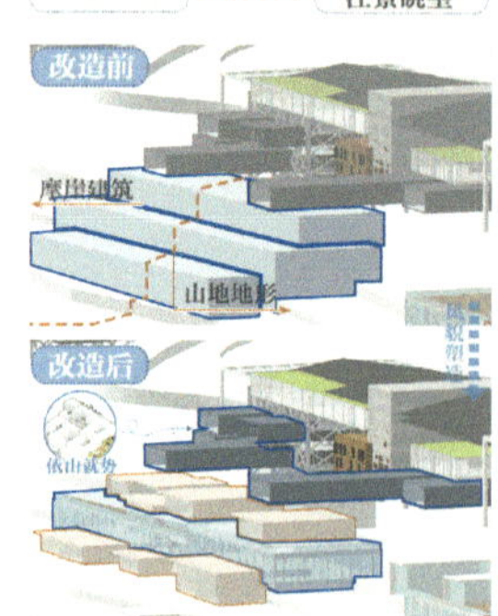

适应IP特点的弹性时空规划

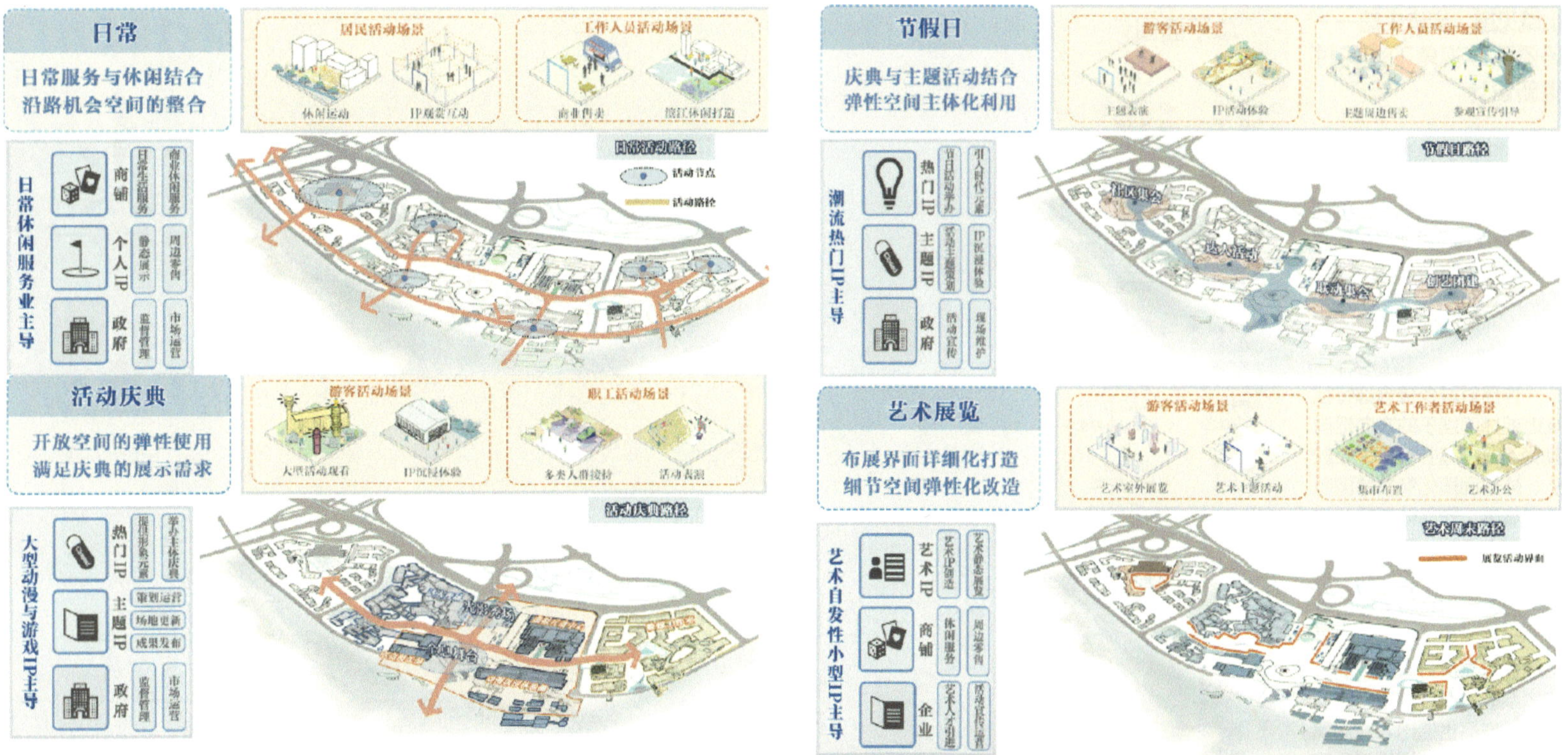

鸟瞰图

沿江立面图

山城见道，步步生花——场景营造视角下莲花村更新设计

参赛院校：吉林建筑大学
作者姓名：李文洁　宋金鹏
指导老师：崔诚慧　吕　静
“重庆规划杯”第四届全国大学生国土空间规划设计竞赛二等奖、最佳表现奖

方案点评：

作品对城乡接合部特征及近郊休闲娱乐的方向把握较为准确，对内部资源散乱、外部同质化竞争等问题认识清醒。作品依托现状步道等既有条件，重点组织各具特色的步行游览线路，分类串联各种景观要素、既有资源和生产生活场景，最终形成比较完善且有特色的网络体系。同时针对规划实施问题，作品也提出农村居民利益保障和长期运维管理等方面的合理建议。

规划用地汇总表

用地代码	用地名称	用地面积/hm²
E1	陆地水域	0.95
E2	耕地	17.87
E3	园地	16.08
E4	林地	93.96
E5	草地	1.91
E61	农村居住用地	47.86
R11	一类城镇居住用地	0.25
A22	文化活动用地	1.21
B11	零售商业用地	0.94
B12	批发市场用地	0.08
B13	餐饮用地	2.37
B14	旅馆用地	1.29
B22	艺术传媒用地	0.19
B31	娱乐用地	1.27
M1	一类工业用地	2.14
M2	二类工业用地	0.38
U22	环卫用地	1.24
G3	广场用地	0.47
H3	区域公共设施用地	4.54
	总用地面积	195

经济技术指标

类型		指标
总用地面积		195hm²
总建筑面积		391575.87m²
其中	拆除	18079.91m²
	保留	383344.87m²
	新建	8231m²
建筑密度		9.50%
容积率		0.20

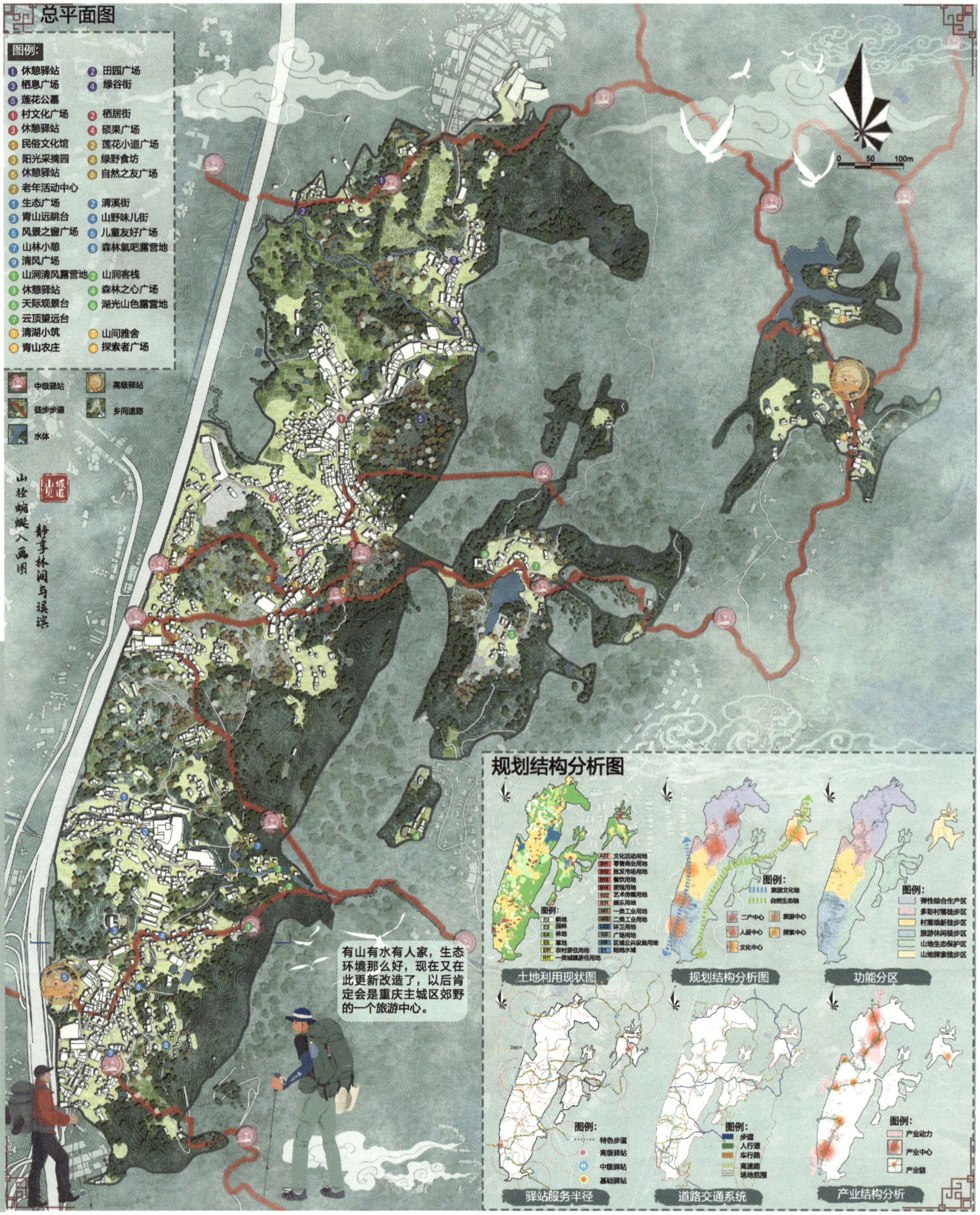

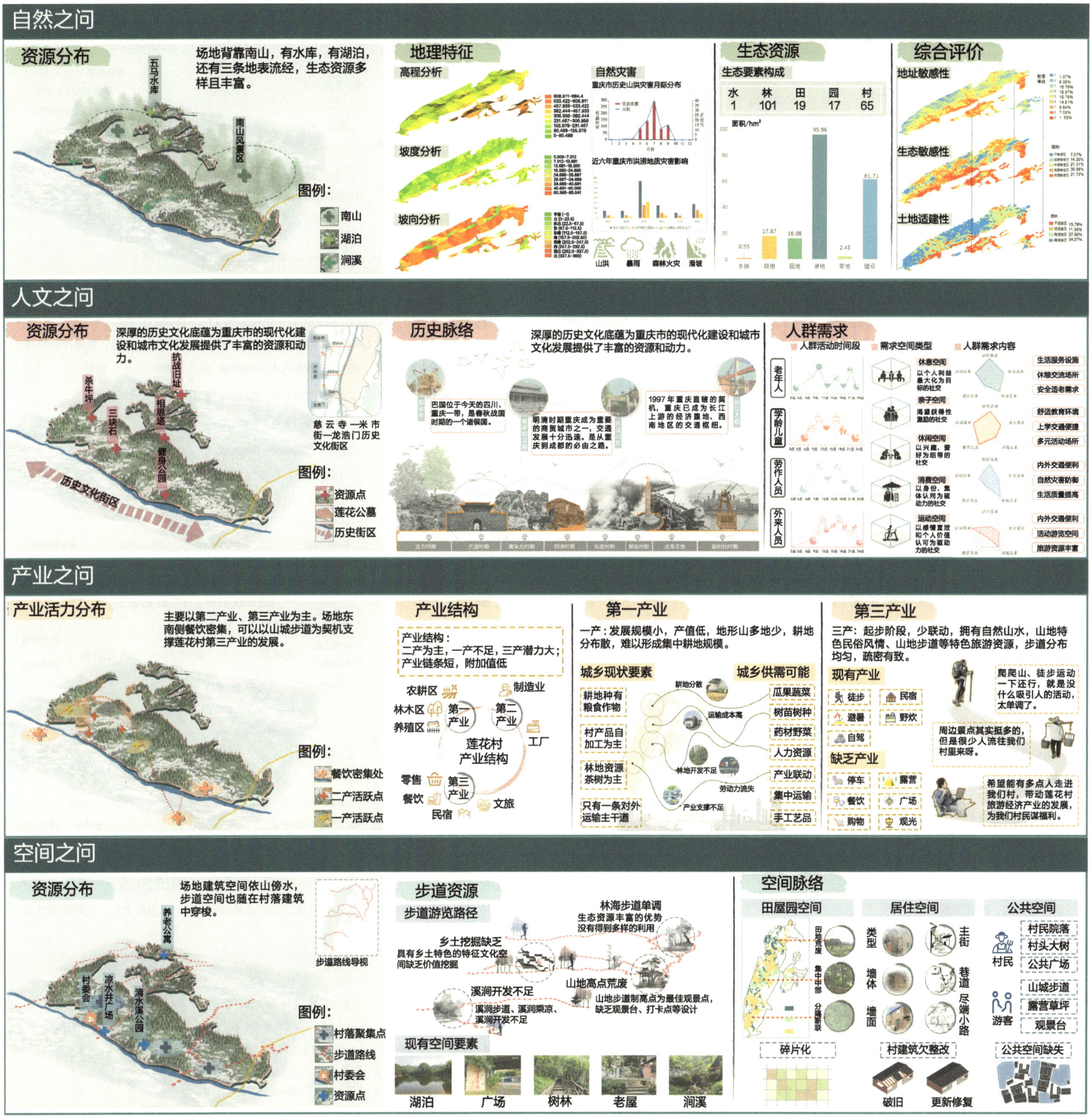
自然之间
资源分布
场地背靠南山，有水库，有湖泊，还有三条地表流经，生态资源多样且丰富。
五马水库
南山风景区
图例：
南山
湖泊
涧溪
地理特征
高程分析
坡度分析
坡向分析
自然灾害
重庆市历史山洪灾害月际分布
近六年重庆市洪涝地质灾害影响
山洪
暴雨
森林火灾
滑坡
生态资源
生态要素构成
水 1
林 101
田 19
园 17
村 65
面积/hm²
综合评价
地址敏感性
生态敏感性
土地适建性
人文之间
资源分布
深厚的历史文化底蕴为重庆市的现代化建设和城市文化发展提供了丰富的资源和动力。
杀牛坪
三块石
抗战旧址
相思塔
健身公园
历史文化街区
慈云寺—米市街—龙浩门历史文化街区
图例：
资源点
莲花公墓
历史街区
历史脉络
深厚的历史文化底蕴为重庆市的现代化建设和城市文化发展提供了丰富的资源和动力。
巴国位于今天的四川、重庆一带，是春秋战国时期的一个诸侯国。
明清时期重庆成为重要的商贸城市之一，交通发展十分迅速，是从重庆到成都的必由之路。
1997年重庆直辖的契机，重庆已成为长江上游的经济重地、西南地区的交通枢纽。
人群需求
人群活动时间段
需求空间类型
人群需求内容
老年人
学龄儿童
劳作人员
外来人员
休憩空间
亲子空间
休闲空间
消费空间
运动空间
生活服务设施
休憩交流场所
安全适老需求
舒适教育环境
上学交通便捷
多元活动场所
内外交通便利
自然灾害防御
生活质量提高
内外交通便利
活动游览空间
旅游资源丰富
产业之间
产业活力分布
主要以第二产业、第三产业为主。场地东南侧餐饮密集，可以以山城步道为契机支撑莲花村第三产业的发展。
图例：
餐饮密集处
二产活跃点
一产活跃点
产业结构
产业结构：
二产为主，一产不足，三产潜力大；
产业链条短，附加值低
农耕区
林木区
养殖区
第一产业
第二产业
第三产业
制造业
工厂
莲花村产业结构
零售
餐饮
民宿
文旅
第一产业
一产：发展规模小，产值低，地形山多地少，耕地分布散，难以形成集中耕地规模。
城乡现状要素
城乡供需可能
耕地种有粮食作物
村产品自加工为主
林地资源茶树为主
只有一条对外运输主干道
瓜果蔬菜
树苗树种
药材野菜
人力资源
产业联动
集中运输
手工艺品
第三产业
三产：起步阶段，少联动，拥有自然山水，山地特色民俗风情、山地步道等特色旅游资源，步道分布均匀，疏密有致。
现有产业
徒步
民宿
避暑
野炊
自驾
缺乏产业
停车
露营
餐饮
广场
购物
观光
爬爬山、徒步运动一下还行，就是没什么吸引人的活动，太单调了。
周边景点其实挺多的，但是很少人流往我们村里来呀。
希望能有多点人走进我们村，带动莲花村旅游经济产业的发展，为我们村民谋福利。
空间之间
资源分布
场地建筑空间依山傍水，步道空间也随在村落建筑中穿梭。
步道路线导视
养老公寓
村委会
凉水井广场
清水溪公园
图例：
村落聚集点
步道路线
村委会
资源点
步道资源
步道游览路径
林海步道单调
生态资源丰富的优势没有得到多样的利用
乡土挖掘缺乏
具有乡土特色的特征文化空间缺乏价值挖掘
溪涧开发不足
溪涧步道、溪涧乘凉、溪涧开发不足
山地高点荒废
山地步道制高点为最佳观景点，缺乏观景台、打卡点等设计
现有空间要素
湖泊
广场
树林
老屋
涧溪
空间脉络
田屋园空间
居住空间
公共空间
类型
墙体
墙面
主街
巷道
尽端小路
村民
游客
村民院落
村头大树
公共广场
山城步道
露营草坪
观景台
碎片化
村建筑欠整改
公共空间缺失
破旧
更新修复

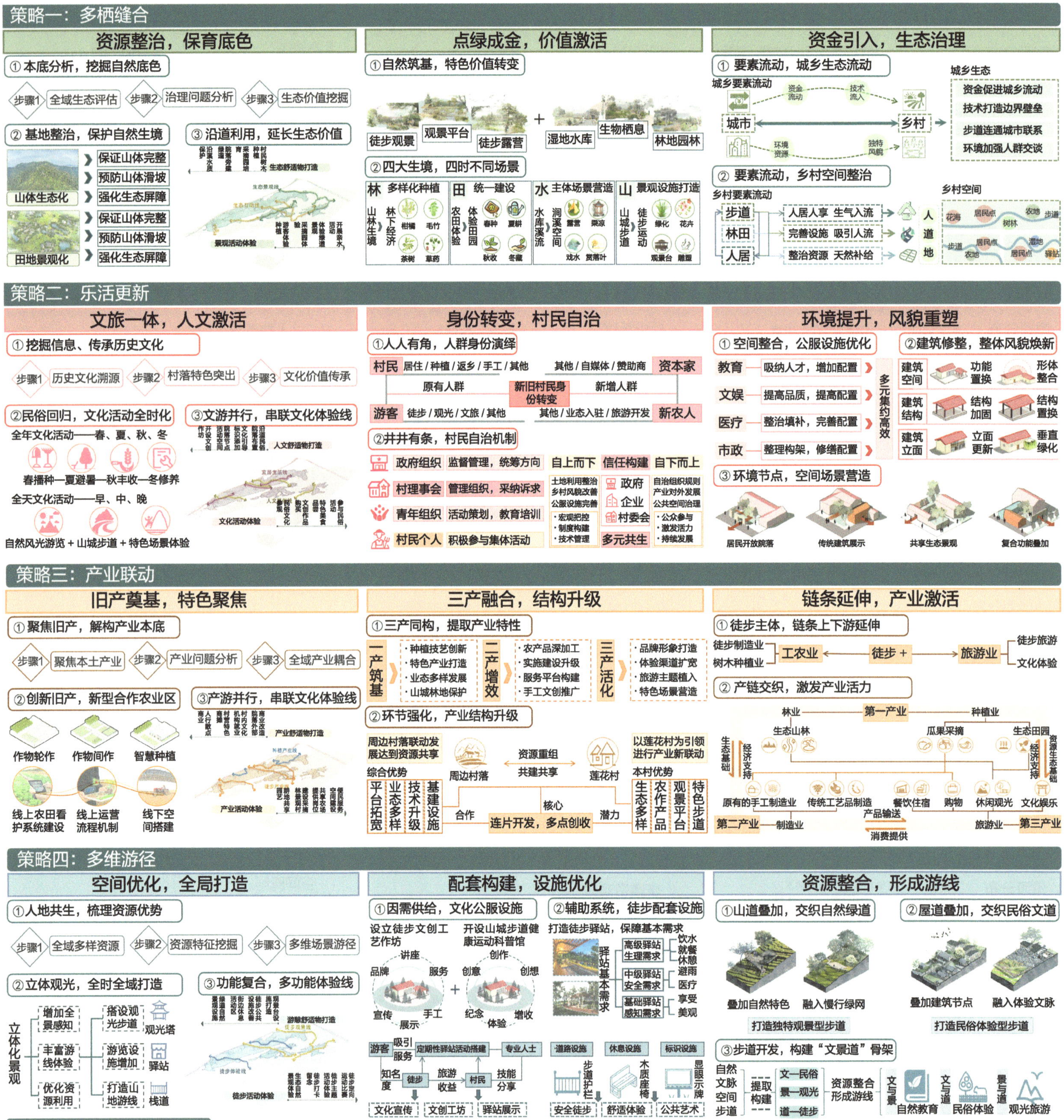

策略一：多栖缝合
资源整治，保育底色
①本底分析，挖掘自然底色
步骤1 全域生态评估
步骤2 治理问题分析
步骤3 生态价值挖掘
②基地整治，保护自然生境
山体生态化
保证山体完整
预防山体滑坡
强化生态屏障
田地景观化
③沿道利用，延长生态价值
点绿成金，价值激活
①自然筑基，特色价值转变
徒步观景
观景平台
徒步露营
湿地水库
生物栖息
林地园林
②四大生境，四时不同场景
林 多样化种植
田 统一建设
水 主体场景营造
山 景观设施打造
资金引入，生态治理
① 要素流动，城乡生态流动
城乡要素流动
城市
乡村
城乡生态
资金促进城乡流动
技术打造边界壁垒
步道连通城市联系
环境加强人群交谈
② 要素流动，乡村空间整治
乡村要素流动
乡村空间
步道
林田
人居
人居人享 生气入流
完善设施 吸引人流
整治资源 天然补给
策略二：乐活更新
文旅一体，人文激活
①挖掘信息、传承历史文化
步骤1 历史文化溯源
步骤2 村落特色突出
步骤3 文化价值传承
②民俗回归，文化活动全时化
全年文化活动——春、夏、秋、冬
春播种—夏避暑—秋丰收—冬修养
全天文化活动——早、中、晚
自然风光游览＋山城步道＋特色场景体验
③文游并行，串联文化体验线
身份转变，村民自治
①人人有角，人群身份演绎
村民 居住/种植/返乡/手工/其他
其他/自媒体/赞助商 资本家
原有人群
新旧村民身份转变
新增人群
游客 徒步/观光/文旅/其他
其他/业态入驻/旅游开发 新农人
②井井有条，村民自治机制
政府组织 监督管理，统筹方向
村理事会 管理组织，采纳诉求
青年组织 活动策划，教育培训
村民个人 积极参与集体活动
自上而下 信任构建 自下而上
政府
企业
村委会
多元共生
环境提升，风貌重塑
① 空间整合，公服设施优化
教育 吸纳人才，增加配置
文娱 提高品质，提高配置
医疗 整治填补，完善配置
市政 整理构架，修缮配置
多元集约高效
②建筑修整，整体风貌焕新
建筑空间 功能置换 形体整合
建筑结构 结构加固 结构置换
建筑立面 立面更新 垂直绿化
③环境节点，空间场景营造
居民开放院落
传统建筑展示
共享生态景观
复合功能叠加
策略三：产业联动
旧产奠基，特色聚焦
①聚焦旧产，解构产业本底
步骤1 聚焦本土产业
步骤2 产业问题分析
步骤3 全域产业耦合
②创新旧产，新型合作农业区
作物轮作
作物间作
智慧种植
线上农田看护系统建设
线上运营流程机制
线下空间搭建
③产游并行，串联文化体验线
三产融合，结构升级
①三产同构，提取产业特性
一产筑基
种植技艺创新
特色产业打造
业态多样发展
山城林地保护
二产增效
农产品深加工
实施建设升级
服务平台构建
手工文创推广
三产活化
品牌形象打造
体验渠道扩宽
旅游主题植入
特色场景营造
②环节强化，产业结构升级
周边村落联动发展达到资源共享
资源重组
共建共享
周边村落
莲花村
以莲花村为引领进行产业新联动
综合优势
平台拓宽
业态多样
技术升级
基建设施
本村优势
生态多样
农作产品
观景平台
特色步道
合作
核心
潜力
连片开发，多点创收
链条延伸，产业激活
①徒步主体，链条上下游延伸
徒步制造业
树木种植业
工农业
徒步＋
旅游业
徒步旅游
文化体验
② 产链交织，激发产业活力
林业
第一产业
种植业
第二产业
制造业
产品输送
消费提供
旅游业
第三产业
策略四：多维游径
空间优化，全局打造
①人地共生，梳理资源优势
步骤1 全域多样资源
步骤2 资源特征挖掘
步骤3 多维场景游径
②立体观光，全时全域打造
立体化景观
增加全景感知
丰富游线体验
优化资源利用
搭建观光步道
游览设施增加
打造山地游线
观光塔
驿站
栈道
③功能复合，多功能体验线
配套构建，设施优化
①因需供给，文化公服设施
设立徒步文创工艺作坊
开设山城步道健康运动科普馆
②辅助系统，徒步配套设施
打造徒步驿站，保障基本需求
高级驿站 生理需求
中级驿站 安全需求
基础驿站 感知需求
文化宣传
文创工坊
驿站展示
安全徒步
舒适体验
公共艺术
资源整合，形成游线
①山道叠加，交织自然绿道
叠加自然特色
融入慢行绿网
打造独特观景型步道
②屋道叠加，交织民俗文道
叠加建筑节点
融入体验文脉
打造民俗体验型步道
③步道开发，构建“文景道”骨架
自然文脉空间步道
提取构建
文—民俗
景—观光
道—徒步
资源整合形成游线
自然教育
民俗体验
观光旅游

重点节点打造

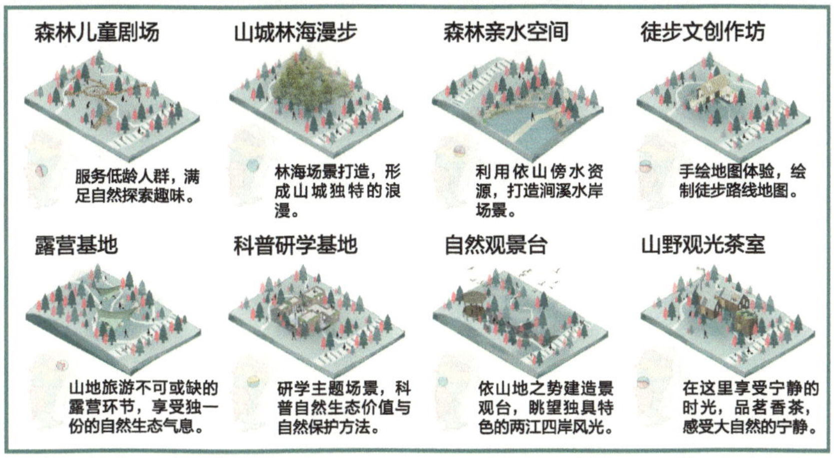

旅游休闲徒步区 24 小时时间线

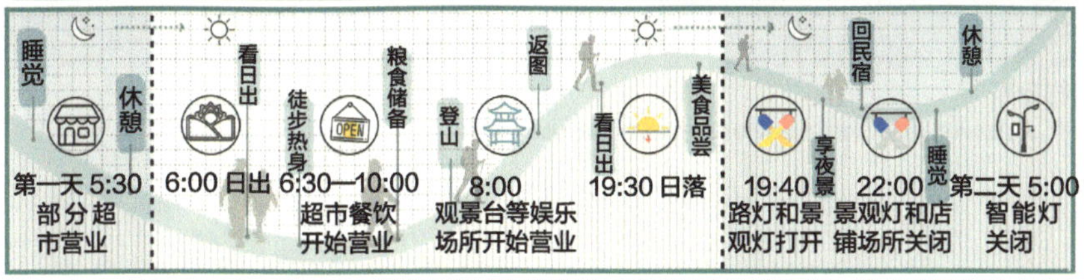

重点建筑更新

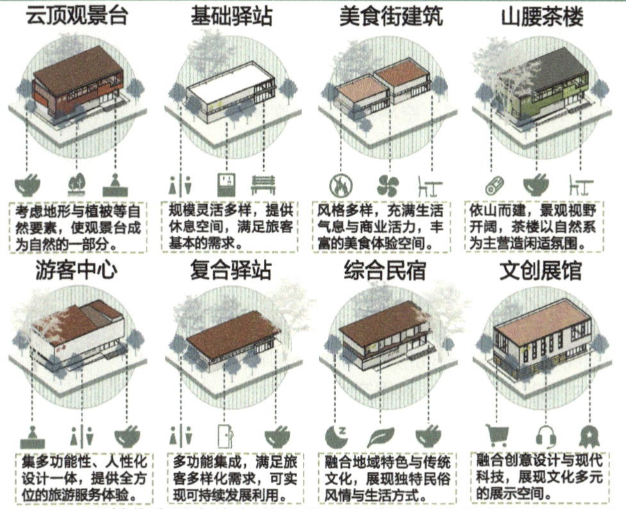

废弃建筑
保留结构
板块穿插
功能转化
焕然新生

＋

传统建筑
保留建筑
重整修缮
重庆特色
依山而建
错落有致

驿站作为游客徒步的重要公共建筑，应该具有独特的设计技巧。

基础驿站设计	复合驿站设计	综合驿站设计
简约小型休息驿站　木构建造	徒步休息驿站为主　人群分区	人群心理需求　徒步服务中心
休息观景平台　醒目的标识	公共与私密空间	结合乡村公共空间

自然山水探索道——指月峰步道清凉广场

生态 + 观光 + 徒步

自然观景　俯瞰山城　旅游休憩

生态价值利用：
打造森林湿地景观

旅游观光：
山城特色视角观光

徒步路线规划：
沿溪设置服务设施

产业激活利民道——清水溪步道香野味街段

徒步 + 商业 + 美食

山地游憩　购物体验　重庆风味

徒步活动：
打造消费场景

创业就业：
提供居民就业机会

特色美食：
新吸引点与竞争力

山城历史人文道——莲花小道园地段

乡村 + 耕地 + 体验

乡村游憩　农耕活动　淳朴乡风

城郊乡村开发：
打造农旅乡村

耕地活化：
合作建设农家乐

徒步体验：
配套服务设施提升

登高游憩体验道——清水溪沿溪步道

休闲 + 溪水 + 徒步

假日放松　清水溪　旅游休憩

生态价值利用：
打造森林湿地景观

水源保护：
清水溪水质不受污染

徒步路线规划：
沿溪设置服务设施

A-48 未来改造计划

参赛院校：四川美术学院
作者姓名：郭千姿　吴宇轩　徐叶子
指导老师：郭　辉
“重庆规划杯”第四届全国大学生国土空间规划设计竞赛
二等奖、最佳立意奖

方案点评：

该作品秉承“因地制宜，科技赋能”的设计理念，从电厂构件中汲取设计灵感，一方面尊重原有旧厂区的空间肌理，另一方面从原有厂区提取其各类历史文化要素，加以重叠、再现及利用。设计以电厂烟囱为主轴统筹全域，场地内设一主两次轴线，控制场地空间形态。场地西部片区布局高密度社区，中部改造为艺术、展娱空间，东部片区重构为艺术综合体，整个空间设计具有未来主义畅想。作品的不足之处，是各种构筑物建筑物体量尺度过于夸张，现实落地性较弱，且方案对其业态、功能、交通组织、生态绿化设计不够深入。

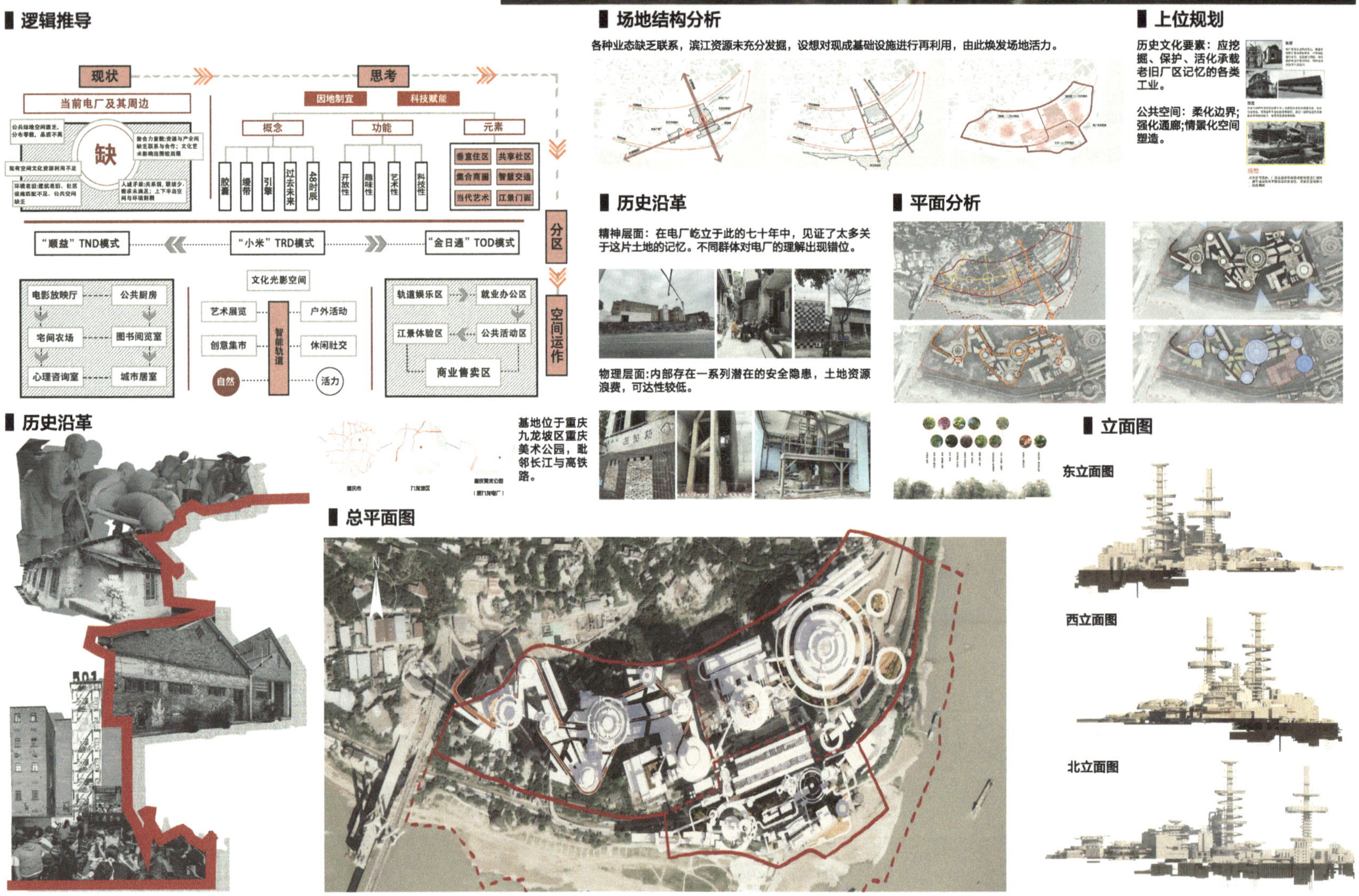

区位分析

人群分析

过路人员5%
——来往于九渡口与巴南的跨江人员

观光游客10%
——有较多外地游客及周末郊游游客

艺术工作者10%
——近川美，多艺术家在九渡口写生

川美学生15%
——集中在电厂周边活动，艺术主体

本地居民60%
——电厂生活区，九渡口本地居民占多

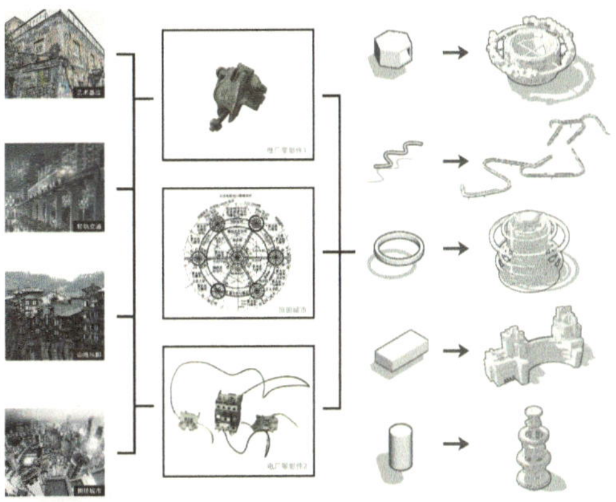

区域总平面图

A-48“顺益”——未来TND模式探索

该节点地处重庆九龙半岛电厂片区西南部，将其定义为以居住功能为主的符号化场景融合，以厂区遗址为文脉，以艺术为底，以生态禀赋为优势，致力于解决高密度城市下住房紧缺问题。设计灵感取自废弃电厂遗址现场拾取到的零部件，各胶囊仪设置纯粹起居功能，实现高密度社区的采光通风及公共活动需求。

局部分析

场地整体呈现长条状，设计以电厂烟囱为主轴，场地内部则设定区域中心轴，以此来统筹全域。功能布局上为各个核心轴覆盖区域设置，在等时生活理念下，形成未来智慧完整社区。

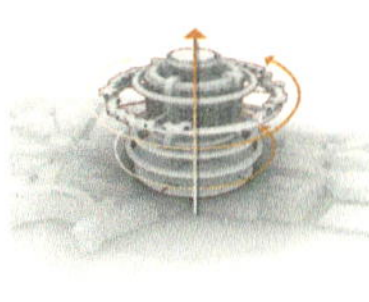

核心主轴

地标性烟囱

漫画效果

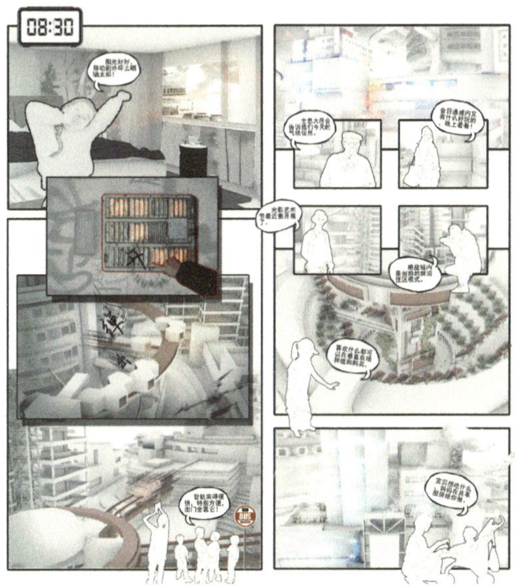

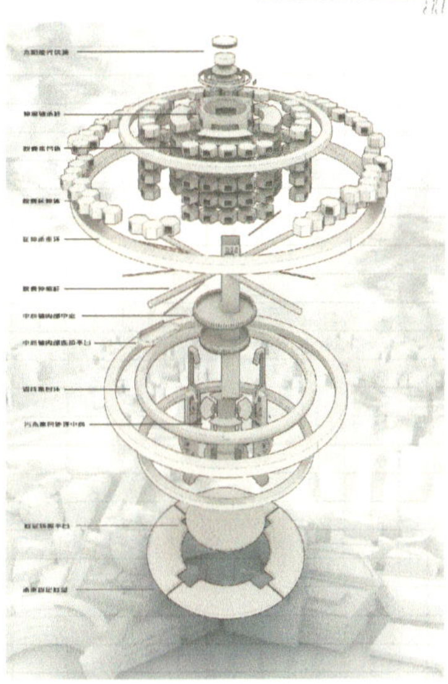

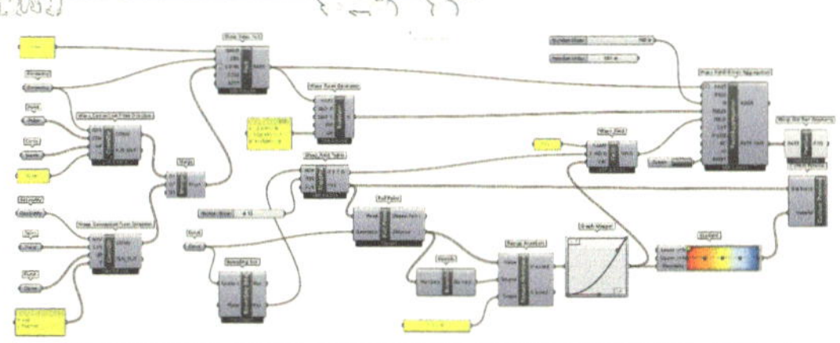

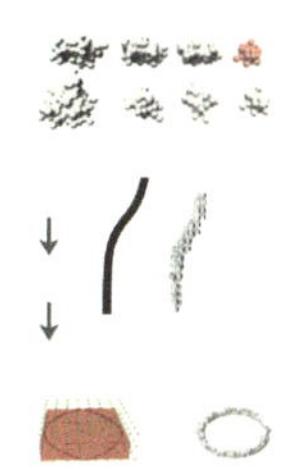

日益高密度的城市发展态势对于居住的采光通风需求提出了更严峻的挑战，然而，人们对于此需求并不是时时存在，当人们有采光观景需求时，可以通过按键弹射胶囊体至外环，并随时回归。

立面集合图

设计在研究胶囊弹射形态分布时，采用wasp离散性参数化手段，模拟居住单元内人群对于采光观赏需求的随机性。

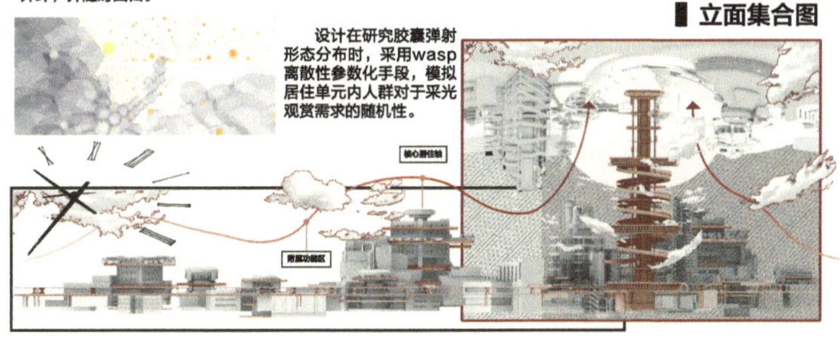

A-48 “小米” ——未来 TRD 模式探索

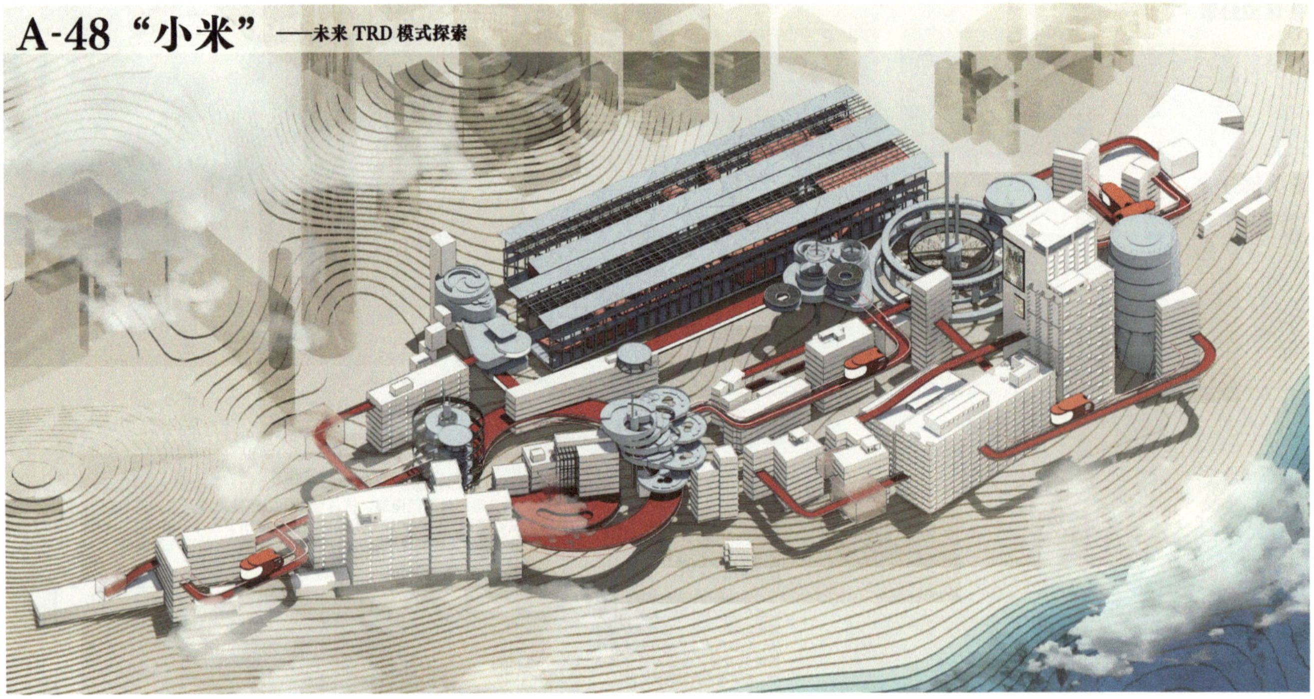

设计说明

设计位于重庆九龙半岛，毗邻重庆美术公园与九龙电厂。设计所在片区为街巷空间，功能定位为文娱产业片区。在眼下社会飞速发展的语境下，设计不仅仅考虑到旧空间的更新，更将围绕在未来TRD模式实施的可能性展开讨论与探索。

随着未来生产力的提高，人们对使用空间的娱乐性与精神作用的标准将日趋提高，而功能的转移成本也会变得更为低廉，这也正对应了解构主义推崇的粉碎中心的理念。设计则围绕此理念，尊重场地自发形成的琐碎空间，将其进行重整并优化其合理性，置入以丝缕为原型的空间装置，串联其中的时空，在整体中探索解放、破坏与新生。

灵感来源

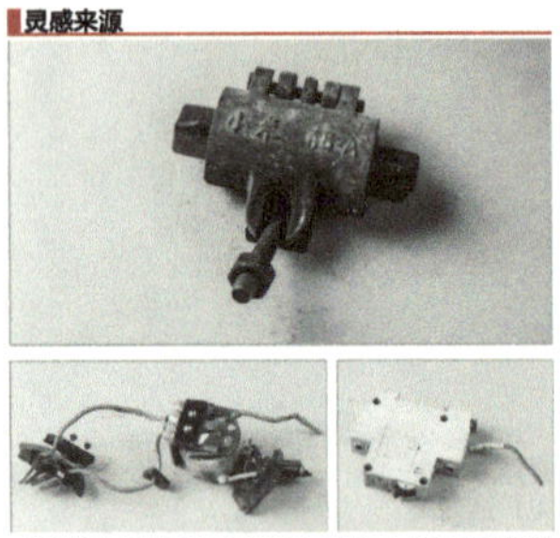

设计的灵感来源于现场调研时在九龙电厂内部捡拾到的废弃零部件，零部件上锈迹斑斑,甚至沾染着雨水和泥土，但同时它们也是九龙电厂历史的一角，如同那个时代的工人于重庆的意义，不应该被时代埋没。因此，在本次设计的过程中，对零部件的形态进行了重塑和演化，形成了设计体量的基本形态，通过这种方式打通电厂片区的过去与将来。

未来单体设想

总平面图

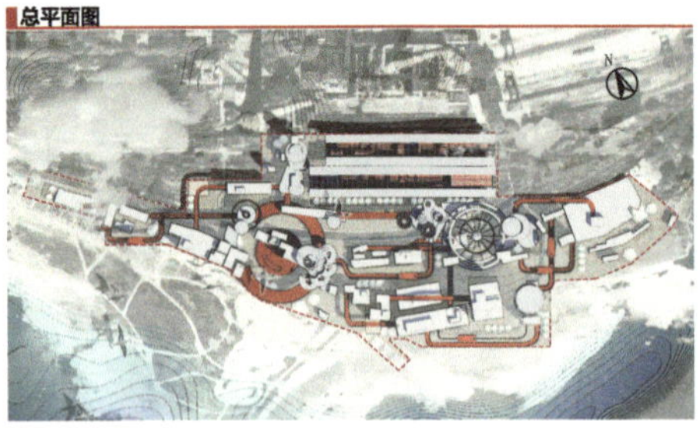

形态生成

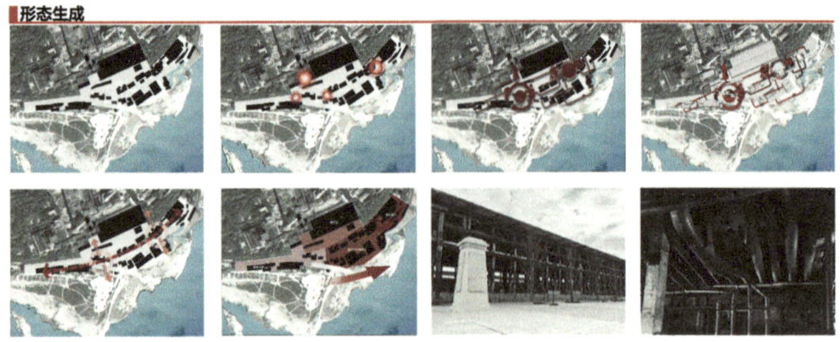

模块化模式探索

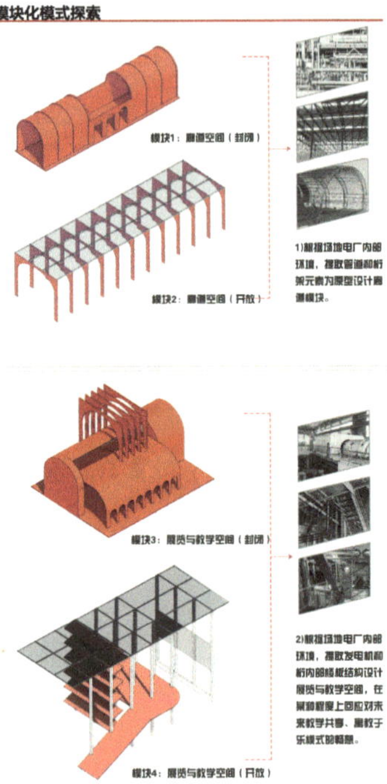

效果图

鸟瞰图

天际线分析

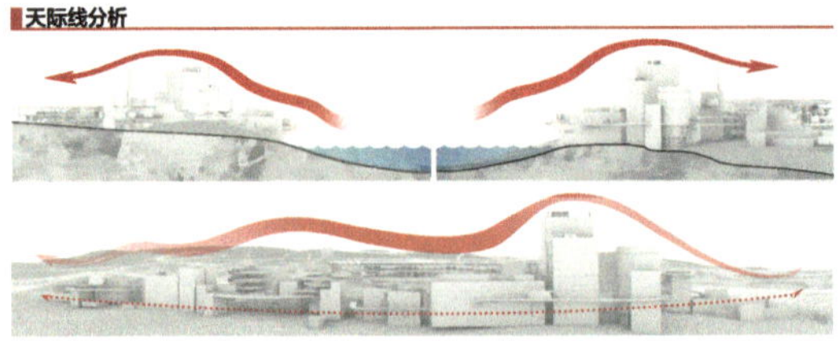

钢煤棚爆炸轴测图

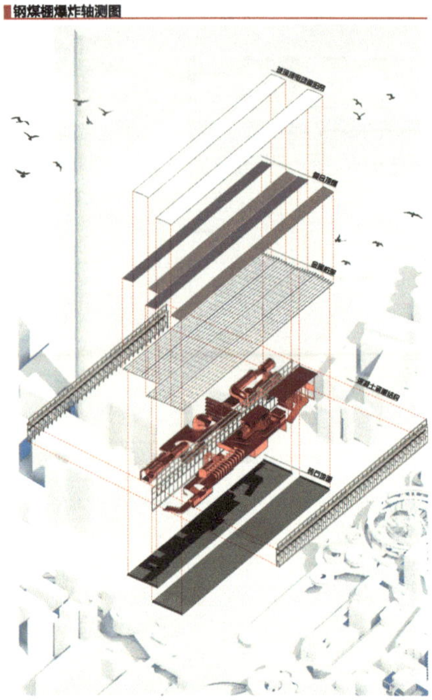

设计说明

场地更新建立起电厂与人们之间的联系。

概念分析

参考工业零件，类型学手法转译。

“A-48” 未来改造计划——未来 TND/TRD/TOD 模式探索

轴测爆炸图/平面图

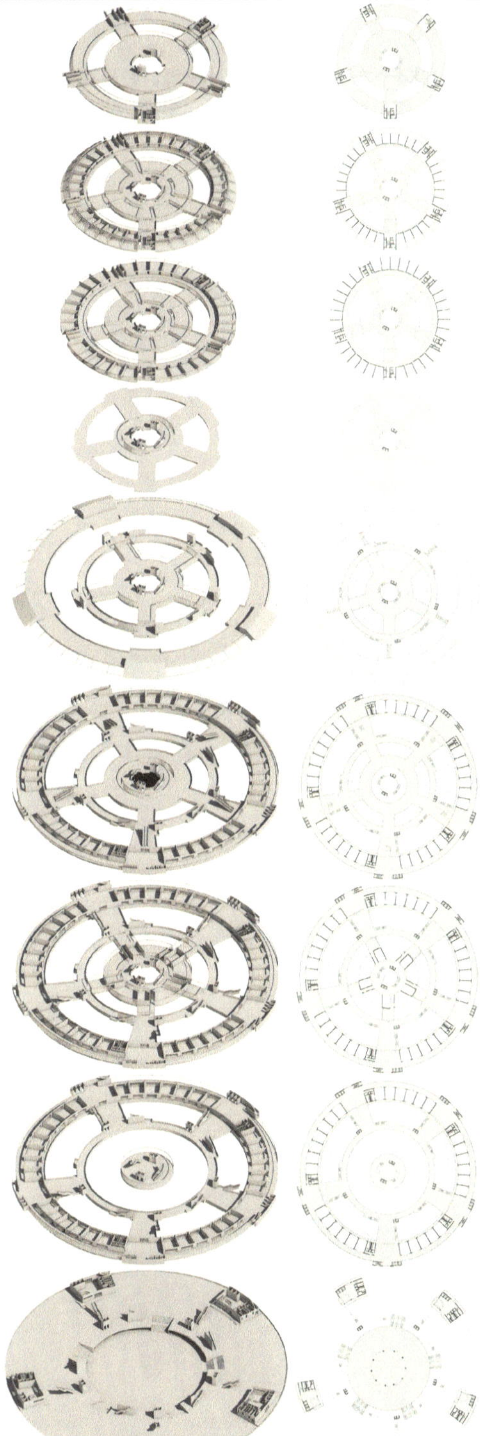

九层

顶层作为多功能空间，依据使用需要灵活划分，以举行展览为主。

八层

外部圈层更好的景观视野提高了办公区域的空间品质；每个单元空间留出宽5米的半室外阳台，遮阳玻璃遇雨天可关闭，晴天可打开。

七层

七层主要作办公使用，分内外两个圈层。内部圈层是直接到达的第一个空间，其向心性为人们的交流联系创造更多机会；外部圈层更加私密，兼具优良景观视野。

六层

机械设备层，为上部转动提供动力。

五层

内向核心空间作为下部游客和上部办公人员的过渡空间，不同人流可在此产生互动与交流，外二圈主要作为观景，也可作为商业展廊。

四层

外部圈层作为商业空间；出次级门厅后是三层屋顶的可上人屋面，也可选择电动扶梯通向五层；核心空间作为下部游客人流和上部办公人流的过渡空间。

三层

五个门厅通往核心空间实现人流聚集，功能主要作开放性空间，同时在路径中插入公共交流与休憩空间；外圈步行路径宽度为5m，加入代步工具与智能导航系统等工具，优化游客的使用体验。

二层

从五个辅助空间上二层后是五个门厅，作为疏散人流的空间；游览路径内侧为商业空间，外侧玻璃幕提供良好的景观视野，可行可观可赏；建筑内部形成两个层级的庭院，保证采光通风的同时与自然互动。

一层

底层架空打造视线通廊，充分利用南向和东南向的自然江景；五个辅助空间对应五股来向人流，交通核直达建筑内部，也可通过分散的垂直交通进入；向心性下沉广场引导人流聚集产生互动，可在此组织各种公共活动。

概念分析

交通节点　艺术业态　场地周边重要节点　功能结构

改造策略

1. 保留主要承重结构，拆除部分废弃管道，对有价值的构件进行保留，一方面作为历史记忆，另一方面加强人们的空间体验感，直观感受工业遗址，体会历史，增强场所感。

2. 鉴于电厂缺少电梯等无障碍设施，楼梯在建筑较深处，因此在原有结构旁扩建垂直交通，延续工业框架结构，垂直电梯上升可达各层，增加外部人员进入建筑内部的机会。

3. 增设空中廊道，将原来的屋顶改建为可上人屋面，在做好防护措施的前提下，增强建筑的娱乐性，同时与相邻两片区产生联系。

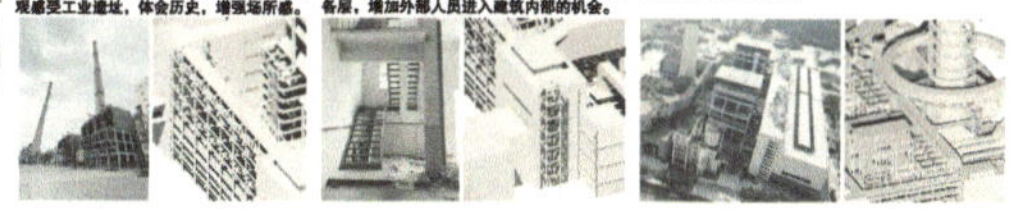

体块生成

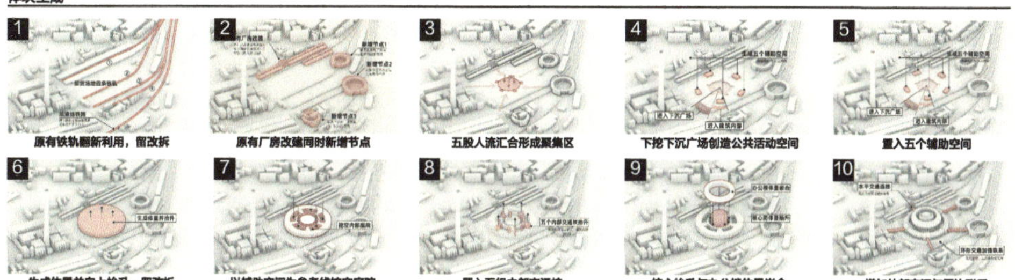

1 原有铁轨翻新利用，留改拆

2 原有厂房改建同时新增节点

3 五股人流汇合形成聚集区

4 下挖下沉广场创造公共活动空间

5 置入五个辅助空间

6 生成体量并向上抬升，留改拆

7 以辅助空间为参考线挖空庭院

8 置入五组内部交通核

9 核心抬升与办公楼体量嵌合

10 增加外部交通与周边联系

总平面图

节点效果

电厂复兴——重塑精神地标

重庆发电厂作为全国“一五”计划重点工程建设项目，因此从历史价值、文化价值、教育价值等方面来说都意义重大，是承载片区历史的城市符号。在进行实地考察以后，对场地进行初步感知，并从精神和物理两个层面分析现存问题，再针对不同问题提出改造措施，最终目的是希望重新焕发电厂的活力，延续其过去的辉煌。

烟囱的再改造——重塑精神地标

电厂烟囱高 240m，高度上的优势使它能够被更广范围内的人们注意到，因此设想对烟囱进行改造，使其成为具有昭示性的地标。考虑到高度带来的景观资源优势，将功能设定为观景瞭望台提高使用价值，通过加建结构强化中心轴线。

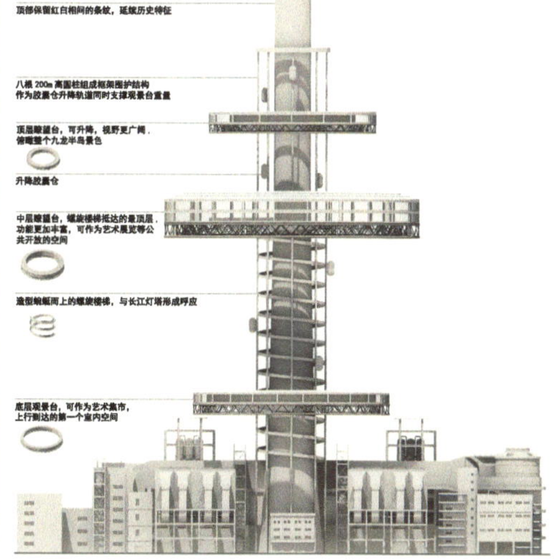

母题延续 · 一点激发——基于城市触媒理论和MBTI的九龙电厂工业遗产更新研究

参赛院校：长江大学
作者姓名：董静怡　刘　洋
指导老师：丰　燕　鲁长亮
“重庆规划杯”第四届全国大学生国土空间规划设计竞赛　二等奖

方案点评：

作品基于“城市触媒”理论融合MBTI心理评价为导向，从文化记忆焕活、建筑肌理更新、功能业态植入、个性场地激发等4个方面进行规划设计构思。设计充分挖掘了场地要素特征，通过打造重要节点及触媒中心，构建场地生态、道路、空间网络，植入多种新型业态，营造出新的功能活力空间。整个场地功能分区清晰，车行、步行交通组织较为有序，街区建筑布局及组合形态较为有序，且在核心区通过平台与滨江生态带建立起直接联系，作品有较好的可实施性。

[现状基地情况]

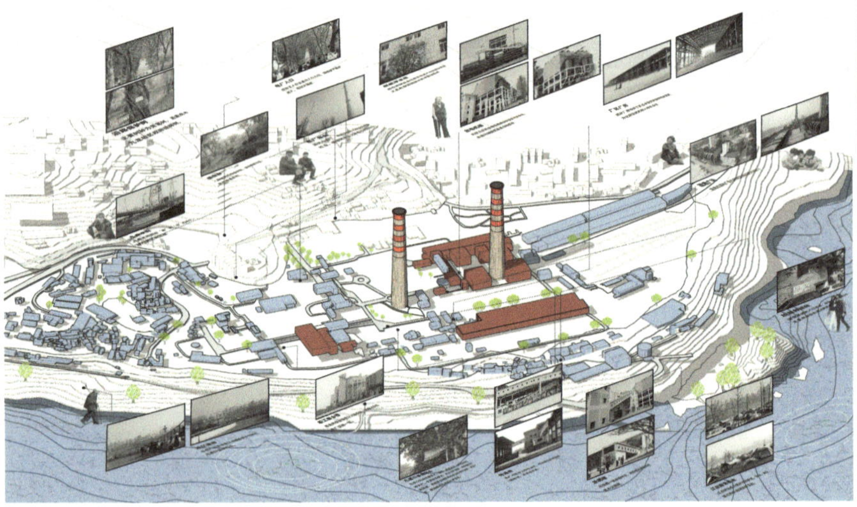

[现状分析]

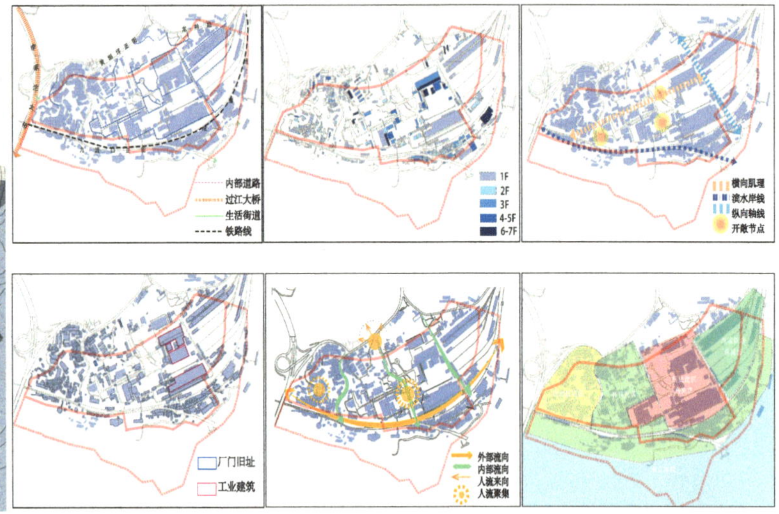

[人群分析]

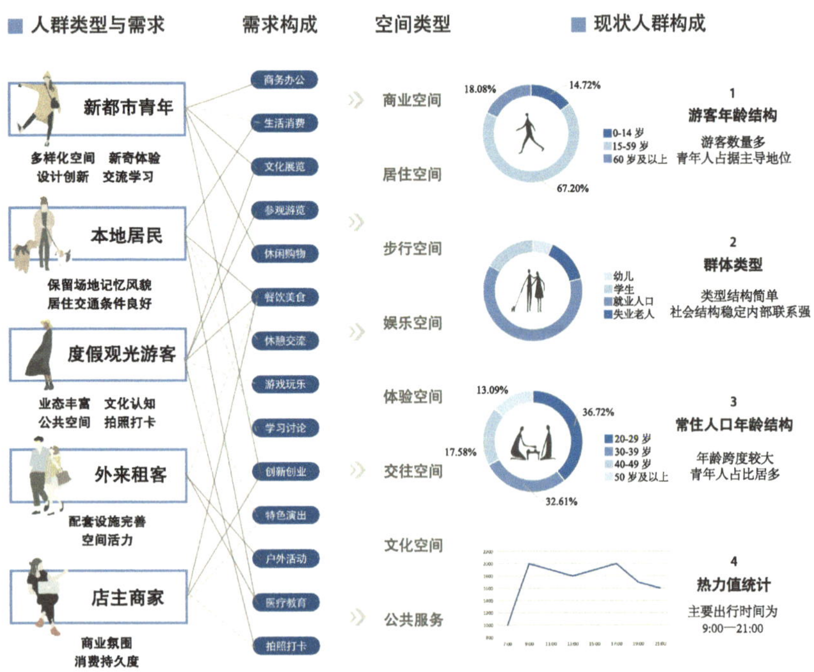

[设计说明]

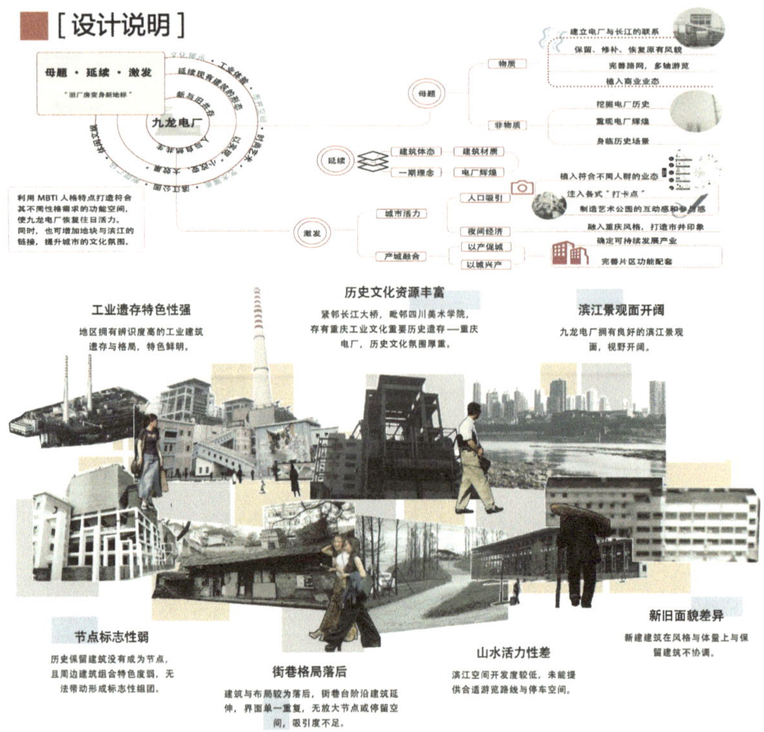

[方案融入展示]

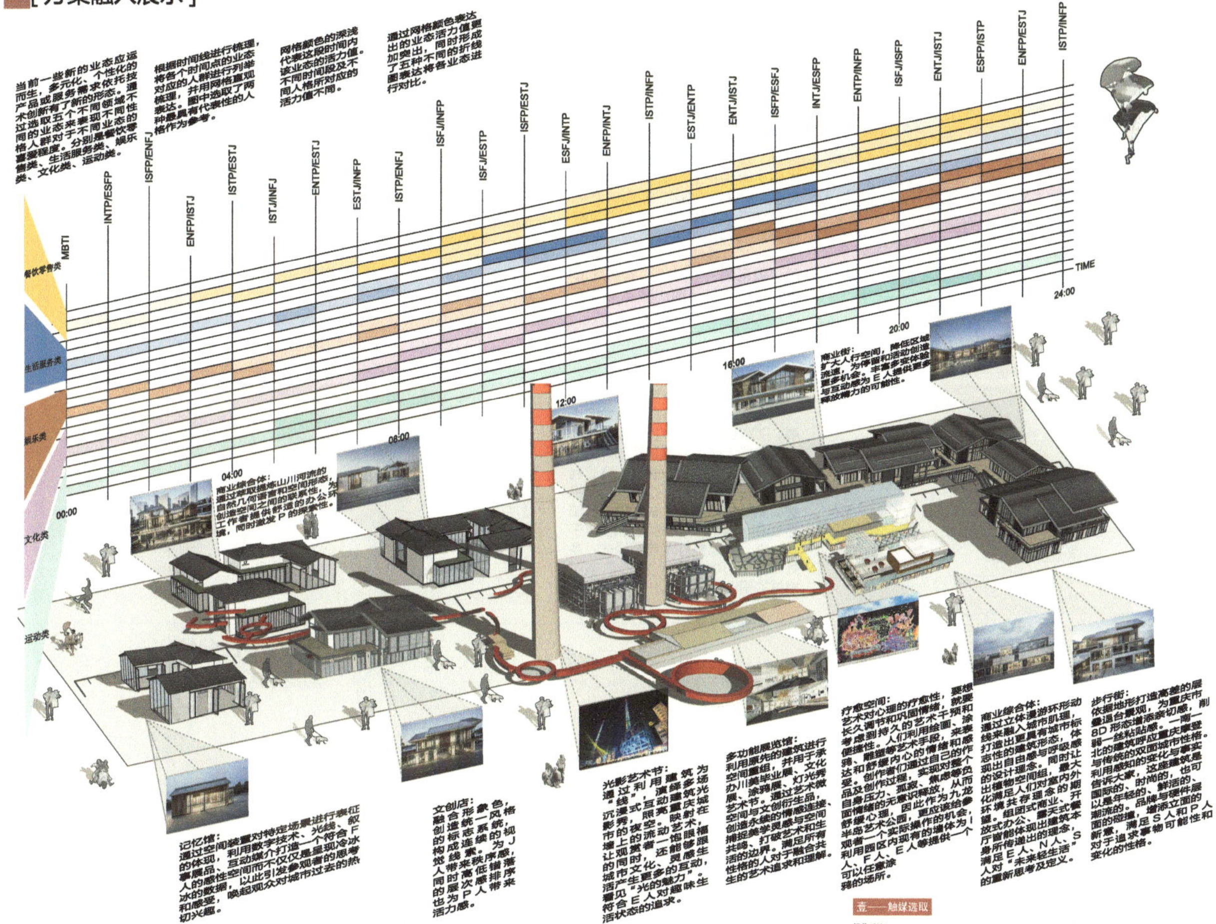

[场地设计分析]

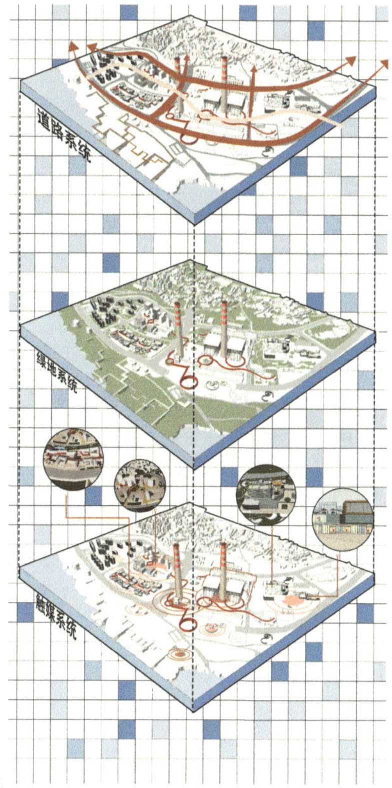

[规划策略]

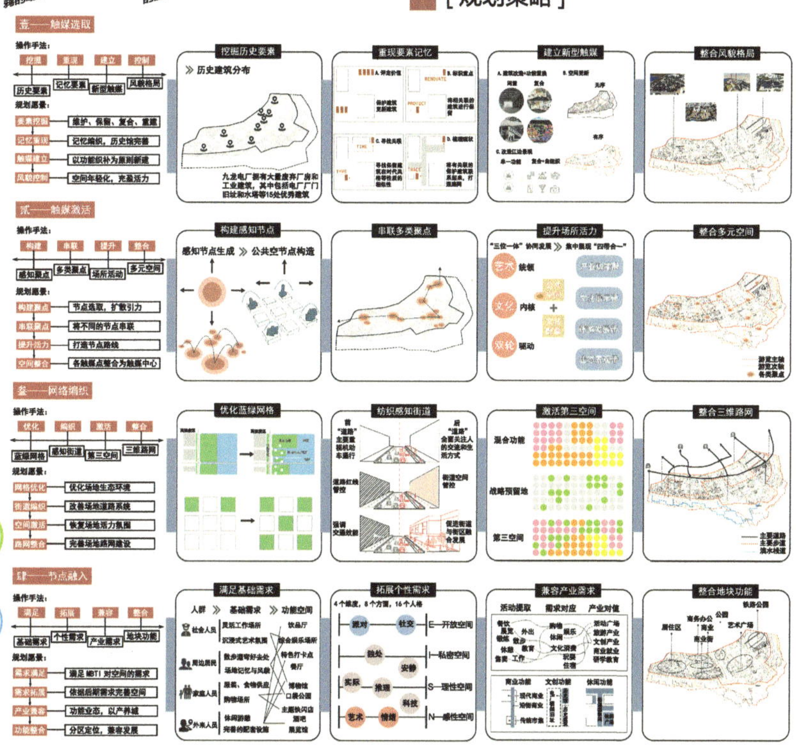

[空间经营]

空间边界交融

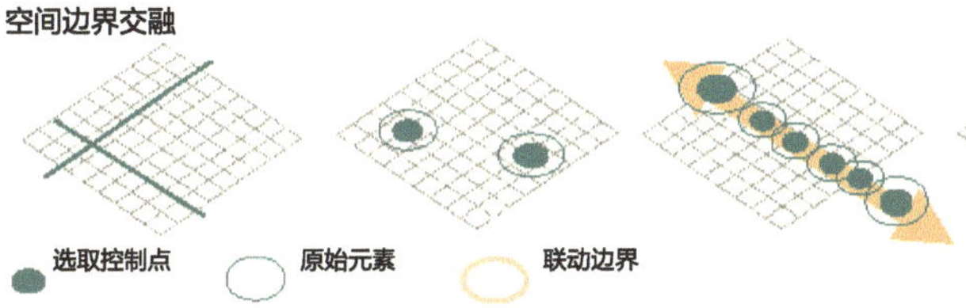

E 乐于与他人产生互动交换自身想法

S 专注力较强。对事物发生的变化敏感

I 喜爱独处，沉浸于自己的世界当中

N 尝试依据不同事实逻辑做出最佳选择

T 根据事实的逻辑与因果关系作出客观判断

J 有计划有条理的生活方式，关注秩序与目标

F 依据自我的价值观做出决定并考虑重点问题

P 灵活与随机性的生活方式，注重自我感受

[节点示意图]

公园商业区

该区域保留原有的川渝铁路线路，作为商业街区特色标志，商业建筑排布顺应铁路肌理，拆改废旧建筑，融合工业酒店、艺术公园，打造开放式商业街区。打造连续滨江岸线，丰富滨江带状区域的功能性，将办公商业功能融合，配置青年创客中心建筑为周边高校学生提供创新创业基地，有机整合酒店、娱乐、书吧等传统商业街区具备功能。

电厂片区

规划设计保留工厂片区的历史建筑，发挥文化的在地性作用，并形成多个公共空间，合理改造设计。以电厂内部元素为媒介，采用艺术设计的观景廊带实现人与工厂的时空对话，创造艺术化互动空间。以电厂媒介+人为策略展开的三种改造设计手法，实现人与建筑、艺术、景观的三重互动。采用圆形、丝带元素演变形态，打造丝带连廊，立体交通系统，并集合园区工业特色。

江岸织绿公园

整体景观设计呈现统一性，又具备不同特点，电厂片区多为圆形开敞广场，铁道商业街区多为带状景观公园，便于人流穿行，道路呈现弧形带状，通达目的地便捷。公园设计充分挖掘滨江潜力，打造完整、连续的滨水岸线，秉持保护优良生态本底的原则，植入多元业态，丰富滨水互动体验，提高滨水保护参与性。

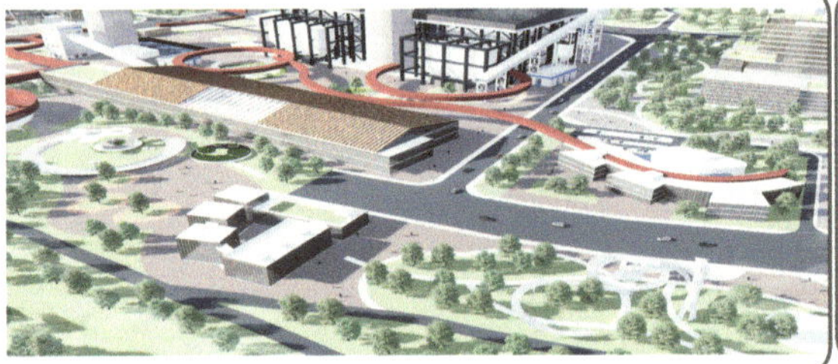

乐活办公区

通过统计九龙半岛片区数据人群，了解到都市青年、中年人作为主要目标人群，为满足青年人的商业办公需求，在基地北部，充分利用通达的交通优势，打造办公为主要功能的乐活街区，融入电厂区域的丝带元素，将艺术符号渗透于此，办公建筑多打造屋顶绿化，多处建造“雨水花园”，打造生态可持续的雨洪控制和雨水利用设施。

[总平面图]

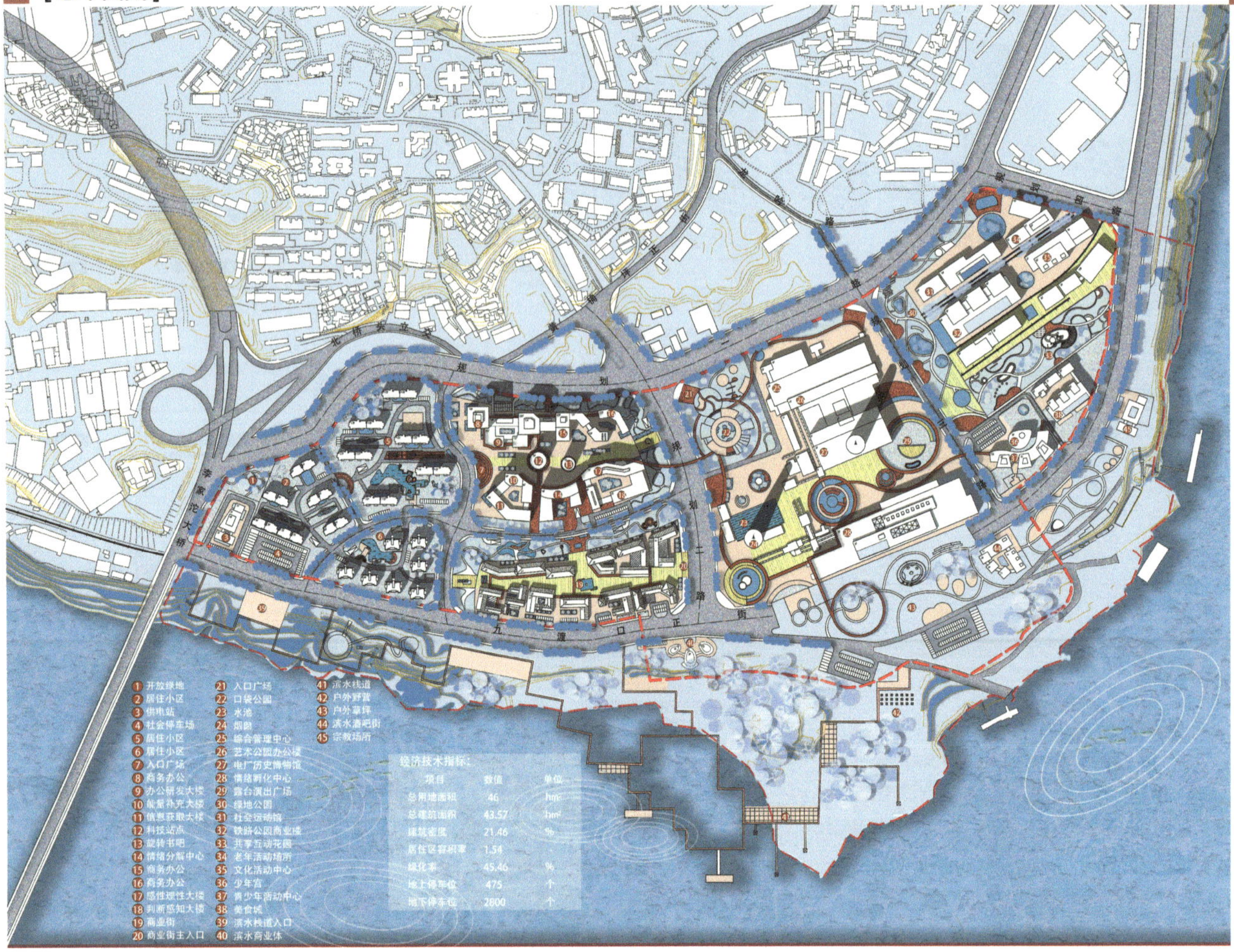

[平面设计分析]

功能分区

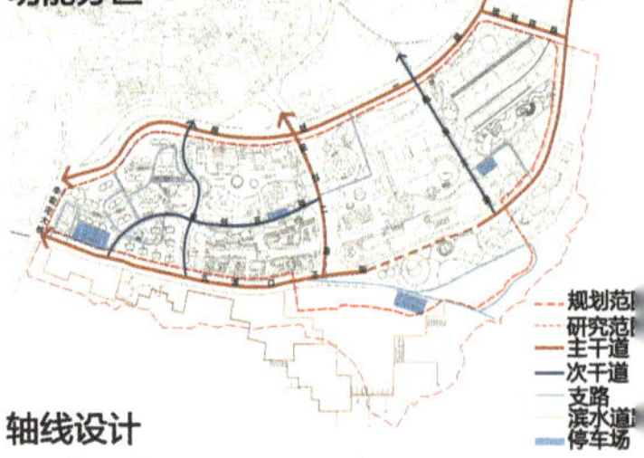

轴线设计

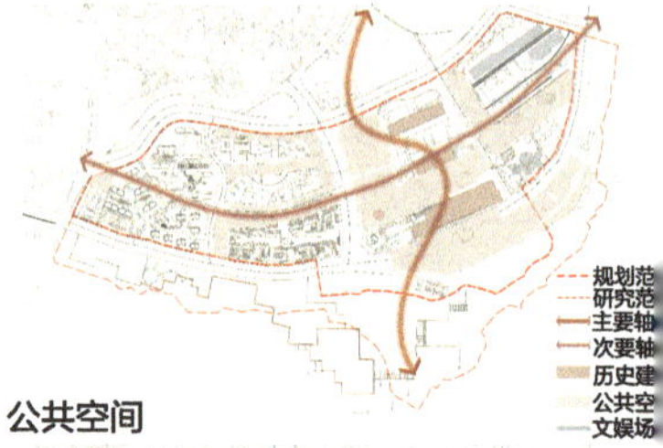

公共空间

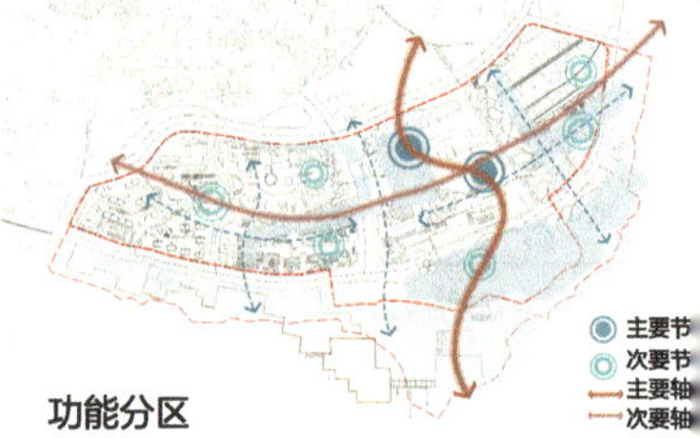

功能分区

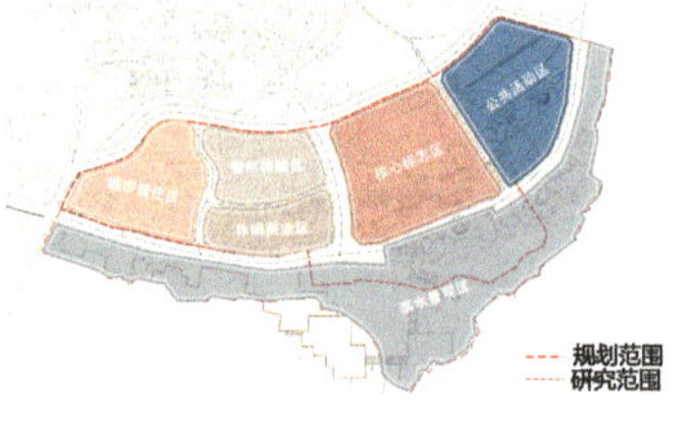

[建筑组合]

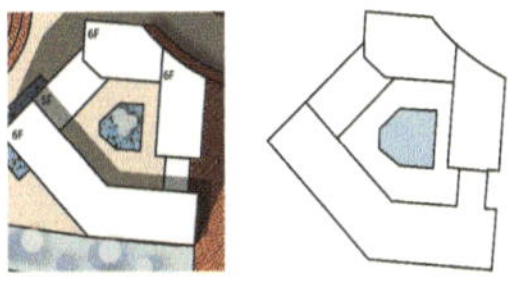

四周为建筑围合的形式，中间围合场地做绿化空间，为人们提供休憩场和交流活跃的公共空间。符合“探险家+分析家”这类人的空间需求。

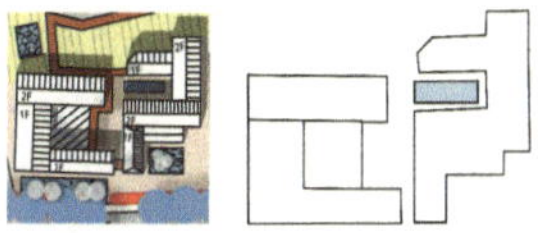

横向排列的建筑两两之间用铁路形成公共空间，用绿化与铁路疏远、用铺装与铁路亲近。两种不同的空间状态，符合“分析家+探险家+外交家+守护者”的空间需求。

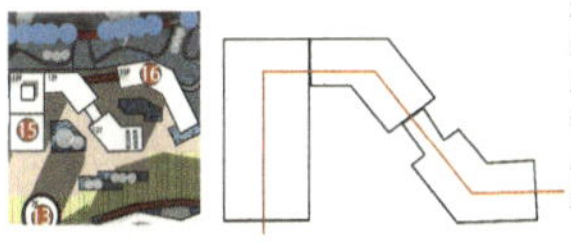

通过两个建筑的组合排列，围合成一个新的空间，并在对应转角处设置私密空间，符合“外交家+守护者”这类人的空间设计，在围合中心形成较为隐蔽的私人空间。

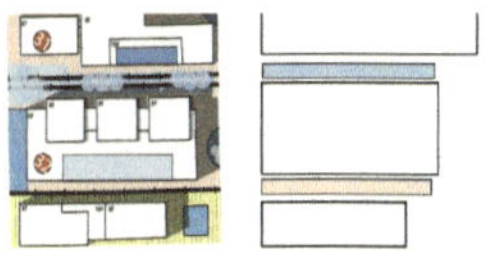

利用线性组合的方式，将建筑进行连接形成围合空间。用于商业综合体的入口处，有利于人口引入。活跃的空间组织为“探险家+分析家”提供需要的空间。

[鸟瞰图]

[景观效果图]

[游艺路线]

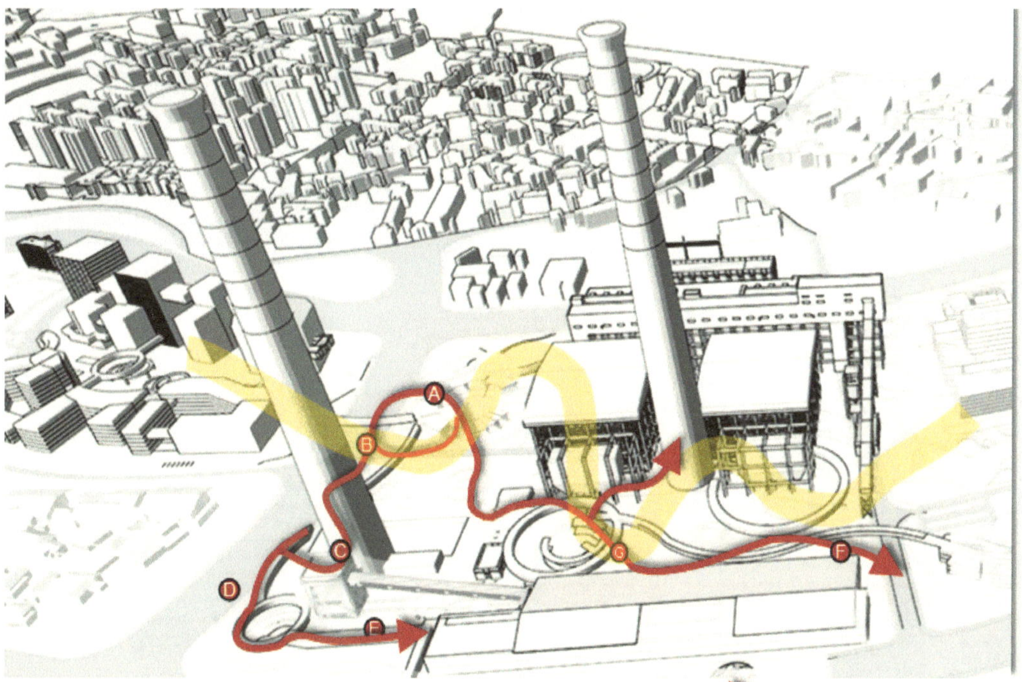

A 入口绿心公园　C 光影吸收塔　E 商业楼入口　G 烟囱广场

B 观景廊道入口　D LIVE HOUSE 剧场　F 光影吸收塔

游览路线

“绣带”渗透线

电厂媒介+人

艺术+烟囱

打造高空城市观景廊道，场地观景效果佳，滨江、城市景观性良好;240米高的烟囱水塔可进行艺术设计赋予观赏价值和体验价值。

+

艺术+传输带

打造涂鸦传输带，并进行廊道结构调整，设计廊道空间，创造人与场地的互动，吸引人们走进场地，增加场地体验和沉浸感。

+

艺术+装卸厂

打造艺术商业楼，使用空间植入手法，改造装卸厂内里结构，提高空间使用效率，屋顶设置外延露台，使得场地功能多样化，激发商业功能的场所活力。

用AI发“电”——人工智能赋能下的九龙大众艺术创作实验场设计

参赛院校：哈尔滨工业大学
作者姓名：刘王寅　于函灵　马　越　黄昕悦　郑可萱
指导老师：张昊哲　于婷婷

“重庆规划杯”第四届全国大学生国土空间规划设计竞赛　二等奖、最佳立意奖

方案点评：

作品以打造AI赋能九龙大众艺术创作实验区为主旨，分析了该区域社会、经济、文化、生态多层面的发展机遇及挑战，提出了艺术创新激励、多元社群共享、绿色生态友好的主旨，布局了生活居住区、中心商务区、商业商务区、艺术工作室区、创意集市展示区、滨江休闲区，并构筑了立体化的车行步行系统、公共空间网络。建筑形态采用模块化设计手法，形态空间较为整体有序。不足之处是步行及公共空间平台尺度太大，超出了人群活动需求，不具有经济可行性，与北部旧城区关系交代处理不清晰，且区内各功能区车行交通如何解决不清晰。

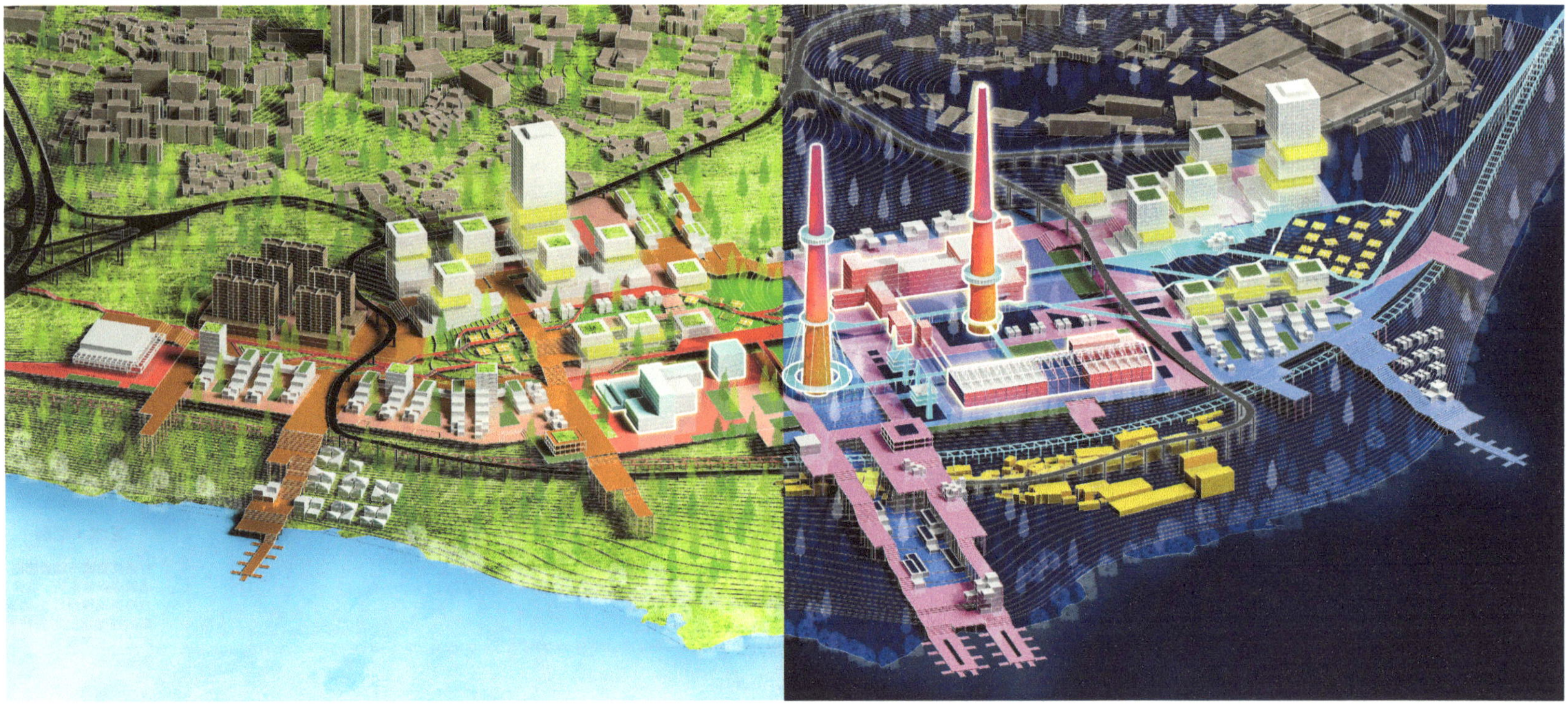

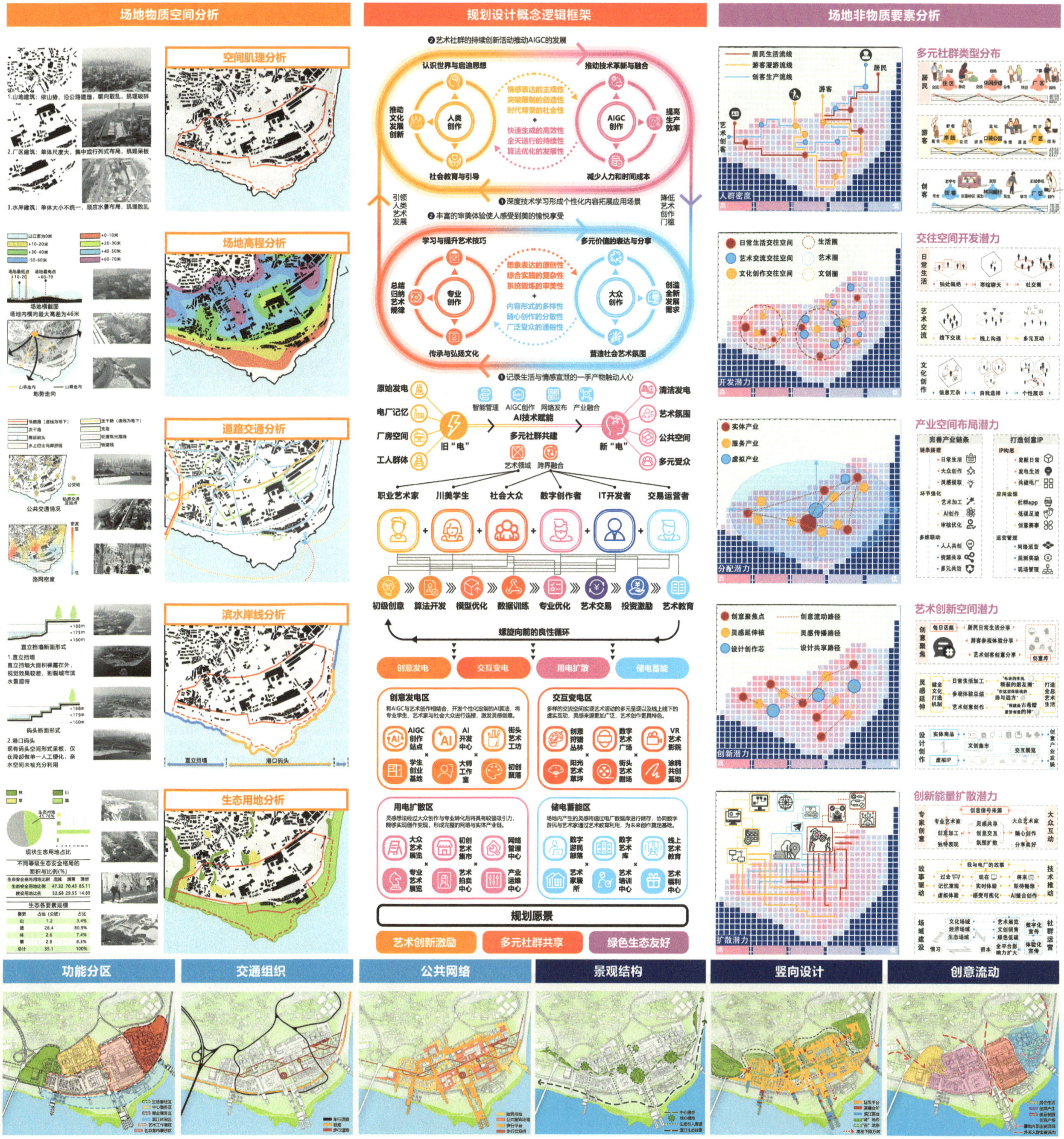

2024年「重庆规划杯」第四届全国大学生国土空间规划设计竞赛获奖作品——本科生组（二等奖）（专项奖——最佳立意奖）

AI+文化产业发展策划

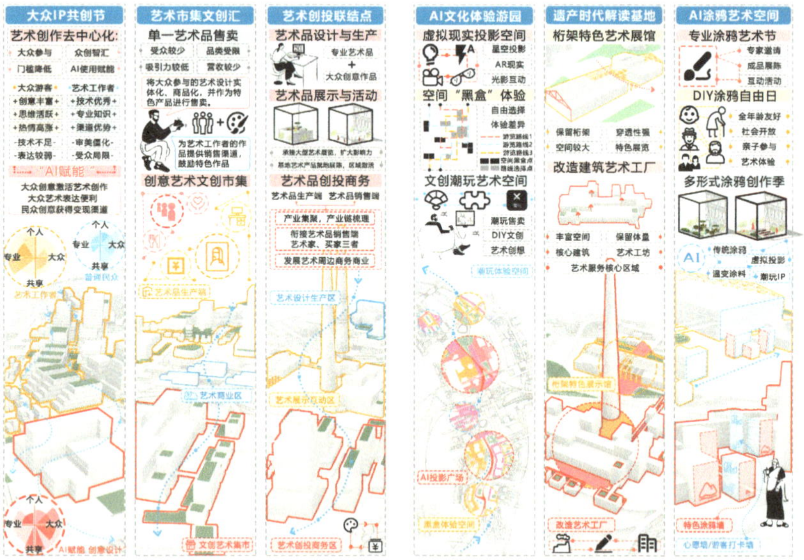

AI+社会生态发展策划

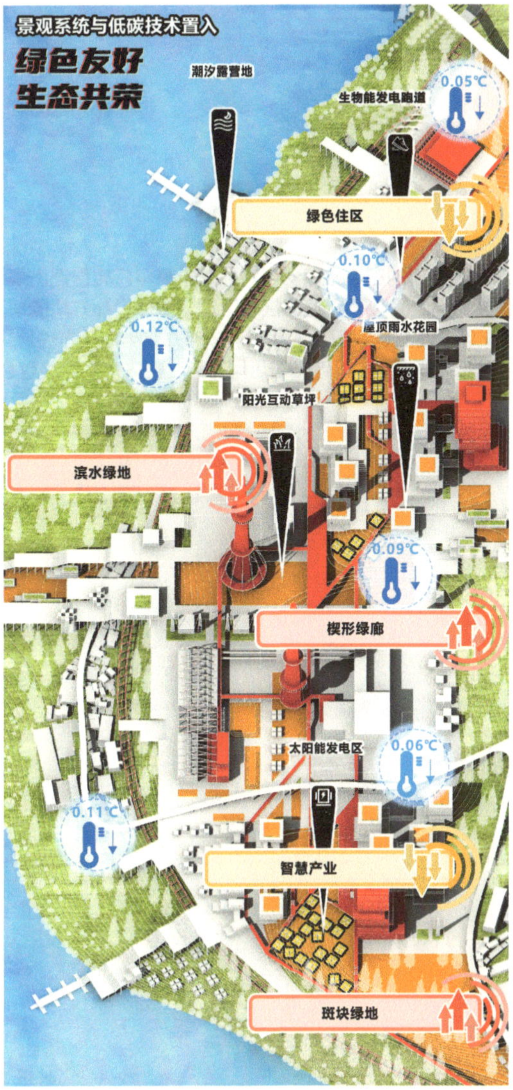

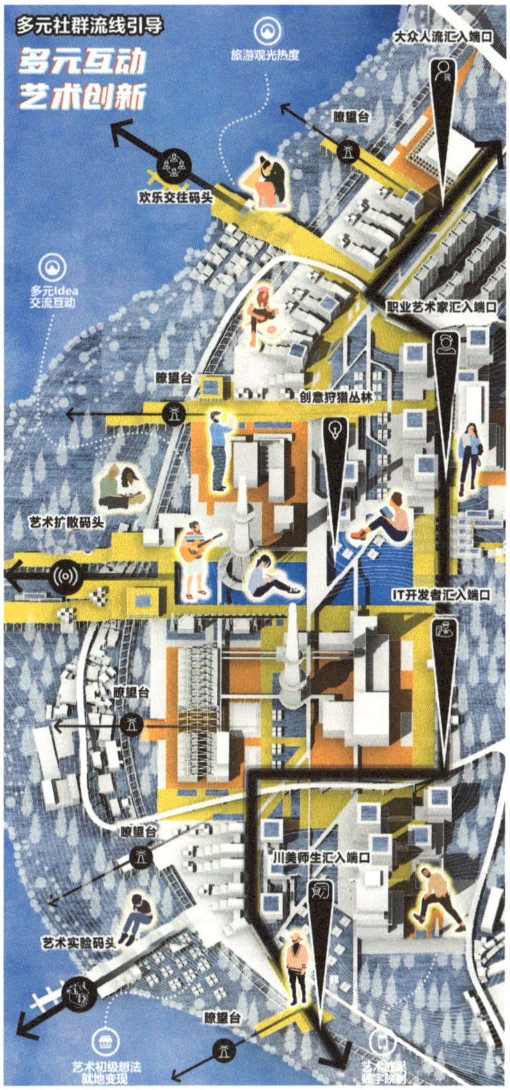

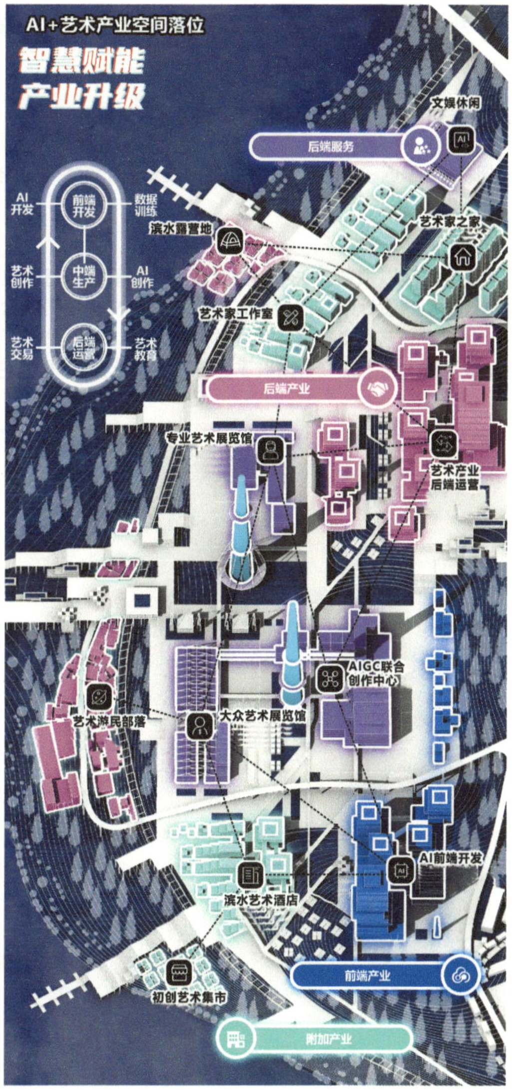

创意发电区模块化设计

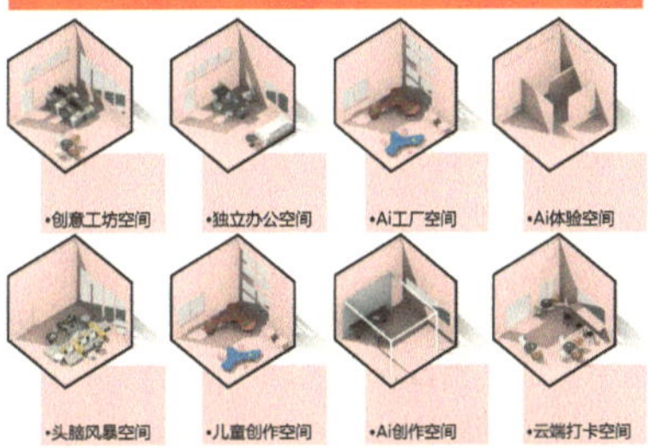

交互变电区模块化设计

储电蓄能区模块化设计

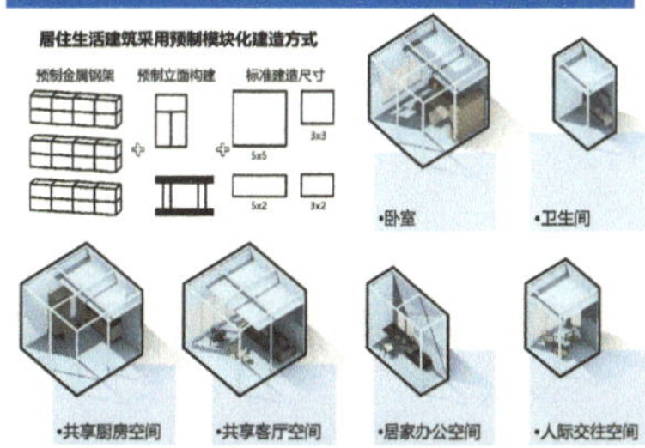

用电扩散区模块化设计

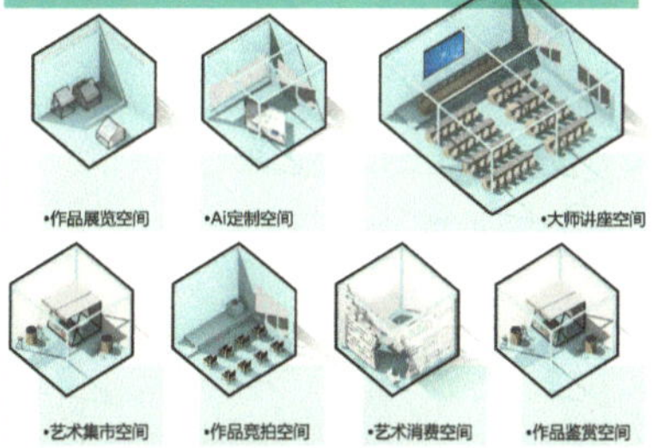

低碳建筑技术

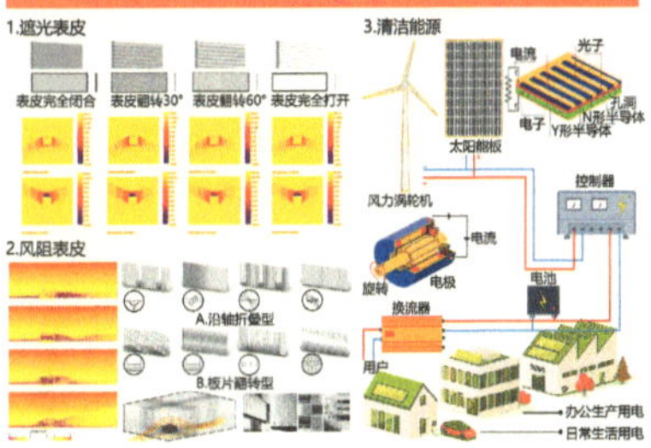

低碳景观技术

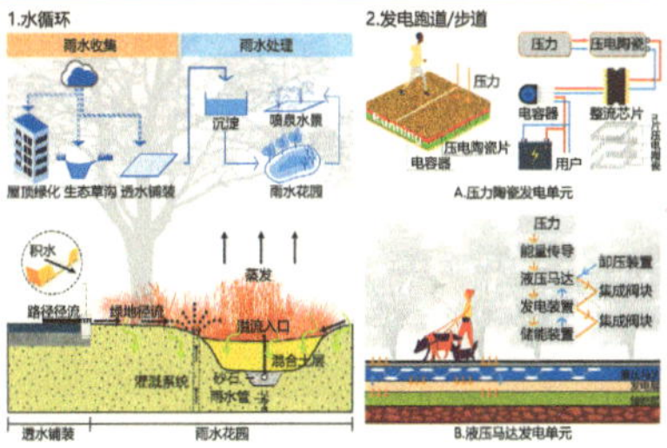

公共交往空间场景示意

轮转·新生——生态系统文化服务理论下重庆九龙半岛电厂片区规划设计

参赛院校：福州大学
作者姓名：刘睿尹　陈宇欣　张　周　韦　菲
指导老师：彭　琳　张兵华
“重庆规划杯”第四届全国大学生国土空间规划设计竞赛　二等奖

方案点评：

该设计作品以规划要求与相关政策指示为前提，基于完整深入的基地分析，从场地风貌重塑、场所文化复兴、活动空间营建的三个方面着手对九龙半岛电厂转型提出规划更新策略。在规划设计中，作者引入了生态系统文化服务理念，注重风貌重塑、风貌营造和文化复兴，并与顶层设计定位相结合，形成了完整的规划定位。整体设计方案梳理了现有的工业遗产、艺术文化资源和自然景观资源，以九龙电厂片区原有工业和艺术基础为依托，规划建设包容旅游艺术、文创、商业、娱乐、休闲为一体的九龙半岛标志性片区。

整体来看，该方案充分研究了生态系统文化服务理论，并将其贯穿到改造策略中。改造设计目标明确，具体策略与目标环环相扣，设计方法运用得当，整体方案完整且合理。

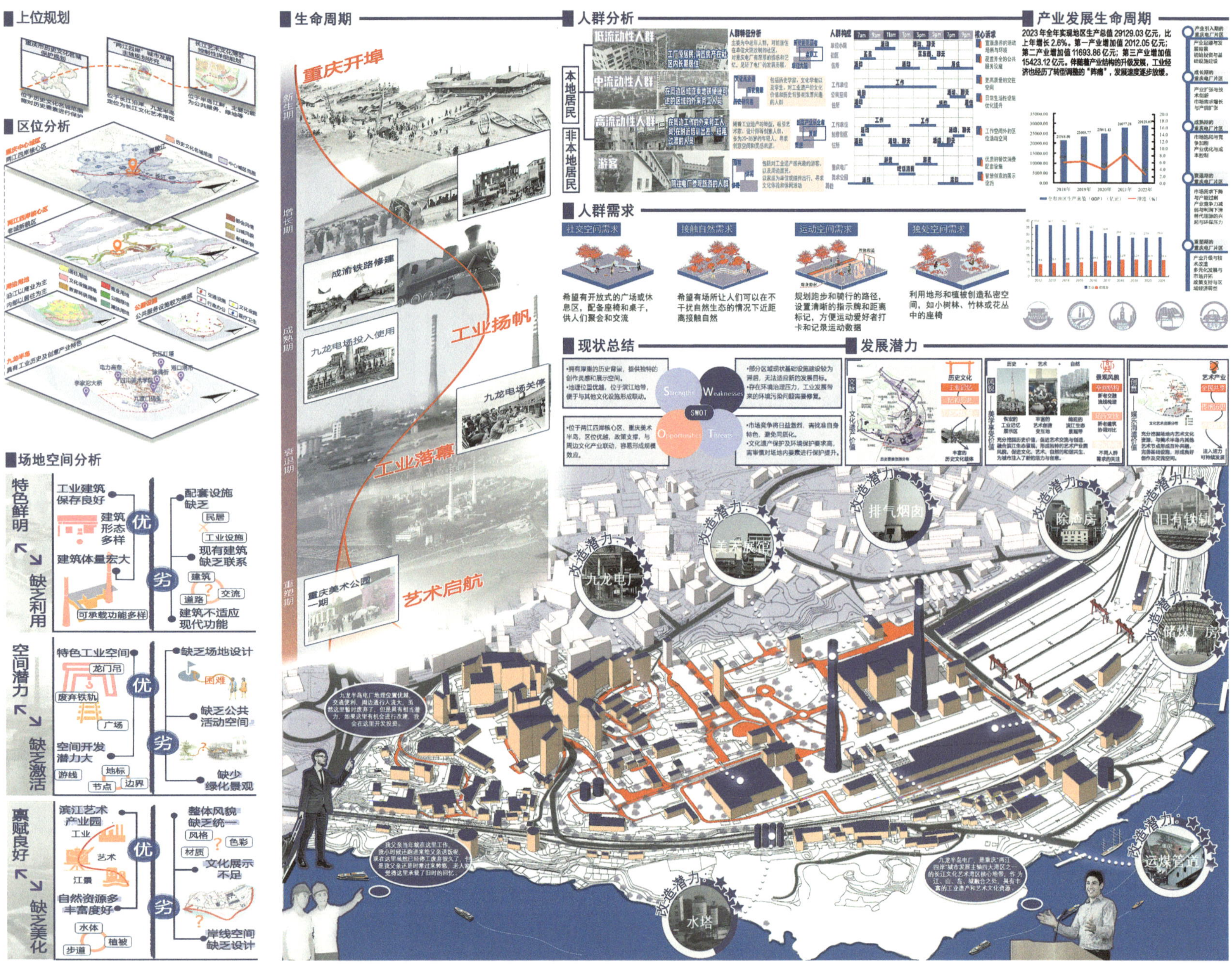

理论依据

【概念说明】

生态系统文化服务（CES）是指“人类通过精神满足、认知能力的发展、反思、娱乐以及审美体验等，从生态系统中获取的非物质效益，包括娱乐和旅游价值、审美价值、精神、宗教价值、知识系统、教育、灵感、社会关系、地方感、文化遗产价值和文化多样性”，能在满足大众精神需求与改善人类福祉等方面发挥积极影响。

【概念引入】

重庆九龙电厂片区位于长江文化艺术湾区核心地带，具有丰富的工业遗产、艺术文化资源和自然景观资源，是重庆重要的工业遗址公园及未来的艺术产业聚集区，因此其具有独特而全面的文化服务功能。梳理出其存在的CES类型及关键词，有助于明确空间改造设计目标和策略，以满足大众精神需求。

消遣娱乐 + 科普教育 + 精神满足 + 美学享受 + 社会交往 + 文化遗产

消遣娱乐	科普教育	精神满足	美学享受	社会交往	文化遗产
综合设置部分休闲娱乐设施，体验多样化娱乐活动。	为公众提供工业历史和艺术教育的机会	工业遗址的历史和转型为公众提供精神感受和情感共鸣	依托历史，融入艺术和自然元素，提供美学享受	公共空间及设施为公众提供社交的场所	通过对工业遗址的保护和利用，传承工业文化和城市记忆

文化服务来源要素

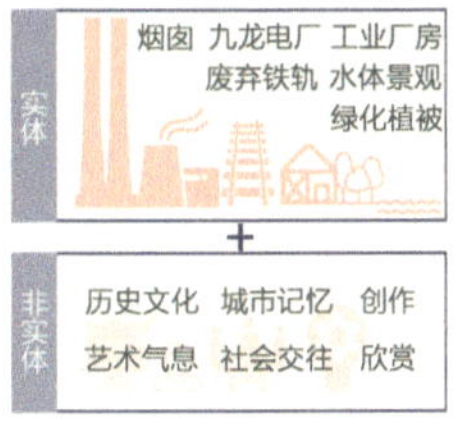

【概念应用】

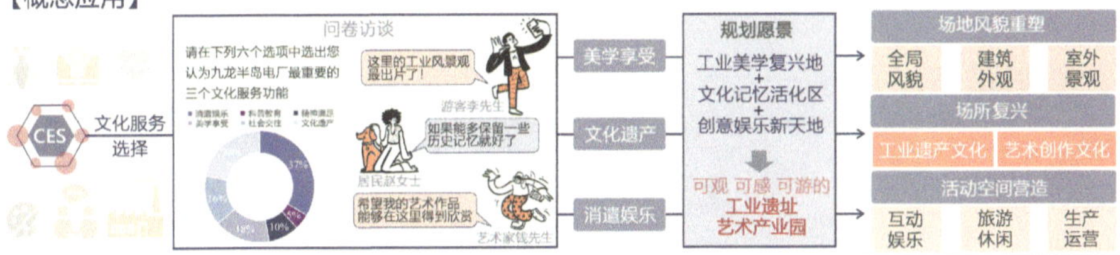

技术路线

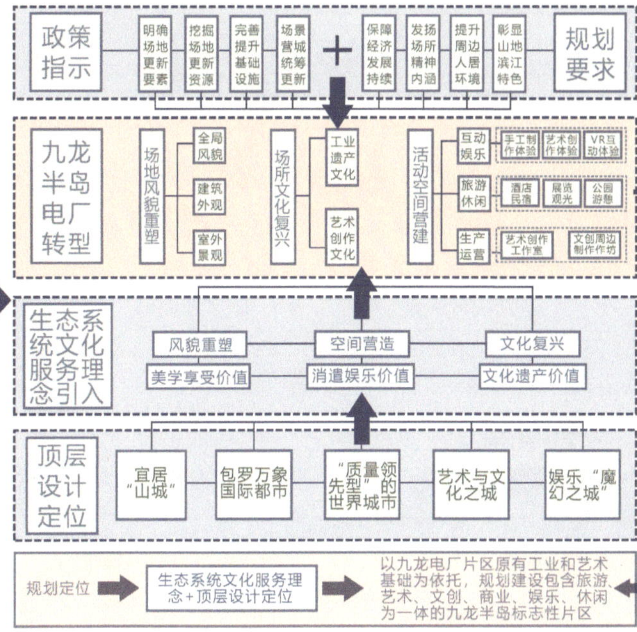

规划策略

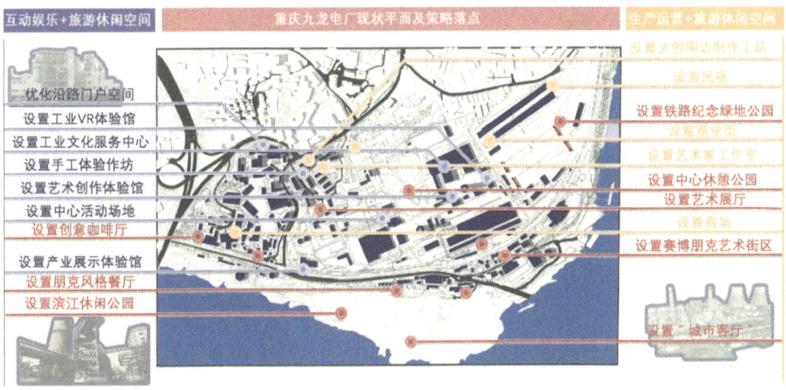

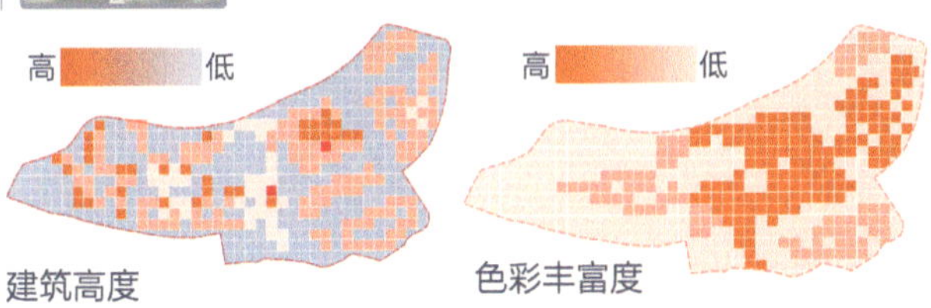

以发电厂烟囱为地块制高点及区域地标建筑，其周围遗存工业建筑及构件不宜被遮挡，地块东侧及滨江一带以多层建筑为主，西侧以高层办公建筑为主，形成错落有致、层次分明的城市景观。

改造策略

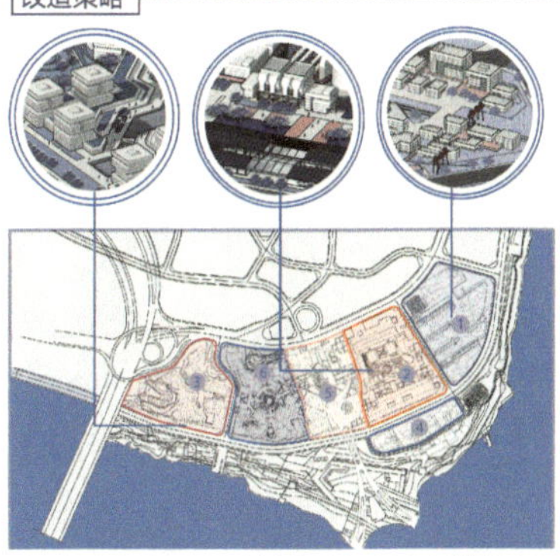

室外景观塑造

室外景观系统分为自然景观轴线及人工景观轴线。
其中人工景观轴线依托工业遗址改造、新建地标建筑、广场构筑物、大型艺术装置等形成景观结构。
长江沿岸以生态基底为基础，设置亲水平台、树阵广场等节点，形成自然景观带。

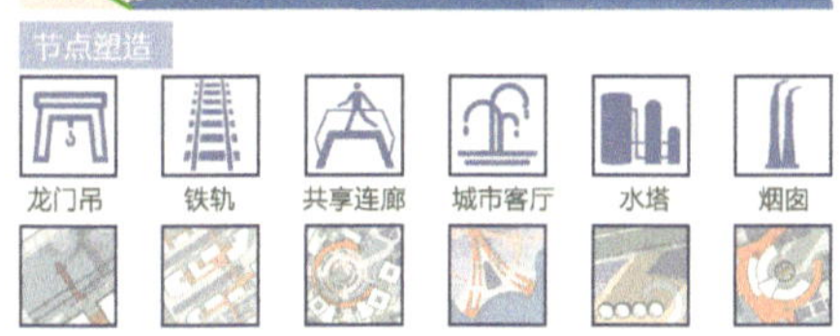

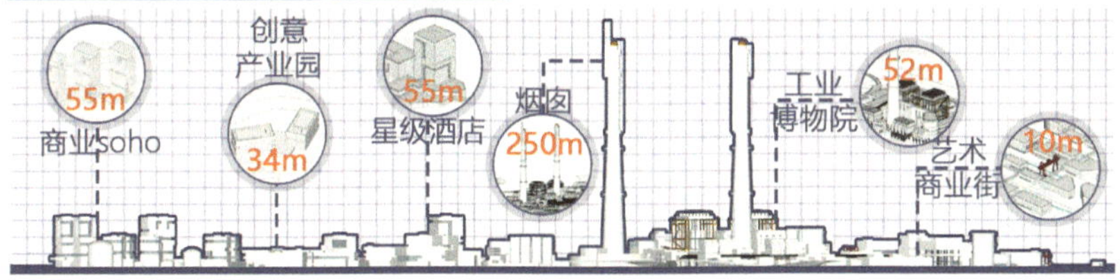

规划路径

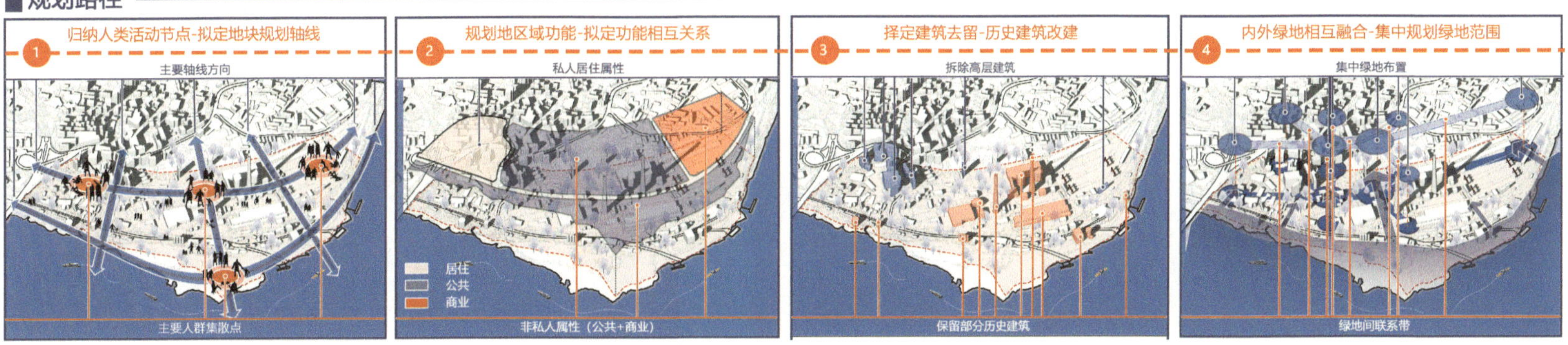

【规划结构】

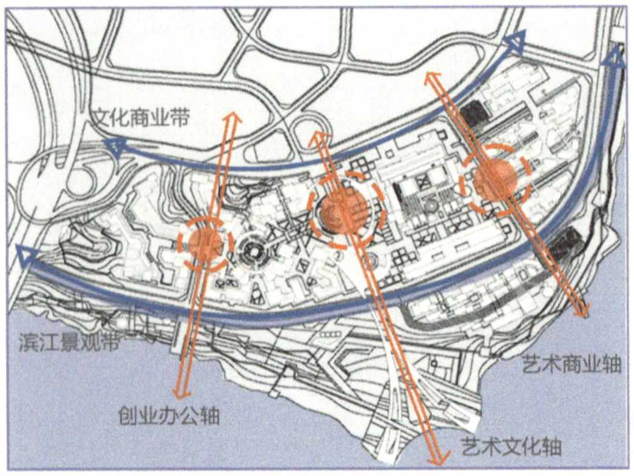

【绿地规划结构】

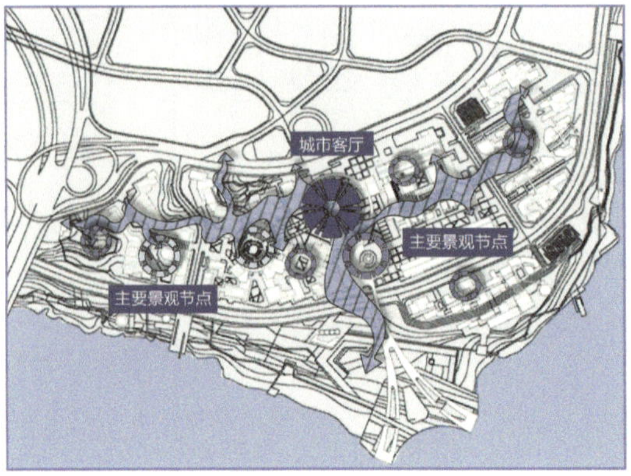

【道路系统结构】

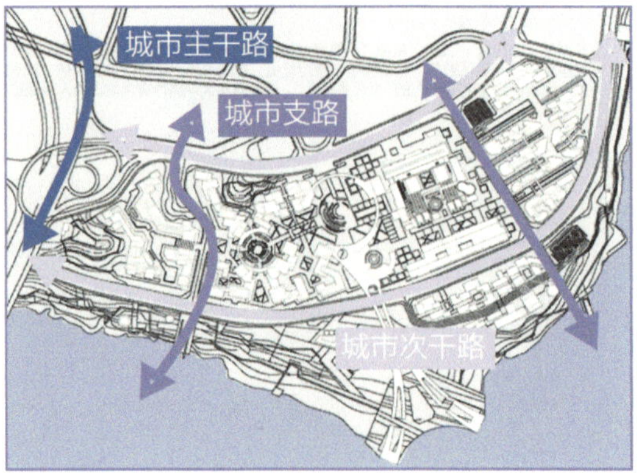

【总平面图】

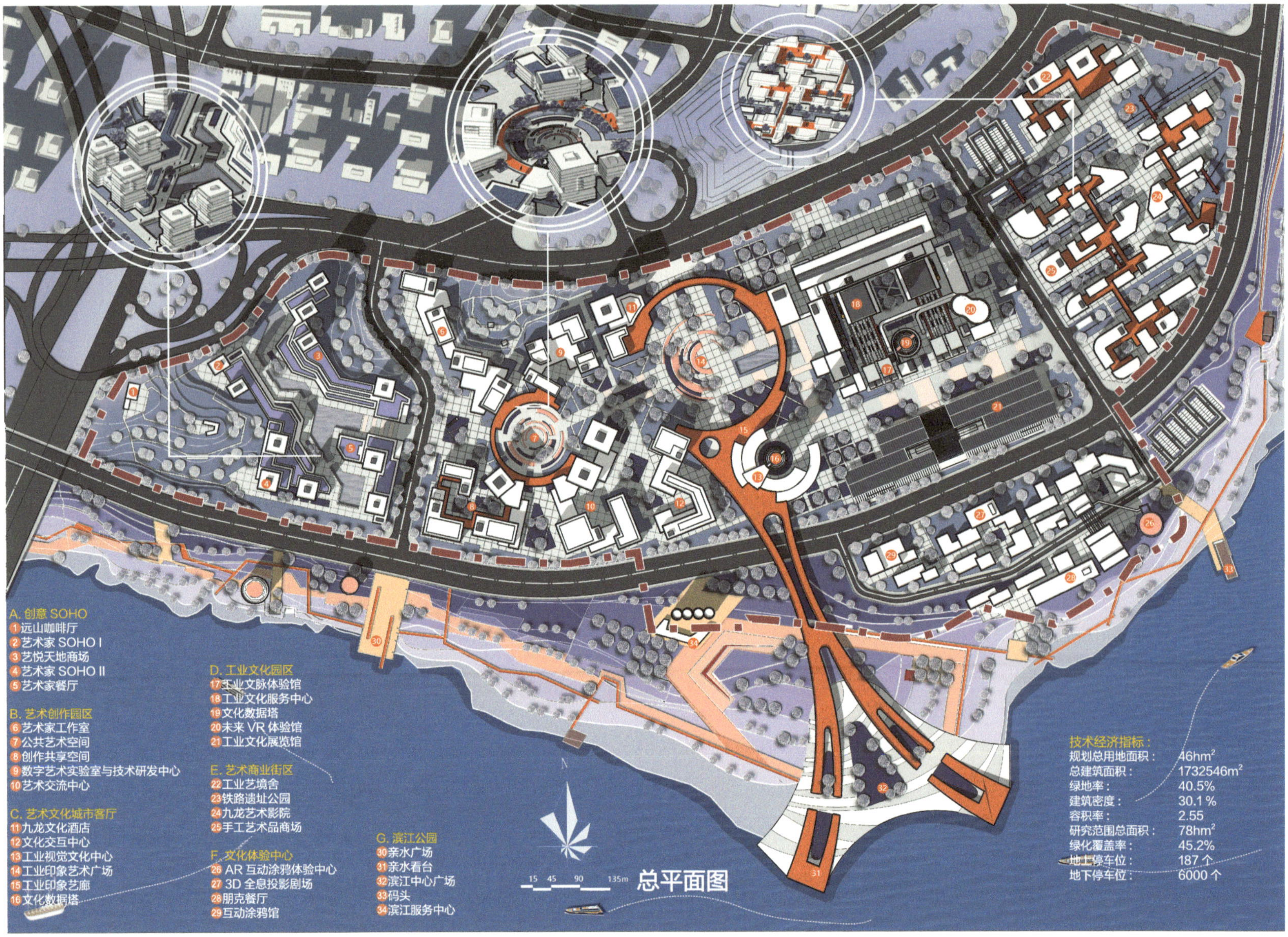

总平面图

【鸟瞰图】

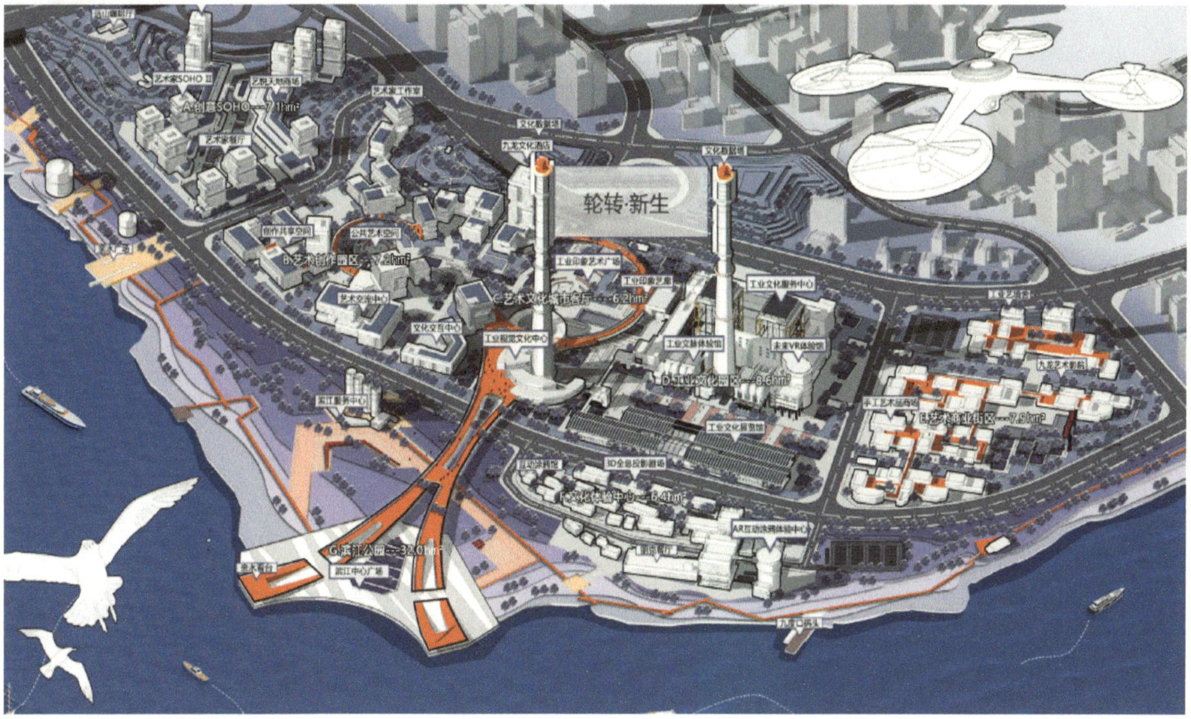

【重点建筑分析】

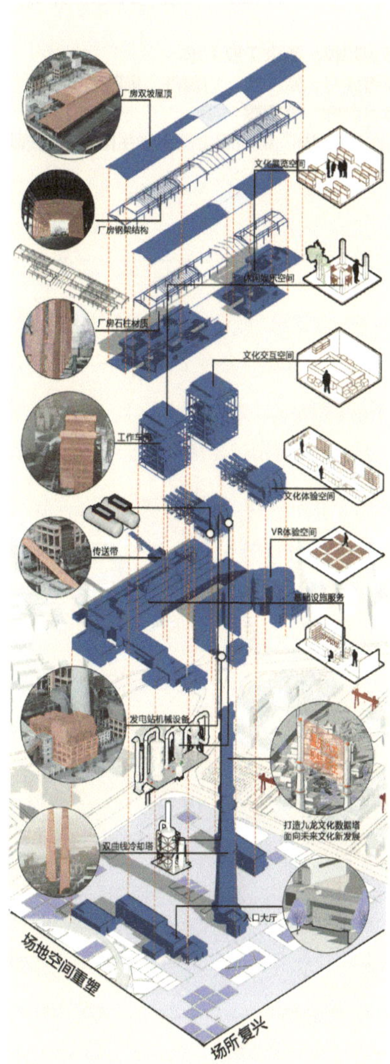

【城市天际线】

【空间营建】

轻解重压·游艺于遗——轻质城市体系下的九龙半岛电厂片区工业遗产保护与更新规划

参赛院校：南京工业大学
作者姓名：贺　佳　刘馨丹　杨雅淇
指导老师：黎智辉
“重庆规划杯”第四届全国大学生国土空间规划设计竞赛　二等奖

方案点评：

该作品以轻质城市的思维方式，从轻生态、轻产业、轻生活、轻历史四方面提出更新策略，逐步减负轻装上阵，层层递进完成电厂更新改造、公共空间规划、产业发展策划、人居环境提升等任务。除了物质空间的提升，设计更注重以“轻”的态度对待工业遗址，让历史成为历史，自然生长；以“轻”的方式面对生活压力，让生活成为鲜活，轻松减负；以“轻”的手段拥抱艺术文化，让艺术焕发新生，和谐松弛，最终形成江、山、岛、城共生相融的生态长廊和艺术画卷，实现空间重构、风貌重塑、产业重振、生态重生、人文重现，让电厂片区在不知不觉中恢复生机。

整体来看，该设计作品的切入点巧妙，具有一定的创新性，设计架构完整，功能空间合理，很好地处理了“保护”与“更新”的关系。

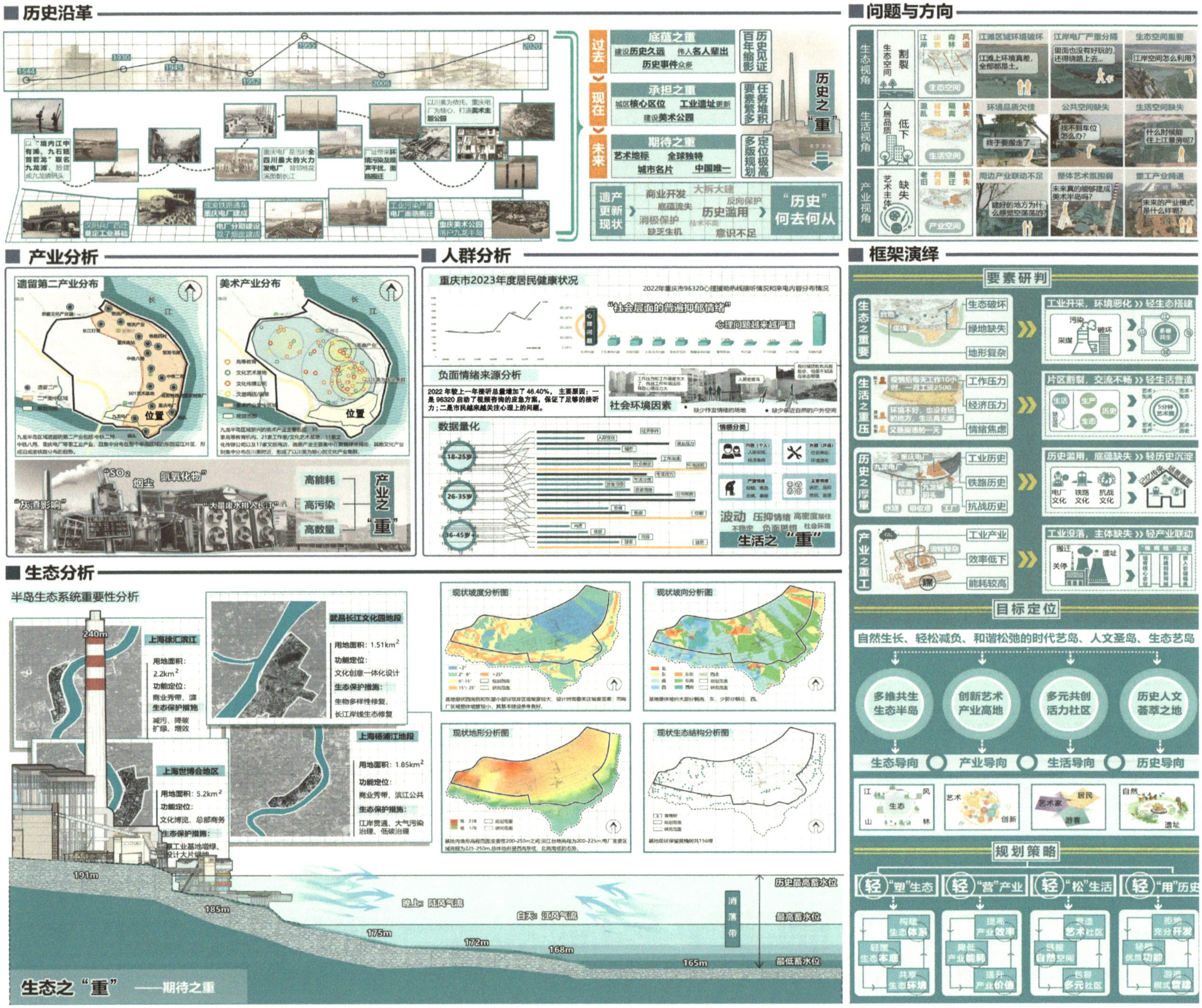

方案生成

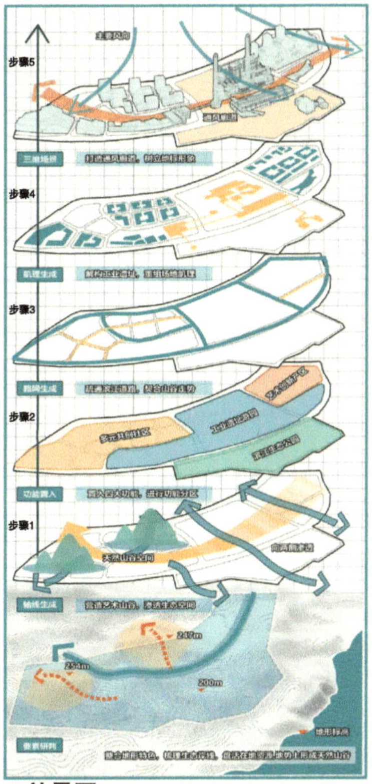

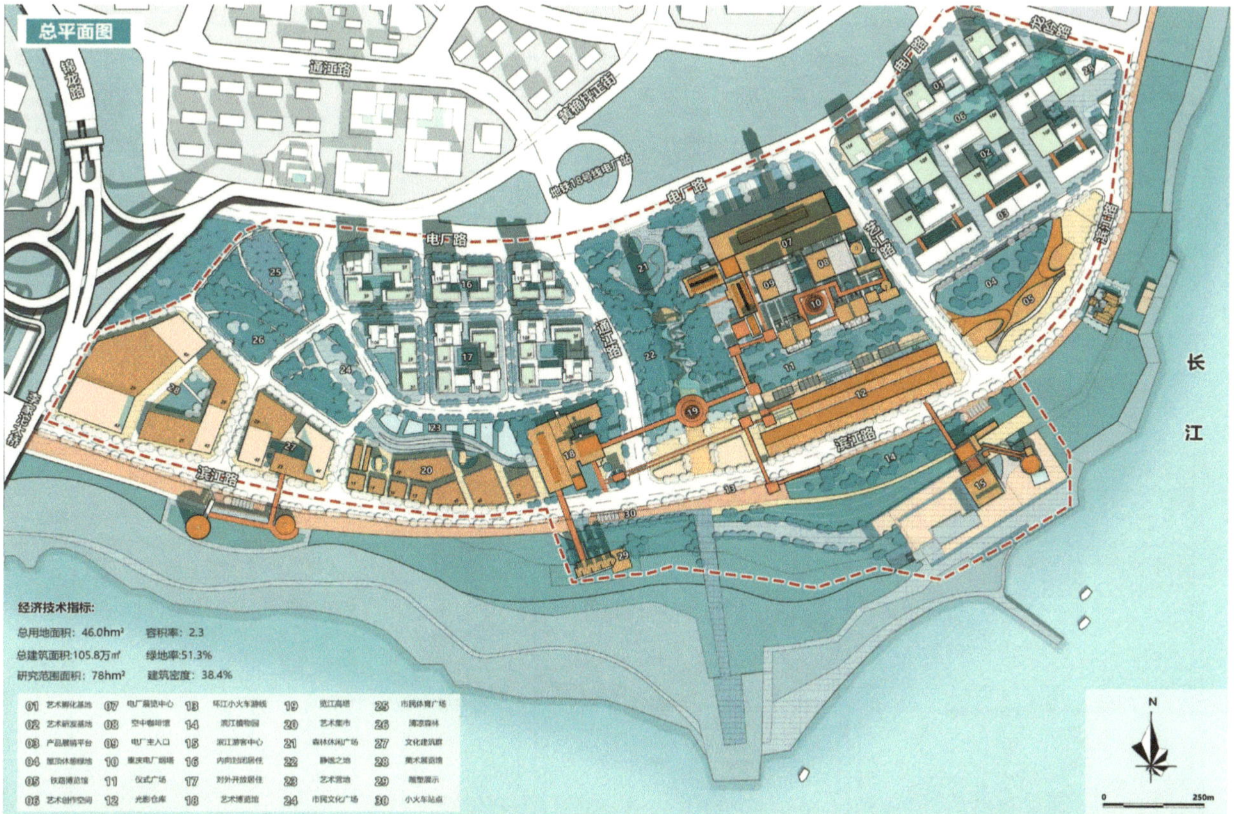

效果图

滨江效果展示

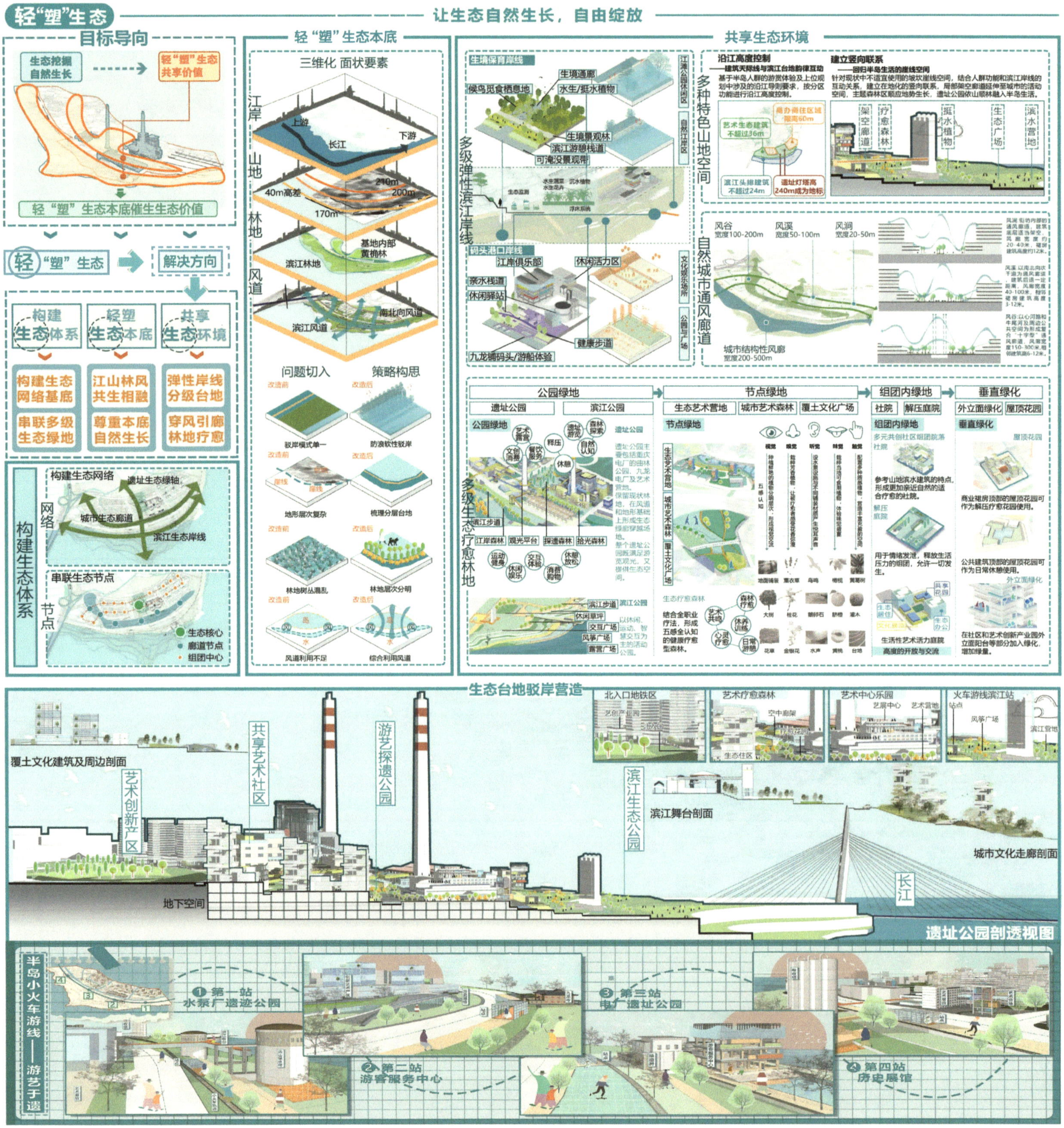

轻"塑"生态
让生态自然生长，自由绽放
目标导向
生态挖掘 自然生长
轻"塑"生态 共享价值
轻"塑"生态本底催生生态价值
轻"塑"生态
解决方向
构建生态体系
轻塑生态本底
共享生态环境
构建生态网络基底
江山林风共生相融
弹性岸线分级台地
串联多级生态绿地
尊重本底自然生长
穿风引廊林地疗愈
构建生态体系
构建生态网络
遗址生态绿轴
城市生态廊道
滨江生态岸线
网络
串联生态节点
节点
生态核心
廊道节点
组团中心
轻"塑"生态本底
三维化 面状要素
江岸
上游
长江
下游
山地
40m高差
210m
200m
170m
林地
基地内部黄桷林
滨江林地
风道
南北向风道
滨江风道
问题切入
策略构思
驳岸模式单一
防浪软性驳岸
地形层次复杂
梳理分层台地
林地树丛凌乱
林地层次分明
风道利用不足
综合利用风道
共享生态环境
生境保育岸线
生境通廊
候鸟觅食栖息地
水生/挺水植物
生境景观林
滨江游憩栈道
可淹没景观带
多级弹性滨江岸线
码头港口岸线
江岸俱乐部
休闲活力区
亲水栈道
休闲驿站
健康步道
九龙铺码头/游船体验
江滨公园休闲区
自然江岸区
文化娱乐场所
公园与广场
多种特色山地空间
沿江高度控制
建立竖向联系
艺术生态建筑不超过36m
滨江头排建筑不超过24m
遗址灯塔高240m成为地标
自然城市通风廊道
风谷 宽度100-200m
风溪 宽度50-100m
风涧 宽度20-50m
城市结构性风廊 宽度200-500m
公园绿地
节点绿地
组团内绿地
垂直绿化
遗址公园
滨江公园
生态艺术营地
城市艺术森林
覆土文化广场
社院
解压庭院
外立面绿化
屋顶花园
多级生态疗愈林地
生态台地驳岸营造
北入口地铁区
艺术疗愈森林
艺术中心乐园
火车游线滨江站
覆土文化建筑及周边剖面
艺术创新产业区
共享艺术社区
游艺探遗公园
滨江生态公园
滨江舞台剖面
城市文化走廊剖面
地下空间
长江
遗址公园剖透视图
半岛小火车游线——游艺于遗
①第一站 水泵厂遗迹公园
②第二站 游客服务中心
③第三站 电厂遗址公园
④第四站 房史展馆

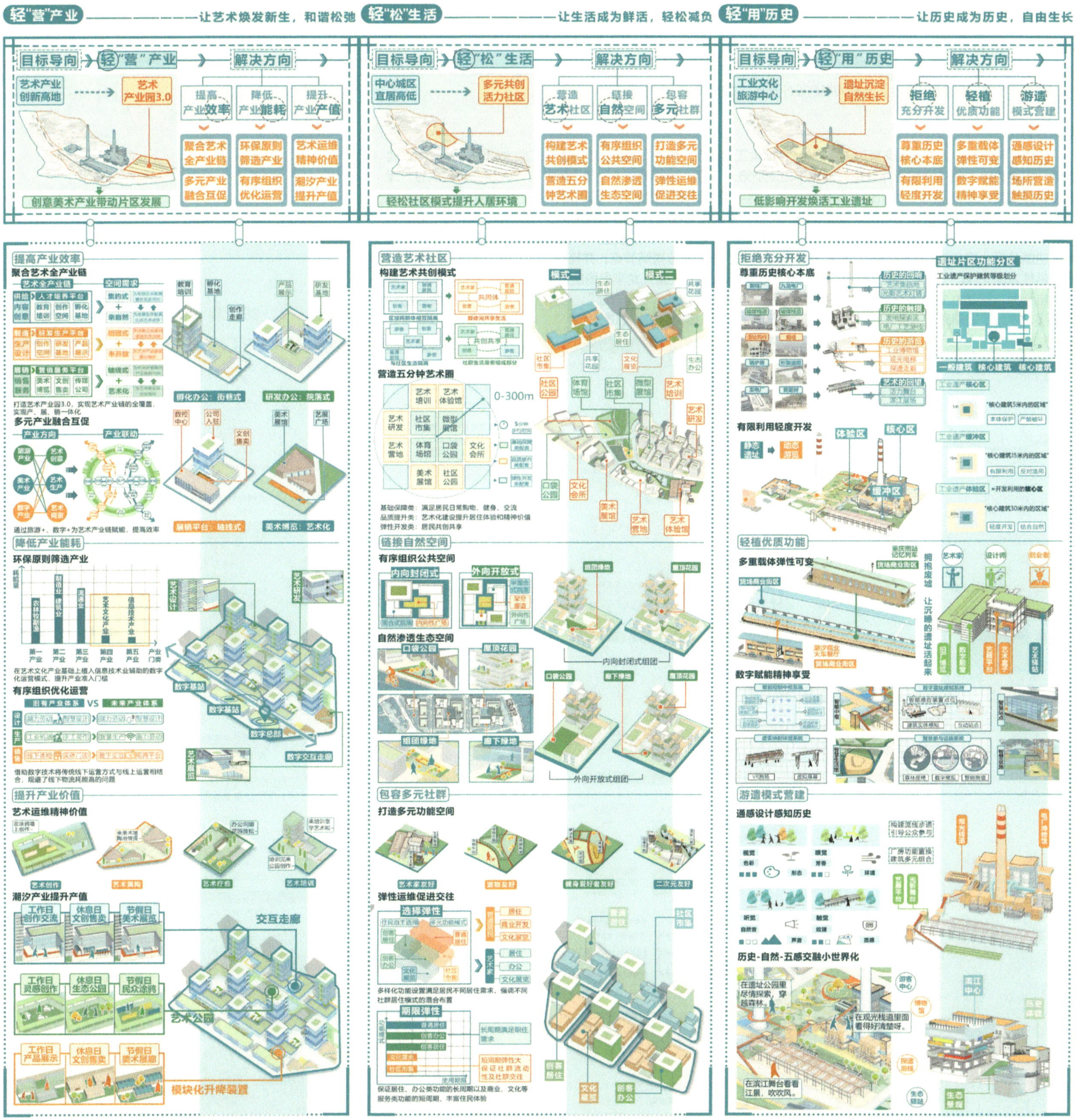
轻"营"产业——让艺术焕发新生，和谐松弛
轻"松"生活——让生活成为鲜活，轻松减负
轻"用"历史——让历史成为历史，自由生长
目标导向
解决方向
艺术产业创新高地
艺术产业园3.0
提高产业效率
降低产业能耗
提升产业产值
聚合艺术全产业链
环保原则筛选产业
艺术运维精神价值
多元产业融合互促
有序组织优化运营
潮汐产业提升产值
创意美术产业带动片区发展
中心城区宜居高低
多元共创活力社区
营造艺术社区
链接自然空间
包容多元社群
构建艺术共创模式
有序组织公共空间
打造多元功能空间
营造五分钟艺术圈
自然渗透生态空间
弹性运维促进交往
轻松社区模式提升人居环境
工业文化旅游中心
遗址沉淀自然生长
拒绝充分开发
轻植优质功能
游遗模式营建
尊重历史核心本底
多重载体弹性可变
通感设计感知历史
有限利用轻度开发
数字赋能精神享受
场所营造触摸历史
低影响开发焕活工业遗址
遗址片区功能分区
历史-自然-五感交融小世界化
孵化办公：街巷式
研发办公：院落式
展销平台：链线式
美术博览：艺术化
内向封闭式组团
外向开放式组团
模块化升降装置
交互走廊
艺术公园

双向奔赴——“人境交互可供性”下的重庆九龙半岛新生计划

参赛院校：天津城建大学
作者姓名：唐小珂　李奕霖
指导老师：杨佳璇　朱凤杰
“重庆规划杯”第四届全国大学生国土空间规划设计竞赛　二等奖

方案点评：

该作品创新性引入“人境交互可供性理论”，探索工业遗产“新生”难题。作为重庆工业文明的重要载体，随着电厂相继关停和美术学院有序迁离，九龙半岛逐渐陷入沉寂，活力不在，亟待“新生”。“人境交互可供性”理论强调环境对人的刺激与引导价值，聚焦于构建人群与场地环境间和谐共生的供需体系。从物质空间、功能特征、社交活动及场所氛围四个可供性维度，深入剖析基地资源禀赋与人群活动需求。设计延续九龙半岛工业文化和艺术资源特色，在物质空间可供性方面，充分保留并更新电厂等建筑工业遗产；在功能特征可供性方面，合理规划功能分区，确定地块控制指标；在社交活动可供性方面，塑造景观节点，并梳理“小火车”游线；在场所氛围可供性方面，“续”文化、“续”肌理、“续”生态三方面，全面焕新九龙半岛场所氛围，从而会聚多元人群，激发城市活力，推动九龙半岛从沉寂走向繁荣，真正实现人与环境的“双向奔赴”。总体而言，该作品的理论创新性较强，规划逻辑清晰，充分体现了城市更新中新旧融合、人境交互的思想理念。

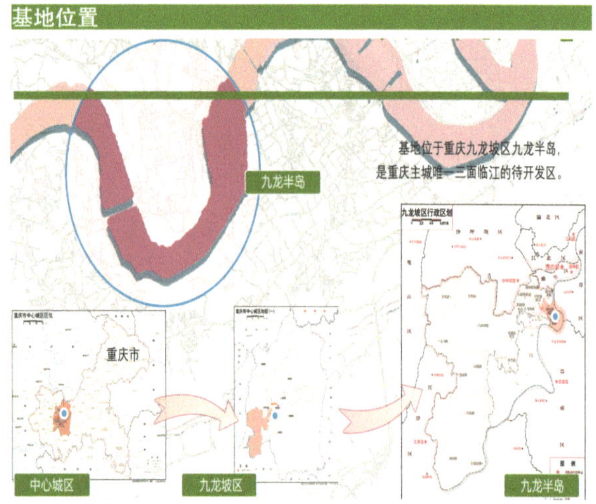

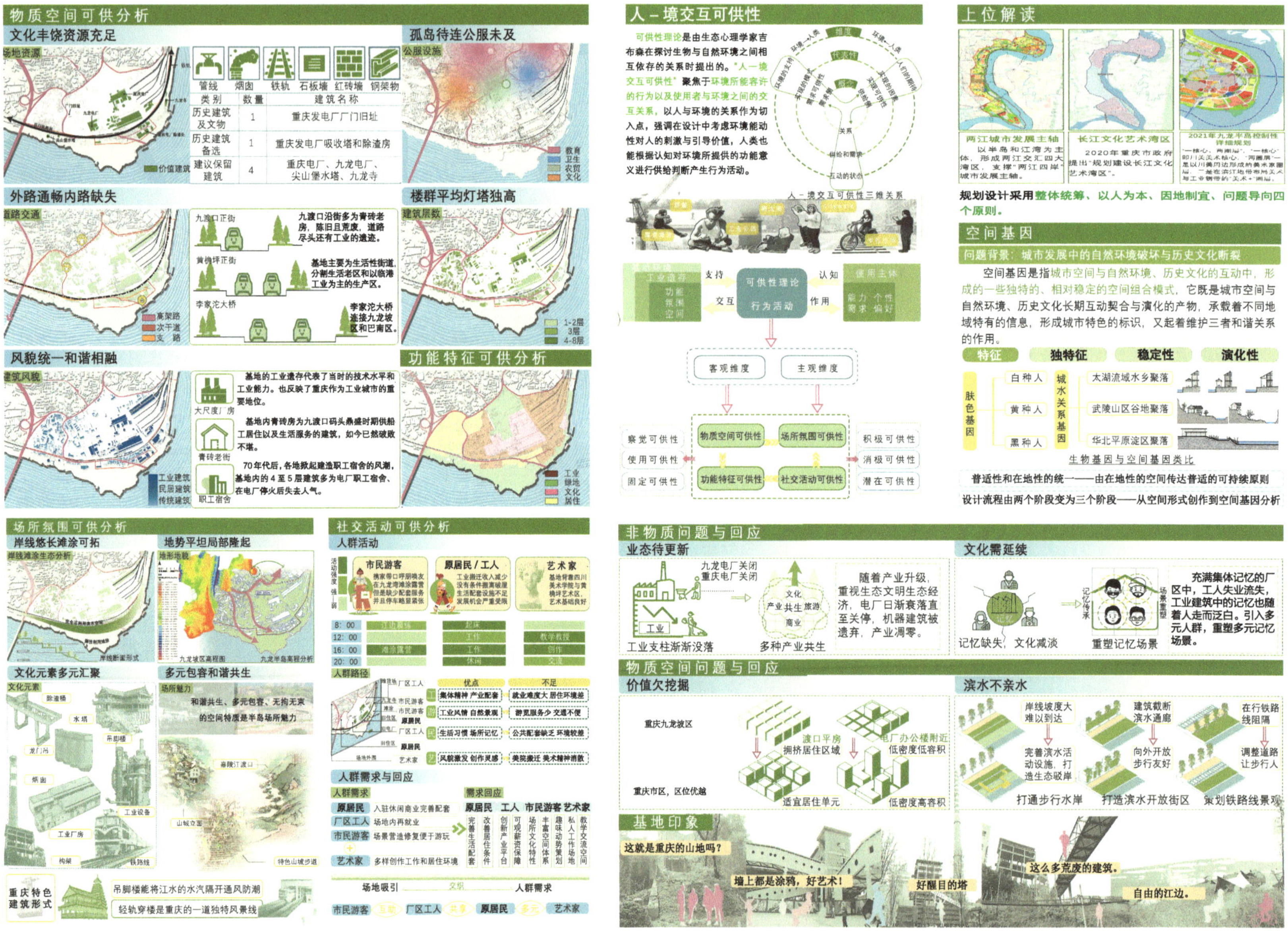

总平面图

总平面图

0 25 50 100 200m

主要经济技术指标

总用地面积	46hm²
总建筑面积	66700m²
建筑密度	42%
平均层数	4F-5F
容积率	1.45
绿地率	35%

主要设施一览表

1. 艺术共享社区
2. 生态花园酒店
3. 创新共享办公
4. 创新艺术廊道
5. 科技艺术广场
6. 共享创客设计集群
7. 电厂商业综合体
8. 活力草坪舞台
9. 游客中心
10. 电厂历史博物馆
11. 艺术创新工坊
12. 遗产乐活手工体验馆
13. 九龙渡口
14. 电厂地铁站
15. 铁轨遗产展览馆
16. 时光文创工坊
17. 铁轨主题图书馆
18. 时光文化市集
19. 艺术演艺中心
20. 小火车体验场
21. 艺术文化体验盒
22. 九龙寺
23. 滨水休闲市集
24. 亲水步道
25. 活力露营场
26. 油罐餐馆
27. 电厂厂门
28. 长江

立面图

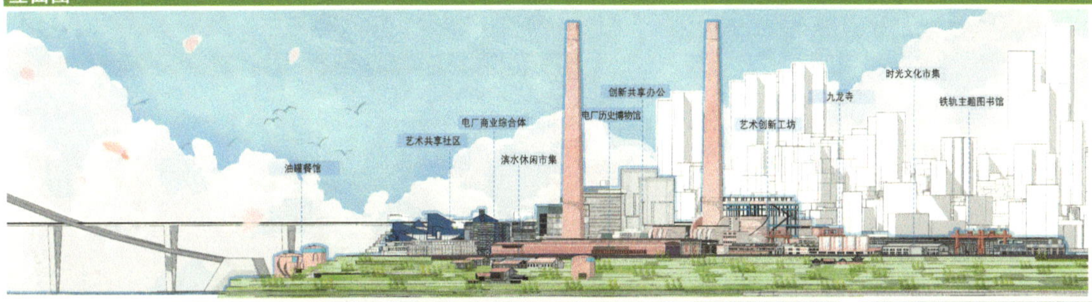

方案推导

I 认识九龙

九龙画像：宏观区位、道路交通、山水生态格局、上位规划、地形高程、九龙现状

九龙故事：九龙往事、电厂故事、文化元素

II 策划九龙

主题演绎：理论阐述、定位拆解、梳理定位

旧厂解困：建筑渐荒废、人气难聚集、服务需完善、文化需延续、业态待更新、滨水不亲水、价值欠挖掘

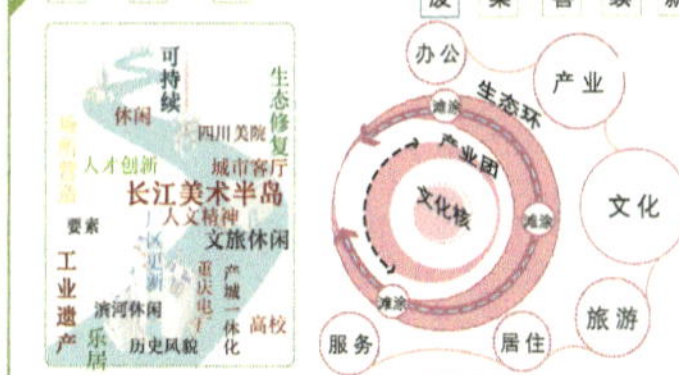

主题演绎：人文绿洲、文化山谷、艺术湾区、商务港湾、产业引擎

九龙如愿：艺术湾区、产业引擎、商务港湾、文化山谷、人文绿洲

何为新生：人气重塑、基因延续、产城融合

何以新生：人境交互可供性、空间基因

理念阐释

何以新生：由人－境交互可供性的分类引导九龙复生

	物质空间		感知－认知		行为－活动
1 物质空间可供性	内部空间 外部空间	决定	形态－尺度－结构	作用	城市更新片区分类 工业遗存更新利用
2 功能特征可供性	商业－产业－办公 居住－文化－服务	决定	功能－形态－尺度	作用	体验－游憩－展览 办公－生产－购物
3 场所氛围可供性	历史文化空间序列 地域符号自然基因	决定	特质－精神－价值	作用	空间基因的传承 文化历史的展示
4 社交活动可供性	需求－爱好 价值观－社会关系	决定	认同感－归属感	作用	动态行为策划 场所节点塑造

休闲 工作 集运 创作 生活

III.设计九龙

新生新貌：弹性演变、动态策划、旧建利用、场所塑造、文化展示、基因传承、功能活化、交通结构、滨水岸线、高度控制、步行路径、空间格局

洞察场地－调研精华

留作工业遗迹多好，离市区近，适当改造下，我们摆摊赚点小钱。 2024.3.28

把电厂做成主题公园，把冷却塔、烟囱都画上涂鸦。 2024.3.29

做文化馆、图书馆吧，住这什么设施都没有。 2024.3.27

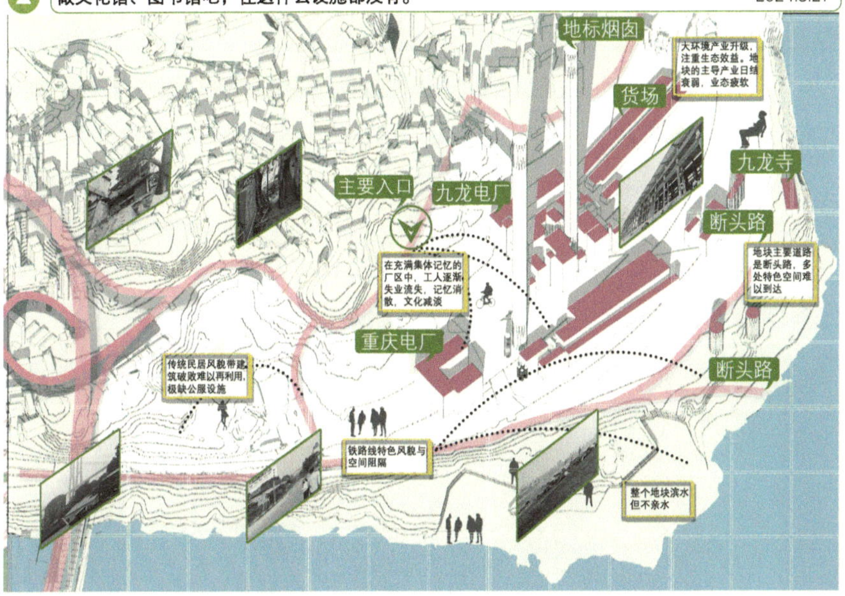

规划分析

方案生成

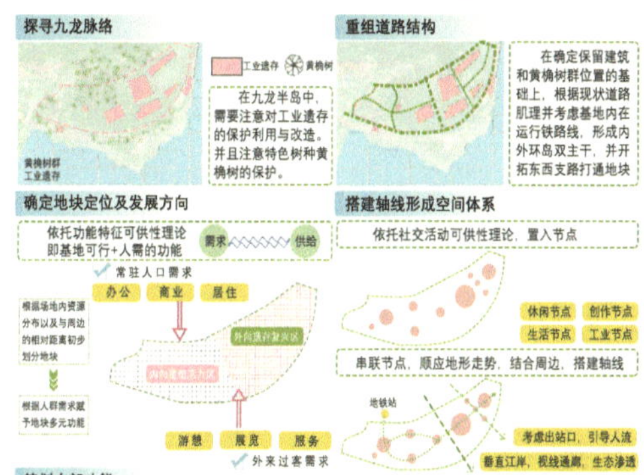

策划内部功能

地块控制一览表

编号	A	B	C	D
用地性质	居住	商务商业	文化商业	文化绿地
用地面积	5.3hm²	14.3hm²	26.4hm²	27hm²
建筑面积	31800m²	271700m²	211200m²	5000m²
容积率	0.6	1.9	0.8	0.1
建筑密度	40%	40%	30%	5%
绿地率	40%	30%	45%	60%
建筑限高	15m	50m	25m	15m
建筑风貌	传统民居	现代楼房	工业厂房	传统民居

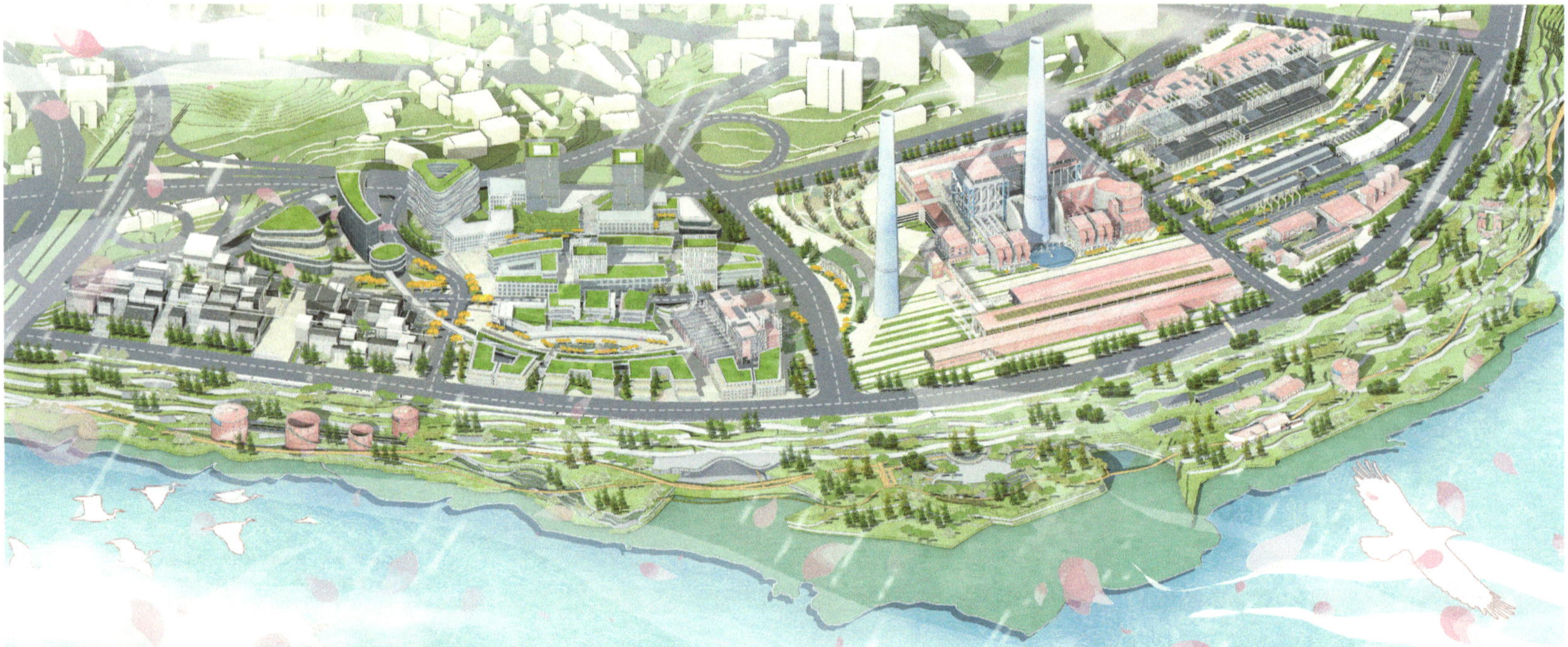

物质空间可供性

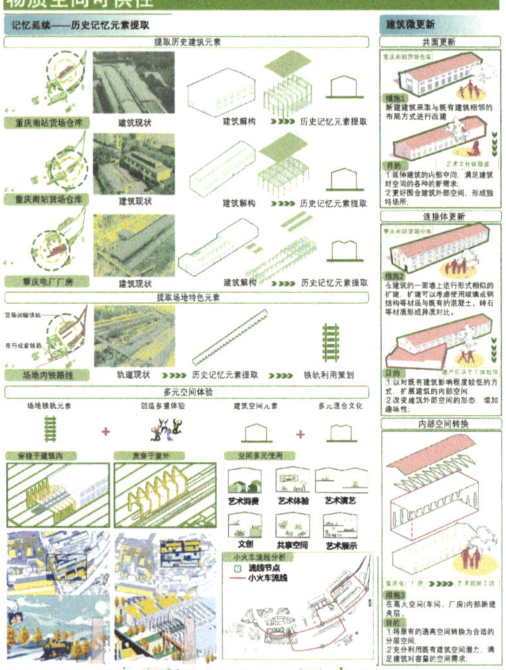

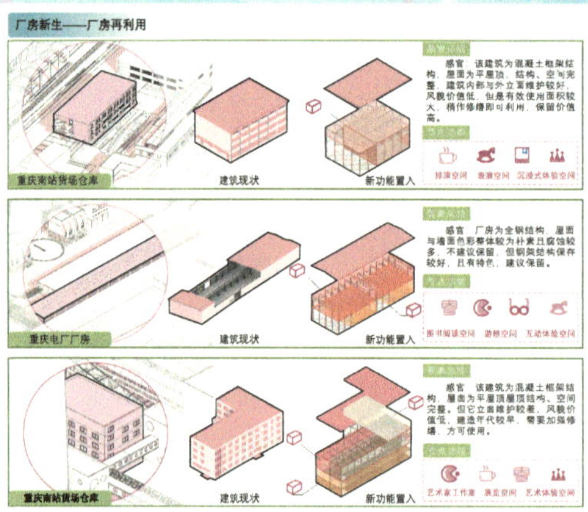

功能特征可供性

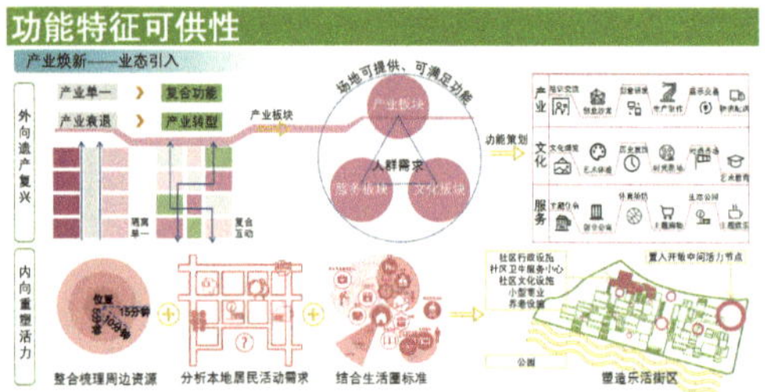

社交活动可供性

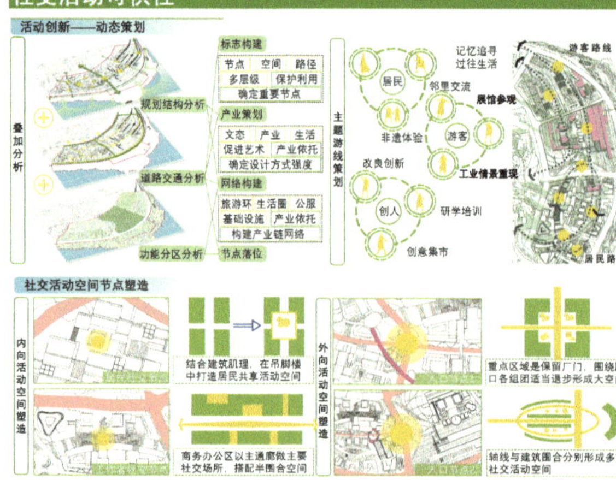

场所氛围可供性

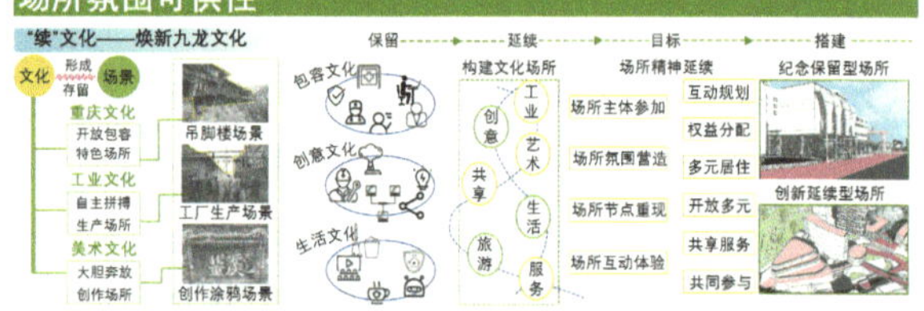

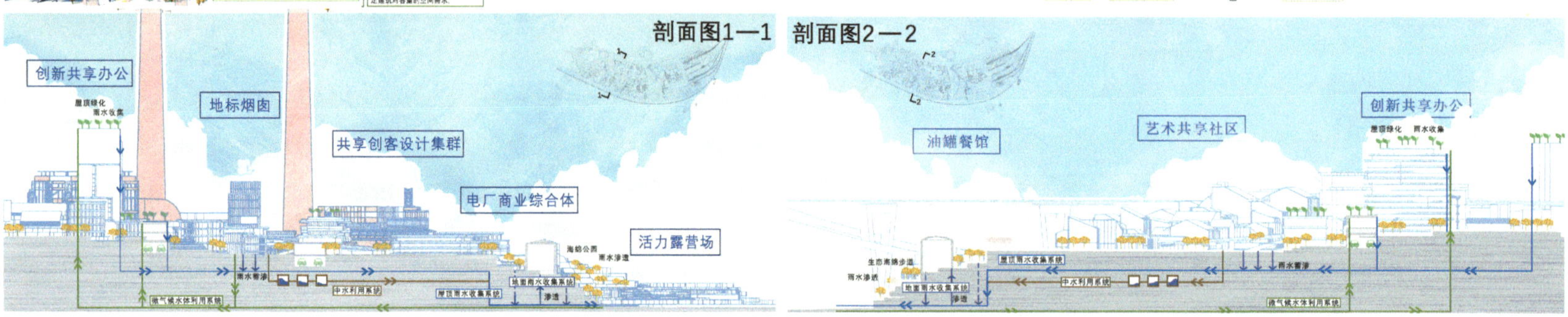

场所氛围可供性

"续"肌理——延续空间基因

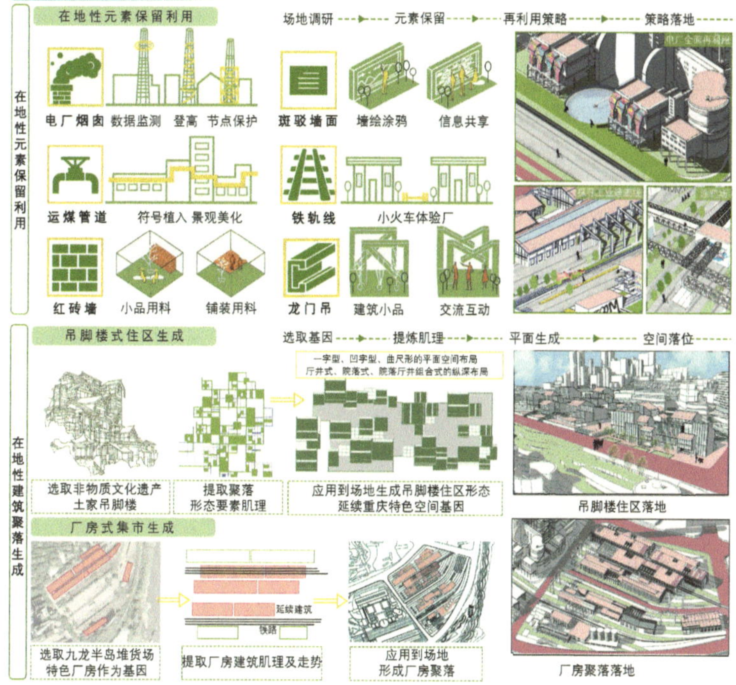

"续"生态

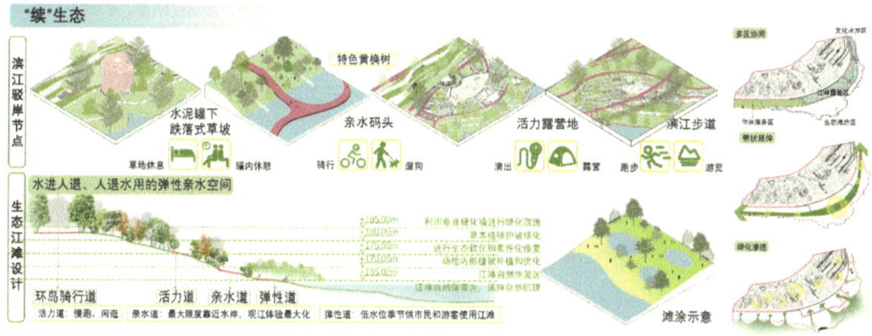

重要场所节点——九龙游记

8:00 小小和小艺结伴从电厂地铁C口到达九龙半岛，走过步行天桥，欣赏李家沱长江大桥的远景与颇具重庆特色建筑群的近景，眼前有见证电厂历史的九龙电厂厂门。

9:00 小小和小艺在前店后坊式的产品创新街走过，选购了一些饱含创作者心血的有趣好物，被店家的创新创业精神所感染，也从本地再就业的店员那里听到了许多电厂故事。

10:00 小小和小艺在由工业遗存建筑改造的文化集合楼里看到了艺术家们的工作状态，同时参与了一些特色的艺术产品的制作，对艺术的了解更进一步。

11:00 到了九龙半岛中最受瞩目的重联历史区，小小和小艺与地标烟囱合影，随后进入由九龙电厂改造的展览馆中了解工业历史，还可以沉浸式体验电厂运作流程。

三重莲——“主客互动”下的莲花村韧性空间设计

参赛院校：昆明理工大学
作者姓名：黄 薇 陈雨琪 王义瑭 高 沁 邹文睿
指导老师：王 颖 毛志睿
“重庆规划杯”第四届全国大学生国土空间规划设计竞赛 二等奖、最佳表现奖

方案点评：

作品对城郊村庄生态割裂、社会疏离的现状地域特征和功能组织问题分析透彻，对其亦乡亦城的矛盾和趋势判断较为准确；用合理的规划手段将居民、游客的多元需求与农耕、居住、商业、休闲等多功能模块进行“互嵌、互动”，最终实现“共情、共荣”。逻辑建构和作品呈现较为精彩，空间秩序井然，是大都市周边乡村转型升级路径的有益探索，图面效果表达十分突出。

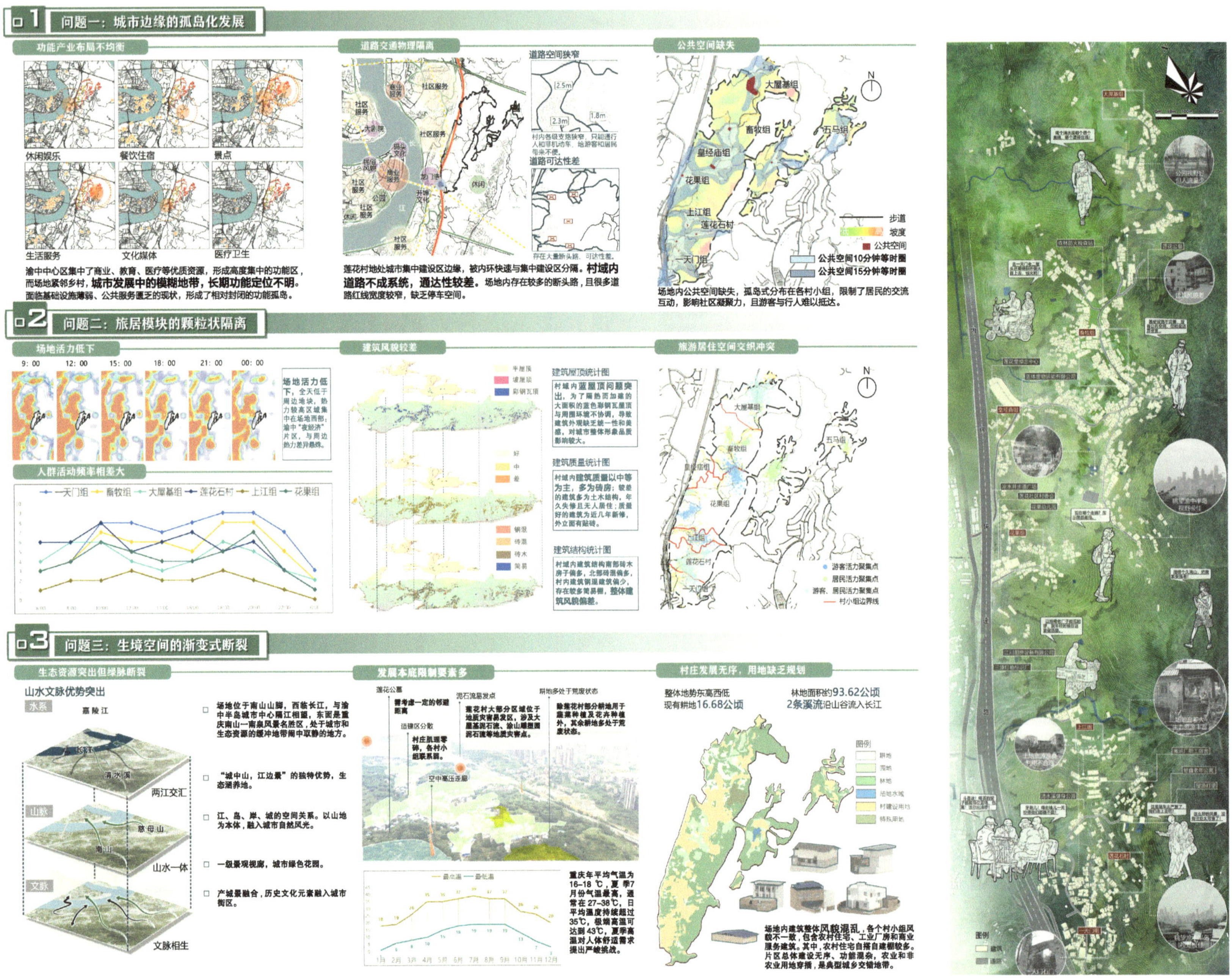

01 解题——设计思路

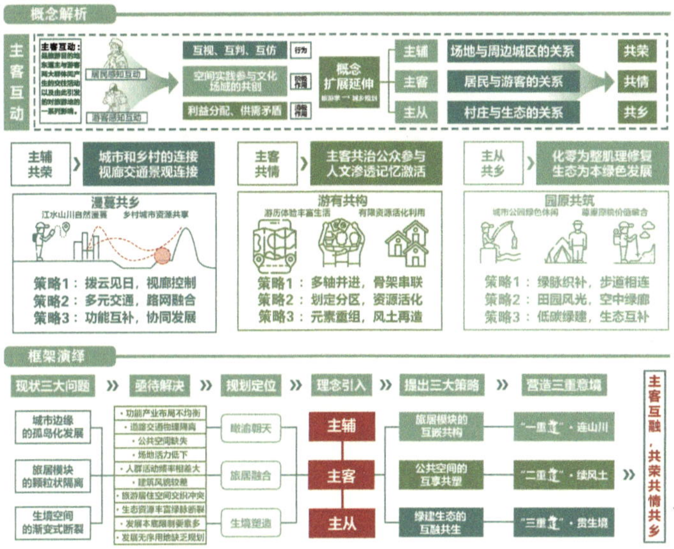

03 一重莲·连山川·主辅共荣–旅居模块的互嵌共构

步道体系全面对接

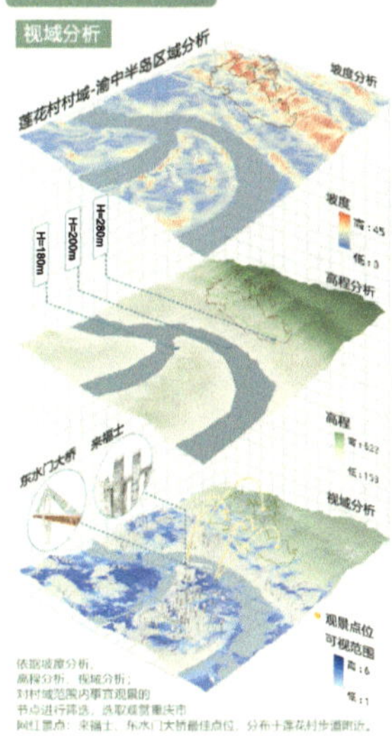

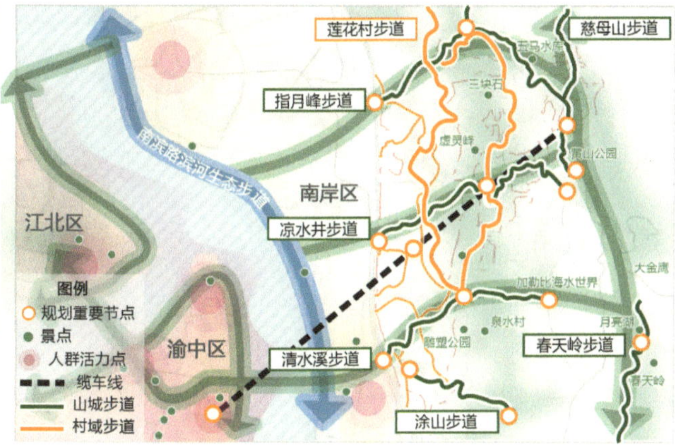

02 多元编码——词法句法段落组合

建筑词法分解

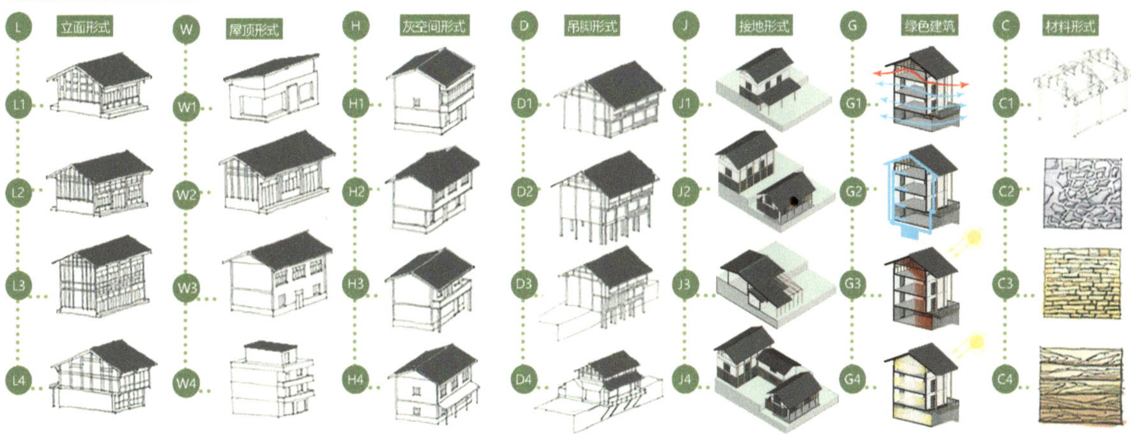

建筑句法重组

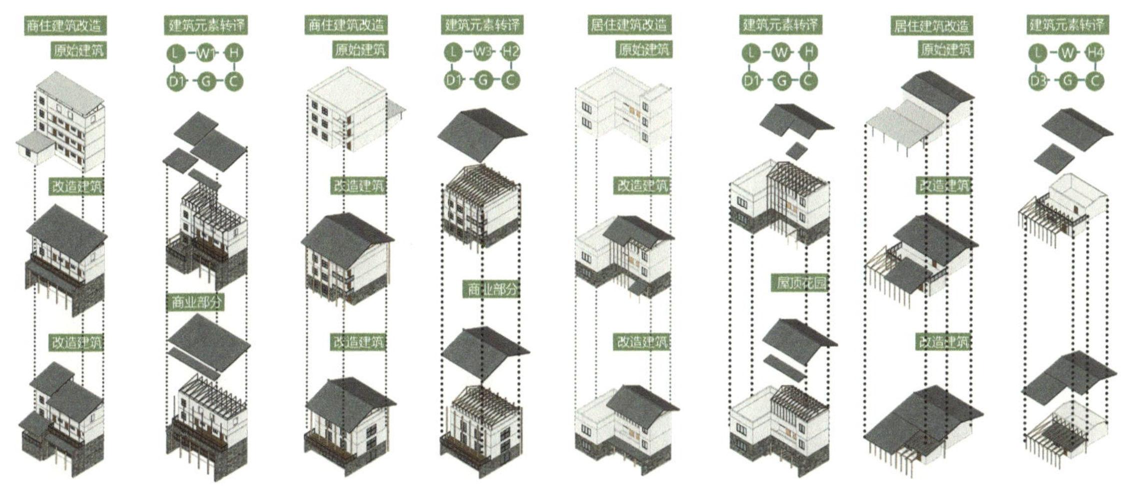

建筑段落组合

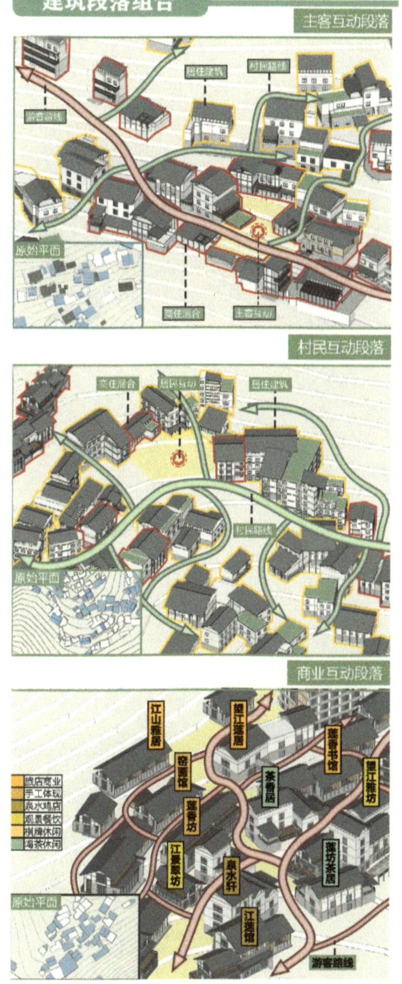

总平面图
二重莲·续风土·主客共情-公共空间的互享共塑
主
清闲生活区
自建房和职工宿舍等
乡村活动综合区
乡村医务室
村民文化活动室
村民集体户外广场
田园自然生活区
宅后菜园和
屋顶花园
田野种植片区
客
瞰渝茶摊休闲区
茶摊休闲和高空廊道体验
观景台一级瞰渝视角
山城运动体验区
山城步道和运动健身
滨水餐厅体验区
滨水餐厅和商业美食街
露营休闲区
莲花康养区
老年人康复疗养
社区休闲活动
主客互融
民宿风情体验区
民宿改造体验和青旅
临街商业
商业文化综合区
文化夜市和文化商业街
村民活动和露天剧场
涂山窑手作和乡土餐厅
莲花垂钓休闲区
垂钓休闲和步道体验
农家乐和文创DIY
生态休闲社区
公园景观
滨水居住区
眺望台观景
功能互动分析
瞰渝茶摊休闲区
滨水餐厅体验区
乡村活动综合区
民宿风情体验区
商业文化体验区
生态康养垂钓区
商业文化街区
乡村集中广场
瞰渝茶摊
民宿体验中心
滨水餐厅
老年服务中心
员工宿舍
功能互融模块组合
居住模块
旅居模块
商居模块
民宿模块
民宿酒店
居住功能
餐饮功能
零售功能
娱乐服务
游客主要流线
居民生活游线
瞰江民宿
涂山窑馆
乡村集市
缆车平台
餐居模块
娱居模块
混合模块
混合模块
图例
① 一天门休息平台
② 村民活动广场
③ 瞰渝观景台
④ 观景休闲广场
⑤ 观景餐厅
⑥ 荒野茶摊
⑦ 步道休息驿站
⑧ 清闲社区
⑨ 职工宿舍
⑩ 滨水步行街
⑪ 滨水餐厅
⑫ 亲水露营基地
⑬ 步道休息驿站
⑭ 游客中心
⑮ 步道休息驿站
⑯ 瞰渝观景民宿
⑰ 缆车服务中心
⑱ 空中云廊
⑲ 村民活动中心
⑳ 村史展览馆
㉑ 莲花书院
㉒ 乡村集市
㉓ 露天小剧场
㉔ 乡土餐厅
㉕ 涂山窑手作体验工坊
㉖ 观景平台
㉗ 莲乡生态广场
㉘ 莲花公墓
㉙ 眺望台
㉚ 望江酒店
㉛ 莲韵农家乐
㉜ 康养生态基地
㉝ 缆车上下客点
㉞ 缆车上下客点
P 停车场
公共建筑
民宿商业
居住建筑
休闲商业
餐饮商业
滨水餐厅剖面图C—C

贯生境 · 主从共乡—绿建生态的互融共生

绿脉织补 步道相连

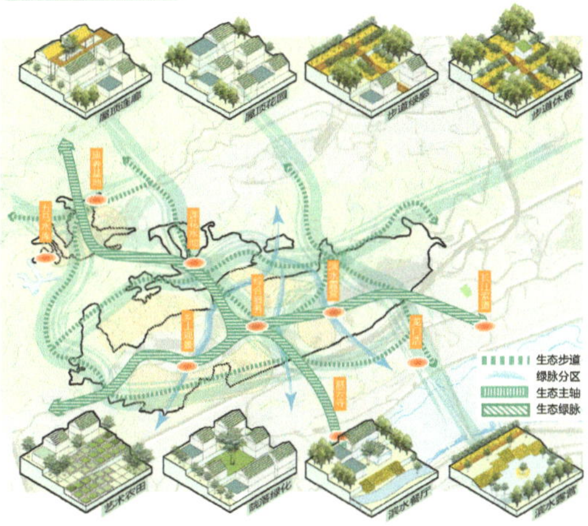

绿色空间组团

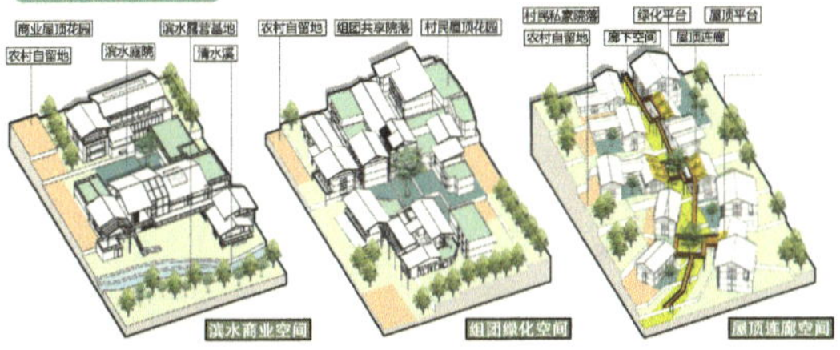

绿色建筑分析

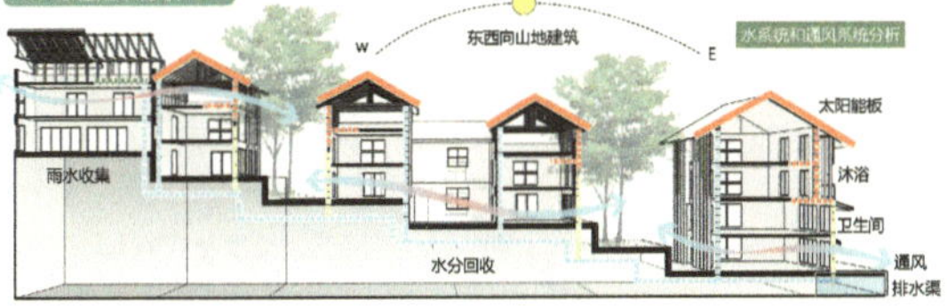

节点分析

清溪畔滨水体验

涂山窑文化体验中心

水韵莲香

瞰渝朝天第一景

LOHAS生长乐活圈——基于G-T基因编辑的十五分钟生活圈营造

参赛院校：厦门大学
作者姓名：张兰亭　刘永福　甘承鑫　陈兆其　黄青阳
指导老师：郁珊珊　吴灌杭
“重庆规划杯”第四届全国大学生国土空间规划设计竞赛　二等奖

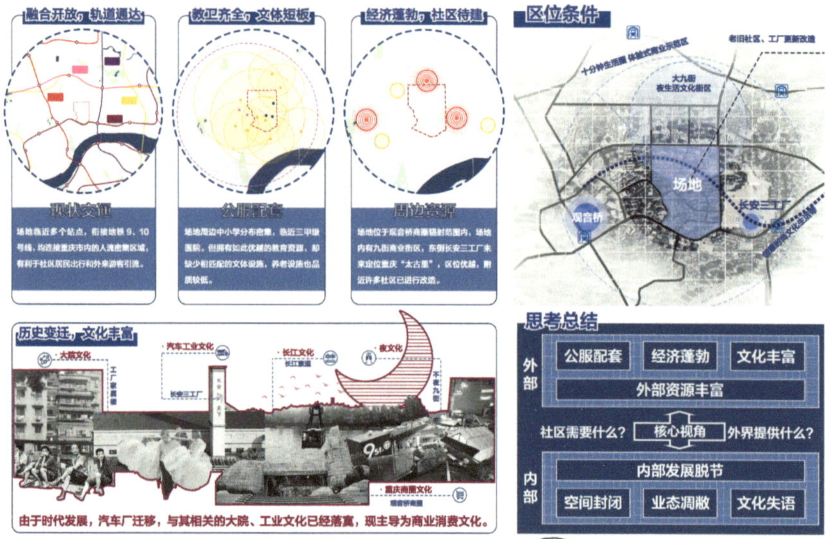

方案点评：

该作品旨在构建宜居、宜业、宜游、宜养、宜学，可自我更新生长的社区生活圈。设计中融入智慧化管理系统，利用传感器、动作捕捉等技术实时监控城市动态，精细化运营管理。同时，设计注重文化记忆的挖掘与重构，通过文化节点打造和智慧系统连接，激活社区文化活力。场地内部侧重于完善配套设施、实施分时共享、传承历史文化，对外侧重空间融合、产业联动、智慧联结，从而营造充满活力和互动的场景，并对社区更新的财务平衡机制进行了初步探讨。不足之处在于缺少对主题“LOHAS生长乐活圈”的解释与演绎，对基地特征的理解也不够全面。

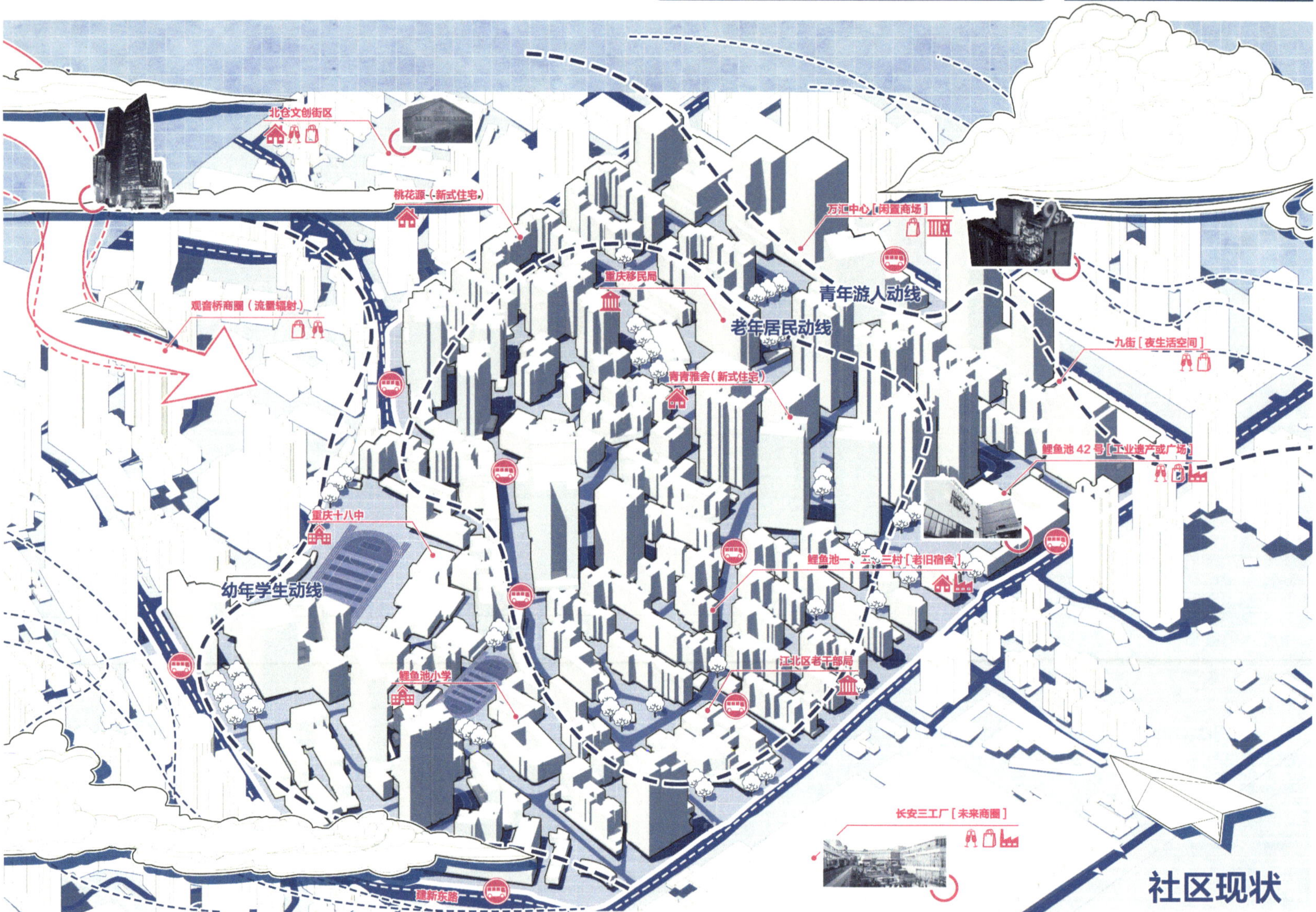

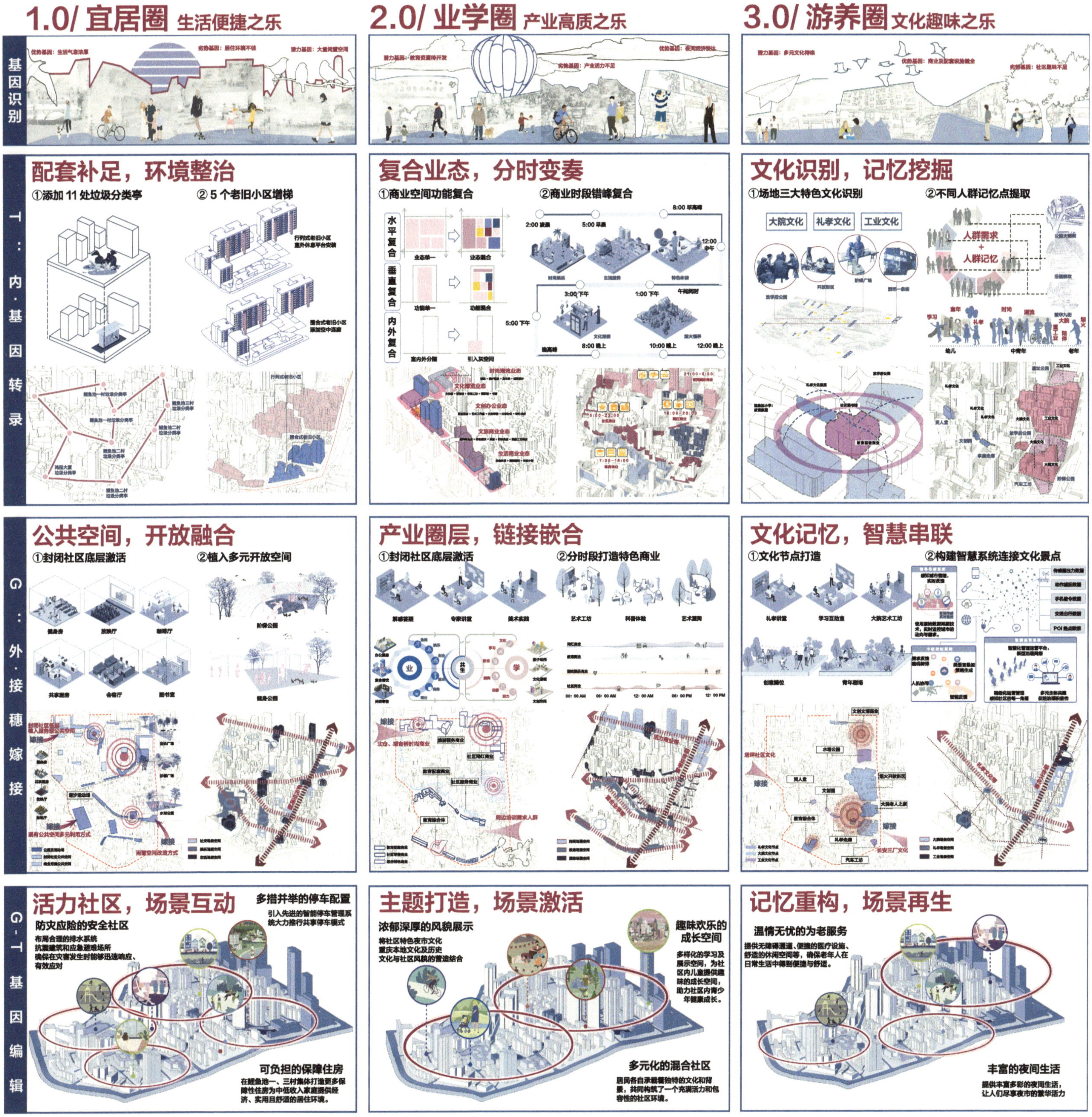
1.0/ 宜居圈 生活便捷之乐
2.0/ 业学圈 产业高质之乐
3.0/ 游养圈 文化趣味之乐
基因识别
T：内·基因转录
配套补足，环境整治
①添加 11 处垃圾分类亭
②5 个老旧小区增梯
复合业态，分时变奏
①商业空间功能复合
②商业时段错峰复合
水平复合
垂直复合
内外复合
文化识别，记忆挖掘
①场地三大特色文化识别
②不同人群记忆点提取
大院文化
礼孝文化
工业文化
人群需求
人群记忆
G：外·接穗嫁接
公共空间，开放融合
①封闭社区底层激活
②植入多元开放空间
产业圈层，链接嵌合
①封闭社区底层激活
②分时段打造特色商业
文化记忆，智慧串联
①文化节点打造
②构建智慧系统连接文化景点
G-T 基因编辑
活力社区，场景互动
多措并举的停车配置
防灾应险的安全社区
可负担的保障住房
主题打造，场景激活
浓郁深厚的风貌展示
趣味欢乐的成长空间
多元化的混合社区
记忆重构，场景再生
温情无忧的为老服务
丰富的夜间生活

目标愿景

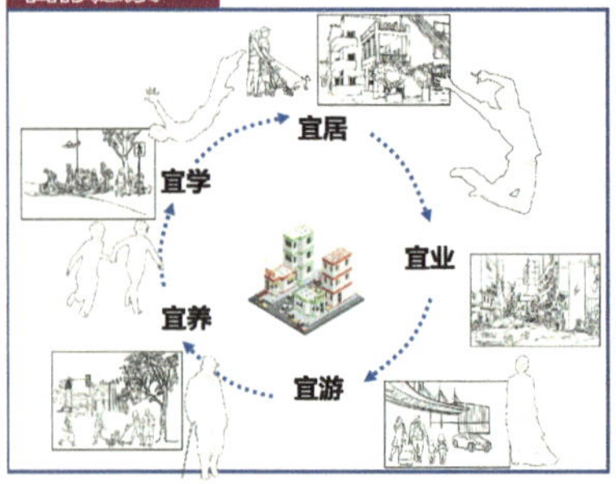

总体思路

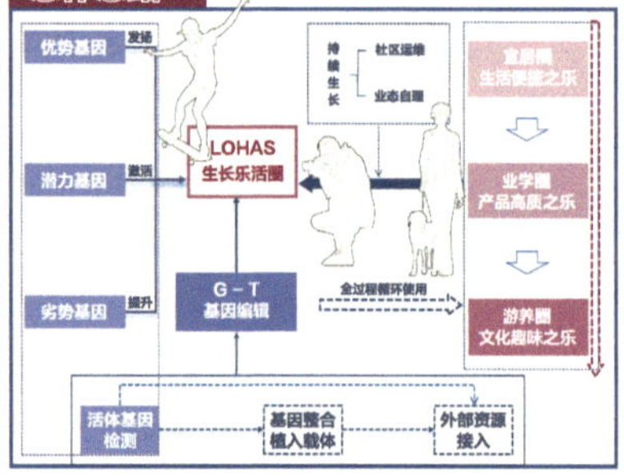

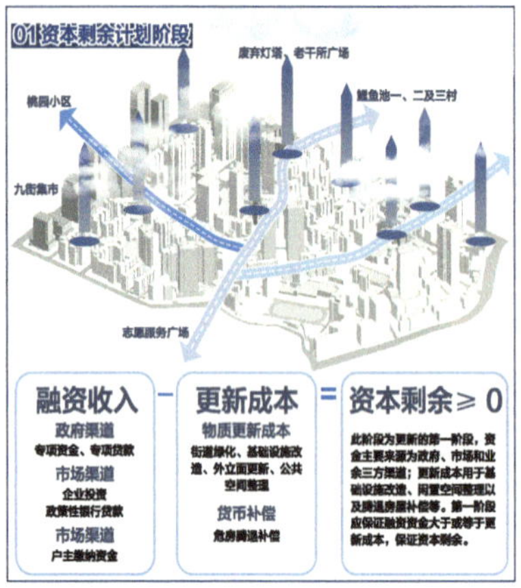

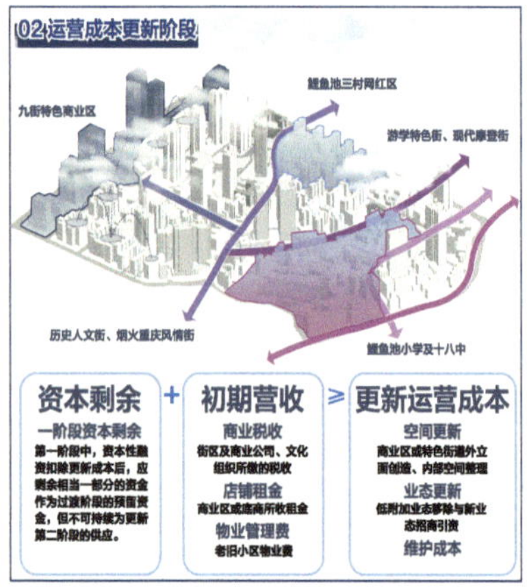

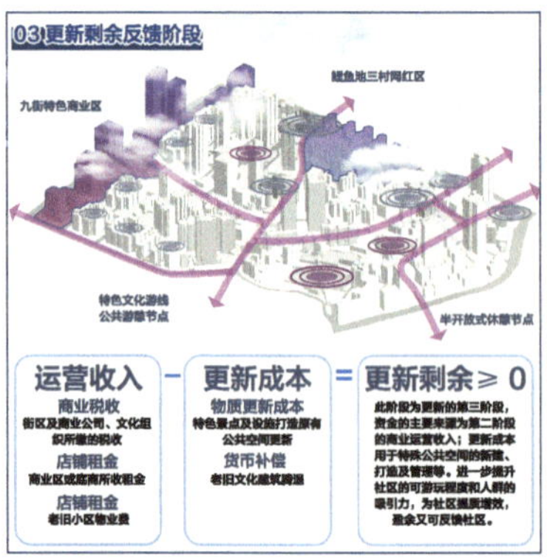

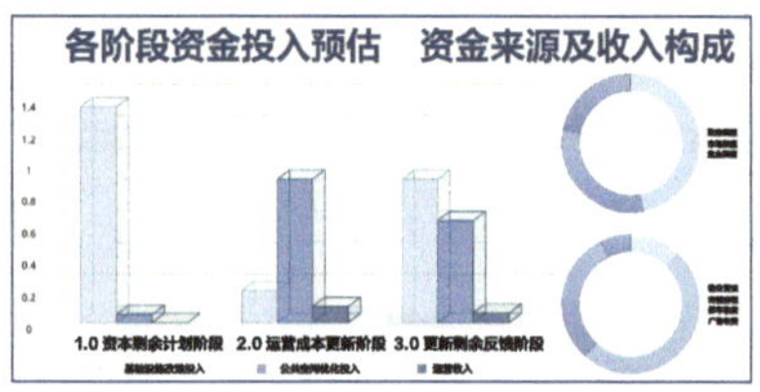

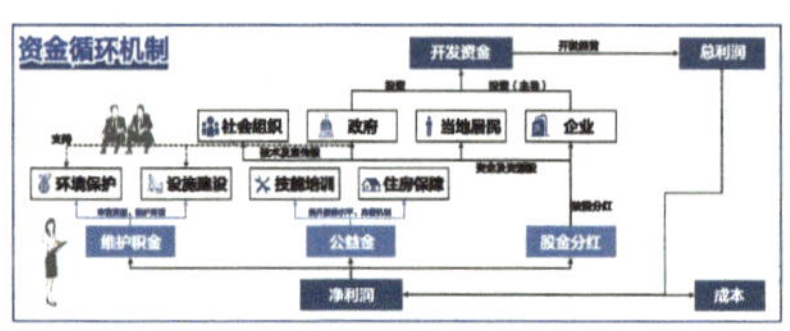

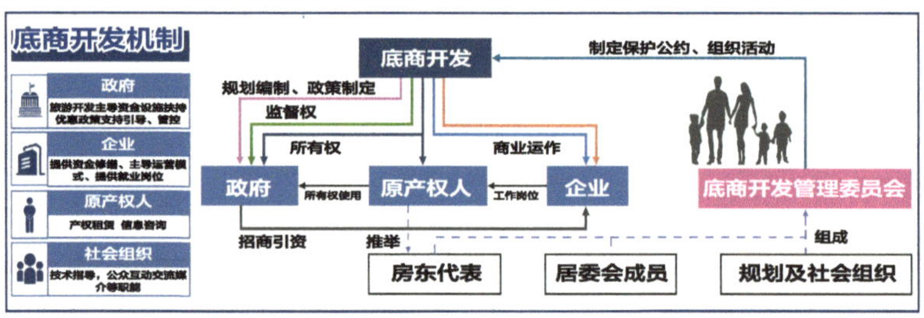

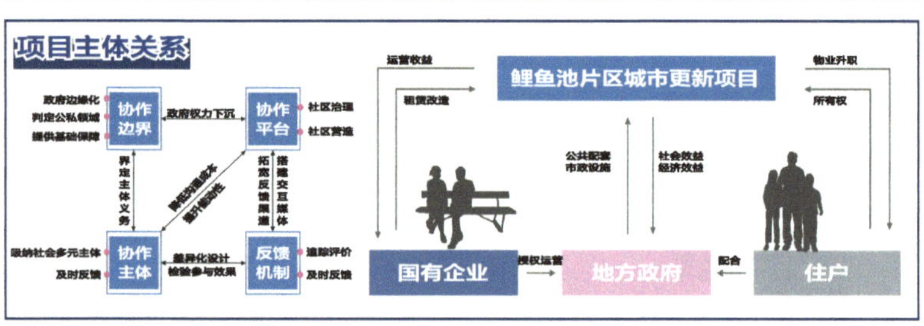

总平面图

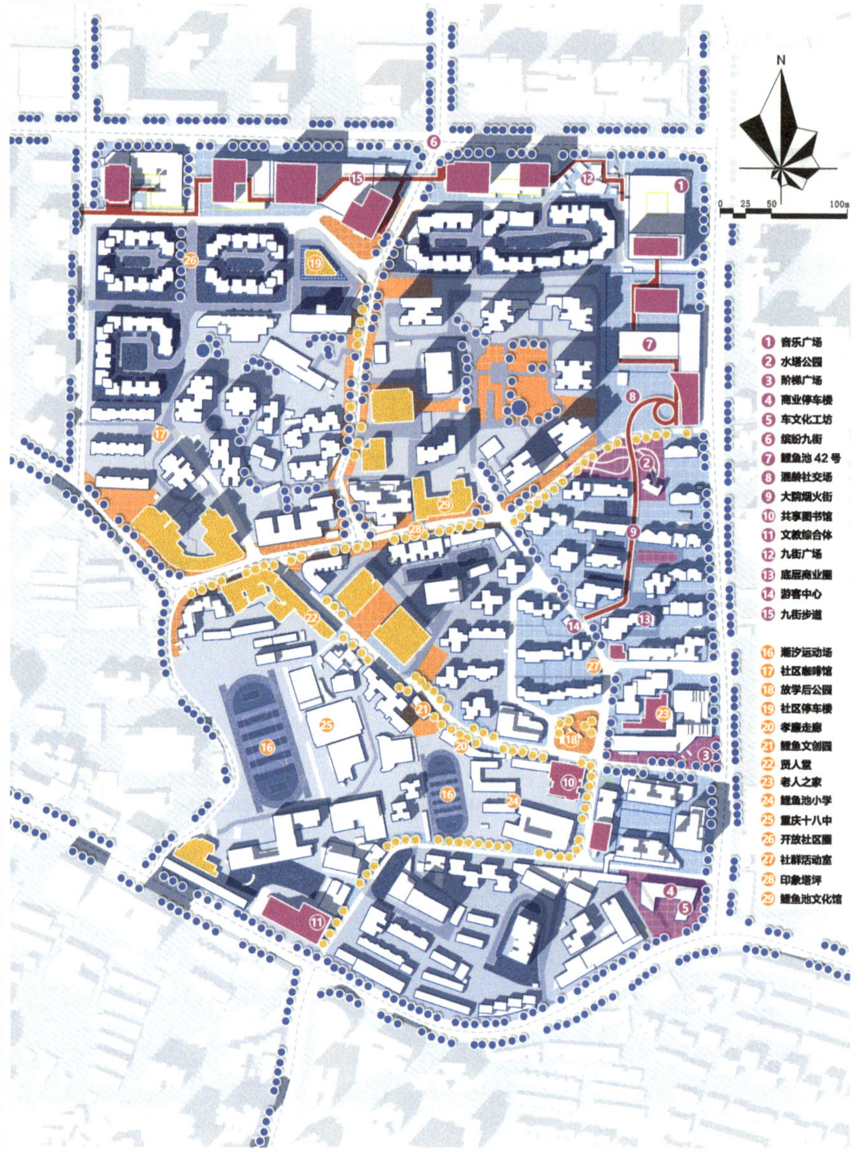

规划结构

功能分区

道路交通

景观结构

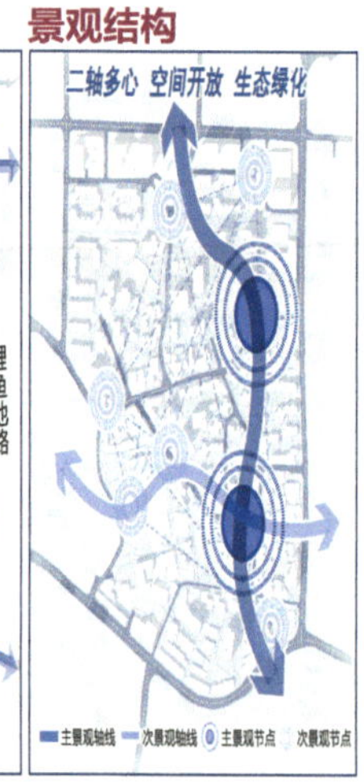

鲤鱼池生长乐活圈

社区多元活力 沉浸式体验图层

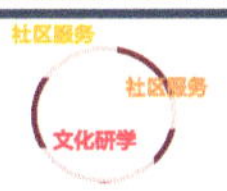

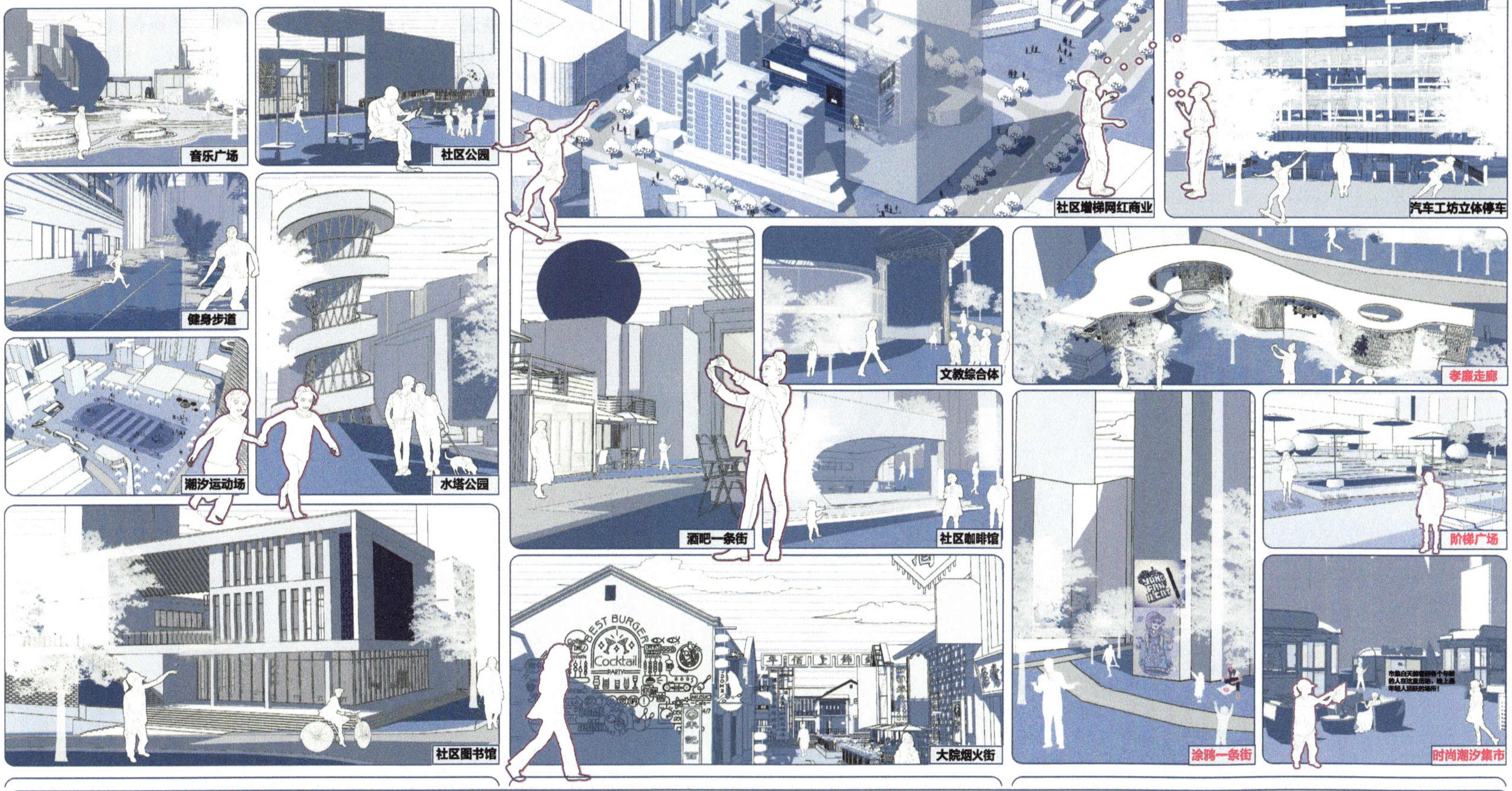

聚能团邻里，鲤鱼跃龙门——基于社区共同体理论的重庆市鲤鱼池片区更新设计

参赛院校：华中科技大学
作者姓名：谢宇薇　孙玉成
指导老师：李　蓉　单卓然
“重庆规划杯”第四届全国大学生国土空间规划设计竞赛　二等奖

方案点评：

该作品对场地现状分析系统而全面，提出的问题具有很好的现实意义，借助“社区共同体”的理念构建了合理的逻辑闭环，从社会策略、空间策略和治理策略三个途径入手，实现生活方式融合、空间资源拓展，以及社会多元共治的社区更新规划目标，方案较为合理，图纸表达清晰。不足之处在于部分增设的建构筑物缺少统筹考虑，易导致顾此失彼。

【场地分析】

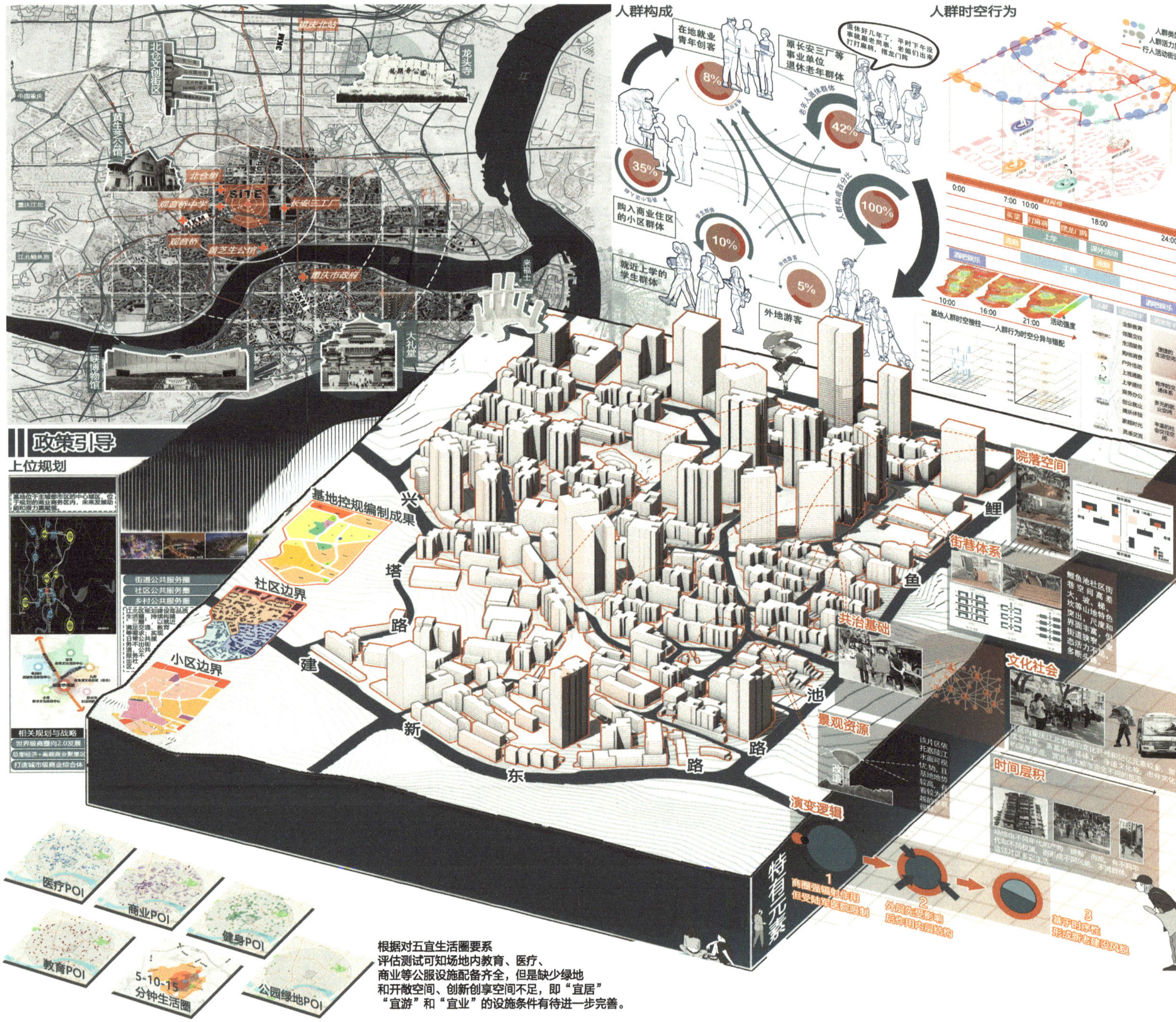

【交通与分析】

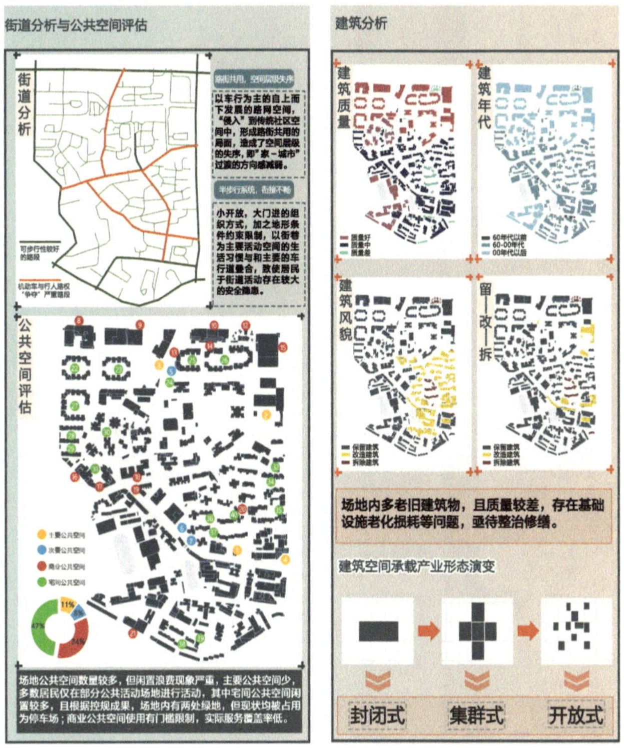

【主题阐释】

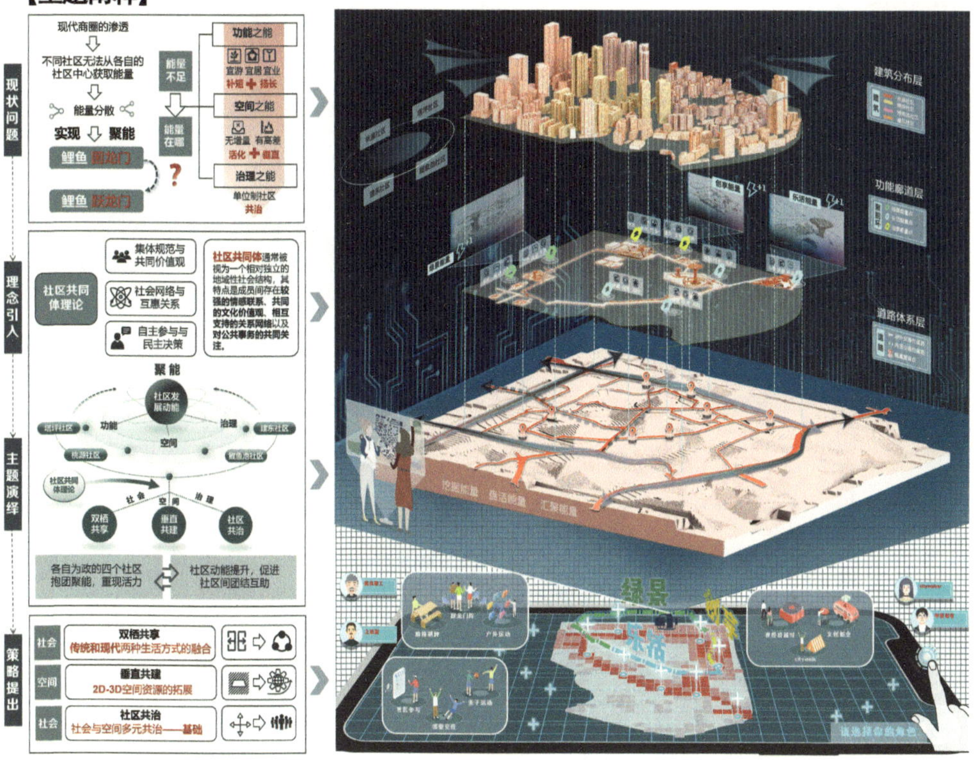

【设计策略】

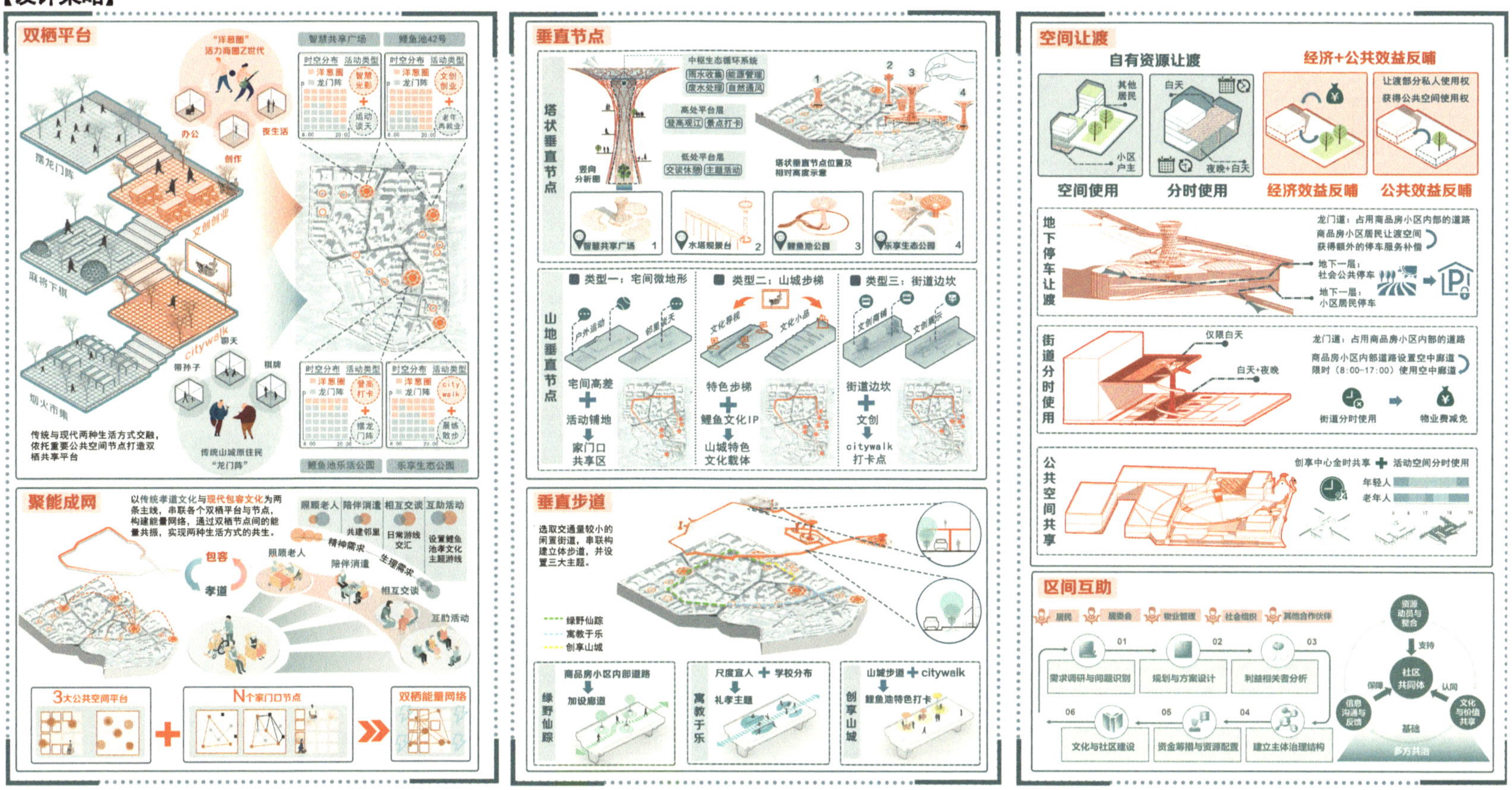

【总平面图】

设计说明

规划基地位于重庆市江北区鲤鱼池片区，包含4个社区单元。基地具有传统生活性慢城、山地特色等资源禀赋，且受周边观音桥等大型商圈影响，呈现圈层化空间结构，存在空间碎片化、人群离散化、文化失落化等问题，发展动能不足。

基于现状问题与发展研判，本规划以“聚能”为核心目标，引入社区共同体理论，从社会、空间、治理三个层面分别提出双栖共享、垂直共建、社区共治三大策略，旨在构建以乐活、创享、绿景为一体的复合聚能环，补足该片区宜居、宜业、宜游社区生活圈功能，以探索城市更新背景下社区内生式发展新模式，由“鲤鱼困龙门”实现“鲤鱼跃龙门”。

总平面主要标注

① 智慧共享广场
② 宅间邻里游园
③ 亲子趣味活动场
④ 街角下沉聚场
⑤ 龙门阵记忆广场
⑥ 鲤鱼池乐活公园
⑦ 宅间绿地广场
⑧ 乐享生态公园
⑨ 孝亲人口广场
⑩ 山城创享打卡地
⑪ 老年人休闲运动场
⑫ 水塔观景台
⑬ 鲤鱼池42号艺术公园
⑭ 重庆市第十八中学
⑮ 鲤鱼池小学

技术经济指标

总用地面积	总建筑面积	容积率	建筑密度	绿地率
41.17hm²	119.39hm²	2.9	28%	32%

【规划分析图】

【鸟瞰图】

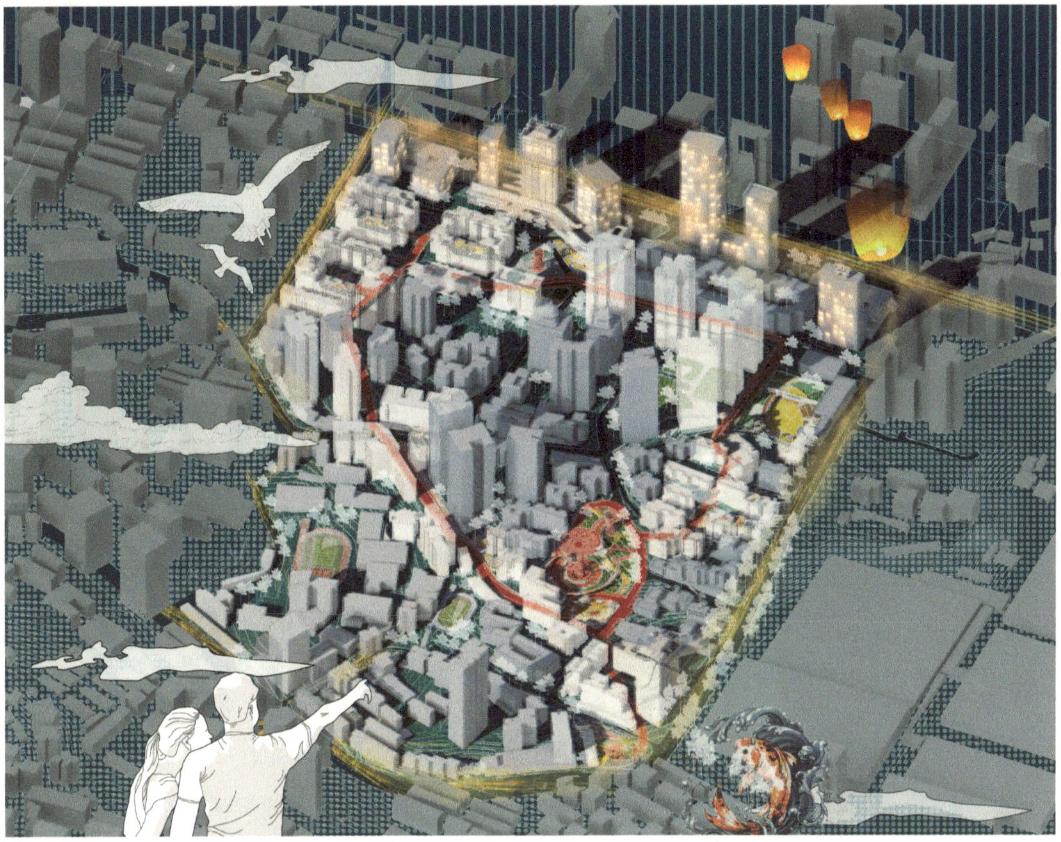

【场景图】

这里就是鲤鱼池的景观呀，最近可火了，我要多拍几张照片发朋友圈！
这个环绕的坡道可以通往最上面的观景塔，还能看到江水呢！
早上起床到这个街角公园活动一下，呼吸一下新鲜空气。
原来的42号公园变成户外活动剧场了，有好多年轻人和老年人在这里摆摊呢，我去看看。

【模块分析】

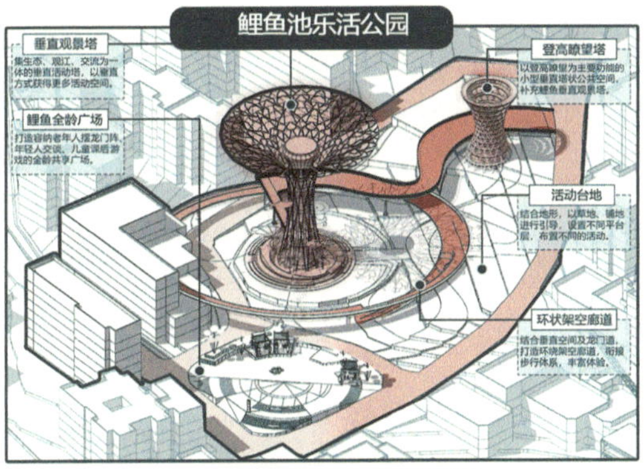
鲤鱼池乐活公园
垂直观景塔
登高瞭望塔
鲤鱼全龄广场
活动台地
环状架空廊道

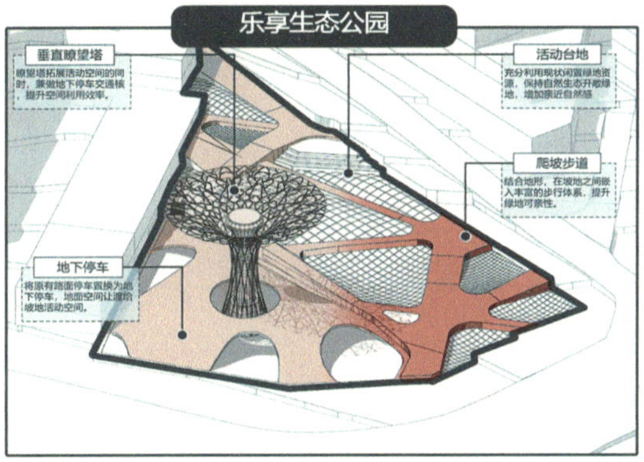
乐享生态公园
垂直瞭望塔
活动台地
爬坡步道
地下停车

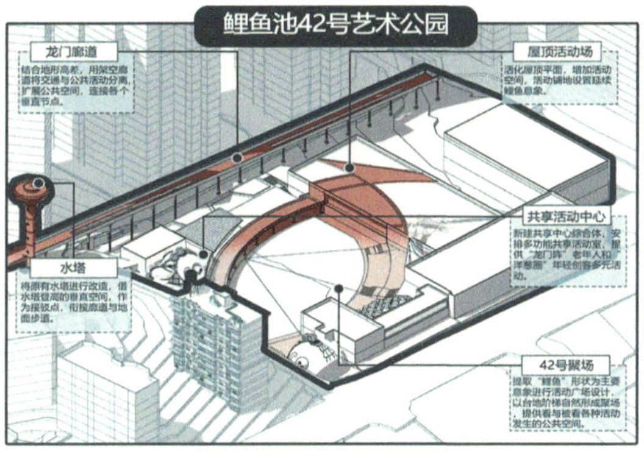
鲤鱼池42号艺术公园
龙门廊道
屋顶活动场
共享活动中心
水塔
42号聚场

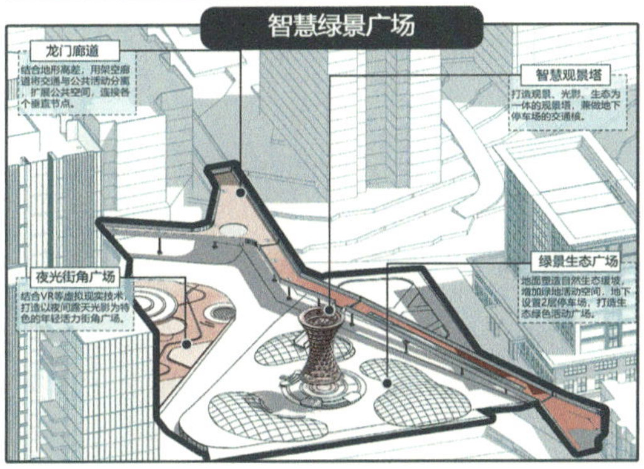
智慧绿景广场
龙门廊道
智慧观景塔
夜光街角广场
绿景生态广场

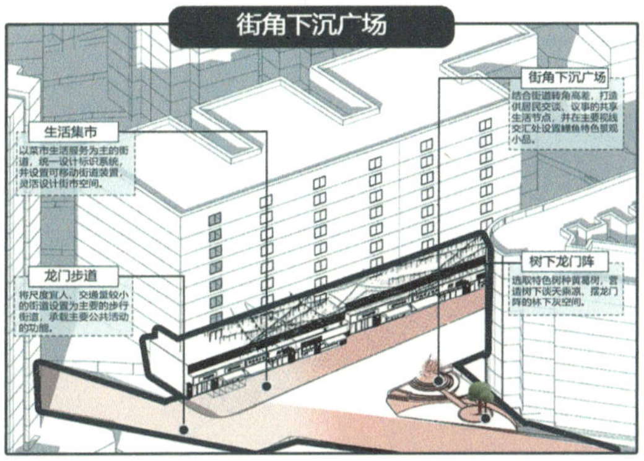
街角下沉广场
街角下沉广场
生活集市
龙门步道
树下龙门阵

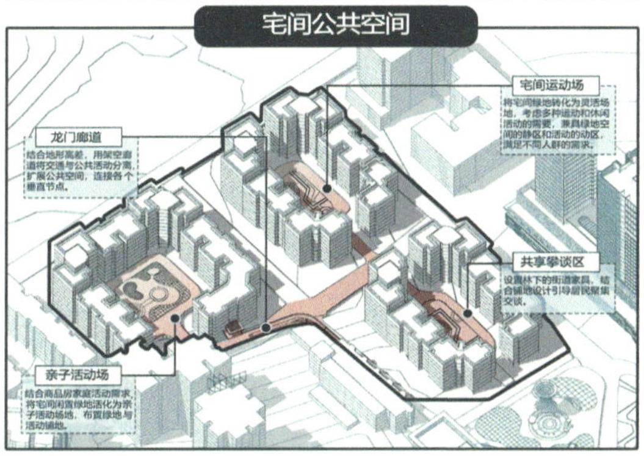
宅间公共空间
宅间运动场
龙门廊道
共享學谈区
亲子活动场

热辣生活料 · 新生鲤鱼池——基于“代际共融”理念的鲤鱼池生活圈更新规划设计

参赛院校：南京工业大学
作者姓名：何茂林　傅巧婷　陈诗怡
指导老师：王　南
“重庆规划杯”第四届全国大学生国土空间规划设计竞赛　二等奖、最佳策划奖

方案点评：

该作品以完整社区的理念关注不同居住群体的需求，有针对性地完善公共服务设施，兼顾不同类型居住形式，对应多元化生活方式，有较为成熟的设计思路。同时，还较为深入地挖掘了场地文脉，结合活动策划形成特色空间和特色场景，其中探索代际合作的模式富有新意。但作品设置大量架空连廊系统的想法不切实际，部分还会影响居民日常生活与出行。

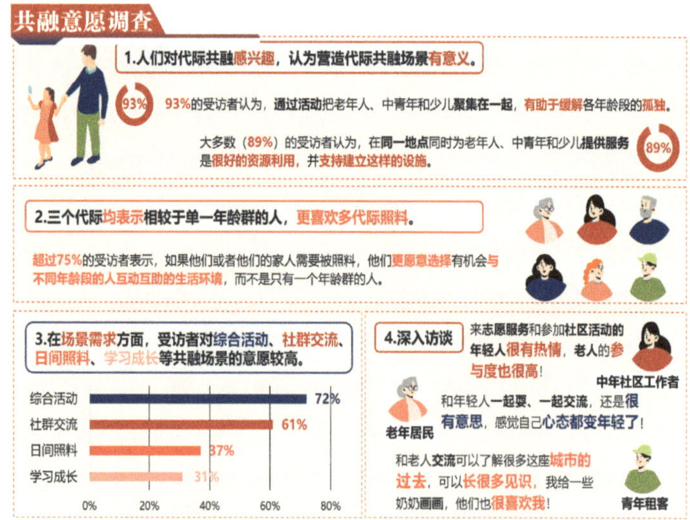

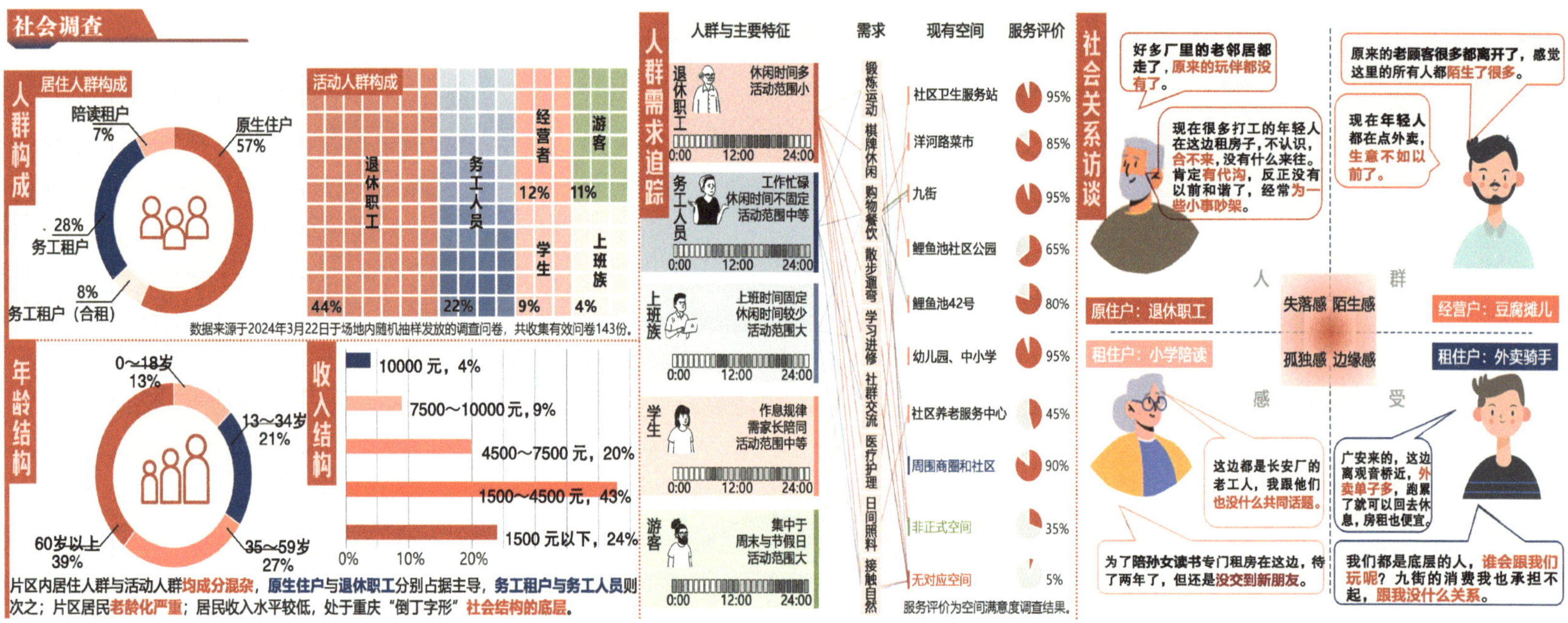

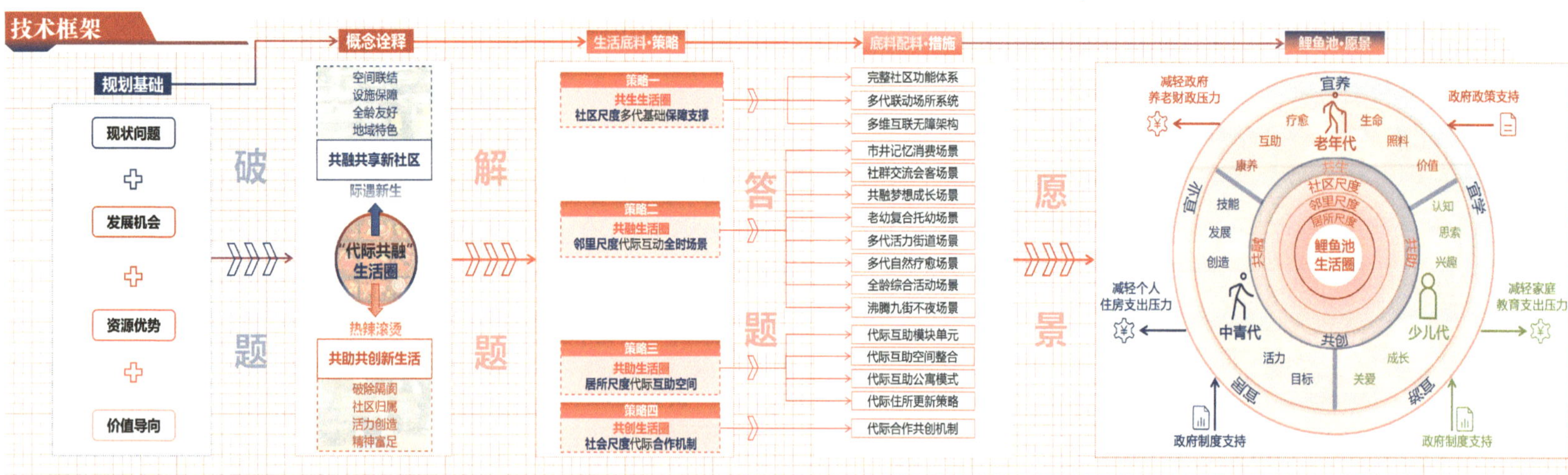

总平面图

经济技术指标	更新前
总用地面积：41.19公顷	
容积率：2.68	2.79
建筑密度：25.60%	27.44%
总建筑面积：1103892m²	1149201m²
绿地率：24.96%	22.85%
停车位：2300个	
拆除面积：79000m²	
改造面积：104968m²	
新建面积：33691m²	

规划分析

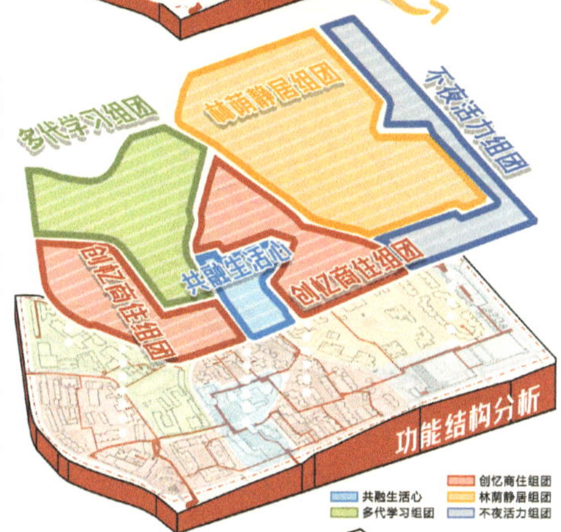

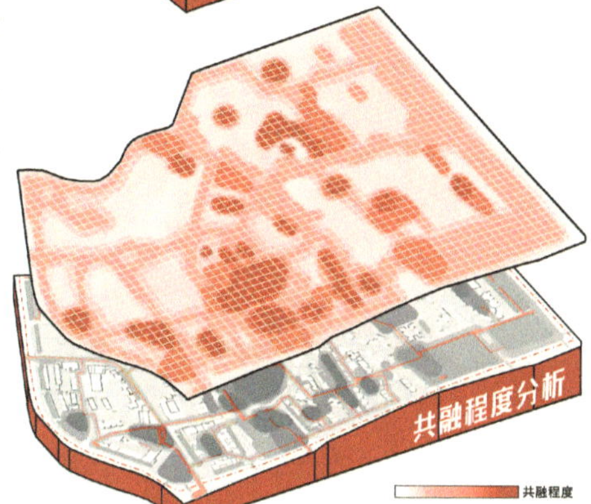

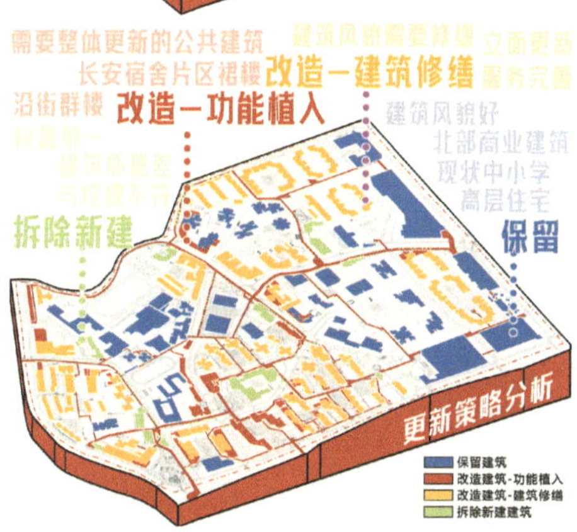

共生生活圈 社区尺度多代保障基础支撑

共融生活圈 邻里尺度代际互动营城场景

共生生活圈 社区尺度多代保障基础支撑

01代际互助模块单元

模块搭建过程 一种功能可变并可自由拆卸的空间使用模式以适应有限空间中的多种矛盾。

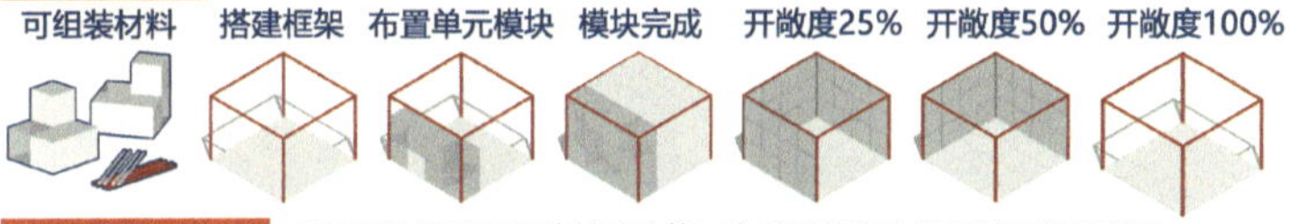

不同功能单元模块 单元模块具有不同的基础功能，为后期的组合搭配使用提供基础。

互助模块网络布点规划

02代际互助空间整合

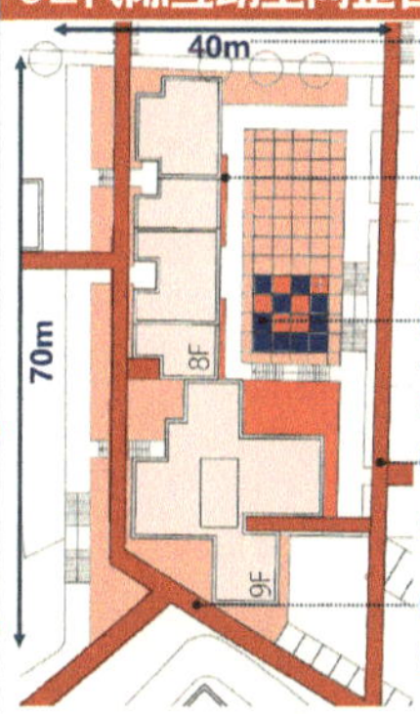

1. 适宜尺度 70 x 40m的组团尺度营造小街区氛围，增强步行可达性。
2. 底层商业 植入底层商业建筑，塑造连续街道界面，丰富社区业态。
3. 互助模块 代际互助模块渗入街区内部，整合形成完整代际互助体系。
4. 廊道系统 廊道连接不同建筑与场地平面，解决地形高差问题。
5. 公共空间 利用闲置用地打造适用于不同代际人群的公共空间。

03代际互助公寓模式

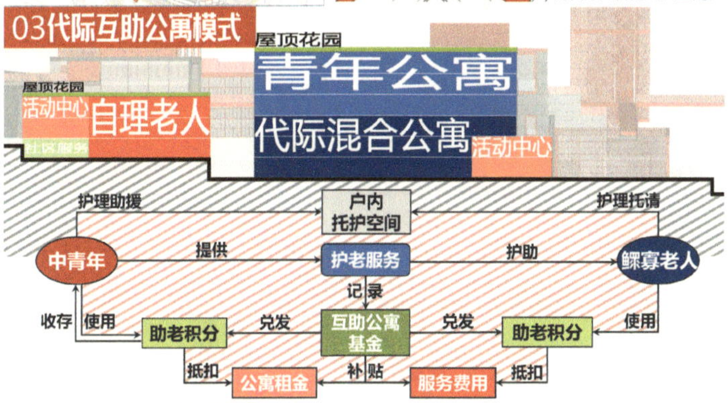

04代际住所更新策略

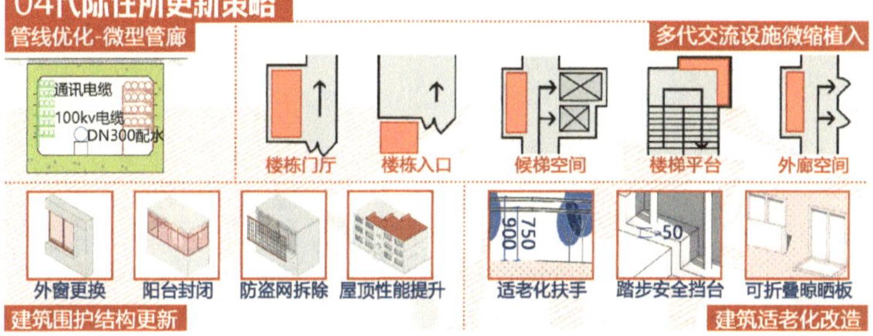

共创生活圈 社会尺度代际合作机制

01 "共创生活圈"代际合作机制

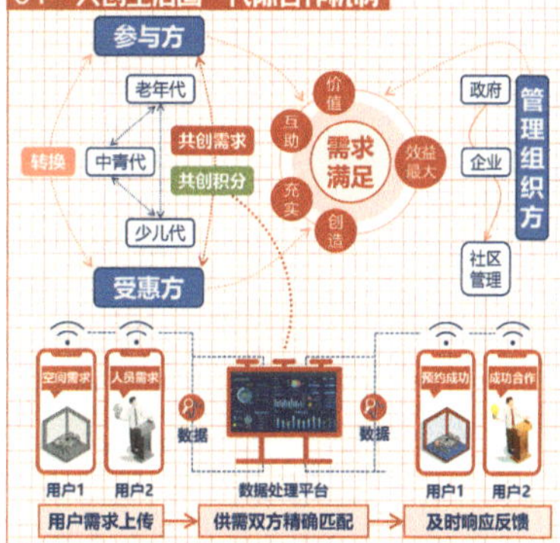

02 "共创生活圈"代际合作价值体现

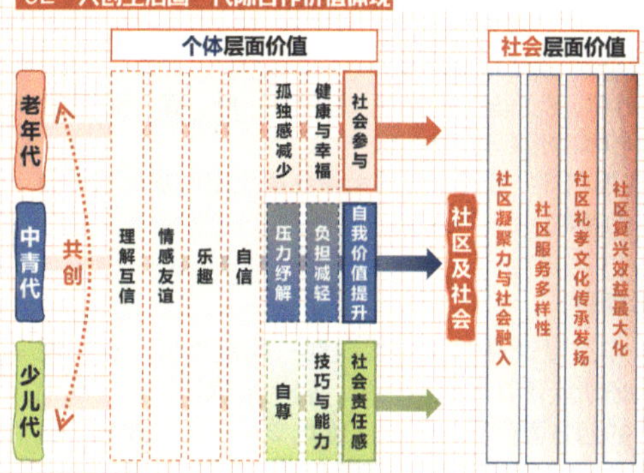

03 "共创生活圈"共创需求实施路径

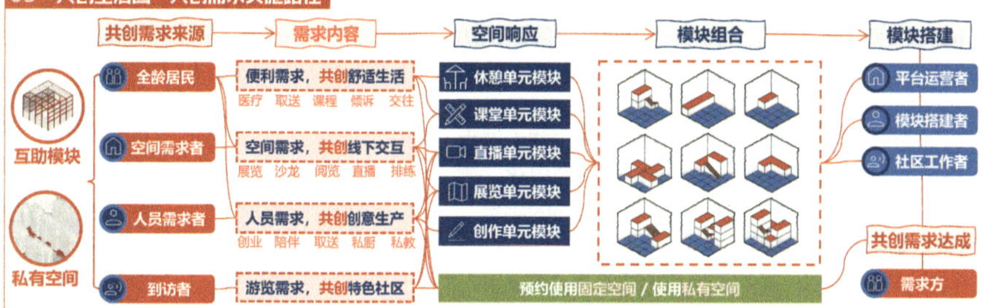

04 "共创生活圈"用户端APP设计

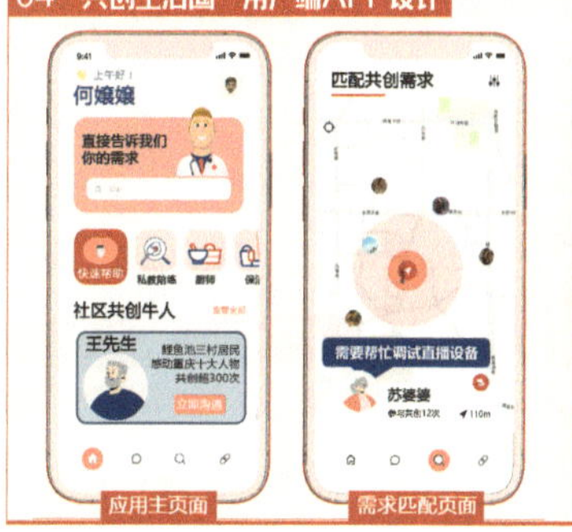

05 "共创生活圈"管理平台界面

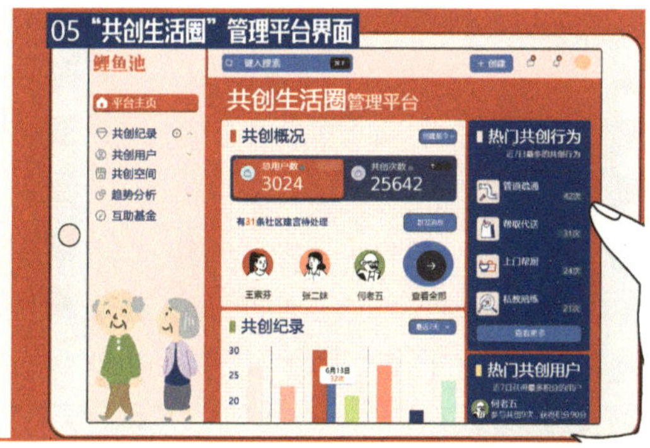

鸟瞰效果图

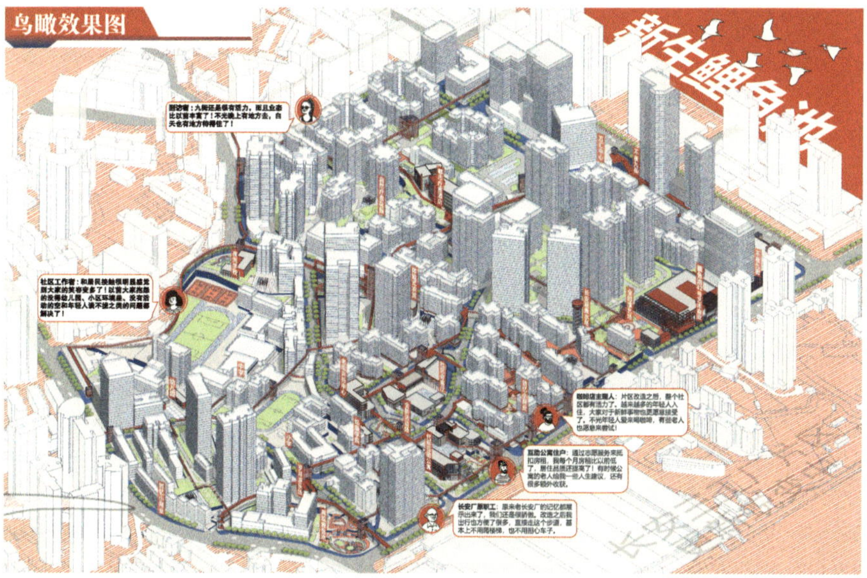

请回答1952——基于空间活力场理念的工业遗址活化

参赛院校：福建理工大学
作者姓名：何钰莹　毛铠铃　李启昌　叶　辉　张耀杰
指导老师：杨芙蓉　林兆武
“重庆规划杯”第四届全国大学生国土空间规划设计竞赛　三等奖

方案点评：

作品设计遵循“现状识别—问题剖析—目标愿景—场所焕活计划”的路径，较为准确地识别了场地存在的四方面问题，提出了焕场核——人气聚焦·激发活力点、织场景——交通织补·联动活力、活场域——要素协同·打造活力共融场的三大规划设计策略，植入艺术、商业、工业博览、工业创意等新的功能及业态，激活场所活力，满足多元人才需求。设计注重东西向四个次级片区的沟通联通，打造共荣共享的社区活力场、商业活力场、工业活力场和艺术活力场。作品不足是整个场地建筑形态设计较简单化、滨水区及岸线打造了一系列混乱、功用不明确的平台，整个设计表达偏于卡通化。

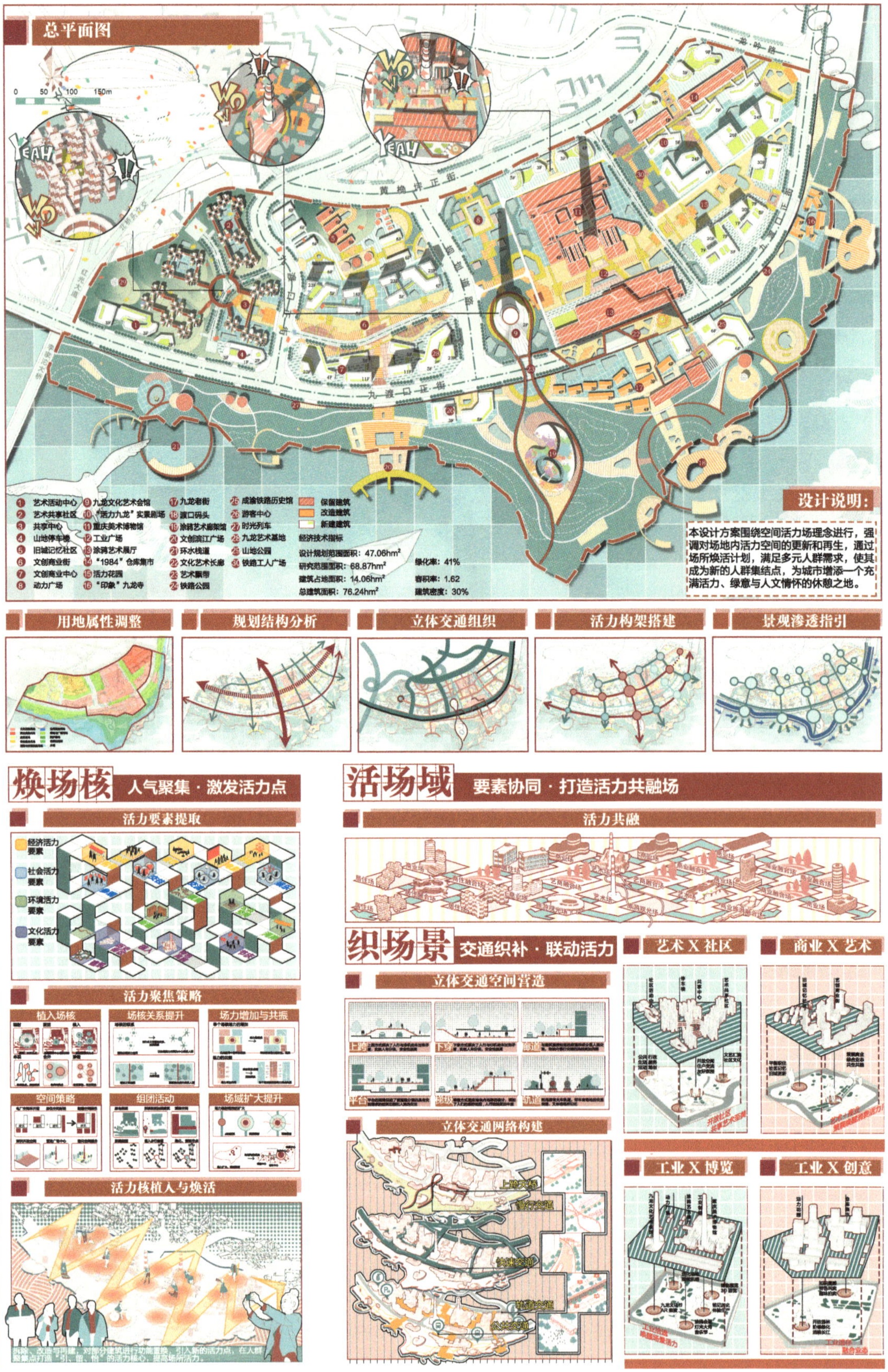

商圈界面营造

文化天桥贯通

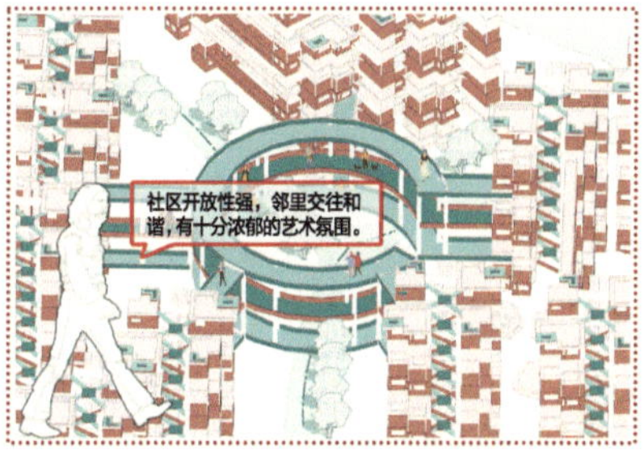

社区中心辐射

活力核心重构

振场力 特色构建·演绎场所内涵

社区设计

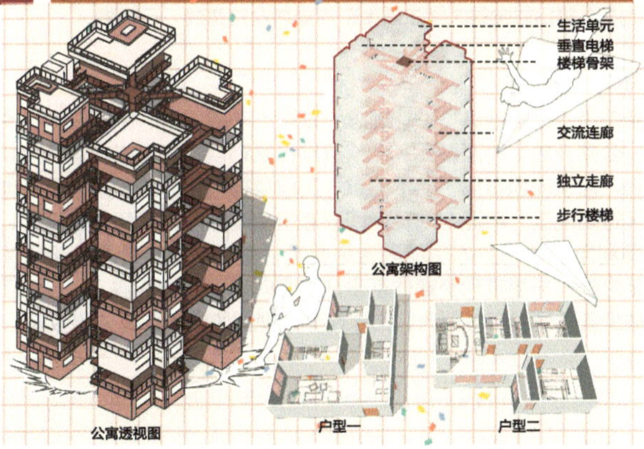

厂房微更新

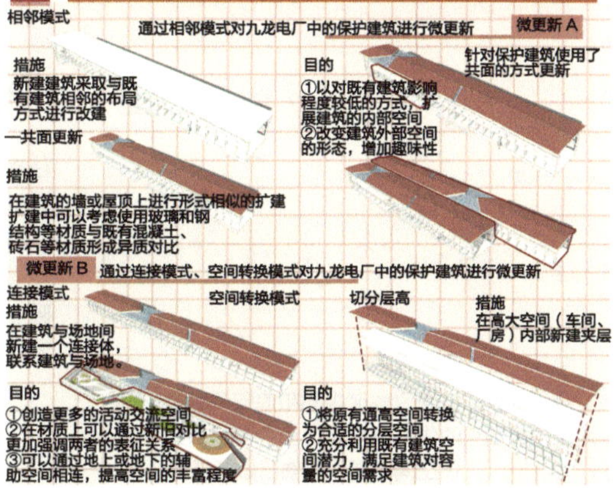

厂房内部空间渗透再生

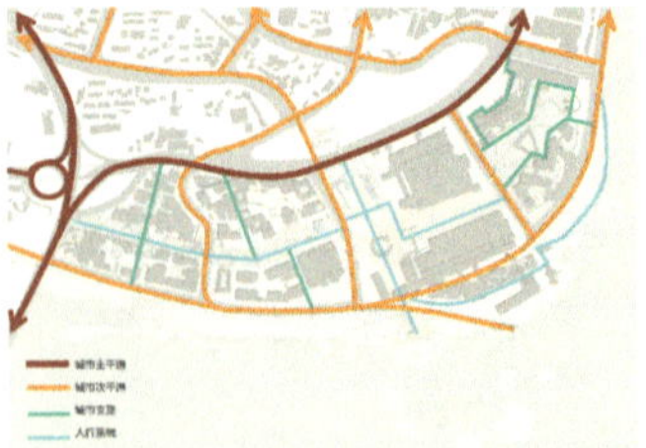

交通分析

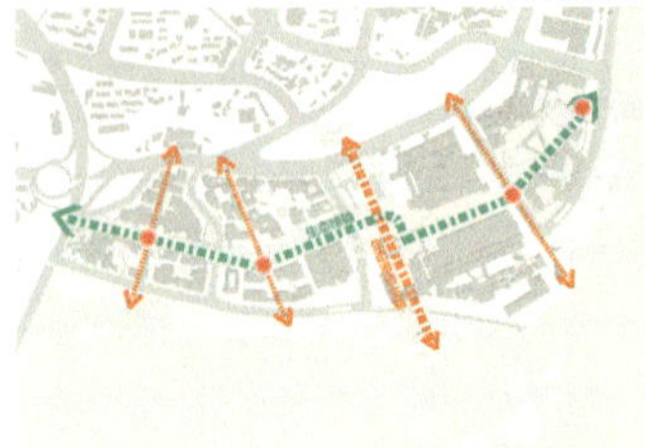

轴线分析

功能分析

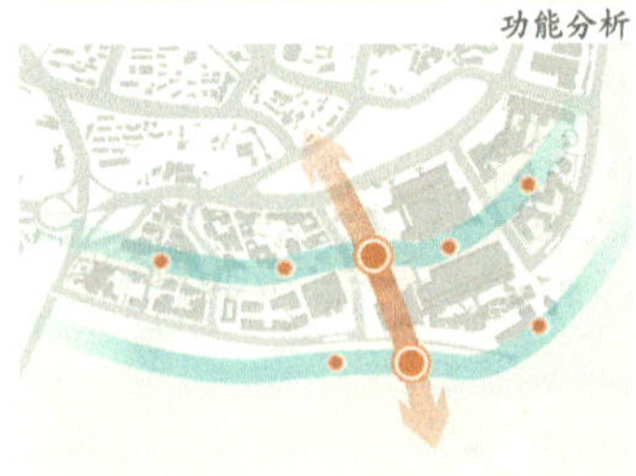

绿地系统分析

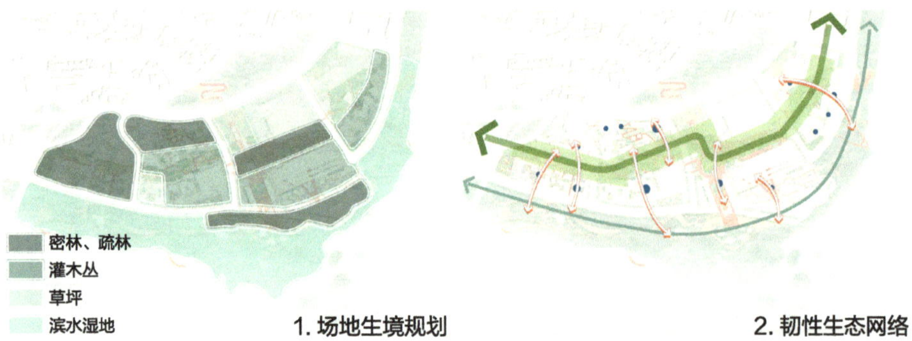

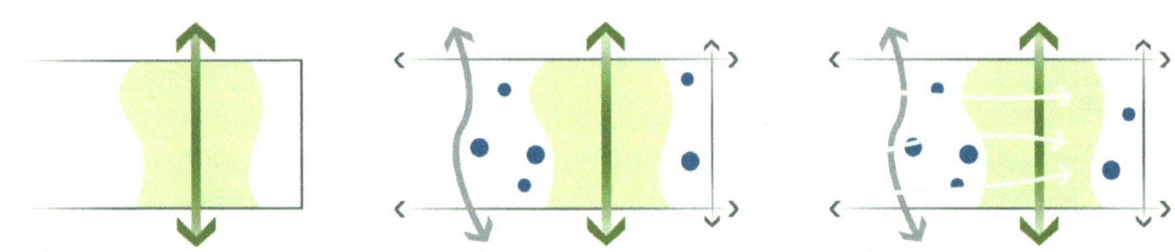

生态骨架

以建筑围合出的中间走廊为生态骨架，贯穿场地东西，打通与周边场地之间的生态联系。

生态支脉

以滨河消落带作为生态支脉，联系地块东西两侧消落带，两条生态轴线之间分布多个生态点。

生态网络

打通建成区内部和滨河消落带之间的生态隔离，让绿色空间渗透进居住空间，便于生物自如穿越。

九龙矗矗共潮生——基于低碳理念下的电厂片区叠合绿岛生长构想

参赛院校：北京林业大学
作者姓名：崔雨桐　田卓煜　王圣玥　张云乐　李立衡
指导老师：李　翅　董晶晶
“重庆规划杯”第四届全国大学生国土空间规划设计竞赛　三等奖

方案点评：

作品采用“叠合绿岛”设计理念，按照“功能复合、空间联通；交往多维、公共开放；能源循环、低碳运维；景观自然、生态修复”规划设计思路，自东向西布局了艺术创意、工业科技博览、共享办公及科创居住社区等功能区，平面布局及空间形态组合设计考虑了气候、生态、立体空间利用、多元业态功能融合等要求，整体平面设计及分析较清晰。不足之处：一是机动交通体系设计与竖向高程结合不够，二是滨江带设计缺少整体性且不够深入，三是整体透视图表达随意、效果较差。

叠合绿岛剖析

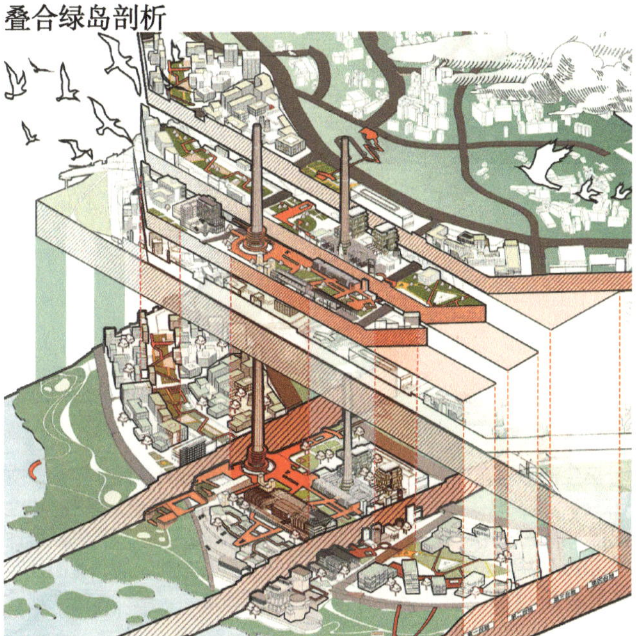

工厂建筑改造

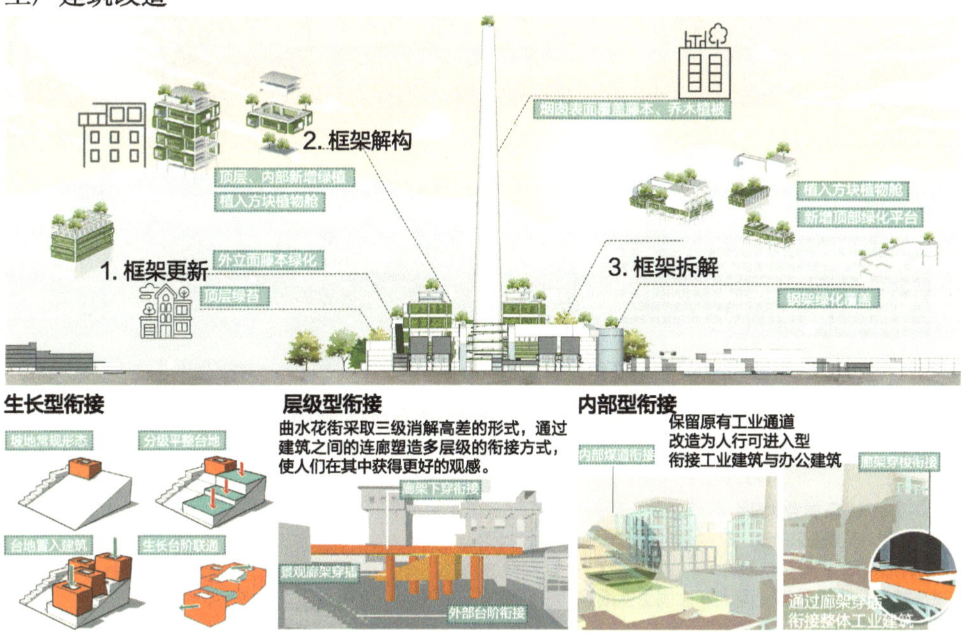

总平面图

空间结构分析

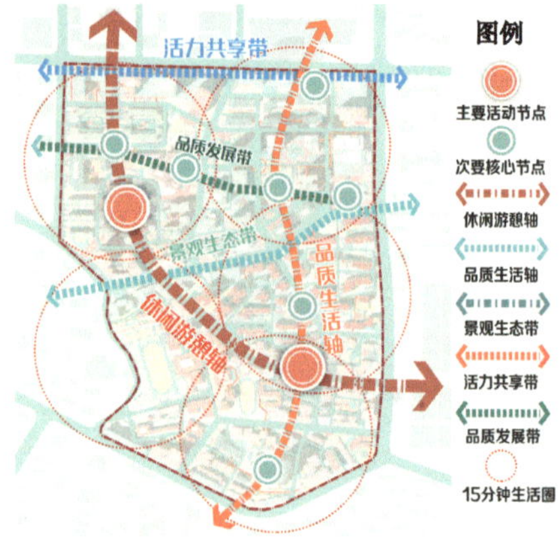

道路交通分析图

景观系统分析图

鲤跃生活，渝见新篇——基于城市人理论的鲤鱼池片区城市更新设计

参赛院校：南京林业大学
作者姓名：王姝懿　杨　奕　杨昕怡　郝　燕　汪秋云
指导老师：柴洋波　李志明
“重庆规划杯”第四届全国大学生国土空间规划设计竞赛　三等奖

方案点评：

该作品以15分钟社区生活圈与五宜社区建设为导向，针对鲤鱼池片区设施短缺、空间失活、交通不便、风貌破碎、地文缺失、人群隔阂等问题，引入城市人理论，提出“物性视角——完善社区生活配置，满足物性需求”“群性视角——提升聚居空间品质，满足群性需求”“理性视角——协调自存与共存矛盾，实现理性平衡”三条更新策略，推动老旧社区向开放包容共享的现代社区转变。作品分析深入，方案合理，表达明晰，是优秀的规划设计作品。

五官场景导向下的片区优化设计

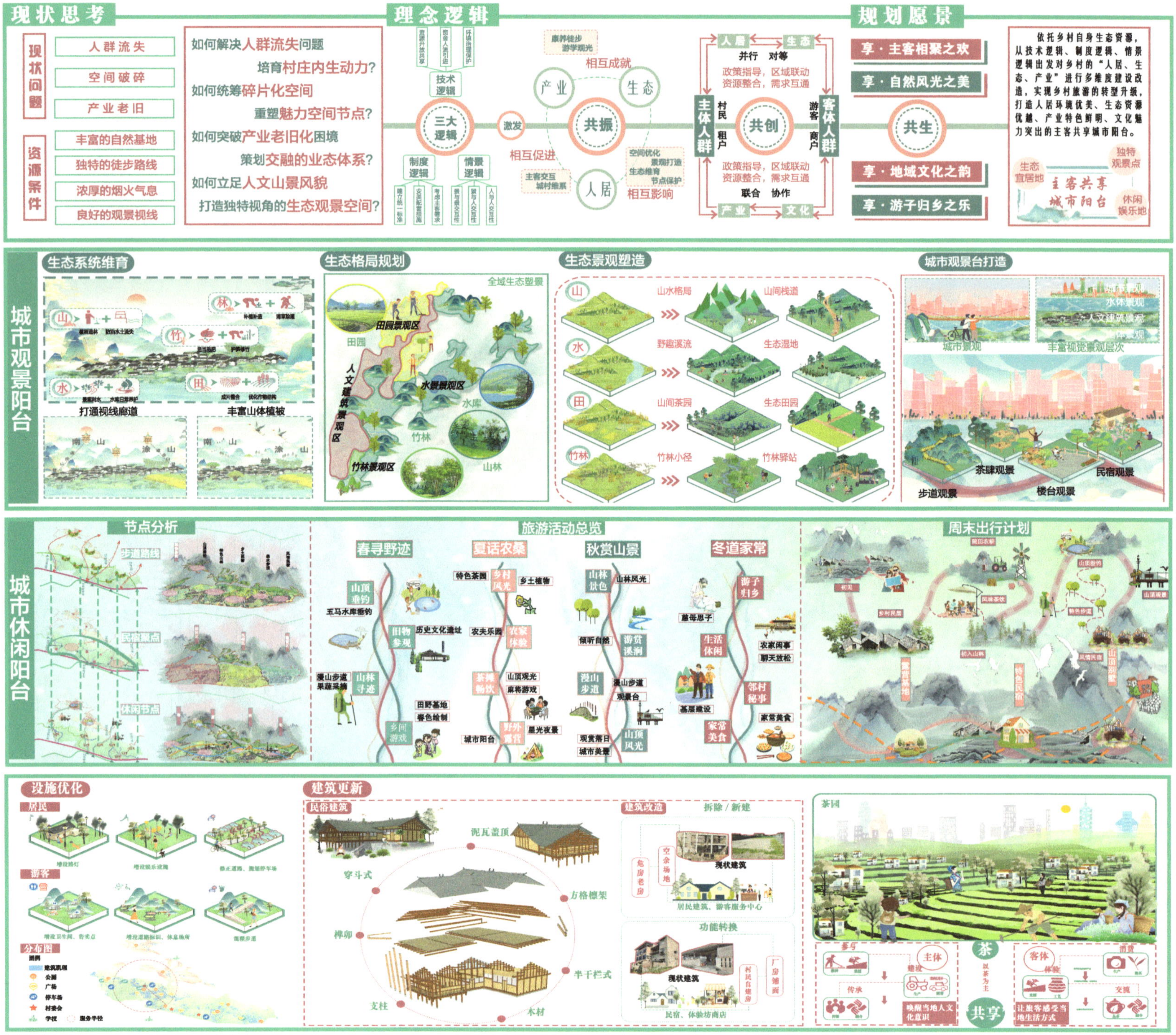

山城新景，主客同鸣

参赛院校：西南科技大学

作者姓名：魏　露　郑斯尹　杨　琪　刘晨露　姚亦格

指导老师：喻明红　李阳力

“重庆规划杯”第四届全国大学生国土空间规划设计竞赛　三等奖

方案点评：

作品把政策导向放在首要位置，作为制定方案的出发点，以保证规划方向的正确性。“城市阳台”的立意符合城乡接合部区位特征。把主体与客体的共振、共创、共享作为研究重点，使各方利益得到充分尊重，增强了方案的可实施性。采取生态维育、景观塑造、设施优化等多种方法，形成了打造城市景观阳台、生活阳台和休闲阳台的完整思路，有效支撑并深化了“主客共享城市阳台”的规划目标。

村庄规划用地汇总表

用地名称		用地面积(hm^2)	占规划总用地比例(%)
村庄建设用地		45.74	23.44
其中	村民住宅用地	21.64	11.09
	村庄公共服务设施用地	11.95	6.12
	村庄产业用地	8.93	4.58
	村庄基础设施用地	3.22	1.65
非建设用地		156.52	80.20
其中	水域	1.76	0.90
	耕地	24.5	12.55
	林地	149.43	76.56
规划总用地		195.17	100.00

本地段位于重庆南岸区以西，与渝中半岛隔江相望，对外受内环城区快速路和中心城区商圈的影响，对内面临人口流失、产业老旧、空间破碎定位不明等困境，无法满足游客和居民对高质量生态旅游区的诉求。方案基于主客共享理念，从三大逻辑出发，提出打造城市观景阳台、城市休闲阳台、城市生活阳台的更新策略，实现产业、生态、文化、人居的共振，在主体人群和客体人群的共创下实现城市自然资源的利用，最终形成主客共享的城市阳台。

2024年【重庆规划杯】第四届全国大学生国土空间规划设计竞赛获奖作品——本科生组（三等奖）

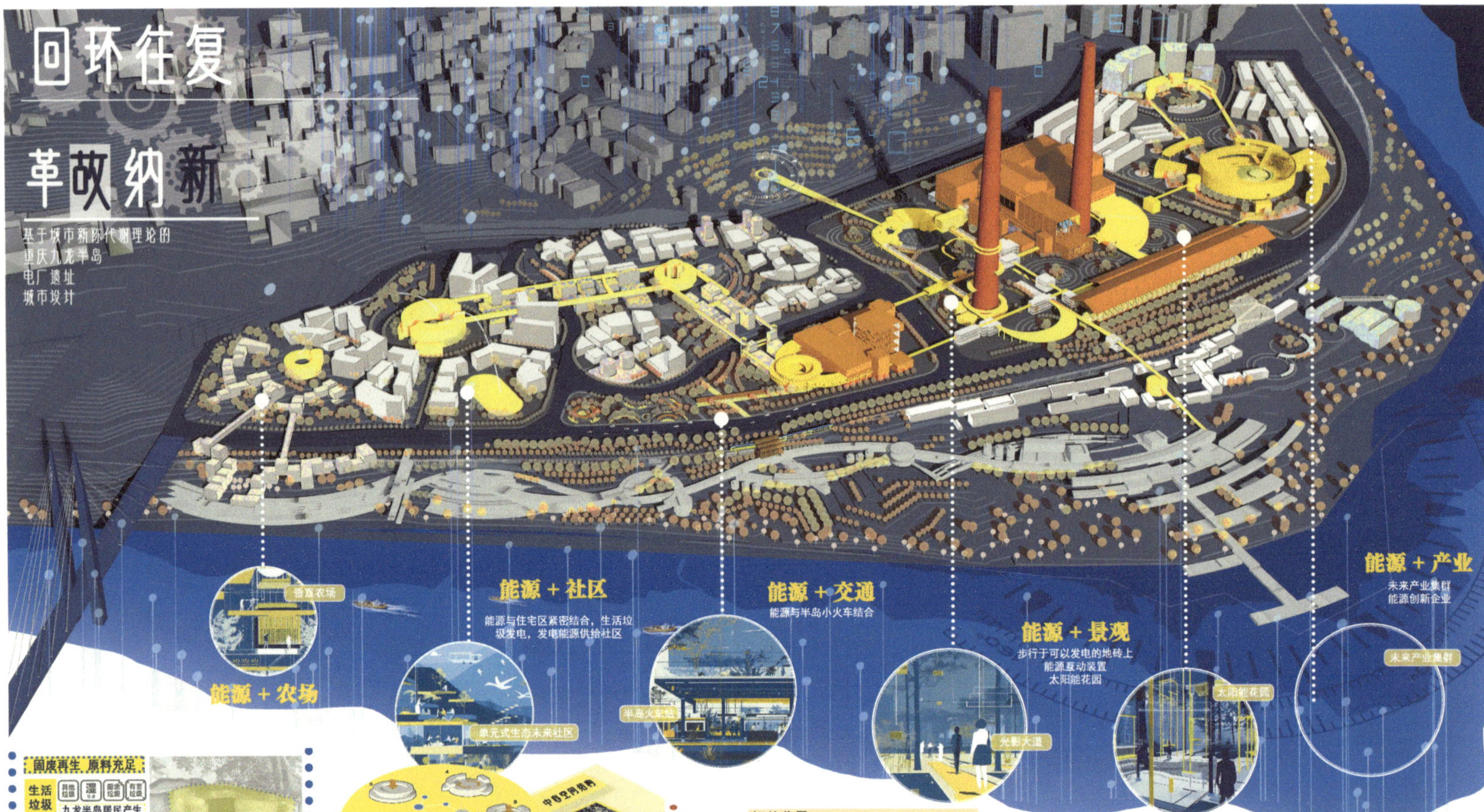

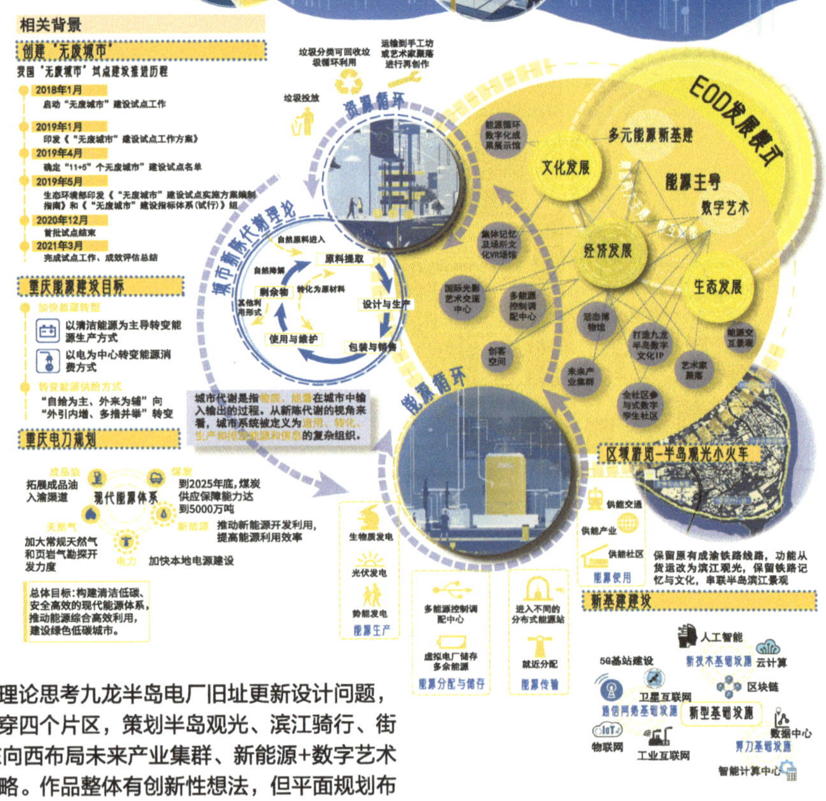

回环往复　革故纳新：基于城市新陈代谢理论的重庆九龙半岛电厂遗产城市设计

参赛院校：同济大学

作者姓名：韩宛吟　胡玶妍　安枫泓　崔家诚

指导老师：田宝江　肖　扬

“重庆规划杯”第四届全国大学生国土空间规划设计竞赛　三等奖

方案点评：

作品对场地及周边区域相关背景、特征及问题剖析较为全面，基于城市新陈代谢理论思考九龙半岛电厂旧址更新设计问题，提出了一种“能源廊桥”组织空间结构的设计方案。即采用“能源廊桥”由东向西贯穿四个片区，策划半岛观光、滨江骑行、街区游览等活动；由北向南打通山水，连通黄葛山林、工业遗产、长江秀水。方案自东向西布局未来产业集群、新能源+数字艺术公园、艺术家群落、未来社区，并提出历史建筑、绿地景观、交通流线、高度控制策略。作品整体有创新性想法，但平面规划布局及透视图效果表现有待提升，对滨江带设计也很随意、粗放。

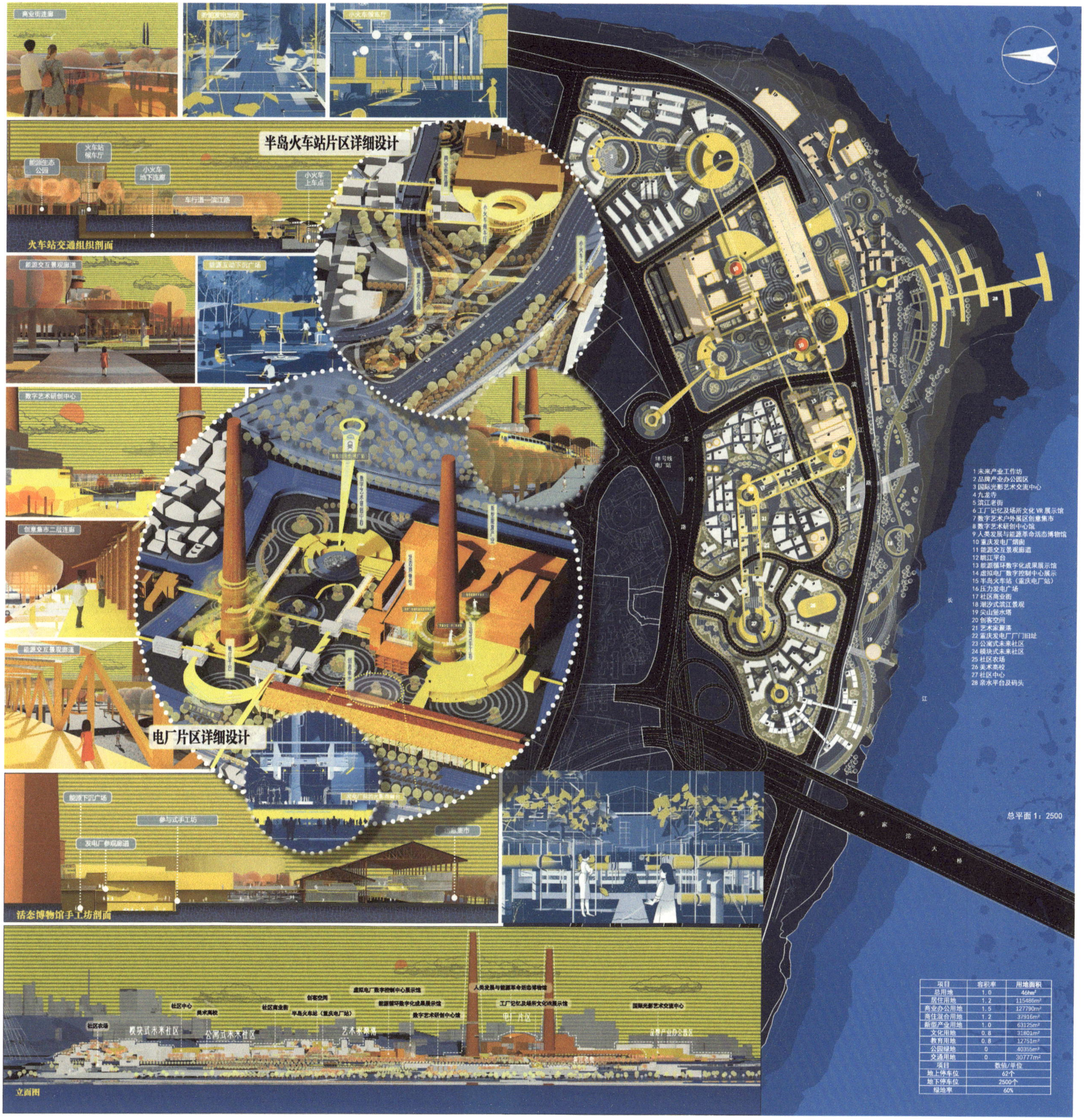

项目	容积率	用地面积
总用地	1.0	46hm²
居住用地	1.2	115486m²
商业办公用地	1.5	127790m²
商住混合用地	1.2	37916m²
新型产业用地	1.0	63125m²
文化用地	0.8	31801m²
教育用地	0.8	12751m²
公园绿地	0	40355m²
交通用地	0	30777m²
项目	数值/单位	
地上停车位	62个	
地下停车位	2500个	
绿地率	60%	

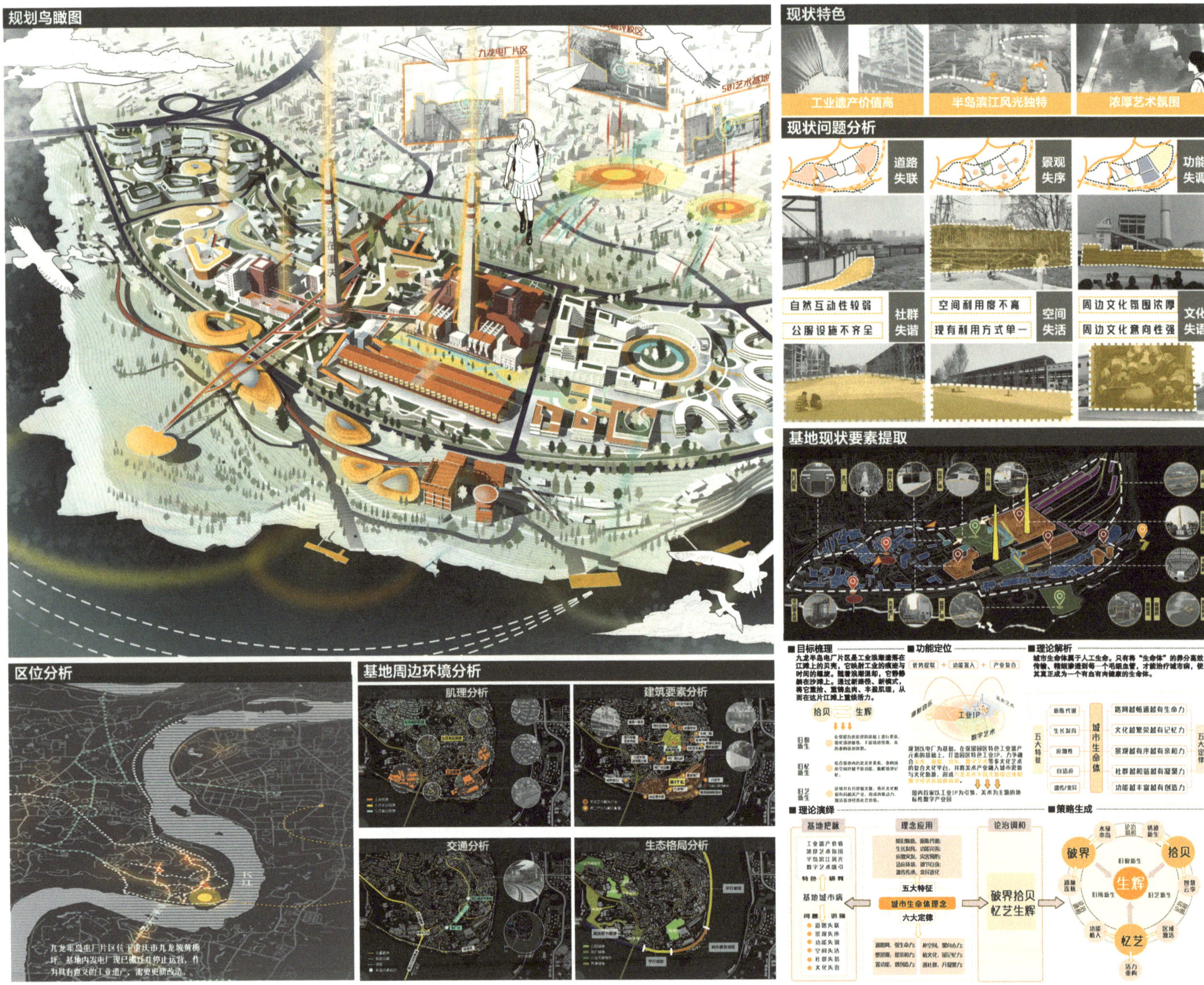

破界拾贝　忆艺生辉

参赛院校：华中科技大学

作者姓名：范懿清　熊佳颖

指导老师：任绍斌　孔惟洁

“重庆规划杯”第四届全国大学生国土空间规划设计竞赛　三等奖

方案点评：

该设计作品基于城市生命体的视角，以重庆九龙半岛电厂为基础，在保留园区特色工业遗产元素的基础上，打造园区特色工业IP，力争融合美术、摄影、音乐、数字艺术等多文化艺术的复合文化平台，将美术产业融入城市更新与文化旅游，形成九龙美术半岛文旅综合体和数字经济发展新高地。在保留历史肌理的基础上进行更新，强化场地脉络，丰富场地景观，从而重构基地风貌。结合基地内历史文化要素，重构场所空间并赋予新功能，唤醒场地记忆。延续并充分挖掘文脉，依托文化特色布局相关产业，形成内驱动力，激活基地经济社会价值。总体而言，作者对城市更新的概念理解较为透彻，更新改造方案合理，图纸表现方式能较好地体现出设计想法。

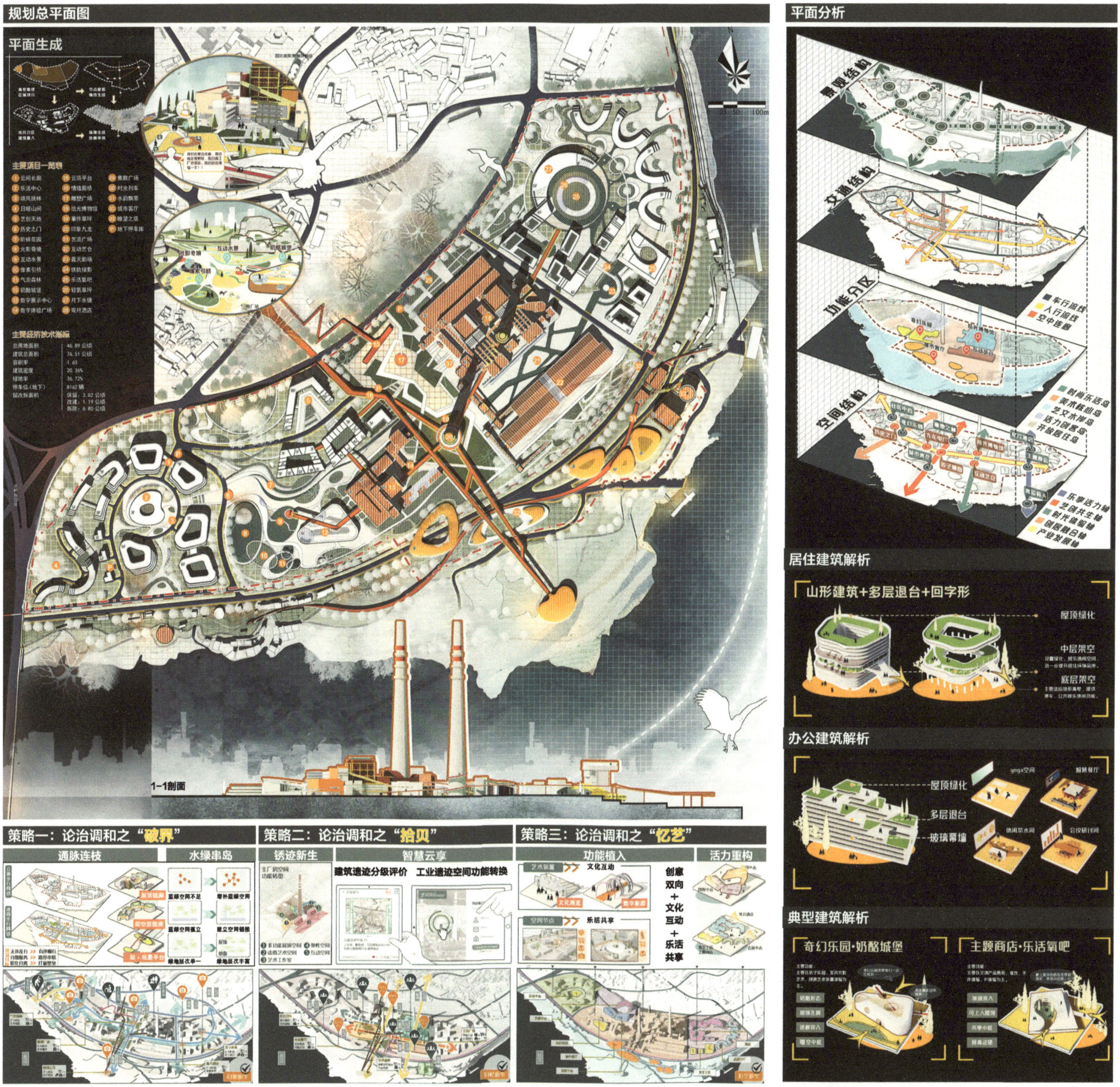
规划总平面图
平面生成
主要项目一览表
主要经济技术指标
1-1剖面
平面分析
景观结构
交通结构
功能分区
空间结构
居住建筑解析
山形建筑+多层退台+回字形
屋顶绿化
中层架空
底层架空
办公建筑解析
屋顶绿化
多层退台
玻璃幕墙
典型建筑解析
奇幻乐园·奶酪城堡
主题商店·乐活氧吧
策略一：论治调和之"破界"
通脉连枝
水绿串岛
策略二：论治调和之"拾贝"
锈迹新生
智慧云享
建筑遗迹分级评价
工业遗迹空间功能转换
策略三：论治调和之"忆艺"
功能植入
活力重构
创意
双向
+
文化
互动
+
乐活
共享

总平面图

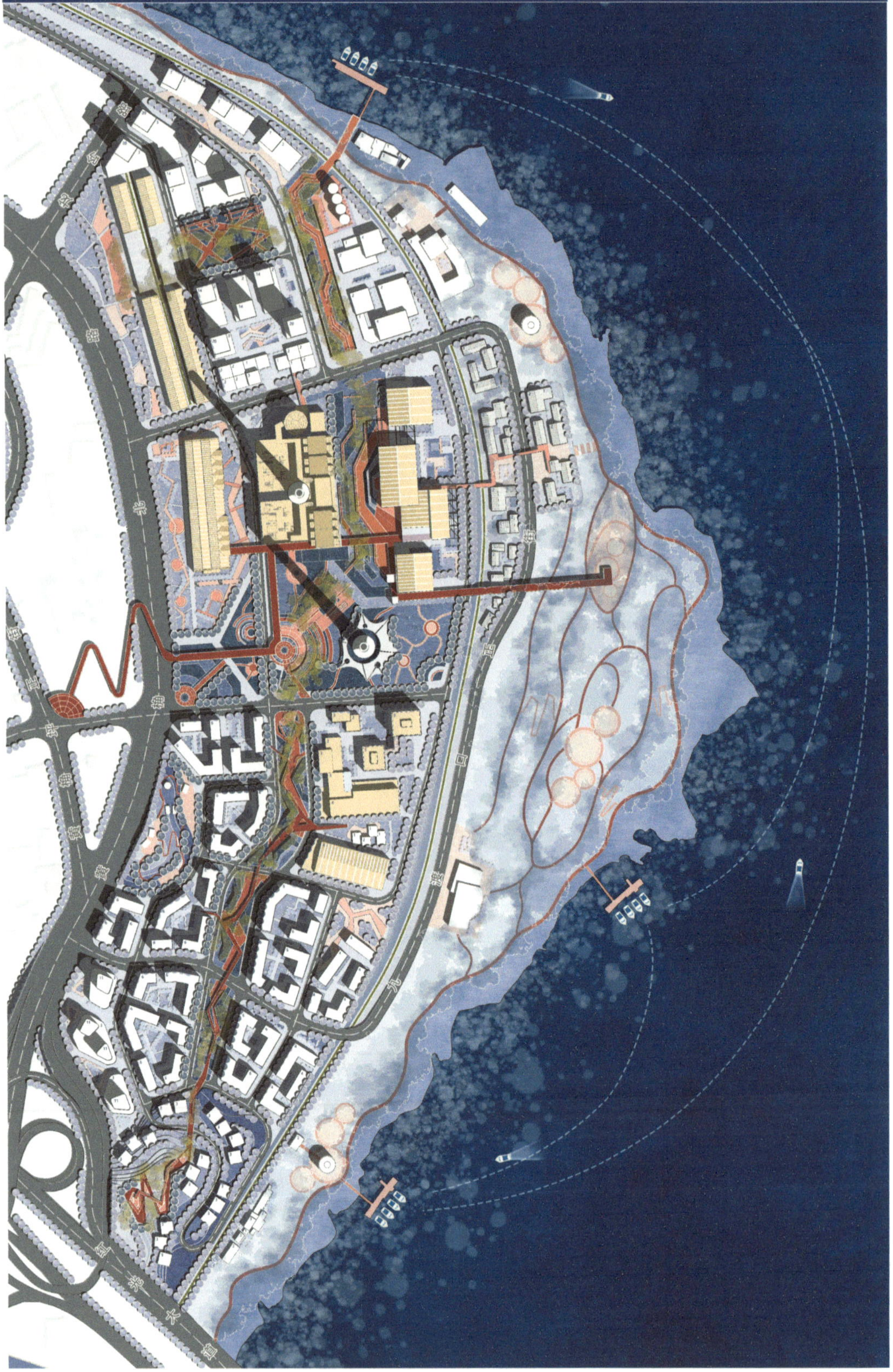

重塑黄桷源——九龙半岛片区更新规划设计

参赛院校：东南大学
作者姓名：贺　滟　李嘉仪　杨璐菲　季舒韬　宋子怡
指导老师：孙世界　高舒琦

“重庆规划杯”第四届全国大学生国土空间规划设计竞赛　三等奖

方案点评：

该设计作品基于对黄桷精神序列的解读，将其投射到空间场地方面。在创新精神层面，基于历史出发，寻找工业基地新价值，创造高效益，功能定位为场地重现与创业办公；在活力层面，建设活力教育基地，供应人才市场并扩大宣传效益，功能定位为教育基地与对外展示；在奋斗层面，鼓励自由发展公平竞争，刺激社会良性发展效益，功能定位为共享街巷与生态社区；在传承层面，致力精神传承与记忆延续，达到生产、生活、生态效益，功能定位为山江画廊与环山别墅。总体来看，方案对场地更新的要义了解较深，注重场所精神的塑造，设计方法得当，工作量饱满。

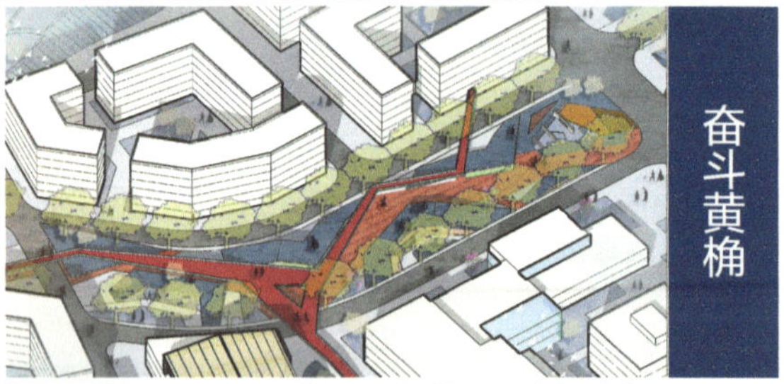

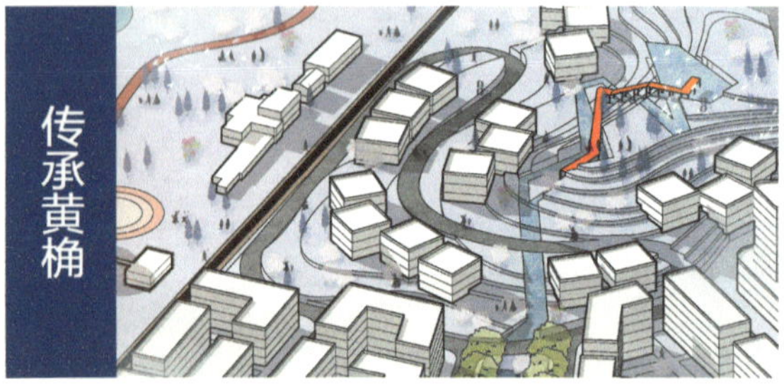

鸟瞰图

历史沿革

现状分析图

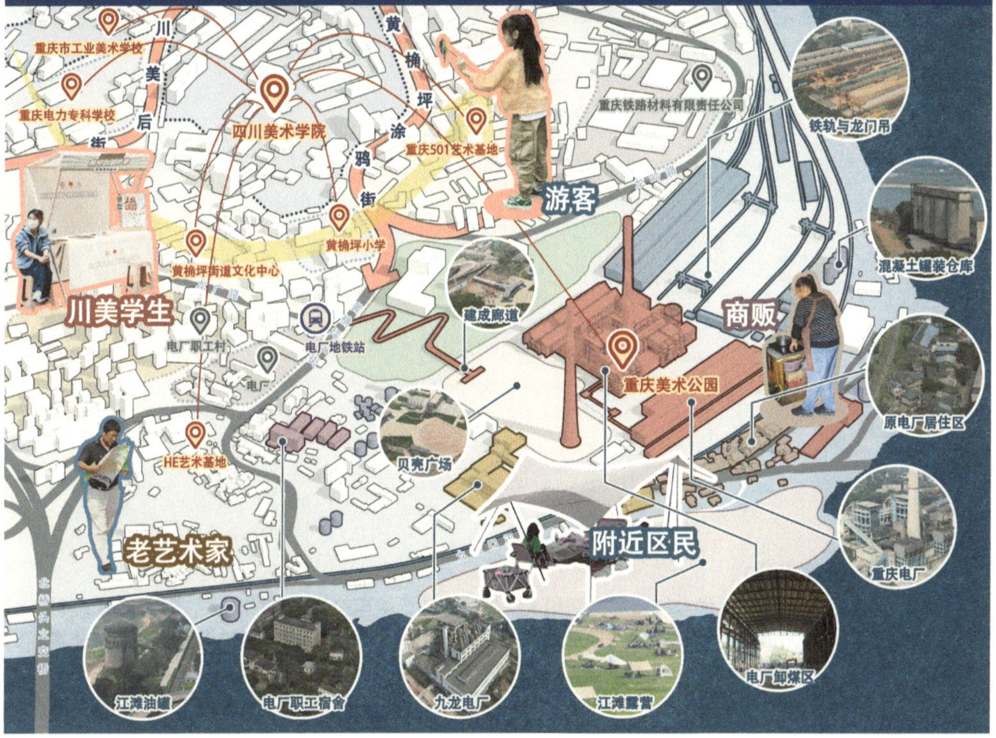

黄桷精神序列

场地认知

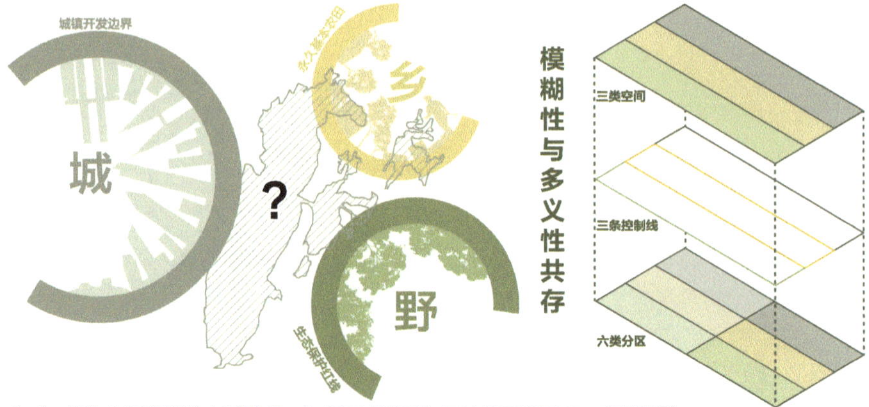

在“三线”之间模糊的空间地带，如何寻求建设与保护的平衡具有一定的不确定性。与此同时，也存在着多义性发展的可能性。

规划设计思路

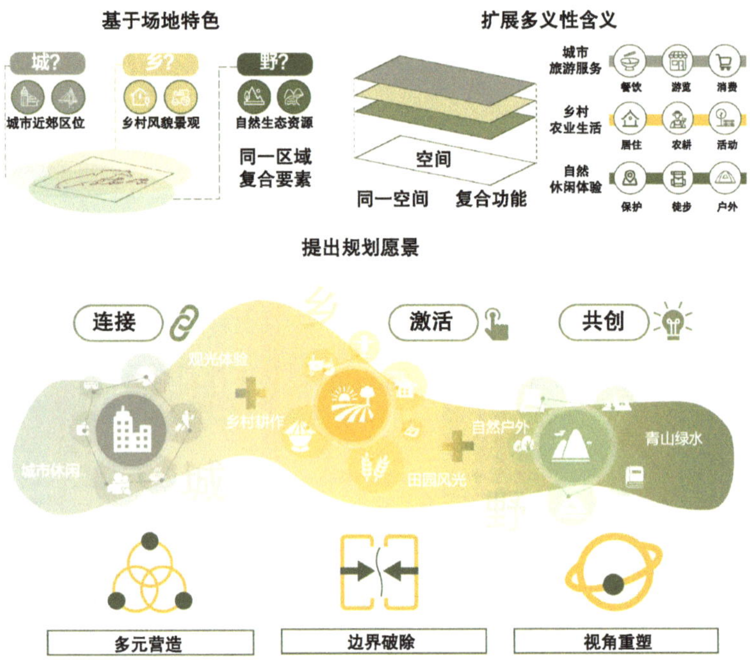

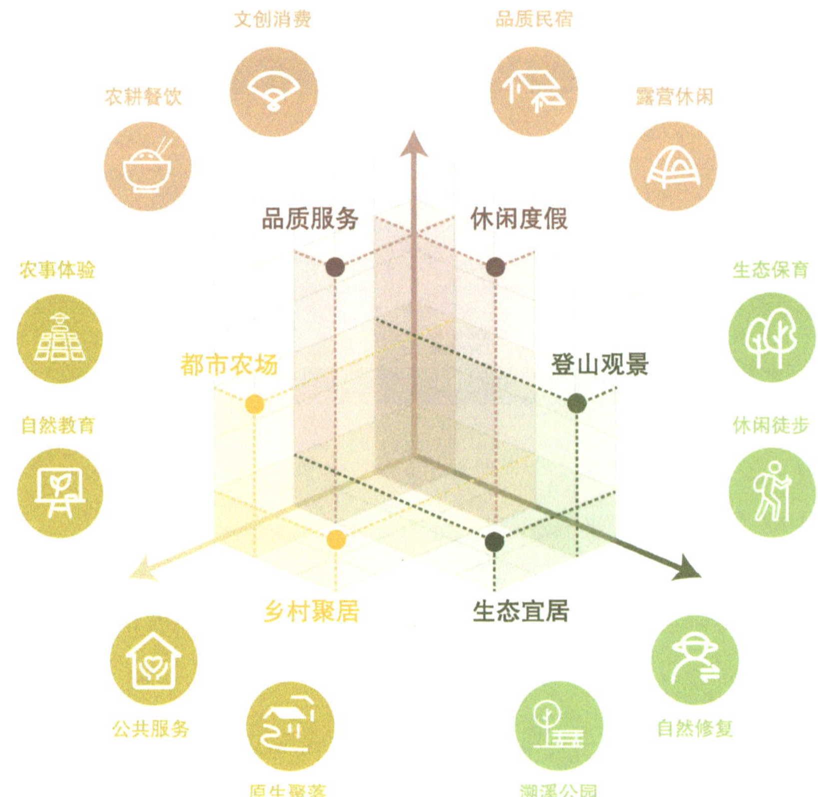

面对“三线”之外、定义属性模糊的莲花村，设计规划从混合用途出发，基于使用功能上所呈现出来的不确定性，完成“城”“乡”“野”的交织，在激发自发性使用与建设行为的同时，构建可持续融合发展的新机制与新格局。

多义“莲”接，后山“花”园——空间多义性视角下的重庆市南岸区莲花村更新规划设计

参赛院校：华南理工大学
作者姓名：颜端怡　孟霈芸　黄伊昕　林凯璐
指导老师：戚冬瑾
“重庆规划杯”第四届全国大学生国土空间规划设计竞赛　三等奖

方案点评：

作品关注城乡接合部空间和人群的复杂性，采用分类营造的方法，力图将其“复杂性”转化为适应各类保护或开发活动，并满足游客、外来创业者和本村居民等各类主体需求的“多义性”空间组合，基于生态、耕地等条件，分类安排布置都市农场、品质服务、乡村聚居等各种空间类型。总体布局有序，各类空间内部场景、节点及其景观环境设计较为深入。

总平面图

规划方案对用地性质的改动不大，主要是在原用地性质上改变其形态，并嵌入多个小微型节点改造，增加零散地块的关联性。
缆车站
农业梯田
都市农场
农家乐
莲花公墓
原聚落
乡村聚居
休闲度假
缆车站
露营地
登山观景
缆车站
村委会
生态宜居
运动公园
文创艺术街
缆车站
观景别墅
品质消费
道路
水系
保留建筑
新建建筑
建设重点
登山驿站
N
0 25 50 100 200m
林地
园地
耕地
农村宅基地
公用设施用地
陆地水域
梯田种植风貌区
原真村落风貌区
山林景观风貌区
乡村共创风貌区
风貌控制
主要步道
连接步道
观景缆车
观景平台
步道驿站
景观结构

规划结构图

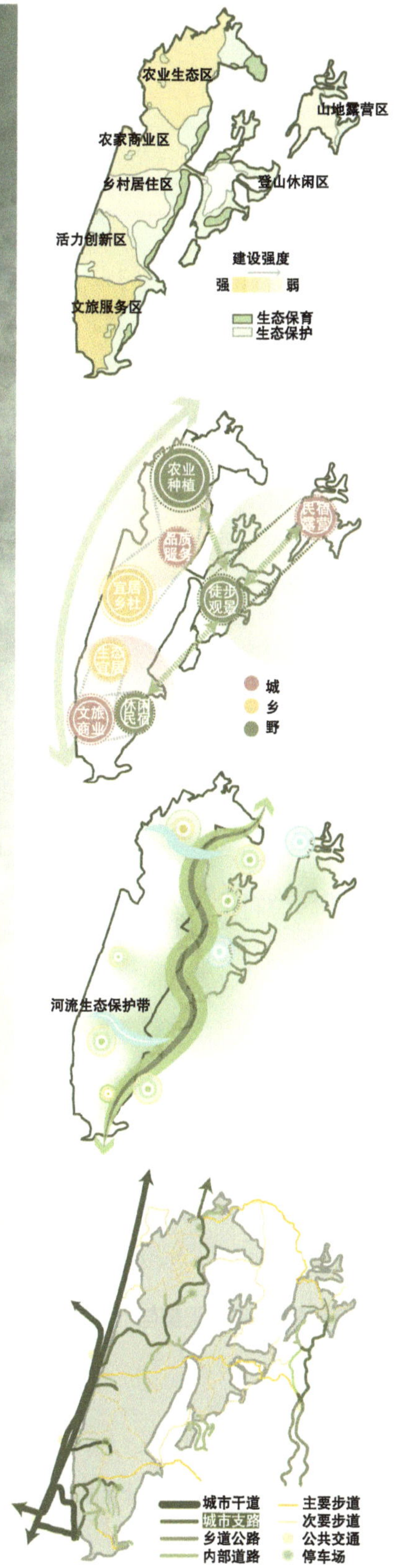

农业生态区
山地露营区
农家商业区
乡村居住区
登山休闲区
活力创新区
建设强度
强
弱
文旅服务区
生态保育
生态保护
农业种植
城
乡
野
文旅商业
河流生态保护带
城市干道
城市支路
乡道公路
内部道路
主要步道
次要步道
公共交通
停车场

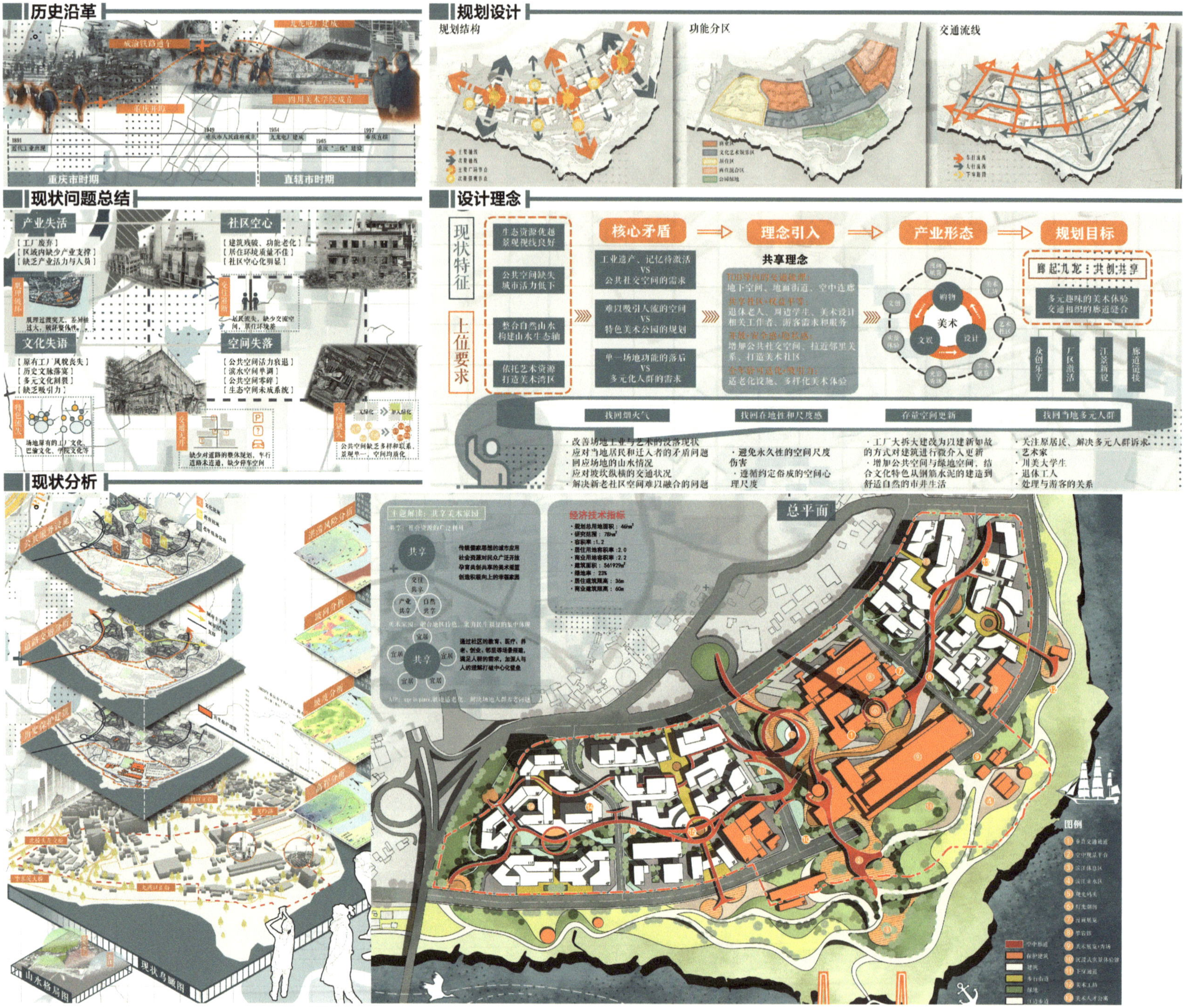

AIP织廊造梦，美美与“工”——基于共享理念的重庆电厂改造设计

参赛院校：武汉大学

作者姓名：毕芳菲　刘　晨

指导老师：徐轩轩　毛　彬

“重庆规划杯”第四届全国大学生国土空间规划设计竞赛　三等奖

方案点评：

该作品基于现状特征和规划要求，提出工业遗产记忆激活与社交空间需求、人气不足的空间与特色美术公园规划、单一场地功能与多元化人群需求的三方面核心矛盾，引入TOD导向、共享社区、公共社交空间、全龄化等共享理念，确定了整个方案的产业发展形态和总体规划目标。在设计中以“美居、美业、美景、美育”为主题，基于共享理念打造适合全年龄段的美术工坊，满足不同年龄需求，提供开放、艺术、活力的居住设计，解决大厂居民的就地适老化问题，同时吸引更多青年活力群体；注入设计产业力量，激发城市艺术脉搏，使废旧电厂焕发新活力。总体而言，该设计作品兼顾了原有文脉与现有需求，方案架构体系合理有序，空间利用模式合理，内容表达完整。

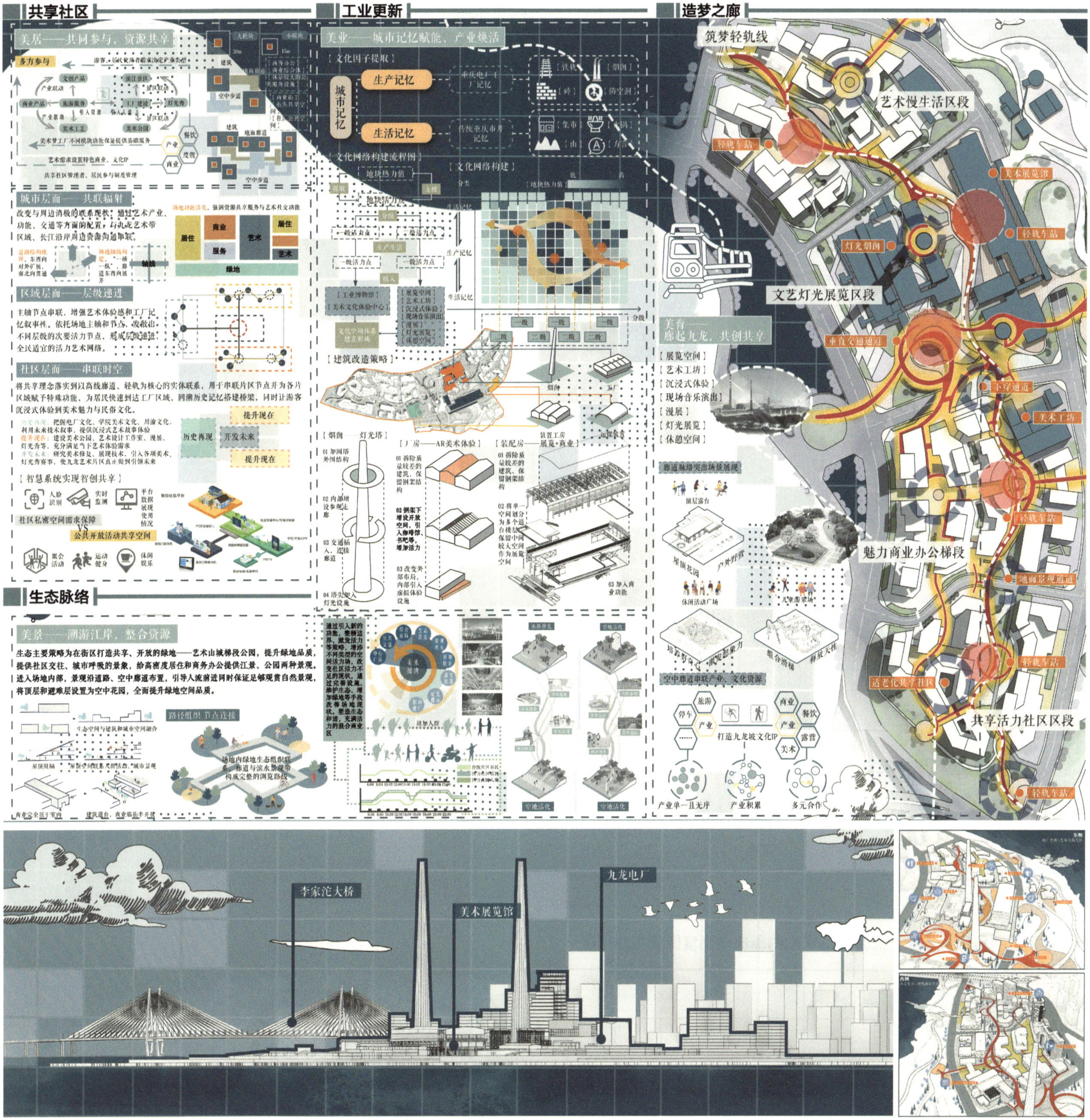

共享社区
美居——共同参与，资源共享
多方参与
城市层面——共联辐射
改变与周边消极的联系现状，增设艺术产业、功能、交通等方面的配置，引入艺术带区域、长江沿岸周边资源再创新联系。
区域层面——层级递进
主轴节点串联，增强艺术体验感和工厂记忆叙事性。依托场地主轴和节点，发散出不同层级的次要活力节点，构成层级递进全民适宜的活力艺术网络。
社区层面——串联时空
将共享理念落实到以高线廊道、轻轨为核心的实体联系，用于串联片区节点并为各片区域赋予特殊功能，为居民快速到达工厂区域，回溯历史记忆搭建桥梁，同时让游客沉浸式体验到美术魅力与民备文化。
提升现在
历史再现
开发未来
提升现在
智慧系统实现智创共享
社区私密空间需求保障
公共开放活动共享空间
工业更新
美业——城市记忆赋能，产业焕活
文化因子提取
城市记忆
生产记忆
生活记忆
文化网络构建流程图
文化网络构建
建筑改造策略
烟囱——灯光塔
厂房——AR美术体验
装配房——展览+商业
造梦之廊
筑梦轻轨线
艺术慢生活区段
轻轨车站
美术展览馆
灯光烟囱
文艺灯光展览区段
美育——廊起九龙，共创共享
展览空间
艺术工坊
沉浸式体验
现场音乐演出
漫展
灯光展览
休憩空间
垂直交通通道
下穿通道
美术工坊
魅力商业办公梯段
地面景观通道
适老化共享社区
共享活力社区区段
空中廊道串联产业、文化资源
打造九龙坡文化IP
产业单一且无序
产业积累
多元合作
生态脉络
美景——溯游江岸，整合资源
生态主要策略为在街区打造共享、开放的绿地——艺术山城梯段公园，提升绿地品质，提供社区交往、城市呼吸的景象，给高密度居住和商务办公提供江景、公园两种景观。进入场地内部，景观沿道路、空中廊道布置，引导人流前进同时保证足够观赏自然景观，将顶层和避难层设置为空中花园，全面提升绿地空间品质。
路径组织 节点连接
场地内绿地生态组织联系，廊道与滨水景观带构成完整的浏览路线
李家沱大桥
美术展览馆
九龙电厂

总平面图

社区资源分析

社区资源总结

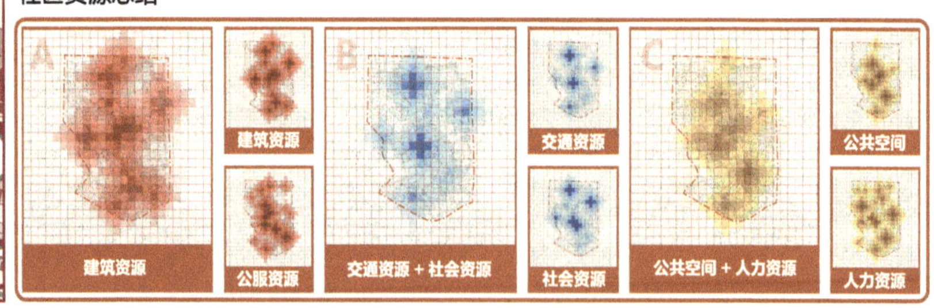

YUE跃·阅·乐——基于社区资源理论的重庆市观音桥鲤鱼池片区城市更新设计

参赛院校：沈阳建筑大学
作者姓名：孙御航　李福星　金东岩
指导老师：路　旭　关　山
“重庆规划杯”第四届全国大学生国土空间规划设计竞赛　三等奖

方案点评：

该作品引入“社区资源”的概念，盘点基地已有的物质、文化、社会和人力资源，将现状需求转化为社区资源地图，结合基地“鲤鱼跃龙门”的文化背景，构建“跃·空间”“阅·文化”“乐·社会”的社区生活场景，促进社区资源的充分激活和利用，以实现“宜居、宜业、宜游、宜学、宜养”的目标愿景。作品调研认真，目标明确，方案合理，表达明晰，是优秀的规划设计作品。

鸟瞰图

方案分析图

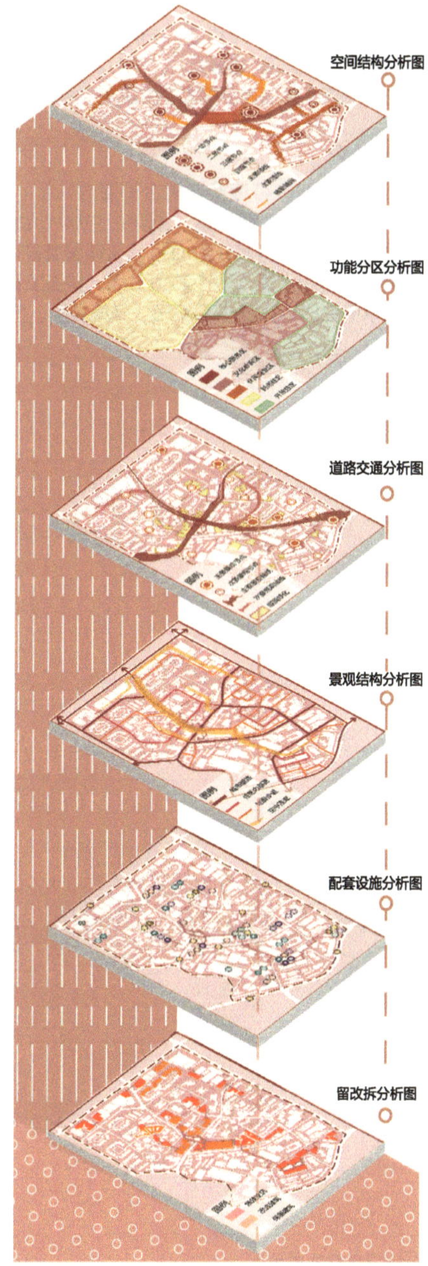

结构生成

入口空间强化

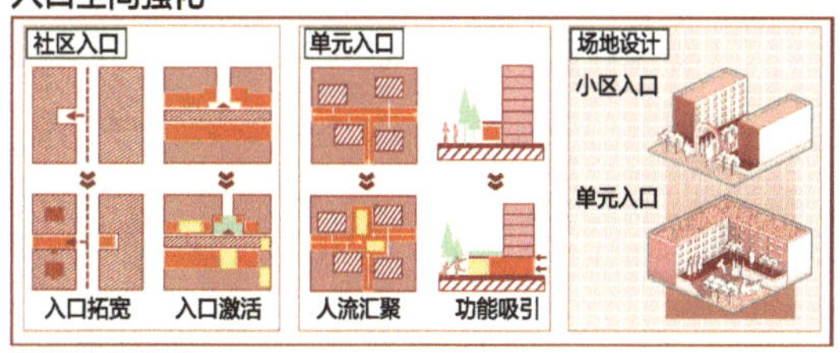

活动空间细化

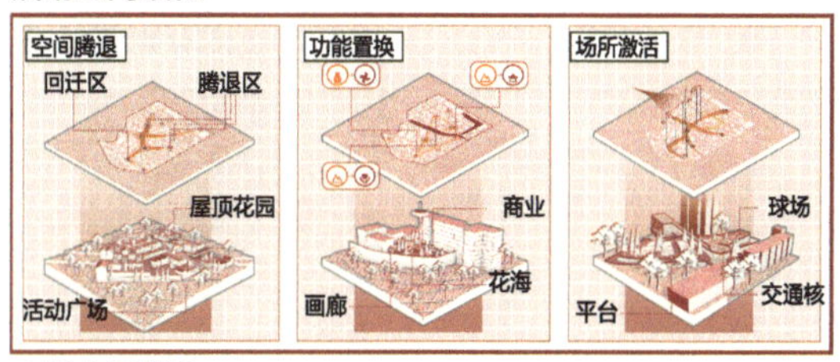

小微空间催化

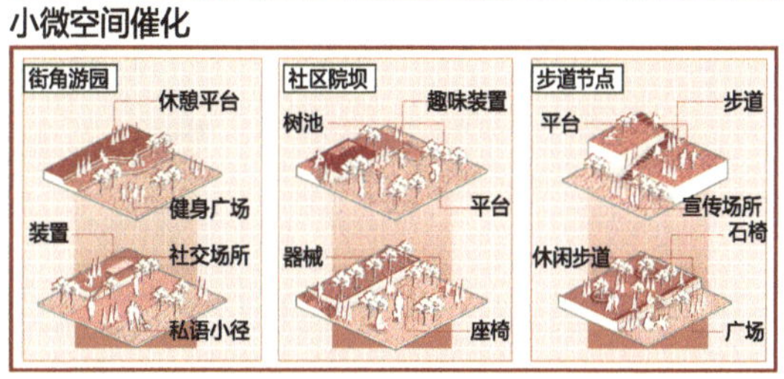

鲤鱼池路沿街立面

场链渝界　耦营邻鲤——基于多场耦合视角下观音桥鲤鱼池片区规划设计

参赛院校：长安大学
作者姓名：陈昱伊　梁祎颖　李永豪　武佳乐　王　威
指导老师：朱瑜葱　谭静斌
“重庆规划杯”第四届全国大学生国土空间规划设计竞赛　三等奖

方案点评：

该作品旨在打造多场耦合的活力社区，解决时间脱节、空间割裂、社群隔离等一系列问题。作品以打造共享社区，重塑市井烟火为目标，引入多场耦合的概念，构建山城记忆、邻里交往、市井烟火等多元热力场，从邻里交往、业态焕活、休闲慢行、文化研续四方面提出更新策略，在空间上置入多个热力节点，塑造文娱商业热力廊和邻里交往热力廊，构建满足多元社群需求的家园。作品主题新颖，施策精准，方案合理，图纸清晰，是优秀的规划设计作品。

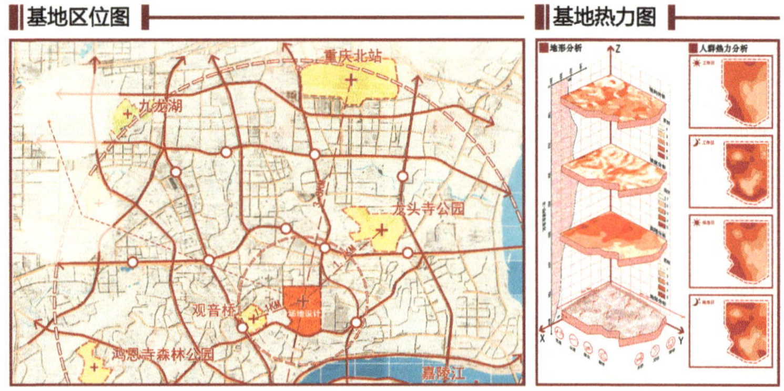

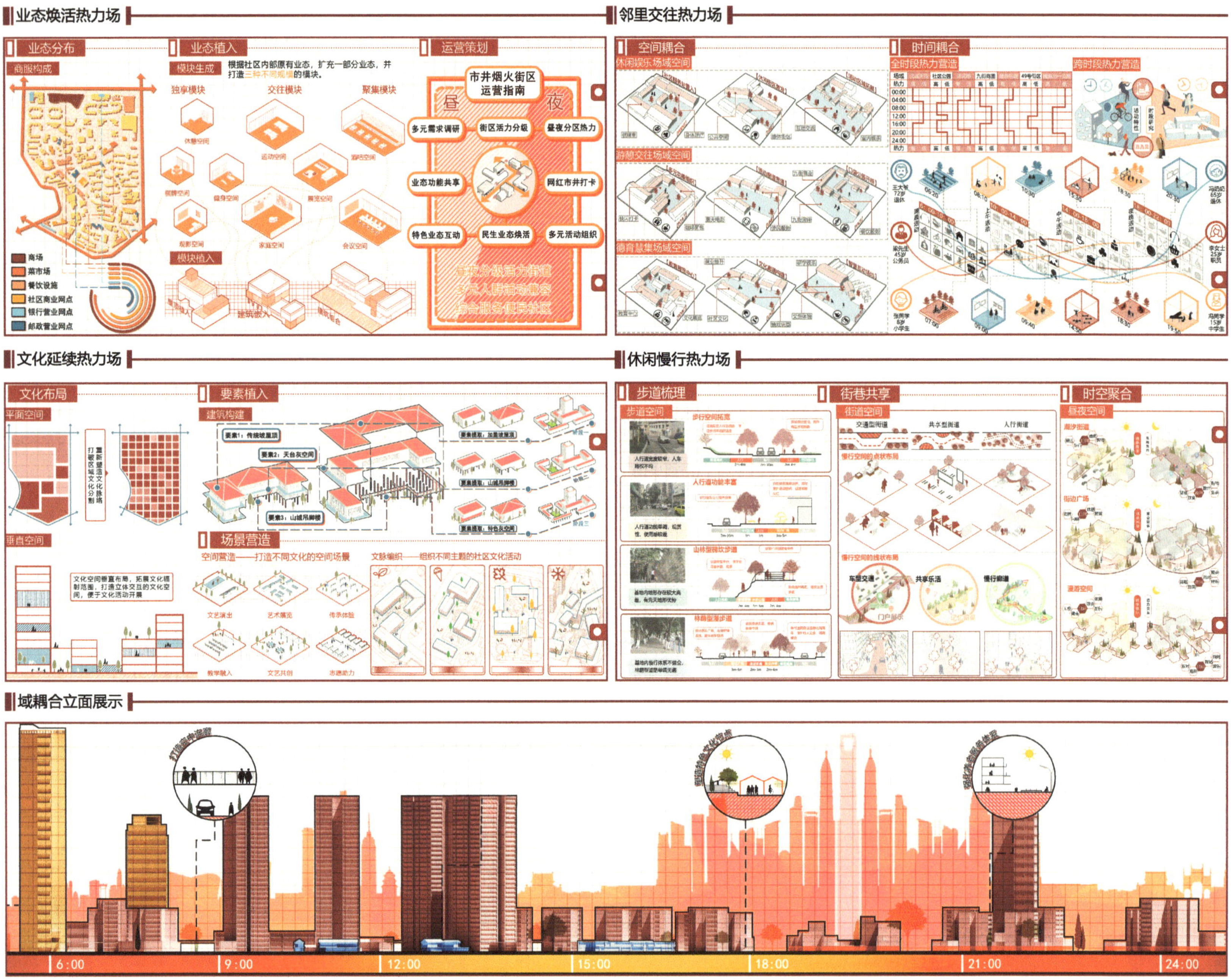

总平面图

热力焕活场景展示

街景立面展示

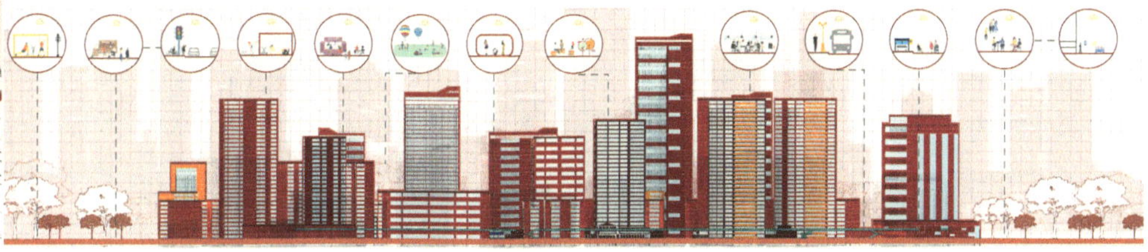

重要节点展示

方案构思

总平面图

技术经济指标

	更新前	更新后
总用地面积	40hm²	
容积率	2.47	2.68
建筑密度	25.15%	27.43%
总建筑面积	989308m²	1075366m²
绿地率	23.50%	26.10%
地面停车位	435个	550个

山境寻秘，鲤潮筑梦

参赛院校：苏州科技大学
作者姓名：刘思捷　毛文哲　张子菁　吴佳楠
指导老师：吕　飞　陆建城
“重庆规划杯”第四届全国大学生国土空间规划设计竞赛　三等奖

方案点评：

作品基于场景理论，提出了回归居住价值，提升旅游价值的鲤鱼池片区规划主旨，力图在原有的居住街区形态基础上，通过植入部分新业态、重塑场所空间，增强街区旅游、商业、公共服务功能，营造宜居、丰富多样的公共场所空间。规划设计主要采用微改造的手法，增强了社区生活圈服务，打造“四街四景”慢行游览线路，努力形成产业多元、业态活跃、邻里和谐的现代社区。规划设计分析、总平面设计细致、清晰，鸟瞰图等表达效果较好，反映了设计者有较好的空间形态规划设计基础。不足之处是规划设计的实施路径、策略缺乏。

系统规划

鸟瞰图

丹青绘梦
彩绘古坊燃情启幕！涂鸦墙下，每一条街道都跃动着创意的火花。在这里，古老与现代交织，色彩与激情碰撞，让你的夏天不再单调。
翠幕迭云
垂直空间绿意盎然，俯瞰我们的社区，仿佛置身于一幅温馨而生机勃勃的画卷。
移趣集市
在移趣集市体验重庆夜市温度，感受年轻人的新潮力量，聆听城市一角的温柔弹唱，见证鲤鱼池区的繁华人往。
邻韵轩阁
第一缕阳光洒满邻里中心，农贸市场热闹非凡，新鲜果蔬唤醒味蕾，活力四射的运动场上，邻里们已开启健康的一天。
重庆，社区美食街绽放市井烟火，每一口都是山城独有的温暖与鲜香，邀您共赴一场味蕾与心灵的春日盛宴！
食韵古巷
锦文轩阁
文化广场成为城市的一抹亮色，在这里，艺术与自然交织，文化韵味悠长，是人们放松身心、享受闲暇的理想之地。
漫步古风商业街，传统韵味悠然起，每一砖一瓦皆故事，沉浸千年风华，尽享冬日里的古典雅韵之旅。
锦市商里
墨香韵径
漫步文创书店街，邂逅一街好运，轻触古韵求签，让每一本书都成为你幸运旅程的启航点在这里，不仅书香满溢，更有命运之轮轻轻转动，为你的心灵之旅添上一抹神秘而温馨的色彩
锦市商里
翠幕迭云
食韵古巷

规划愿景

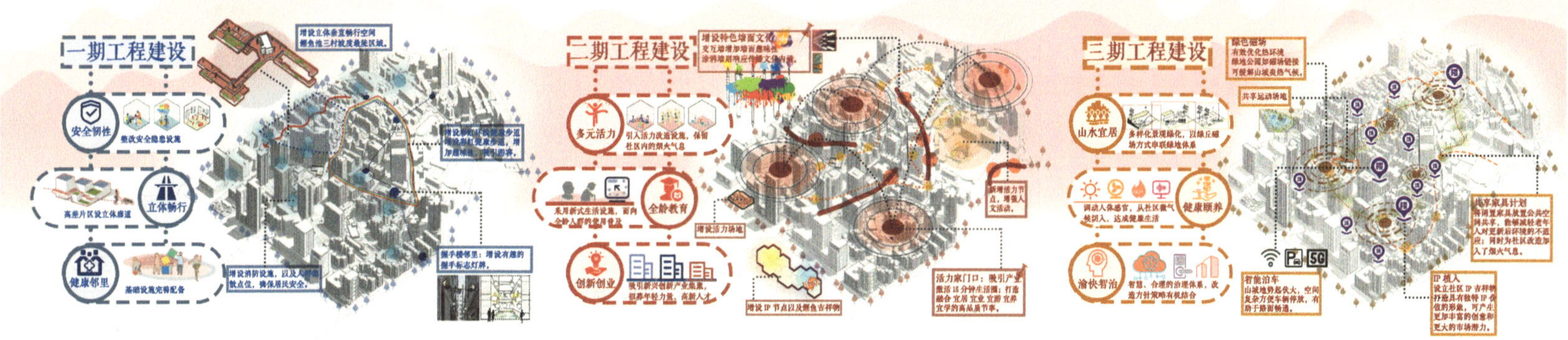
一期工程建设
安全韧性
立体畅行
健康邻里
二期工程建设
多元活力
全龄教育
创新创业
三期工程建设
山水宜居
健康颐养
渝快智治

方案展示——绘融合蓝图

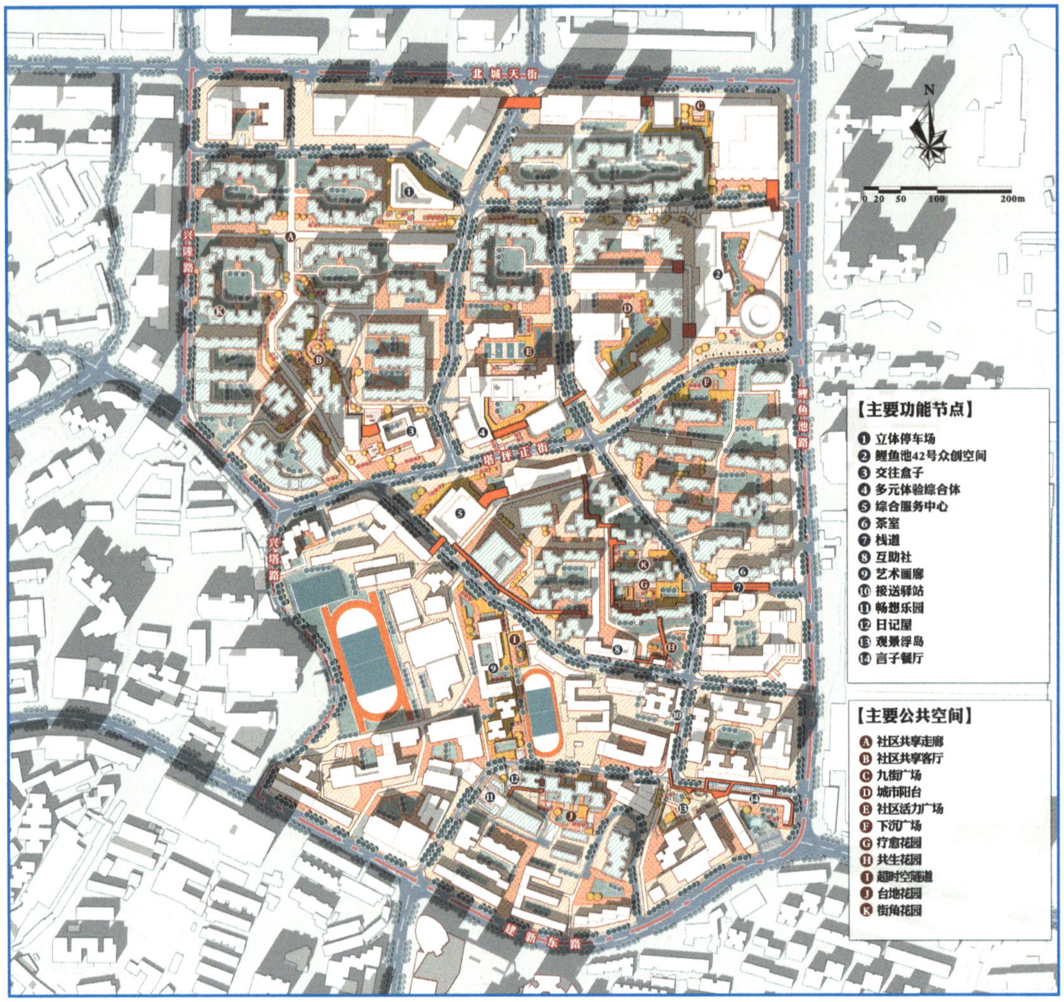

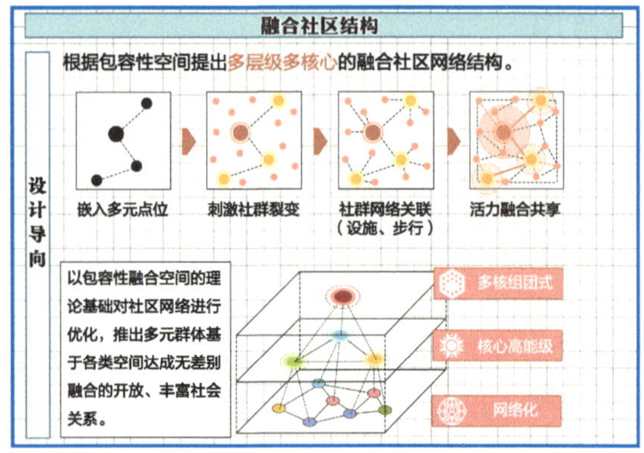

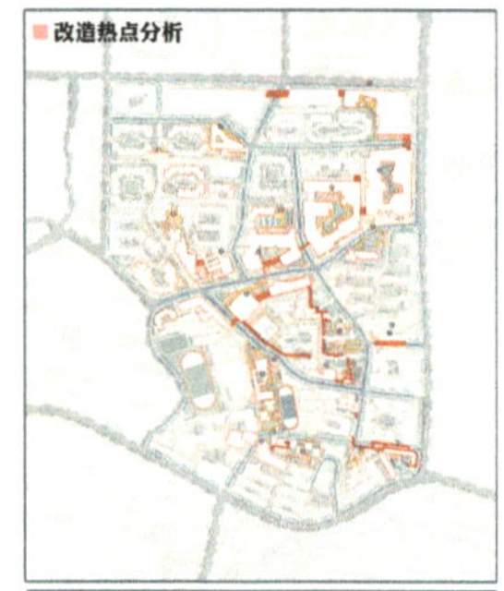

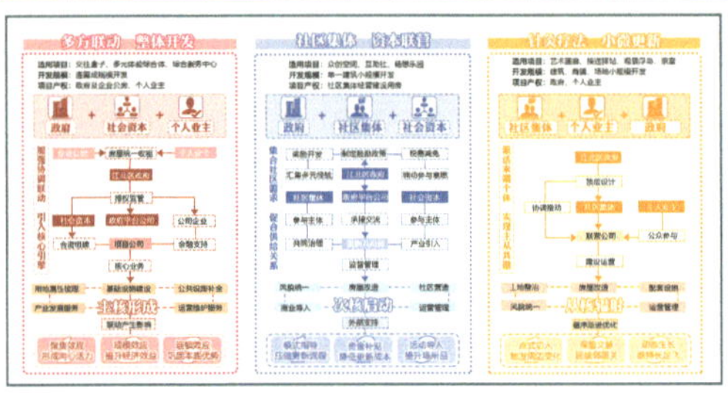

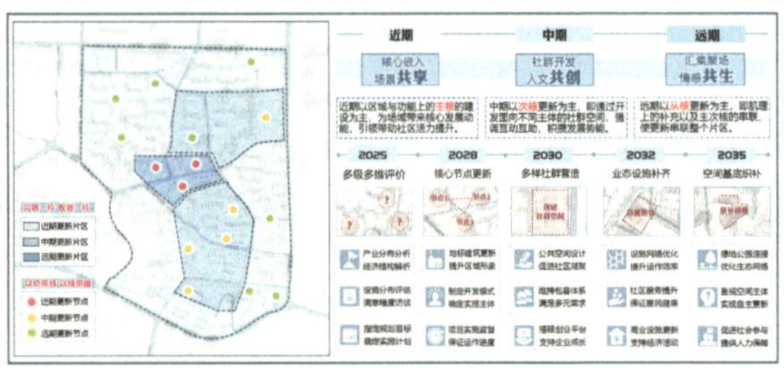

F·U·S·E! 融合计划——包容性视角下的观音桥鲤鱼池片区规划设计

参赛院校：北方工业大学
作者姓名：袁乐仪　崔宇昕
指导老师：梁玮男　李　婧
“重庆规划杯”第四届全国大学生国土空间规划设计竞赛　三等奖

方案点评：

作品指出产地内存在空间、人群、产业、设施系统割裂四大问题，社区急需活力复兴。作品立足包容性视角，旨在通过“F·U·S·E”模式，构建理想的融合社群生活圈模型。作品依托在地居民、租户、商贩和游客四类人群展开，深入分析不同人群需求与行为模式，通过空间复合的设计方法消解人群与人群、人群与场地和场地与场地之间的割裂分异矛盾。作品调研扎实，问题分析深入，方案合理，图纸清晰，是优秀的规划设计作品。

俯瞰场域——检融合成果

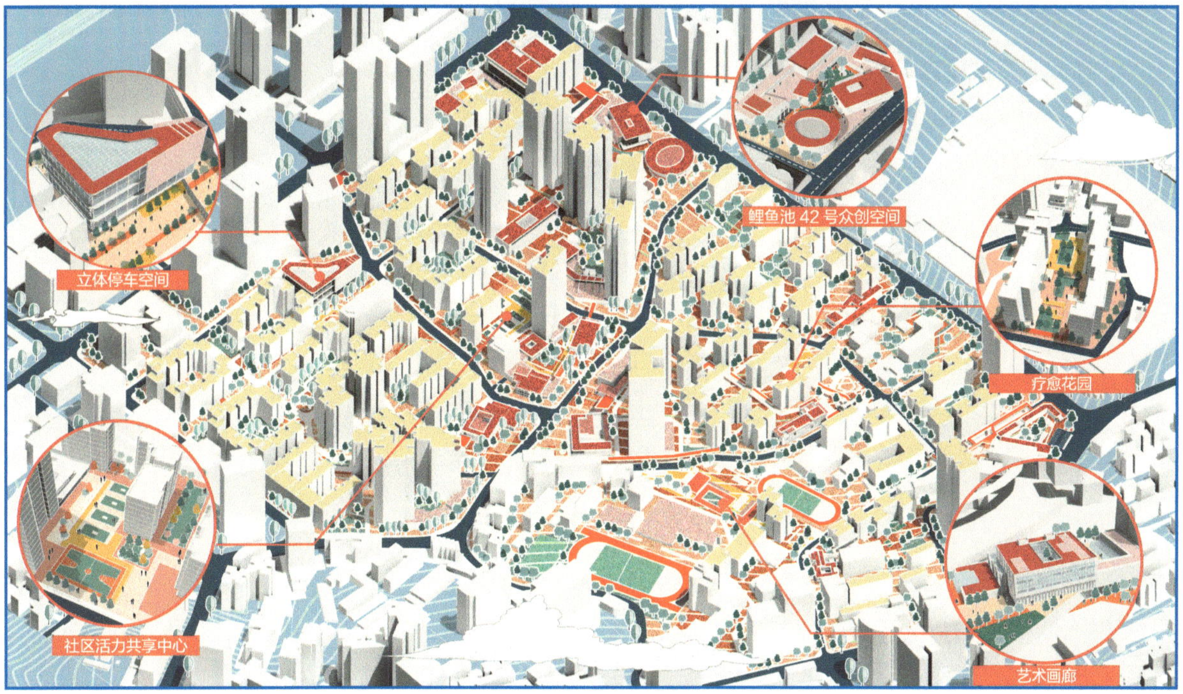

策略拆解——理融合机制

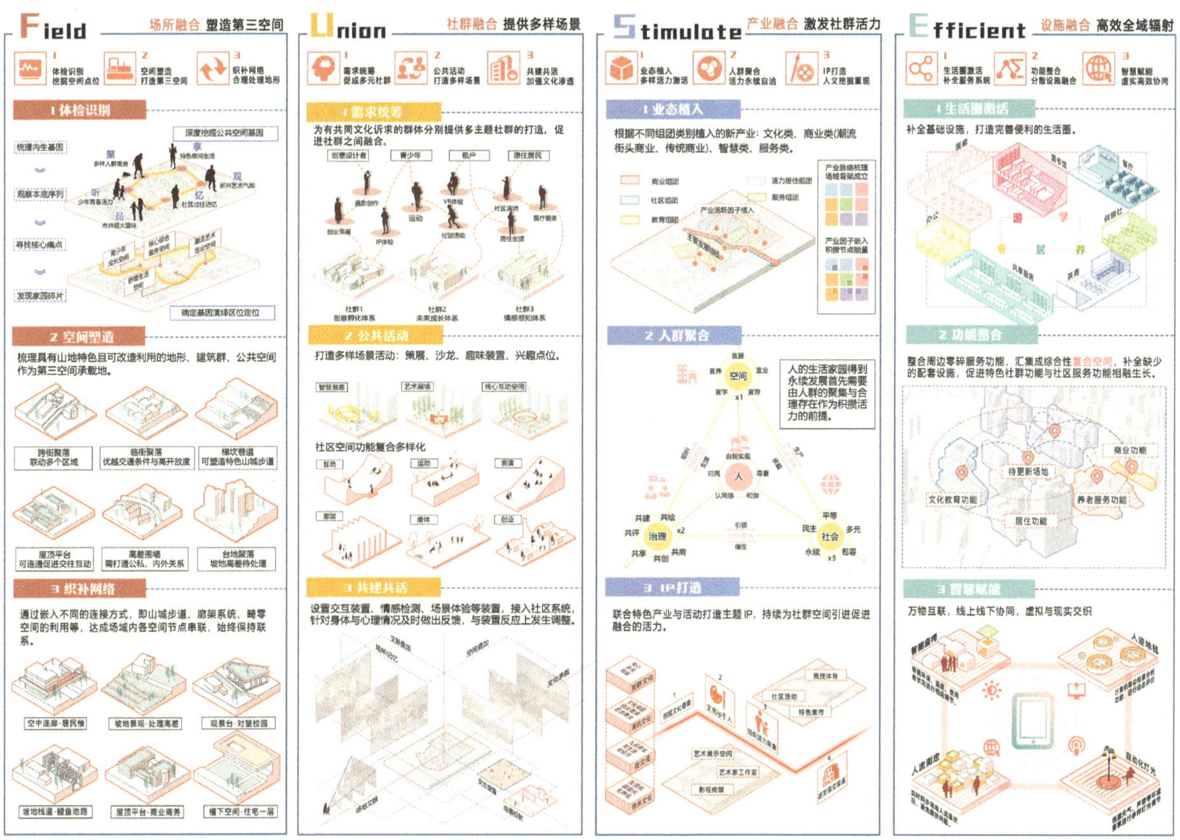

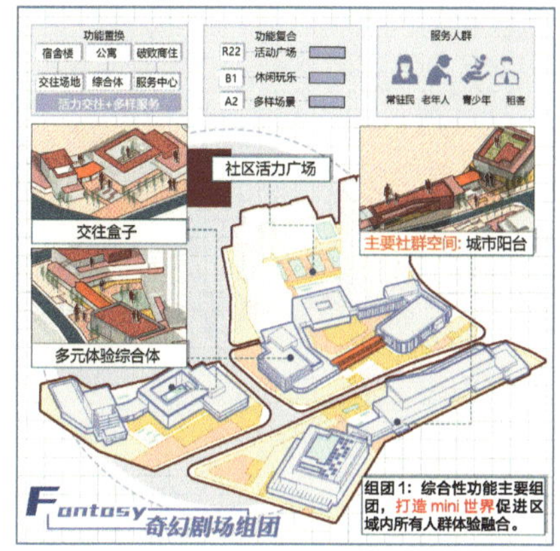

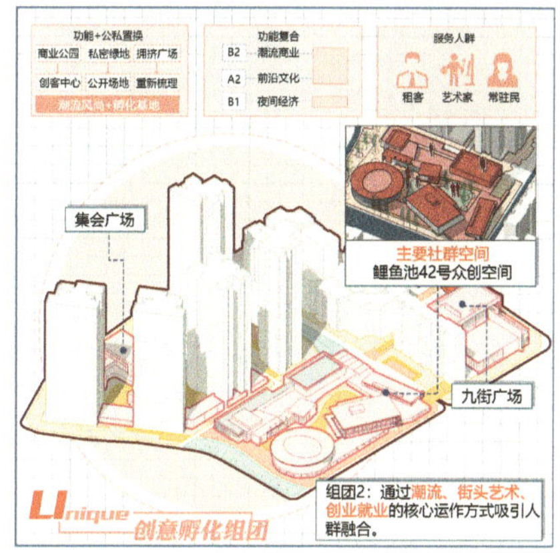

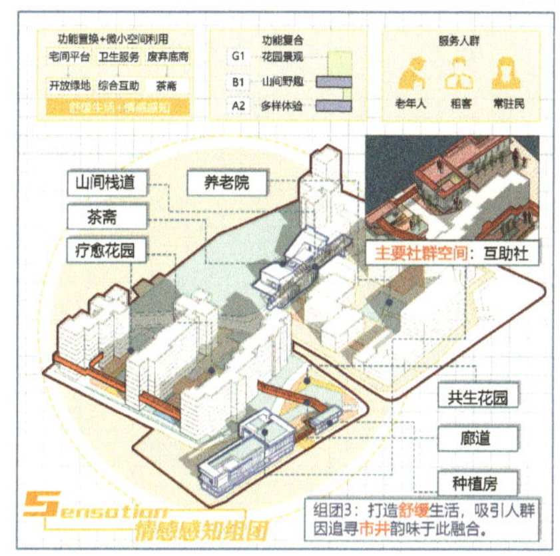

总平面图

空间资源综合评估

空间资源分类评估

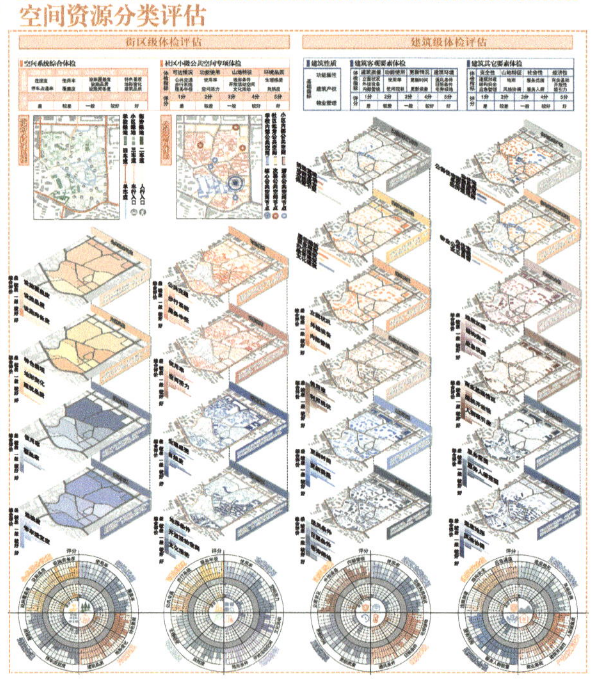

异苔同岑，跃动鲤池

参赛院校：西南交通大学
作者姓名：华文萱　张　慧　茹于飞　安伊菲
指导老师：杨钦然　毕凌岚
“重庆规划杯”第四届全国大学生国土空间规划设计竞赛　三等奖

方案点评：

作品对鲤鱼池片区空间资源评估及社会问题诊断深入，提出“共同家园”目标愿景下的空间治理型社区更新策略框架清晰。作品提出了“多元混居，异质共融”的居住场所更新、“利益联结，在地共创”的公共空间改造、“各力并举，联袂共治”的治理制度完善等三方面策略，符合该片区更新实际需求。规划平面设计细致、规范，竖向空间形态规划设计表达效果较好。不足之处是作为旧住更新设计，现有保留建筑及更新改造节点区域划分不清，对其社会经济可行性也缺乏说明。

4 产居空间改造

01 建筑级产居空间改造

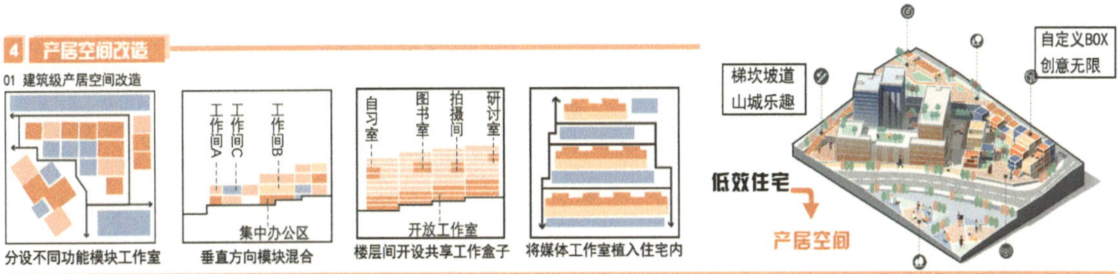

02 组团级产居空间改造

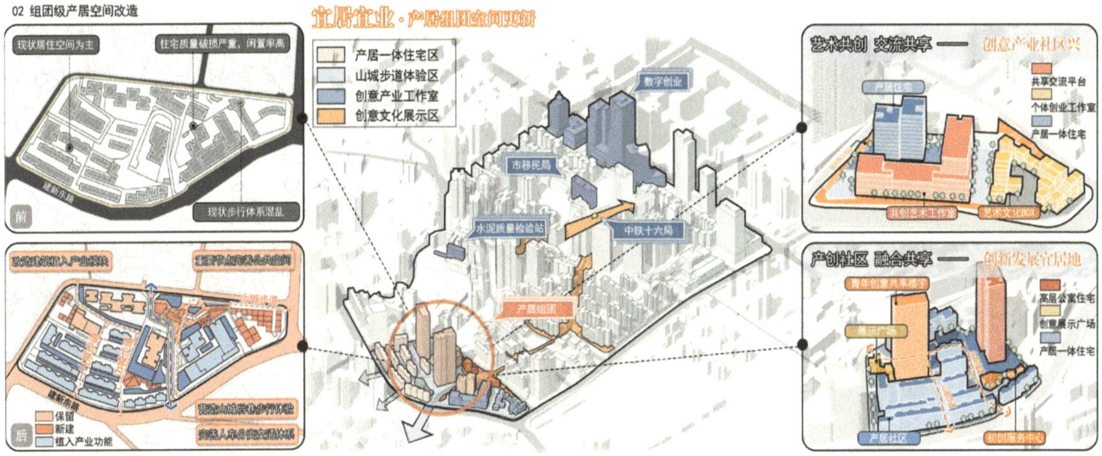

规划效果图

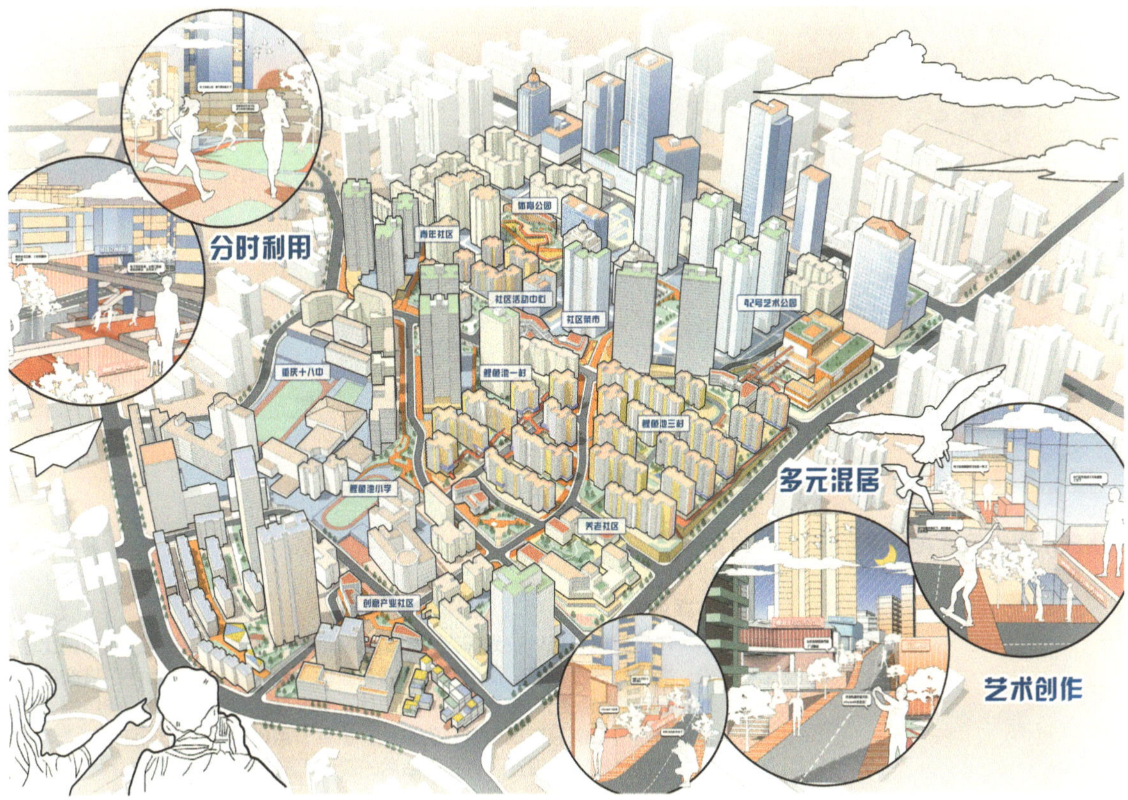

规划结构分析

1 规划空间结构　一环三轴，多元共生

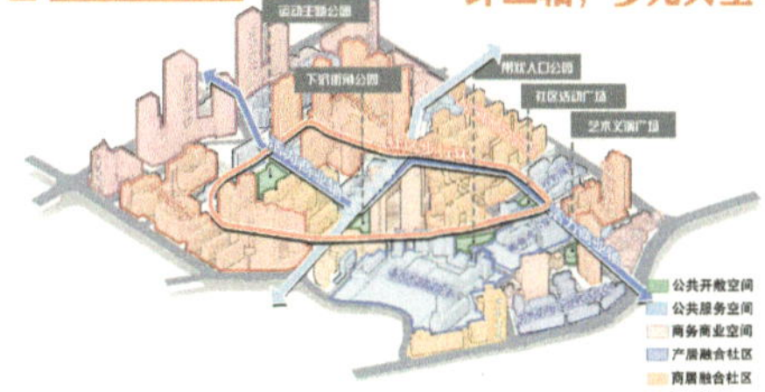

2 道路交通结构　分层分级，联脉织网

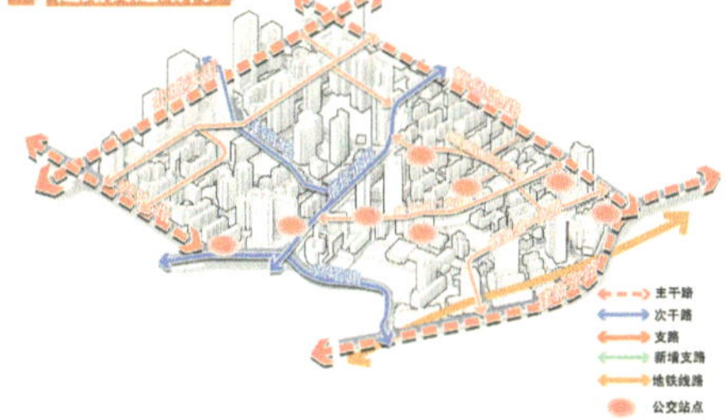

3 公共空间结构　多维融合，共建共享

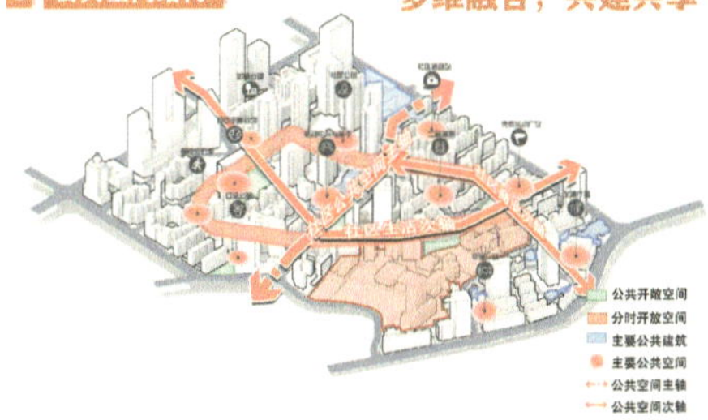

4 景观绿化结构　节点引领，环带串联

5 特色空间要素　院坝梯道，山城底色

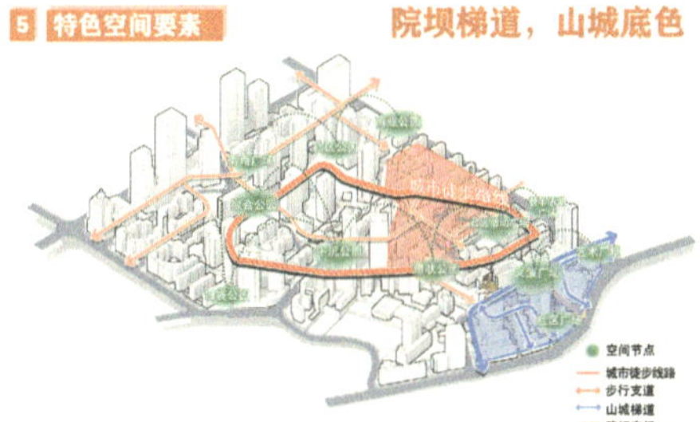

总平面图

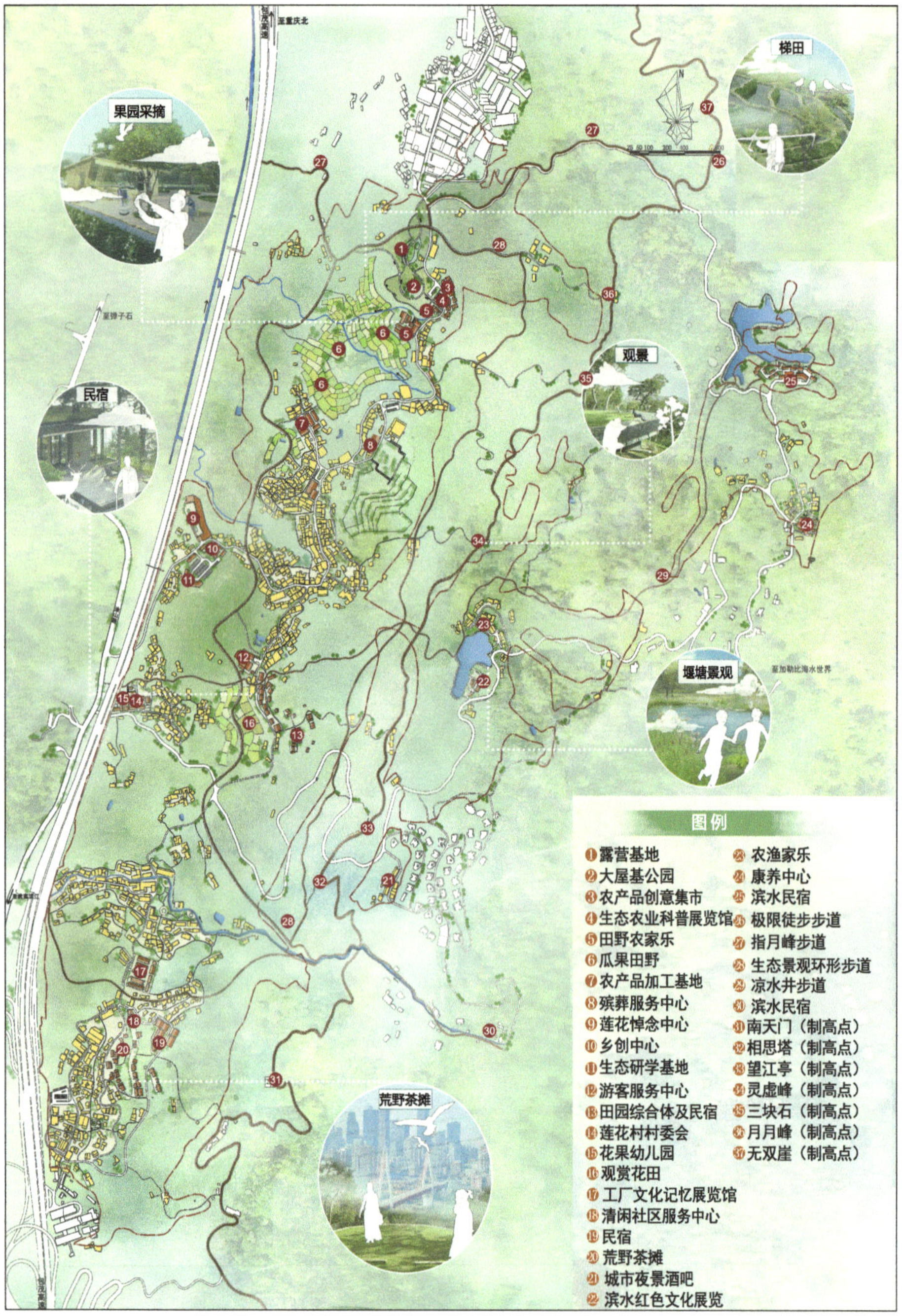

莲花村基因提取

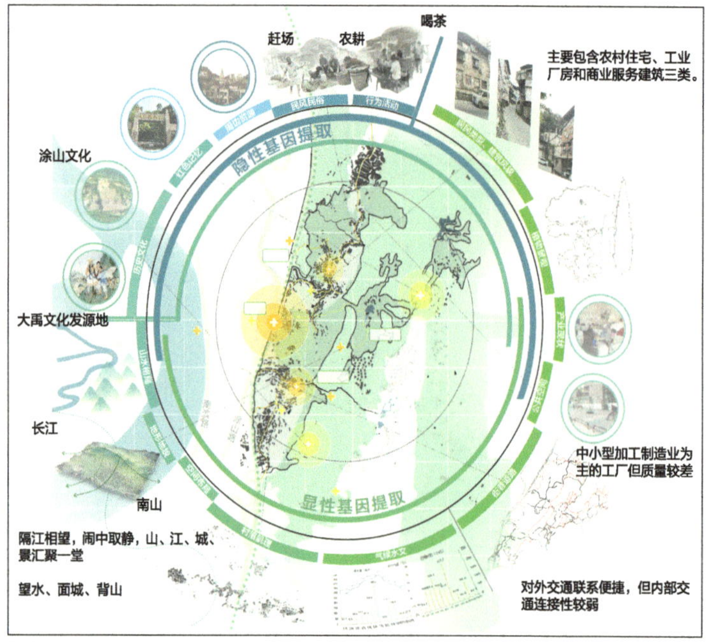

枕山栖居规划图

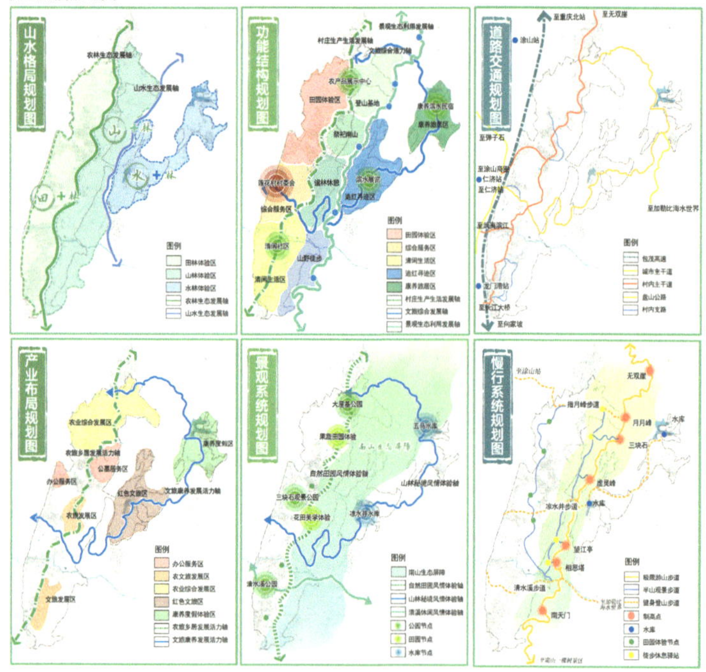

游山宴，枕山居——基于基因谱系重构理念的重庆市南岸区莲花村更新设计

参赛院校：西南民族大学
作者姓名：杨茗月　韦凤娉　吴璐珺　任嘉瑶　杨罗蕊
指导老师：周　敏　温　军
“重庆规划杯”第四届全国大学生国土空间规划设计竞赛　三等奖

方案点评：

作品对现状分析较为深入，对基地特征以及显性、隐形问题的判识比较准确。提出的底色保育、价值激活、服务升级、品牌营造等“治疗”措施符合当地实际且重点突出。村域空间布局总体比较有序，山水格局、功能结构、产业发展、道路系统等专项内容较为系统，重要节点场景设计比较细致。“运维营村”策略考虑比较周到，有利于后期的规划实施和维护管理工作。

七星伴月游山乡居图

游山慢行系统规划

点的策略

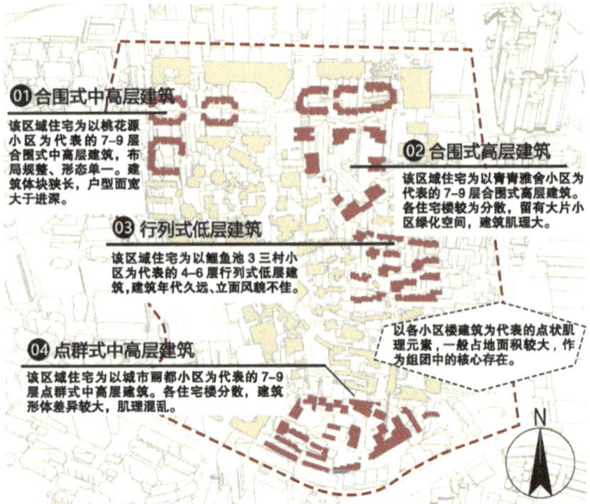

圈的策略

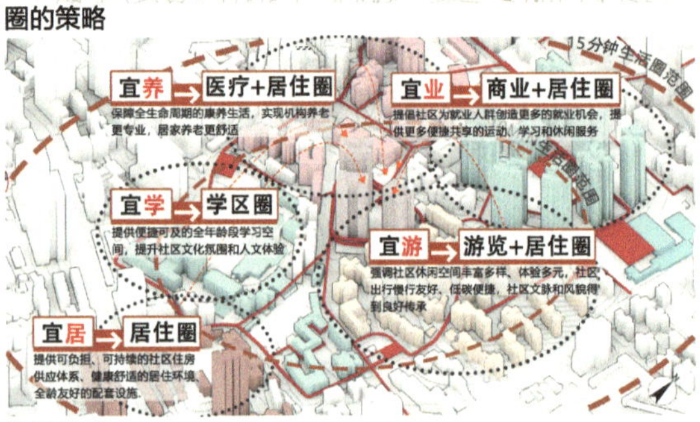

线的策略

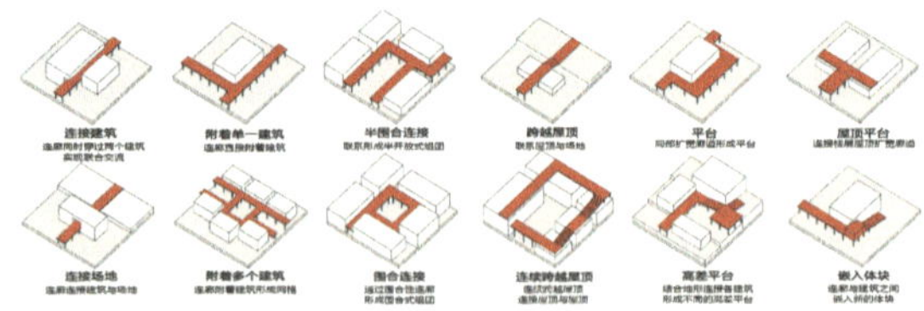

总平面图

经济技术指标

规划用地面积	40.22hm²
规划建筑面积	124.67万m²
新建建筑面积	1.86万m²
拆除建筑面积	1.09万m²
拆建比	0.59
商业服务面积	23.53万m²
居住面积	87.79万m²
容积率	3.09
平均层数	9.7层
绿地率	31%
停车位	6120个
地上停车位	2925个
地下停车位	3195个

山城十二时辰逻辑构成

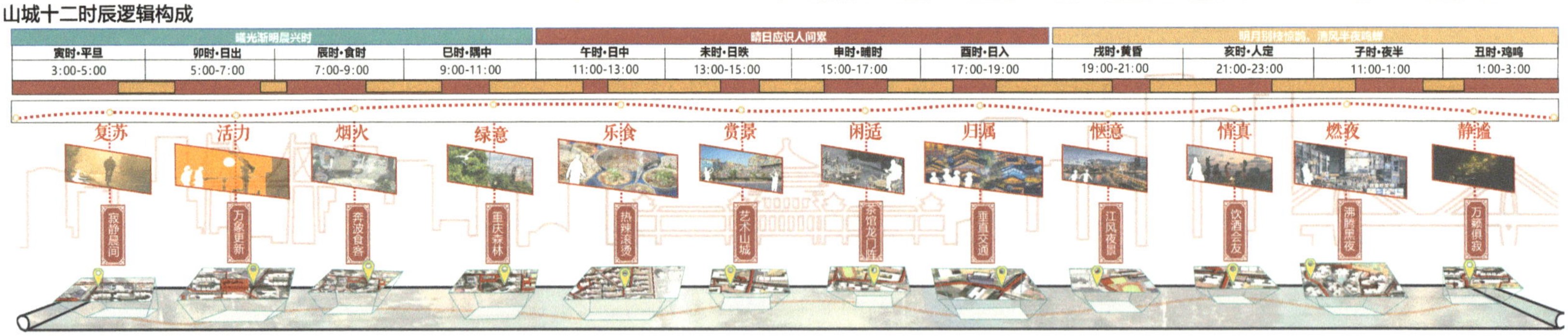

十二时辰，Z轴再生——基于“时空间行为”理论下重庆鲤鱼池社区15分钟生活圈规划设计

参赛院校：四川农业大学

作者姓名：苏靖裴　马　癸　袁艺萍　陈李慧　王宇航

指导老师：陈　川　张丽丽

“重庆规划杯”第四届全国大学生国土空间规划设计竞赛　三等奖

方案点评：

该作品旨在利用垂直空间，缓解重庆因地形高差和建筑密度过大所带来的问题。通过架空步道与十二时辰的叙事结合，立足于时空间行为理念，构建场地空间、时间和行为耦合模型以激发场地空间活力、提高空间利用效率，唤醒场地历史文脉、优化场景体验感受。将重庆特有的山城文化和现代城市规划相结合，创造一个既符合现代城市发展需求，又具有浓厚山城特色的新型城市空间。作品主题新颖，方案较为合理，图纸清晰，是优秀的规划设计作品。

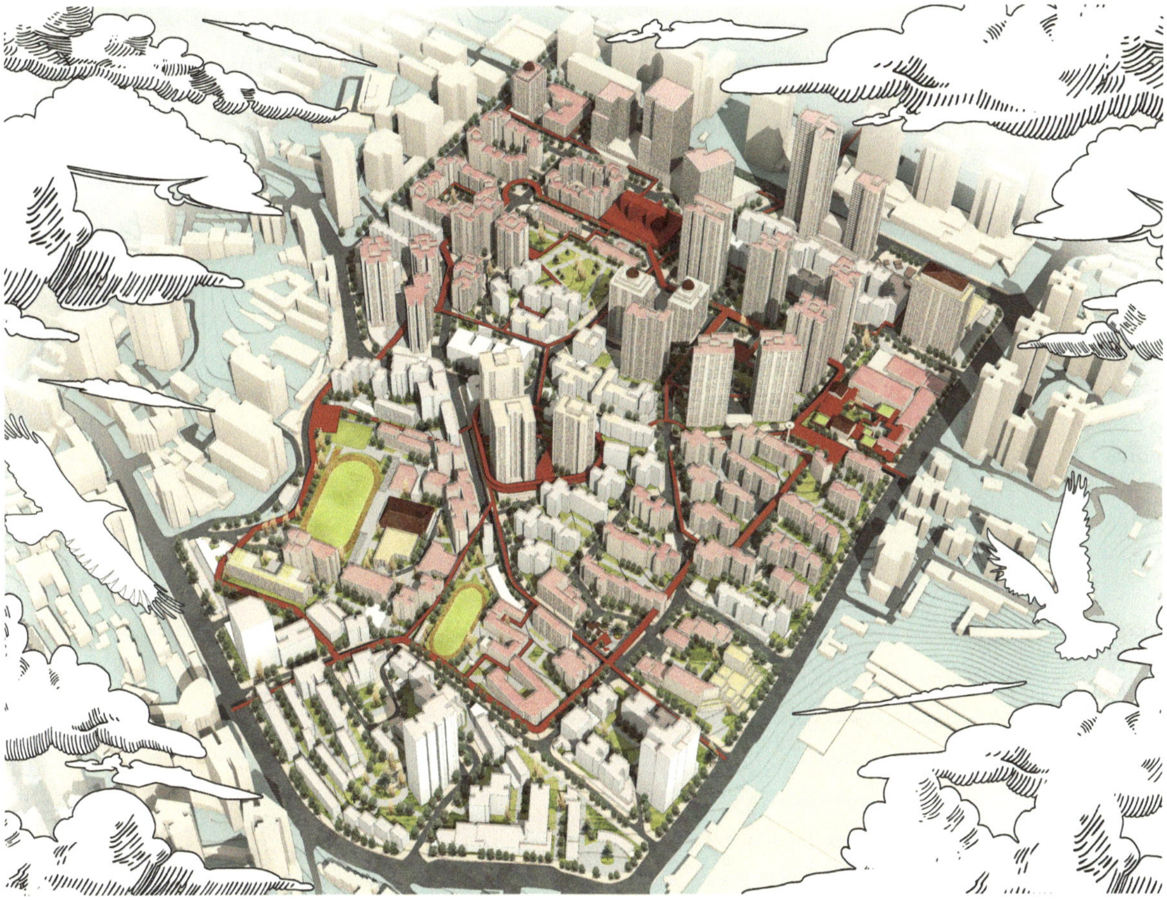

鲤鱼池中心公园

社区立体停车楼

42号商业公园

场景叙事流线展示

让我们开始山城十二时辰一时空之旅吧
寅时·平旦
3:00-5:00
卯时·日出
5:00-7:00
辰时·食时
7:00-9:00
巳时·隅中
9:00-11:00
午时·日中
11:00-13:00
未时·日昳
13:00-15:00
申时·晡时
15:00-17:00
酉时·日入
17:00-19:00
戌时·黄昏
19:00-21:00
亥时·人定
21:00-23:00
子时·夜半
11:00-1:00
丑时·鸡鸣
1:00-3:00
巳时-重庆森林
午时-热辣滚烫
未时-山城闲步
酉时-陪伴归属
亥时-饮酒会友
卯时-万象更新
CHONGQING
CHINA

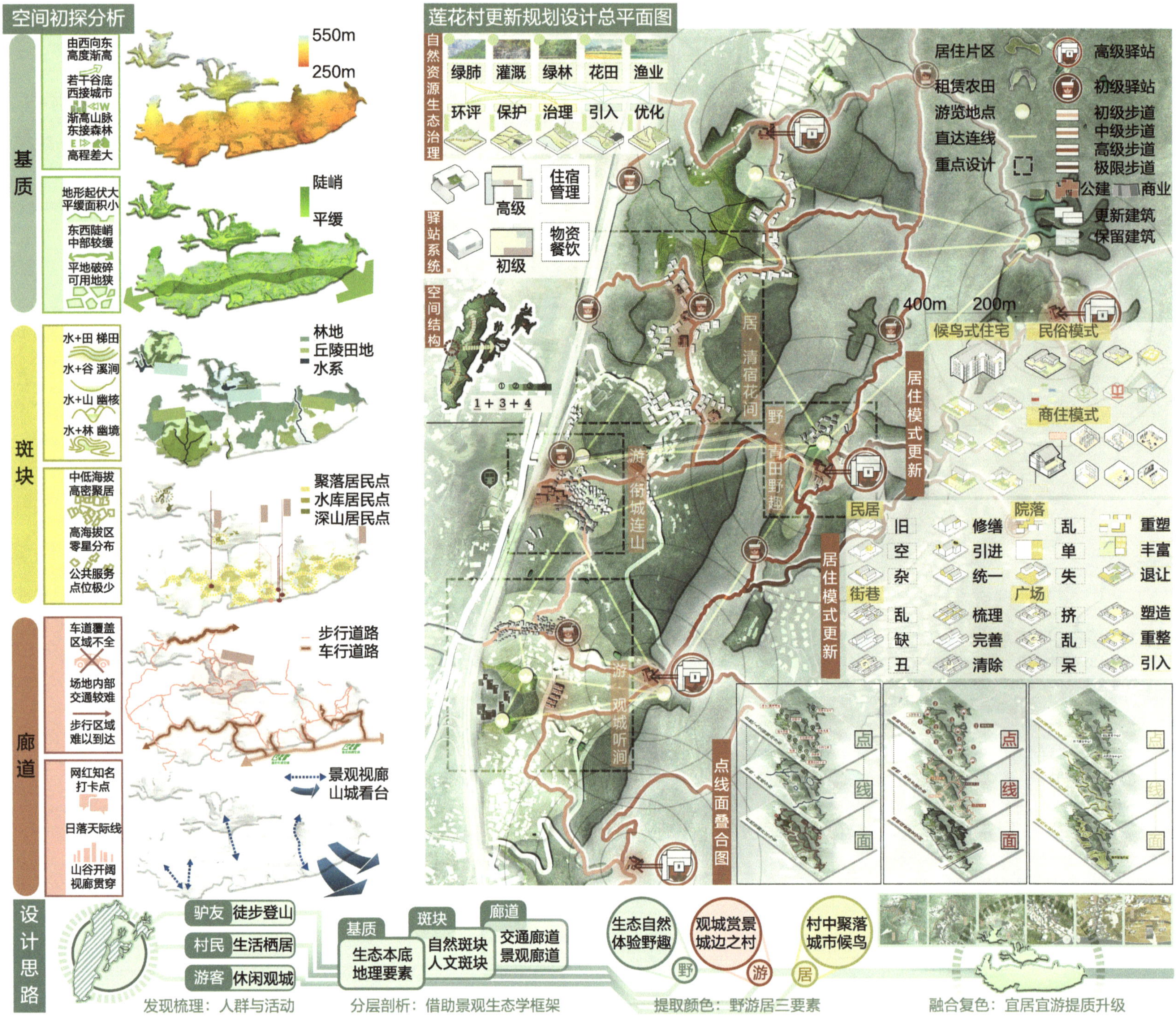

莲村复色，山城野趣——基于野、游、居三重视角下的“山地城市边缘型乡村”更新规划设计

参赛院校：东南大学
作者姓名：刘希音　梁肇伟　张　致　刘宇蒙　张翔宇
指导老师：高舒琦　孙世界
“重庆规划杯”第四届全国大学生国土空间规划设计竞赛　三等奖

方案点评：

作品对山城村庄“乡野化、复合化”的发展趋势研判较为准确，将生态系统“基质、斑块、廊道”理论与乡村功能、乡村产业有机结合，视角和手法较为新颖。通过提取“野、居、游”三要素的功能需求、现实问题和规划着眼点，从资源保护、空间更新、节点设计和路线组织等方面给出较为合理的响应，对居住模式更新和乡村运维进行了一定深度的探索，场景设计较为出彩。

居 · 清宿花间节点平面图
农业用地
生态 娱乐 文教
产业 创意 文化
居住 商业 公服
高标梯田
体验农田
社区中心
生态林地
内环快速路
产研中心
城市候鸟住区
节点空间结构
1 生态管理站
2 文化驿站
3 乡村综合体
4 幼儿园
5 产研综合体
6 莲花公墓

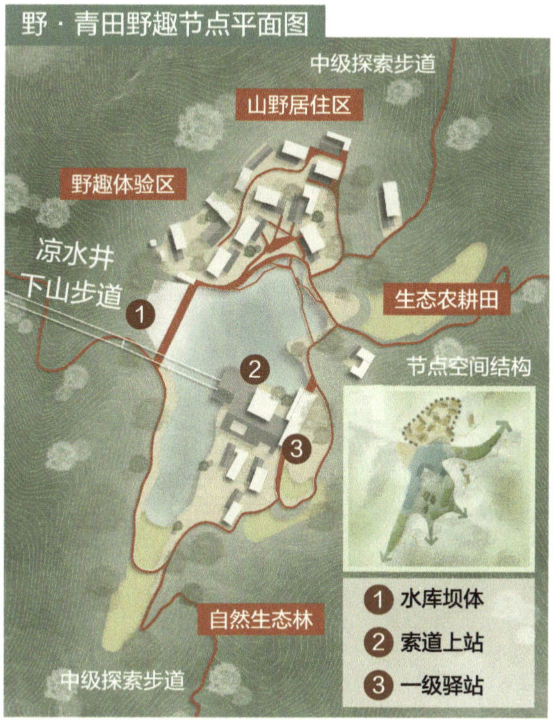
野 · 青田野趣节点平面图
中级探索步道
山野居住区
野趣体验区
凉水井
下山步道
生态农耕田
节点空间结构
自然生态林
中级探索步道
1 水库坝体
2 索道上站
3 一级驿站

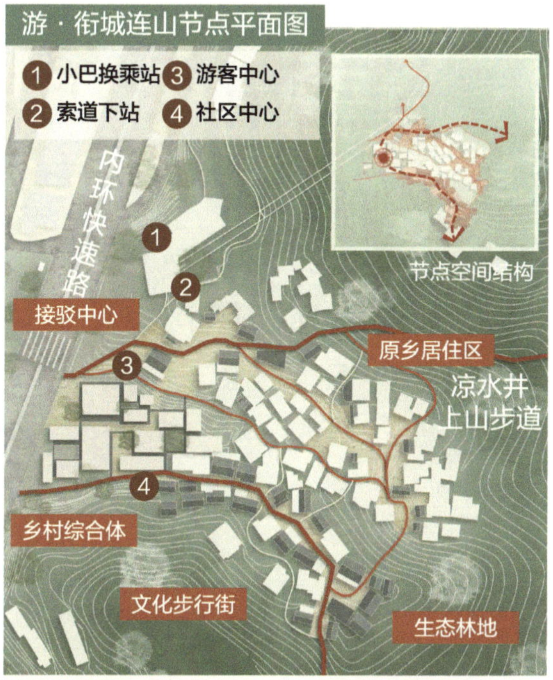
游 · 街城连山节点平面图
1 小巴换乘站
3 游客中心
2 索道下站
4 社区中心
内环快速路
节点空间结构
接驳中心
原乡居住区
凉水井
上山步道
乡村综合体
文化步行街
生态林地

居 · 清宿花间
野 · 青田野趣
游 · 街城连山
游 · 观城听涧

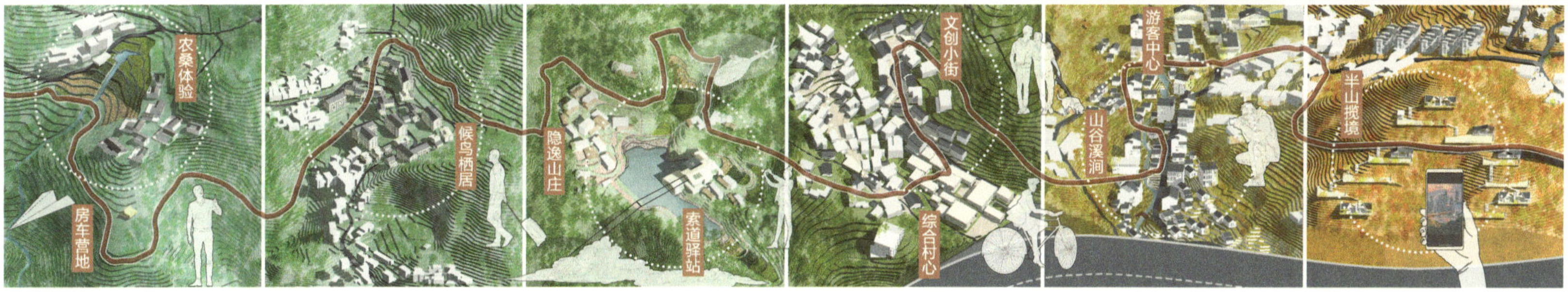
农桑体验
房车营地
候鸟栖居
隐逸山庄
索道驿站
文创小街
综合村心
游客中心
山谷溪涧
半山揽境

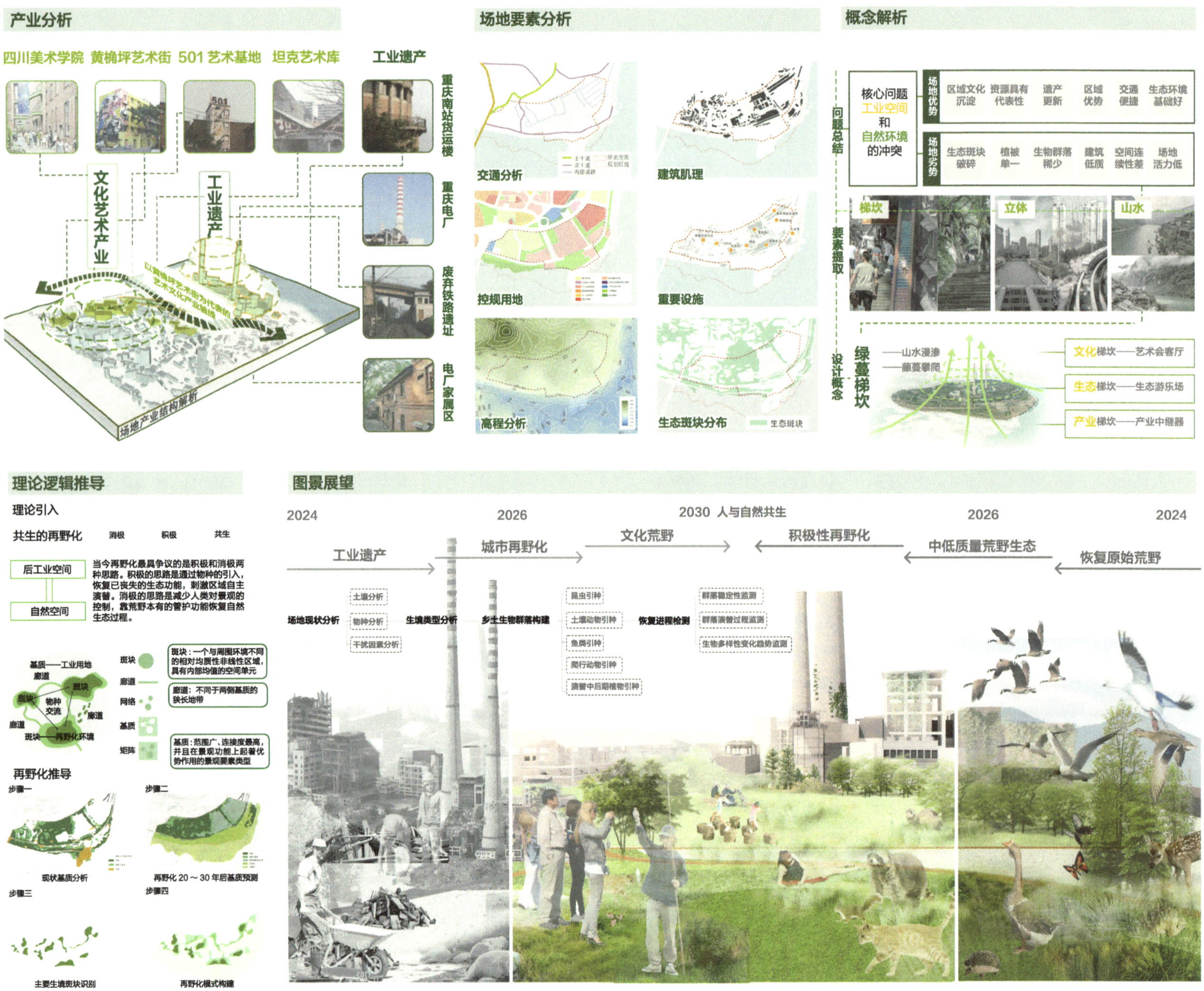

绿蔓梯坎——基于再野化理论的九龙电厂更新计划

参赛院校：北京林业大学

作者姓名：过奕帆　刘恩言　彭莫童　何　雨

指导老师：于长明　徐　桐

“重庆规划杯”第四届全国大学生国土空间规划设计竞赛　佳作奖

方案点评：

作品提出了“再野化”的规划设计理念，重在关注该片区生态服务功能重塑及江岸生态恢复，并以此作为该片区工业遗址地再生的核心策略，提出了营造业态微核心、野化绿地、线性廊道等措施，并在原有基础上进行工厂改造、艺术多元组团及居住组团营造。作品的不足之处为建筑平面形态布局缺少规律、组团空间组织形态松散、三维空间设计效果差，且未考虑方案实施的经济社会效益及可行性。

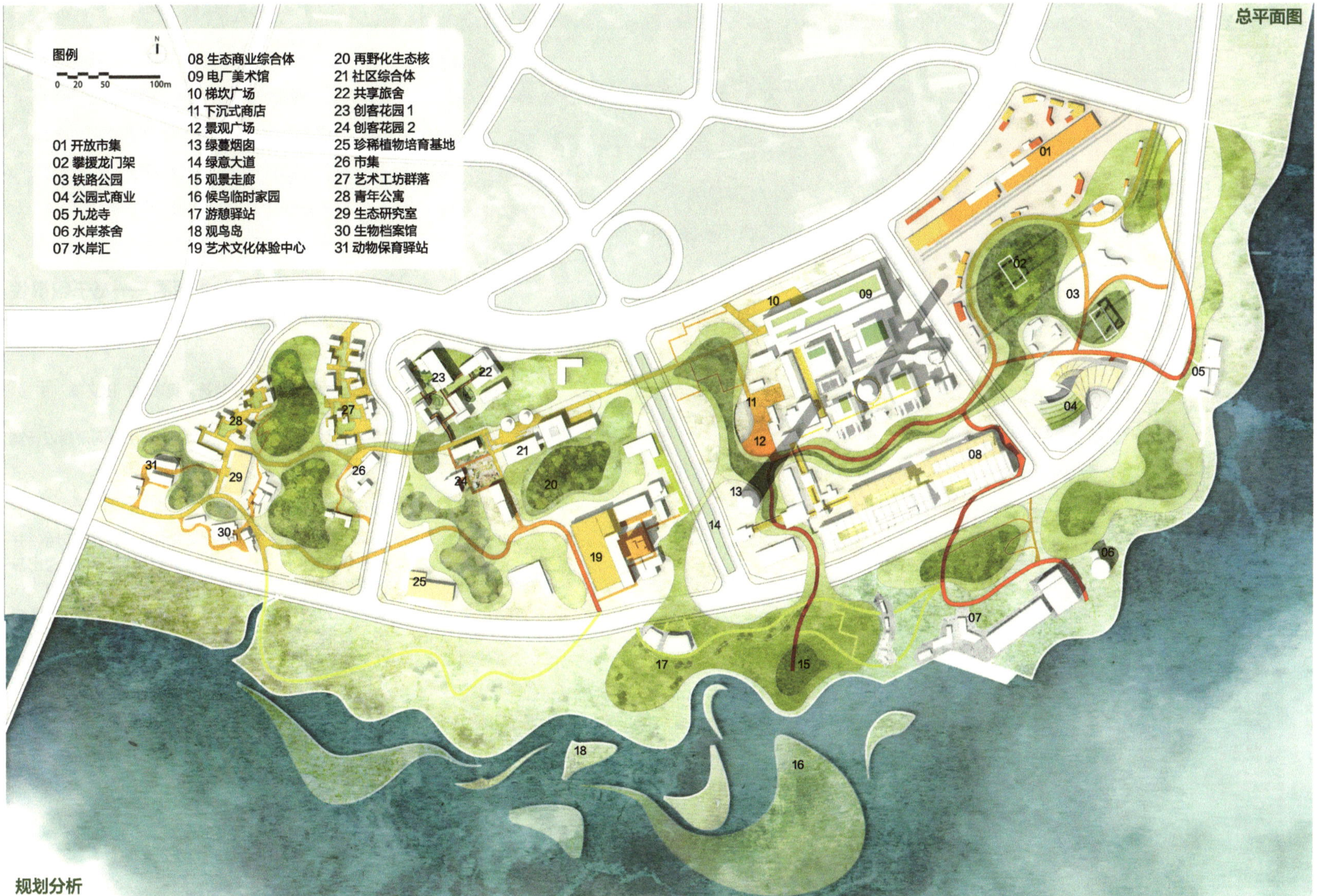

规划分析

拆改留分析

40% 50% 10% 建筑根据其质量尽可能进行保留，少部分进行新建，所保留建筑在再野化基础上进行改造再利用。

规划结构分析

规划理念：轴线连接自然，山水渗透场地一轴两廊多点结构、从里到外、中心向四周野化程度递增。

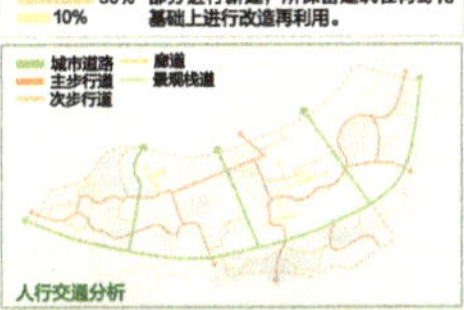

人行交通分析

采用公园式的道路模式，以步行道构筑场地内交通系统，步行道、栈道、廊道构成的立体交通网络使场地交通更加便利，丰富了再野化景观的游览体验。

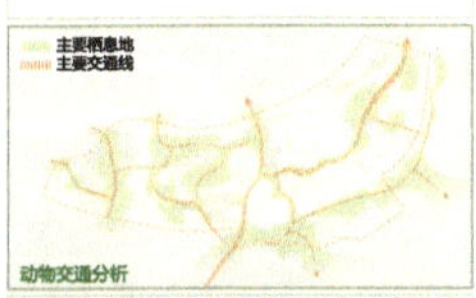

动物交通分析

场地内的交通特殊性考虑动物的栖息动线，结合场地主要绿地内的栖息地分布和生态廊道的布局，构建动物交通线，并与周边区域形成完美衔接。

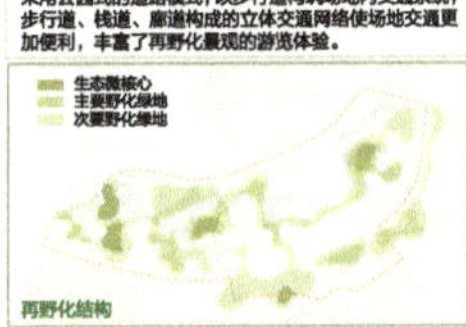

再野化结构

基于再野化经典 3C 模型和场地再野化变化预测，建设以生态微核心为主导，主次要绿地所构成板块和生态廊道为支撑的再野化结构。

功能区分析

结合场地规划结构和再野化结构划分场地的主要功能区，从核心区→自然互动区→自然共生区和滨水修复区，人为活动的强度逐渐递减，野生程度递增。

再野化策略

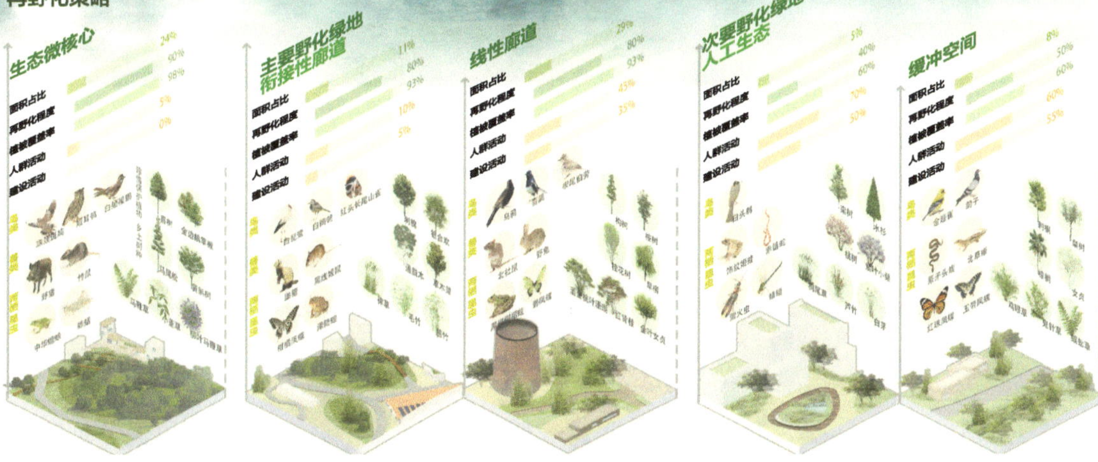

总平面图

空间结构分析

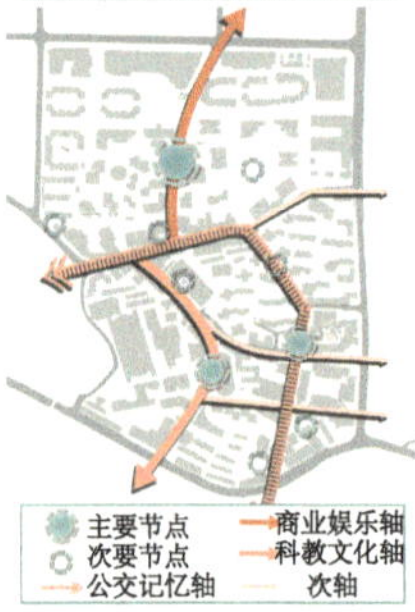

交通系统分析

留改拆分析

功能布局分析

“636”活力节点分析

BUS 生活圈划定示意图

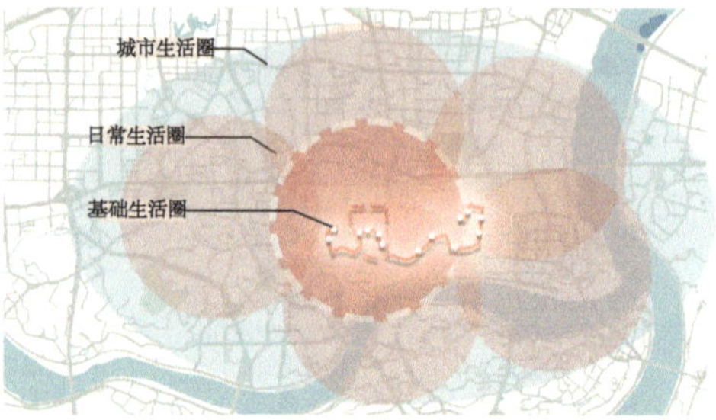

BUS636“巴适”生活圈——基于叙事性空间营造的鲤鱼池片区更新规划

参赛院校：云南大学
作者姓名：张思思　段佳靖　吴珈珈　田义莪
指导老师：赵敏

“重庆规划杯”第四届全国大学生国土空间规划设计竞赛　佳作奖

方案点评：

该作品关注人在社区更新中的角色和作用，并从居民的出行、休闲、交往等日常需求中梳理出基础设施陈旧、社区建设落后等问题。以基地内“长安厂”为触媒，通过唤醒片区记忆来推动社区更新，包括凝练636公交线路上的城市景观、城市记忆，将周边区域一同串起，打造三个层次的15分钟“巴适”生活圈，以形成片区联动。作品前期调查深入，主题鲜明，切入点独特，方案较为合理，图纸表达较清晰，部分地段深度稍显欠缺，设计手法欠佳。

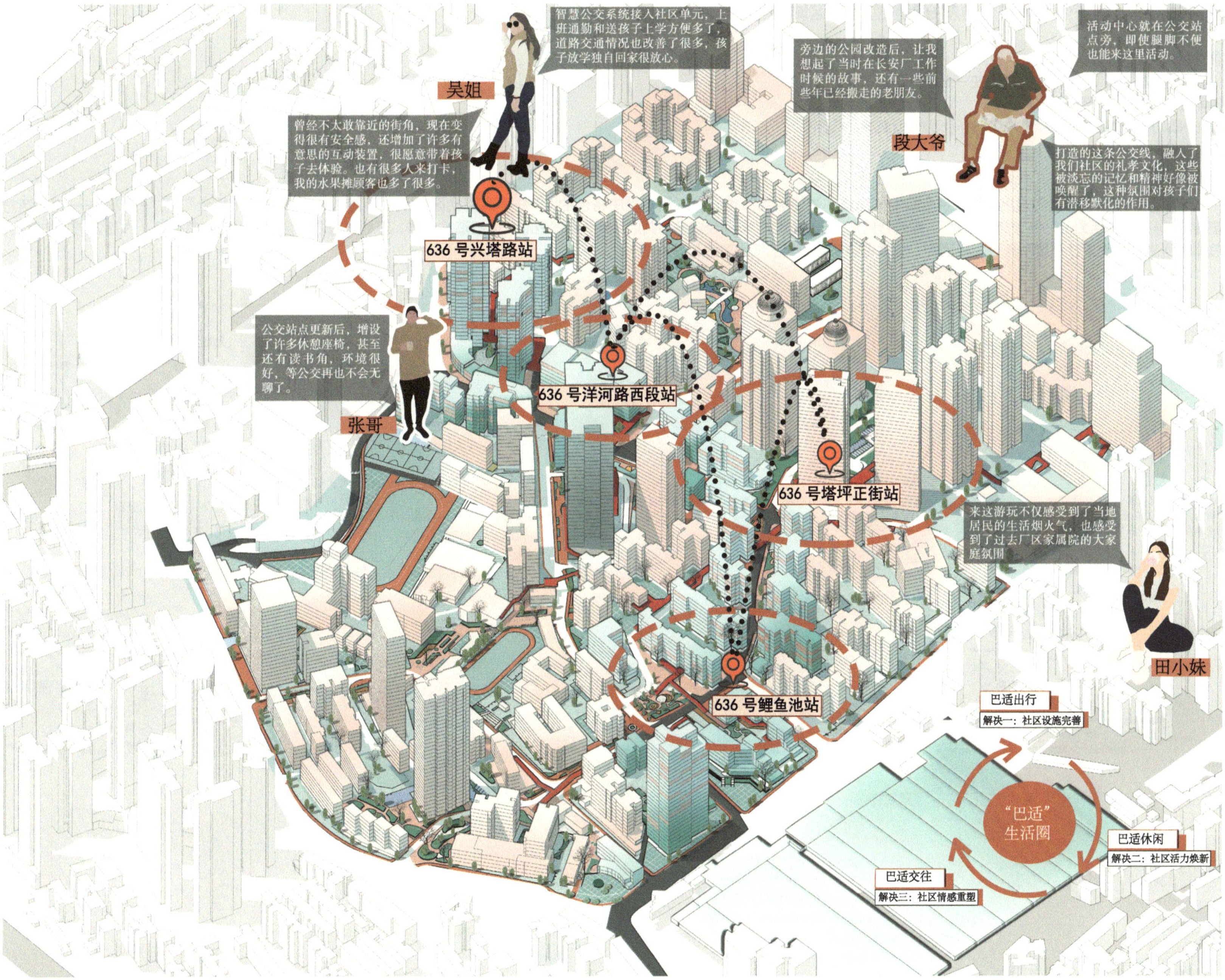

巴适交往网络化【节点串联，活动体验】

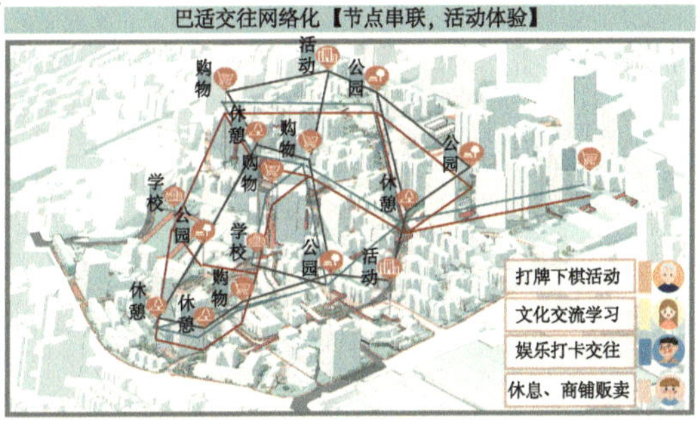

巴适休闲全时化【主题模块，游线构建】

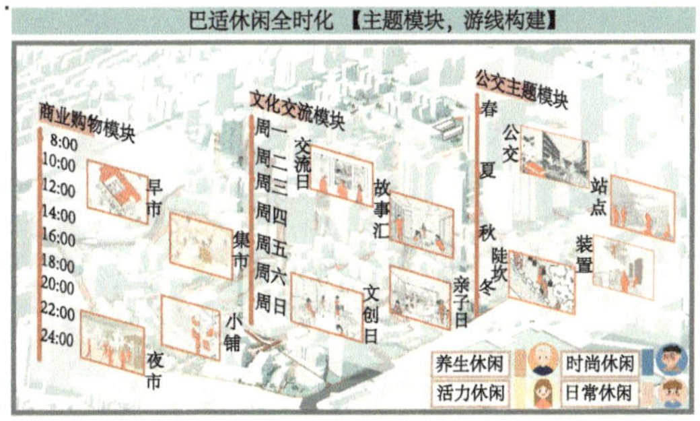

巴适出行便捷化【要素整合，流线连通】

鲤鱼池记——基于活力再塑全龄友好型鲤鱼池片区城市更新设计

参赛院校：河南城建学院
作者姓名：郝来原　李国旭　徐成　王一卓　李　航
指导老师：李梦迪　蔡　嘉
“重庆规划杯”第四届全国大学生国土空间规划设计竞赛　佳作奖

方案点评：

该作品以激发场地活力为出发点，从全龄友好视角，关注居民需求，打造具有重庆特色的15分钟完整社区。从“补基础——设施优化补全”到“提品质——空间活力塑造”，再到“注活力——产业文化复兴”。构建社区活力长效机制，推动公众参与共治共建，将鲤鱼池片区打造成宜居、宜业、宜游的全龄友好型和谐社区。作品调查工作扎实，总体思路尚可，而设计深度不足，总平面图、总体鸟瞰图等重要图纸的表达欠妥。

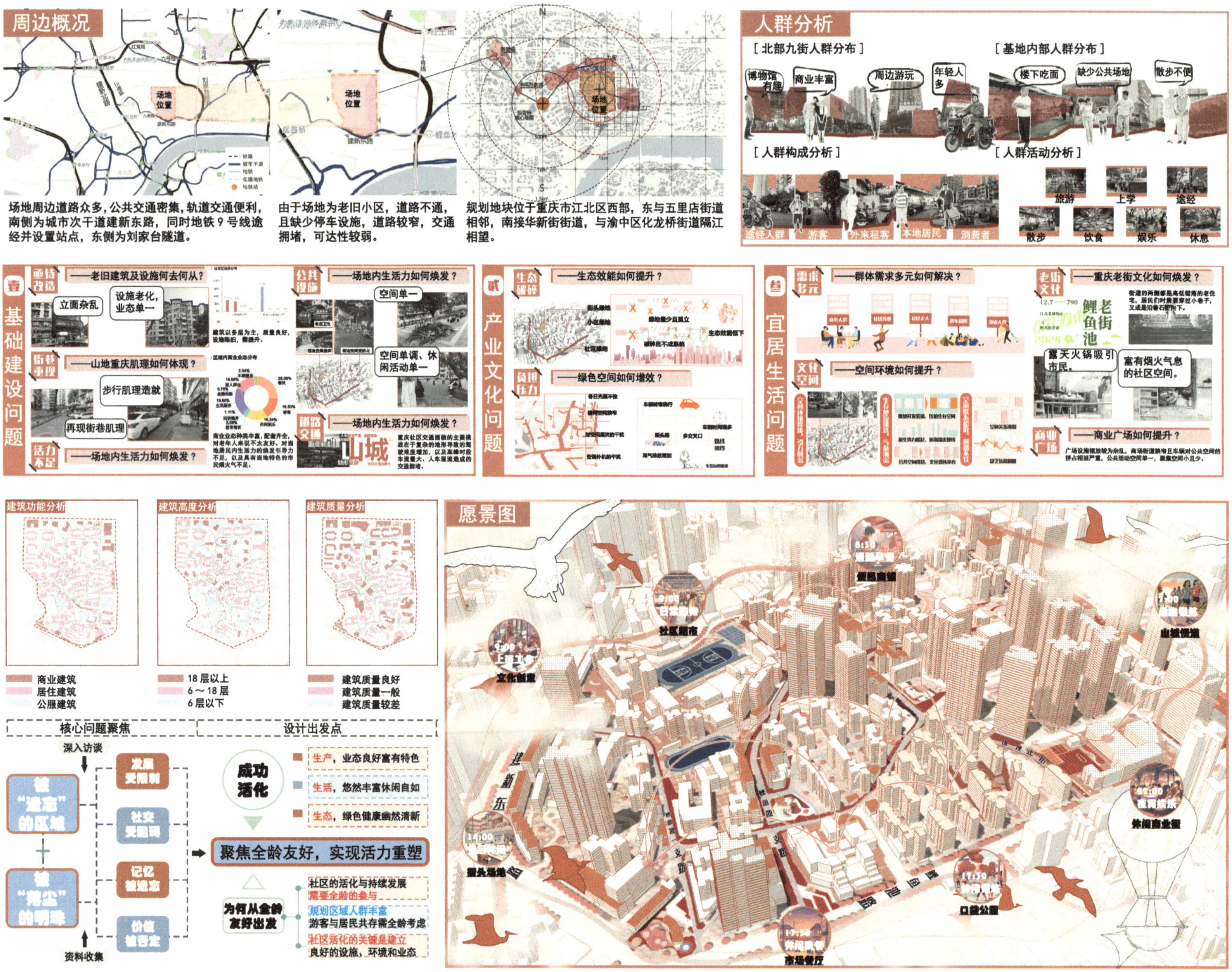

规划愿景——规划策略

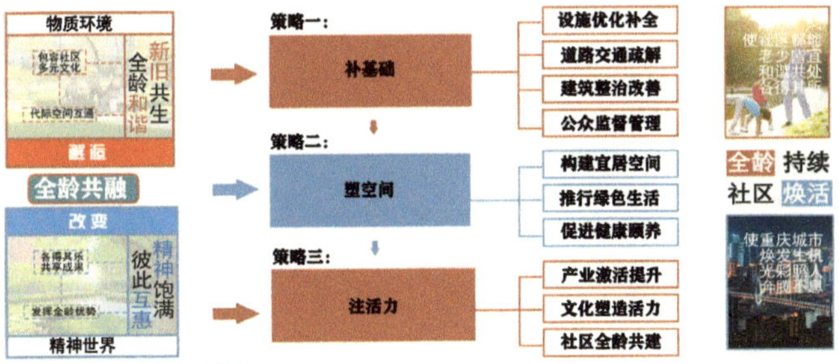

规划分析图

全龄场景营造

规划平面图与说明

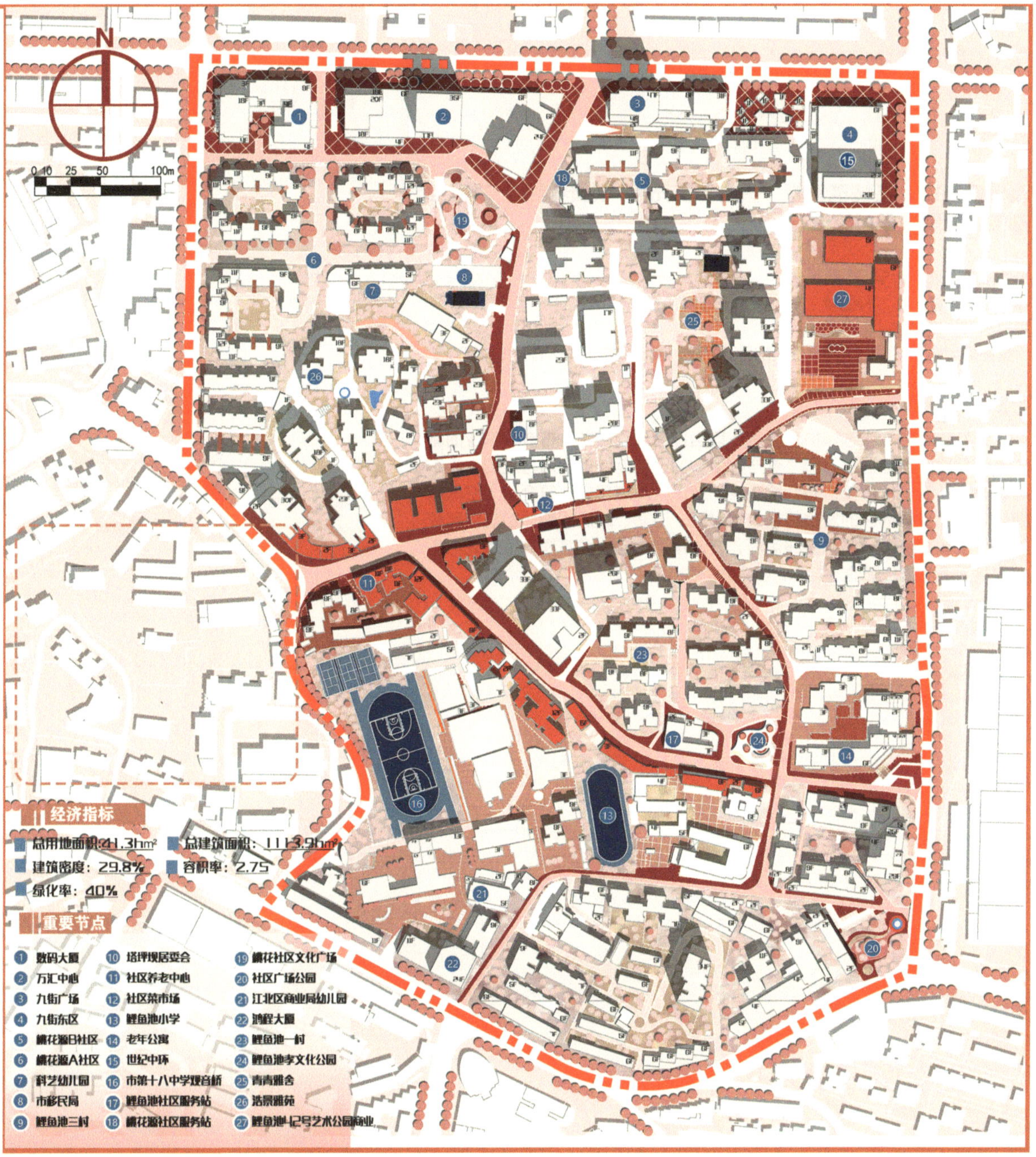

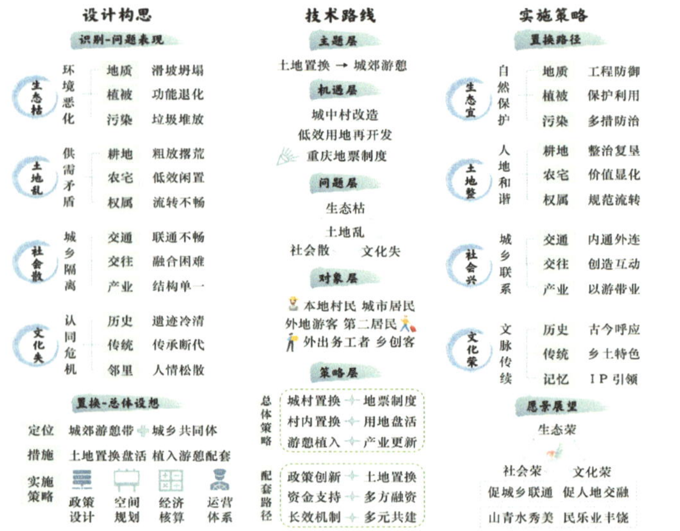

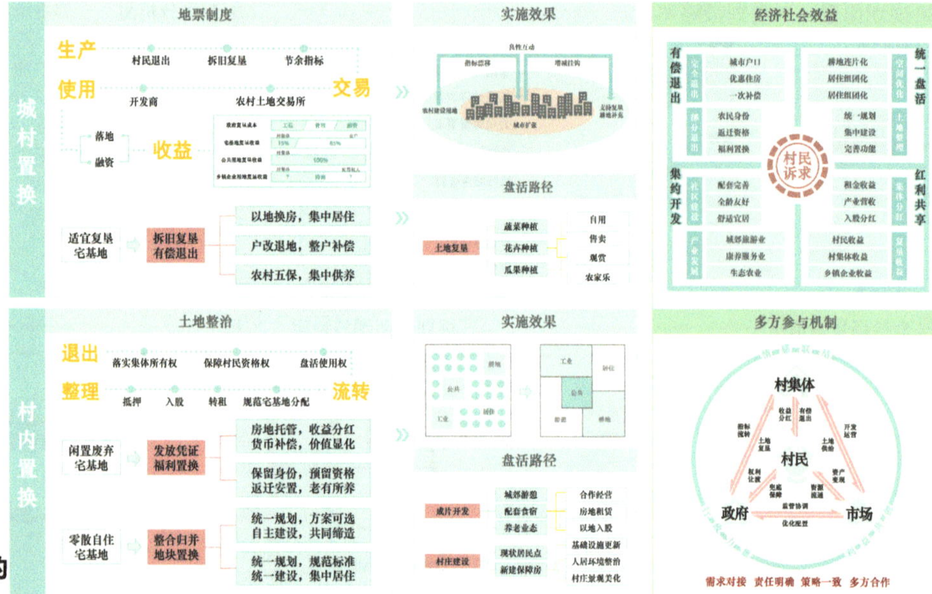

羁鸟归南山，衔枝筑新巢——基于多元化“土地置换”政策的都市游憩型城中村改造

参赛院校：北京大学

作者姓名：杨焯斯　孙雪梦　刘自强　张雨桐　周子杰

指导老师：吴龙峰　戴林琳

“重庆规划杯”第四届全国大学生国土空间规划设计竞赛　佳作奖、最佳策划奖

方案点评：

作品在对村庄生态保护和人居环境治理等传统命题进行有效响应的基础上，采用“土地置换”和“资产盘活”的更新运维理念对村庄的空间布局、国土整治、特色塑造和韧性防灾问题进行规划研究，符合国土空间精细化治理在乡村地区的发展趋势。对村民、游客、政府的新时期需求和权益进行了多方统筹，技术路线清晰，方法运用得当，尤其是方案策划与指标测算很好地结合了地方实际，显得尤为突出。

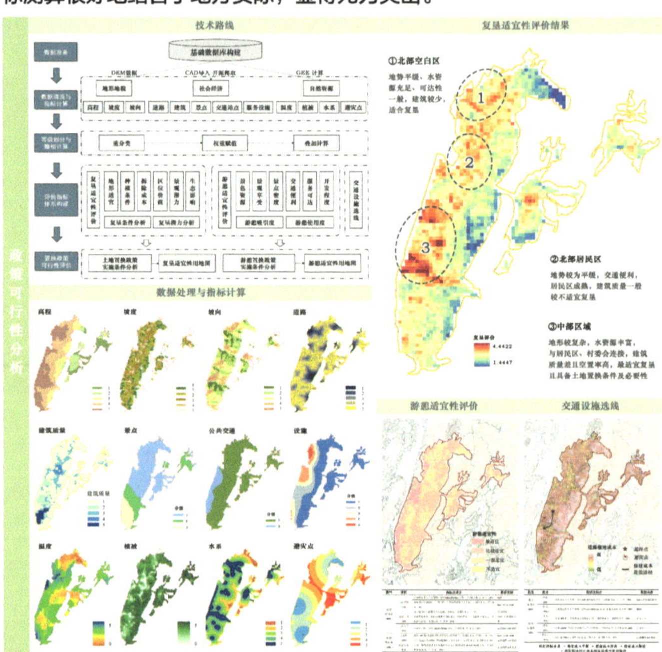

道路交通规划

村庄结构规划

建筑布局规划

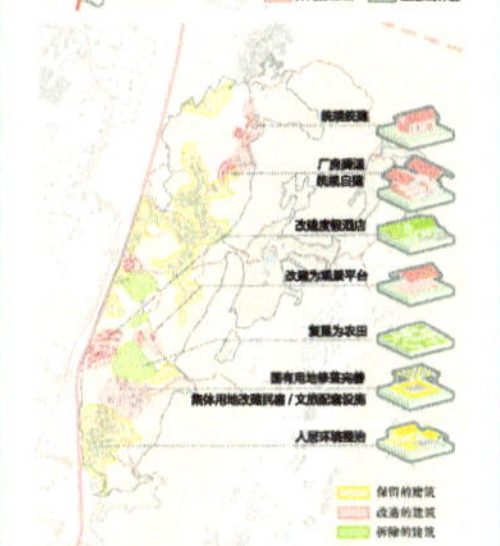

公共设施规划

瞭望系统规划

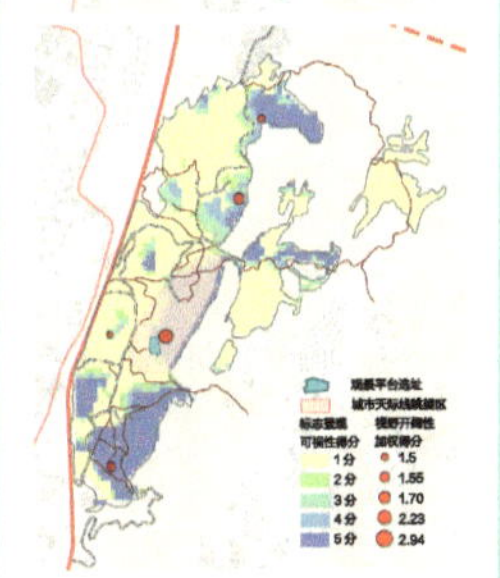

避灾点规划

游憩设施及项目布局

游憩项目设计

立体场景设计

游憩路线设计

游憩节点　平面图　效果图

复垦农田

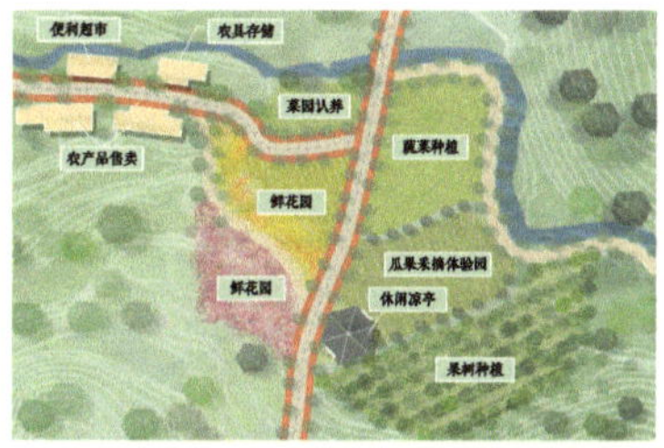

观景平台

度假酒店

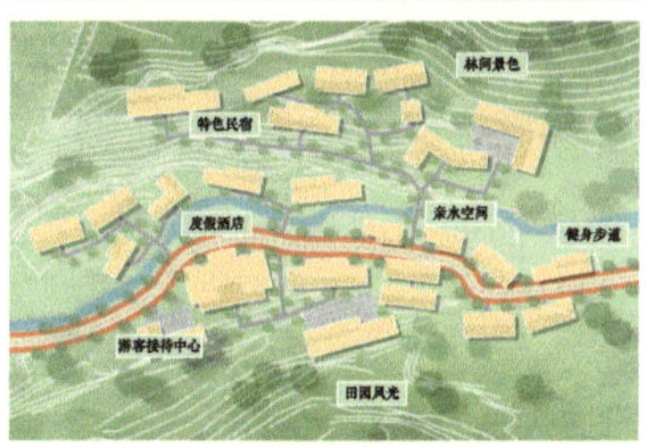

特色街区

活动广场

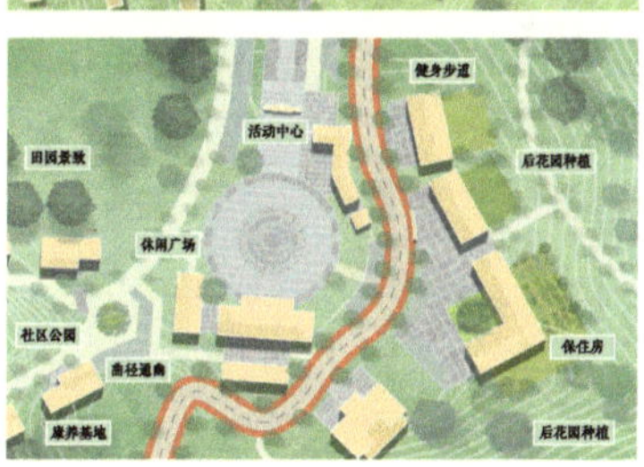

实施策略

人群活动路径指引

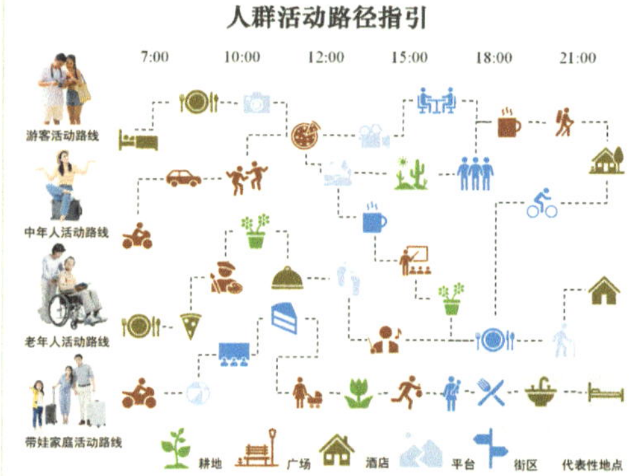

开发治理运营策略

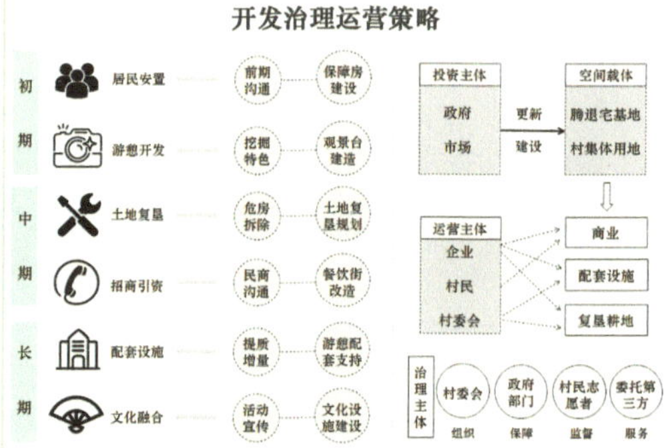

耦聚共生，烟火连城——基于多维耦合理论的重庆鲤鱼池片区city-live 共享社区更新

参赛院校：厦门大学
作者姓名：李彬硕　占宇俊　李君楠　温美琳　庄艺云
指导老师：常　玮　郁珊珊
“重庆规划杯”第四届全国大学生国土空间规划设计竞赛　佳作奖

方案点评：

该作品以“城市性”与“生活性”的关系为切入点，立足耦合理念，抓取“城市性”与“生活性”共存但失耦的场地特征，通过连场、织网、耦景三大策略，将十五分钟生活圈导向下公共服务设施、业态、开敞空间、街巷空间四大体系进行耦合，实现城市大动图与生活小笔触的交融，让烟火气与都市风耦合共存。美中不足是现状分析部分，只看到缺点和不足，看不到亮点和特色。

技术路线

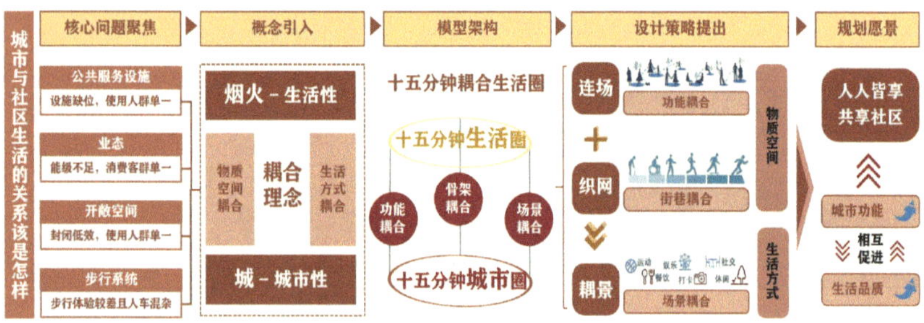

场景演绎

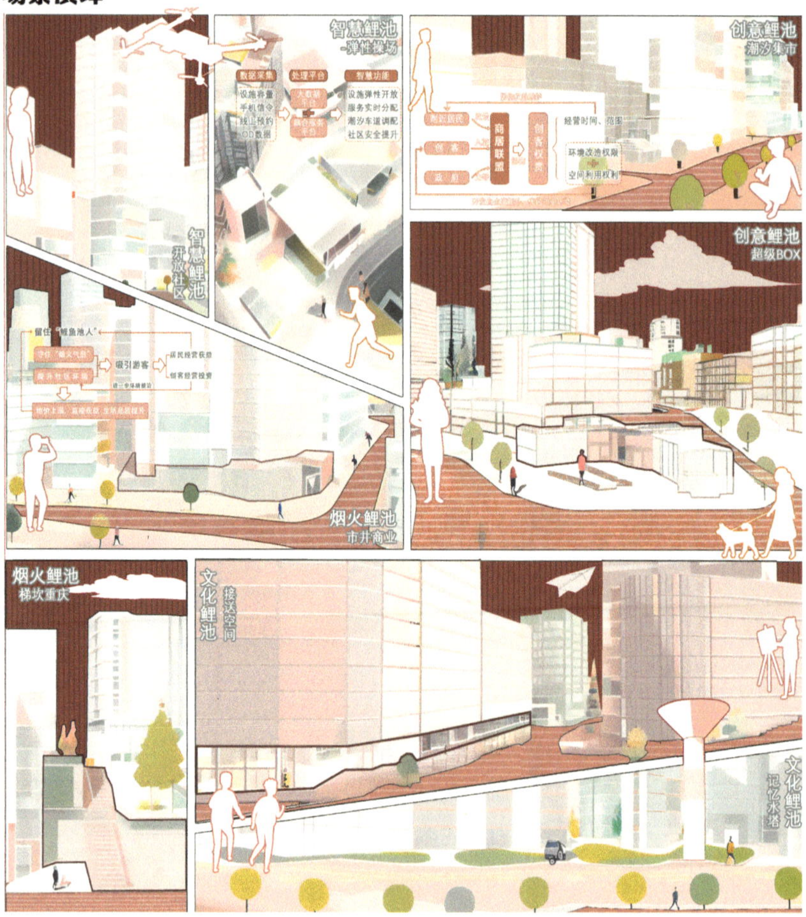

总平面图

总用地面积	39.92hm²
建筑面积	116.54hm²
建筑密度	46.2%
容积率	2.91
绿地率	36.2%
更新建筑面积	8.67hm²
地上停车位	2000个

连场——城市性与生活性功能耦合

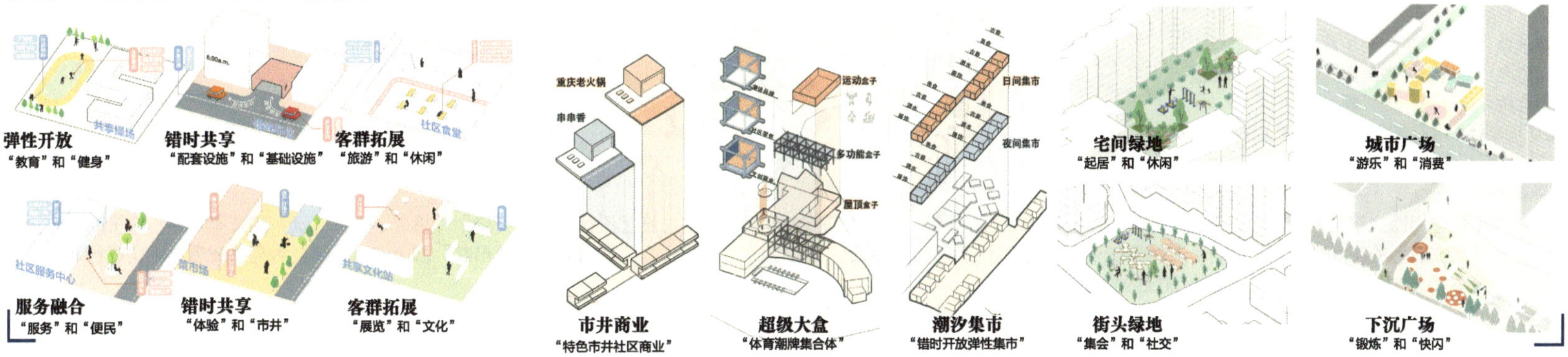

织网——城市性与生活性街巷耦合

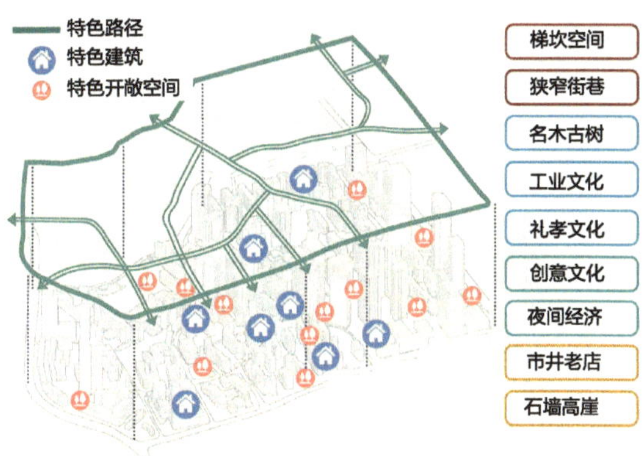

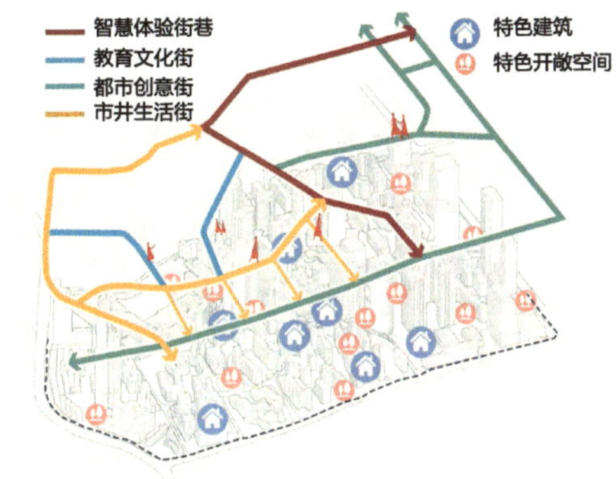

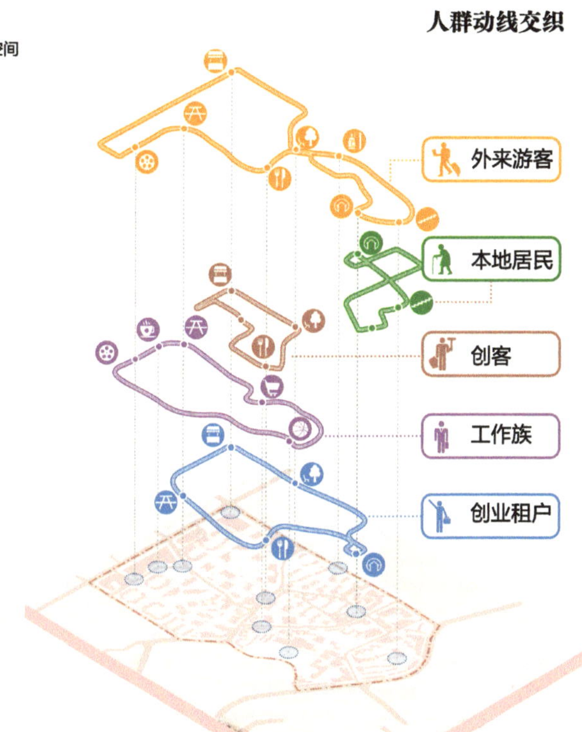

本地居民、创客、上班族以及外来游客在场地内形成不同流线并在42号艺术公园、便民共享食堂、社区会客厅以及梯坎文化巷子等点位产生交集。

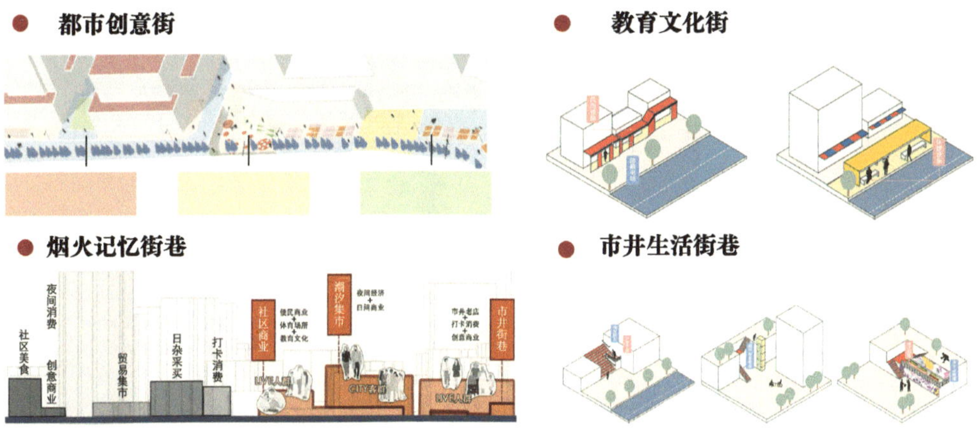

耦景——城市性与生活性场景耦合

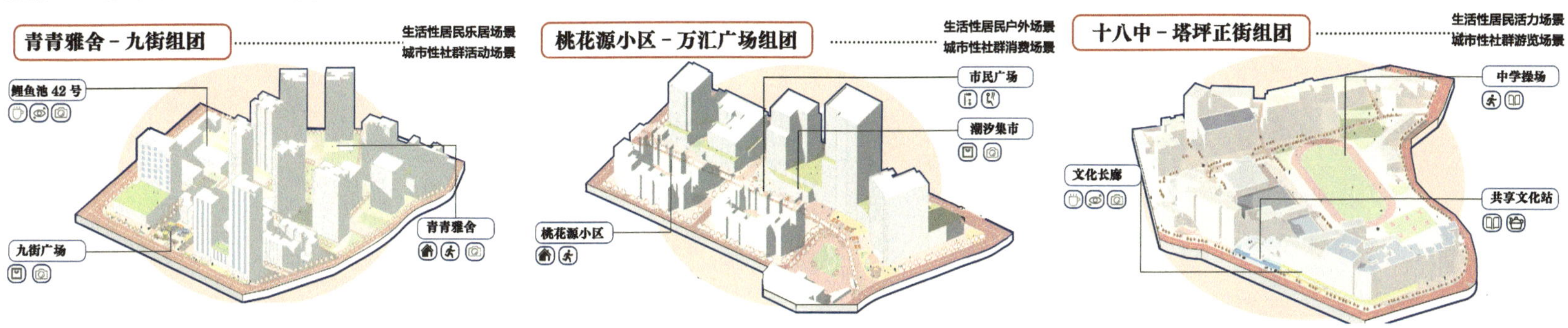

拓邻里，扑邻音——时空拓扑选择下的鲤鱼池片区融合更新设计

参赛院校：昆明理工大学
作者姓名：龚婉琳 朱禹垚 邓 雯 郑依晨
指导老师：郑 溪 王 颖
“重庆规划杯”第四届全国大学生国土空间规划设计竞赛 佳作奖

方案点评：

该作品从空间模式研究入手，用时空拓扑的理论来指导城市更新设计，是富有新意的尝试。作品总结了设计场地内“堵”“挤”“停”“玩”四方面问题，基于时空拓扑理论，对现状及改造后的空间特质进行分析，支撑存量空间下的设计空间选择，提出“疏百困”“享共生”“悦人文”“繁市井”四个改造手法，对高更新潜力地块进行功能更新与植入，完善15分钟生活圈，打造宜居宜业宜娱的融合社区。

问题总结

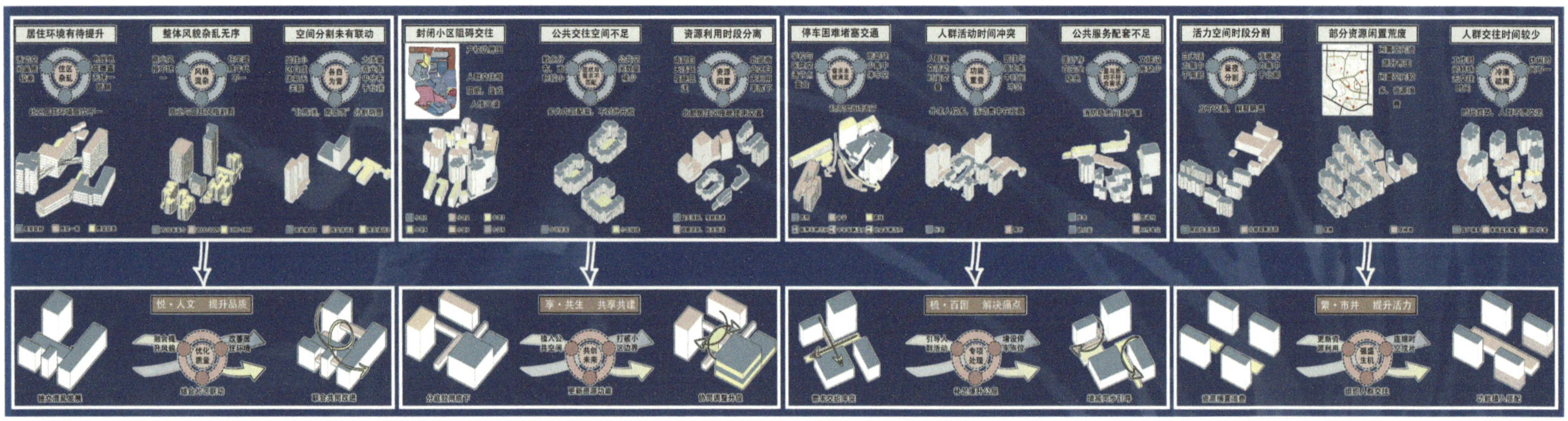

设计策略

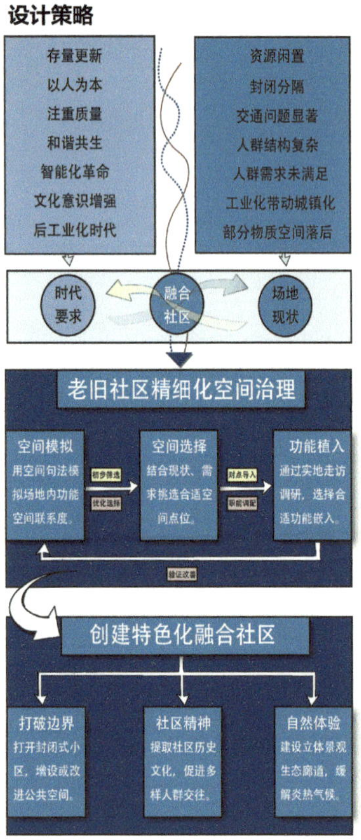

现实情况

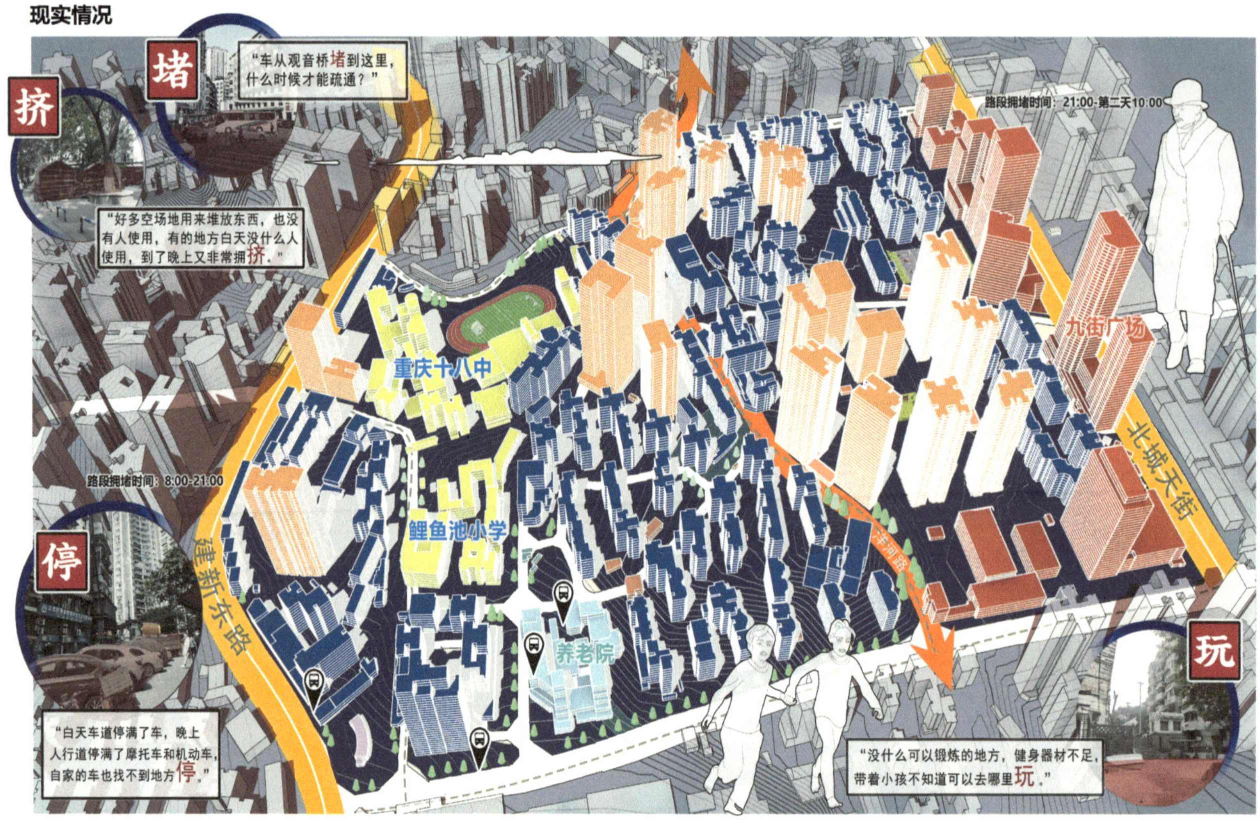

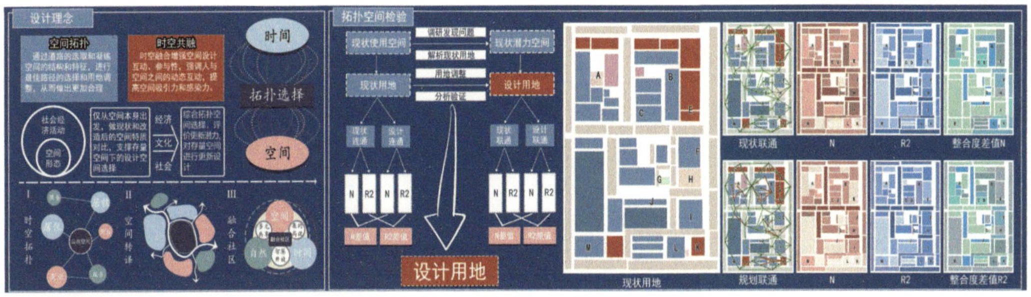

连廊体系

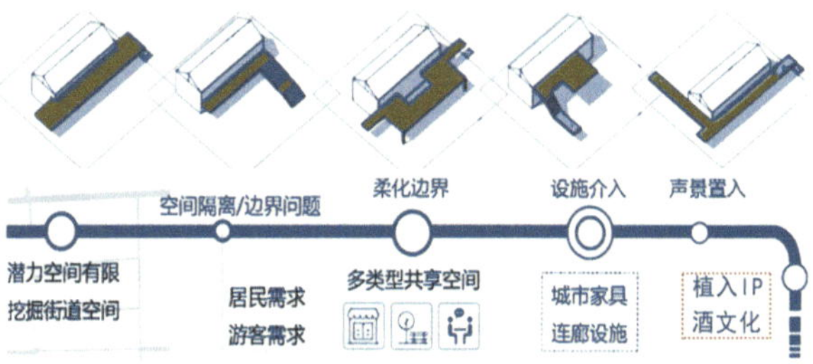

交通与停车

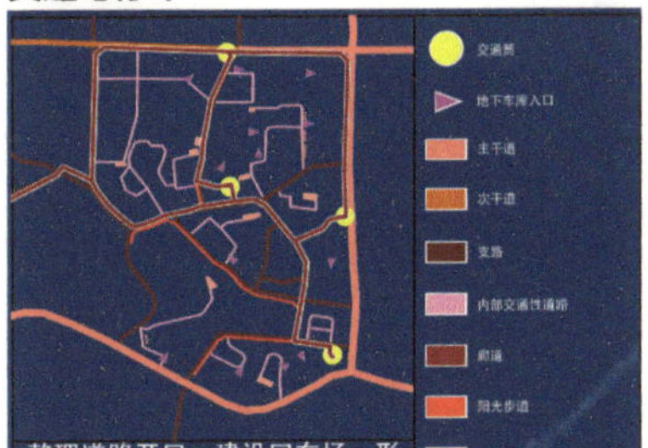

整理道路开口，建设回车场，形成环线。廊道连接周边与场地内部节点，保证人群通行顺畅。

功能与结构

增设或改善部分位置功能，形成经济商业轴、文化景观轴、乐享活力轴以及社区生活轴。

建筑拆改留

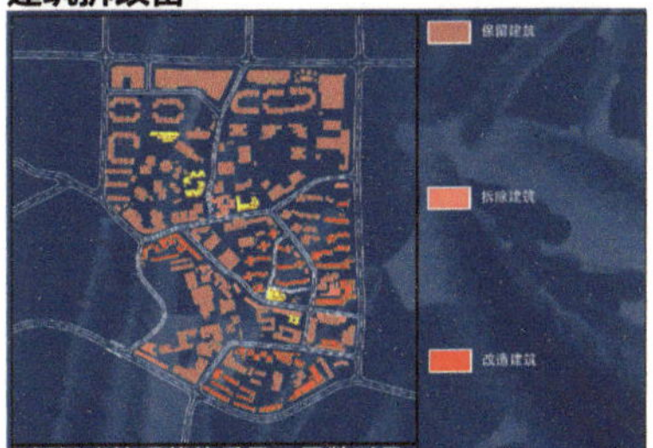

根据建筑现状的质量、层数以及建成年代等，结合场地分析，进行拆改留选取。

用地属性调整

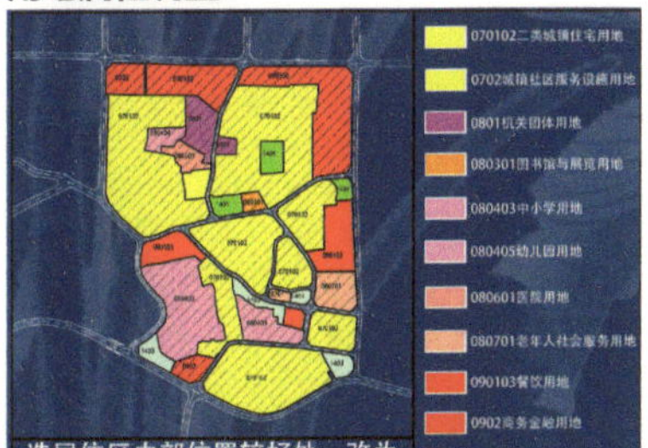

选居住区内部位置较好处，改为广场或展览用地。选择部分居住用地改为商业用地。

总平面

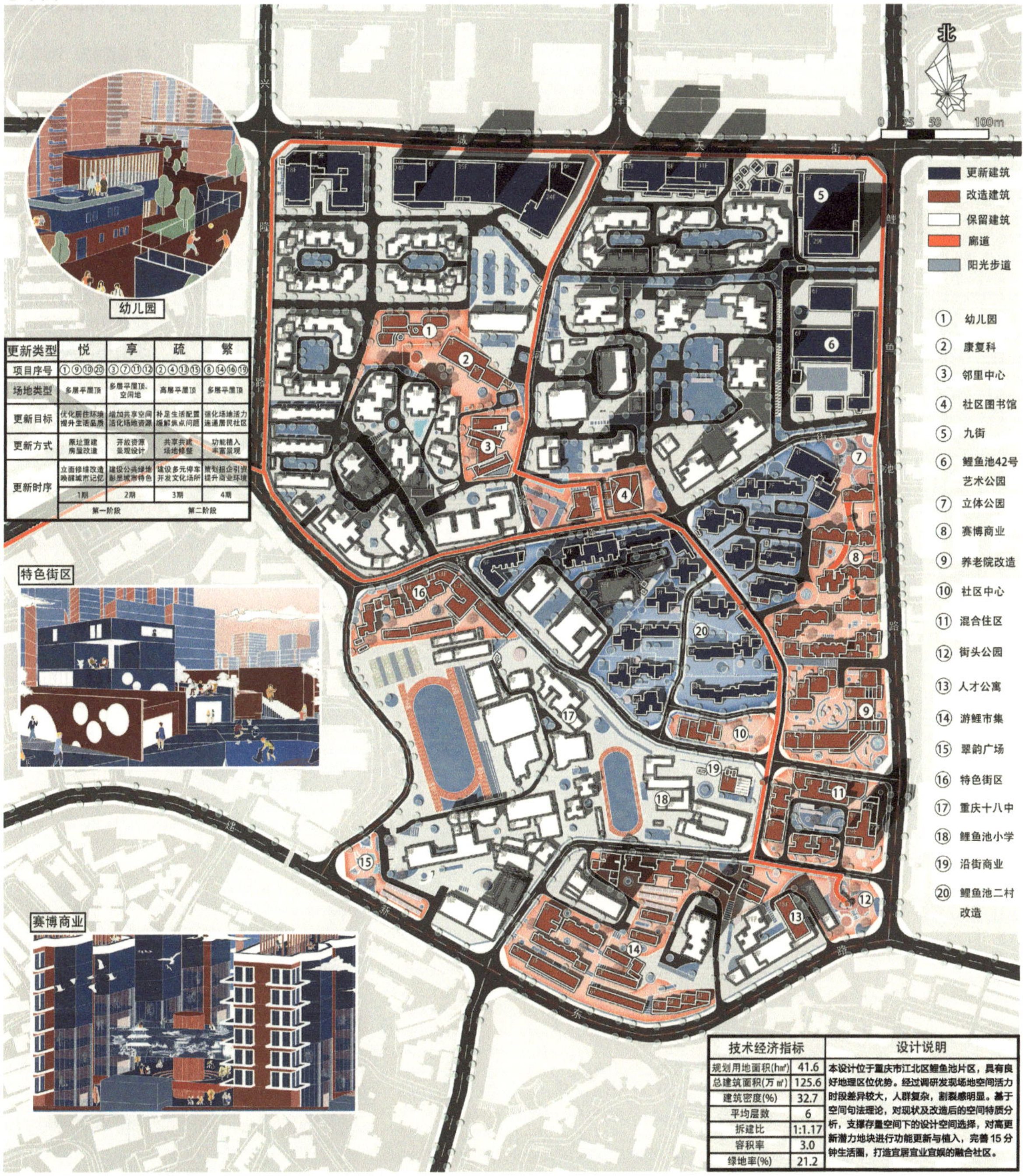

更新类型	悦	享	疏	繁
项目序号	①⑨⑩⑳	③⑦⑪⑫	②④⑬⑮	⑧⑭⑯⑲
场地类型	多层平屋顶	多层平屋顶、空闲地	高层平屋顶	多层平屋顶
更新目标	优化居住环境 提升生活品质	增加共享空间 活化场地资源	补足生活配置 缓解焦点问题	强化场地活力 连通居民社区
更新方式	原址重建 房屋改造	开放资源 景观设计	共享共建 场地修整	功能植入 丰富景观
更新时序	立面修缮改造 唤醒城市记忆	建设公共绿地 彰显城市特色	建设多元停车 开发文化场所	策划招企引资 提升商业环境
	1期	2期	3期	4期
	第一阶段		第二阶段	

技术经济指标	
规划用地面积(hm²)	41.6
总建筑面积(万 m²)	125.6
建筑密度(%)	32.7
平均层数	6
拆建比	1:1.17
容积率	3.0
绿地率(%)	21.2

设计说明

本设计位于重庆市江北区鲤鱼池片区，具有良好地理区位优势。经过调研发现场地空间活力时段差异较大，人群复杂，割裂感明显。基于空间句法理论，对现状及改造后的空间特质分析，支撑存量空间下的设计空间选择，对高更新潜力地块进行功能更新与植入，完善 15 分钟生活圈，打造宜居宜业宜娱的融合社区。

设计思路

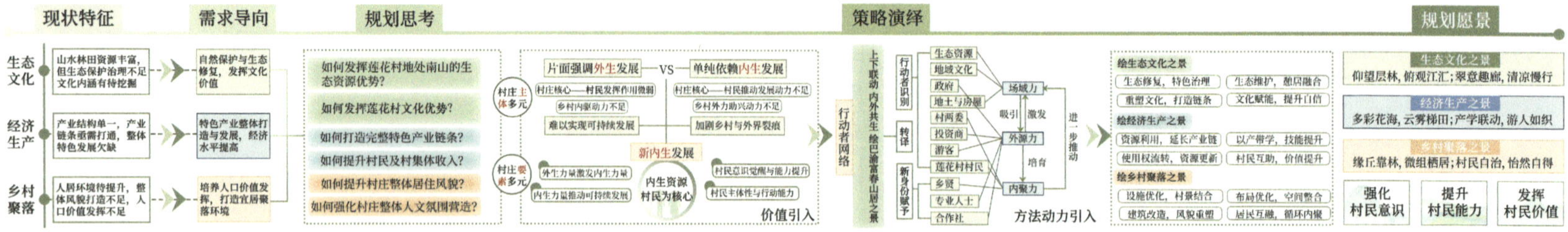

铜锣林影漫 莲花三景生

参赛院校：西南交通大学

作者姓名：刘西雨 黄奕璇 张筱萌 杨孟燃 刘昊东

指导老师：毕凌岚 杨钦然

“重庆规划杯”第四届全国大学生国土空间规划设计竞赛 佳作奖

方案点评：

作品对当前城市边缘乡村发展动力孱弱、多方利益主体相互掣肘的现实观察准确，通过“外源力”与“内生力”有机结合谋求全新村庄发展路径作为本作品空间、活动、运维组织的前提，采用差异化场景塑造的方式，系统组织居住、生产、旅游、市集和文化再现等功能与活动，空间布局与节点设计引导与实际结合紧密，民居改造指南具有一定针对性。

特色导览图

赏生态文化之景

赏经济生产之景

享乡村聚落之景

莲花三景营造空间策略

营生态文化之景

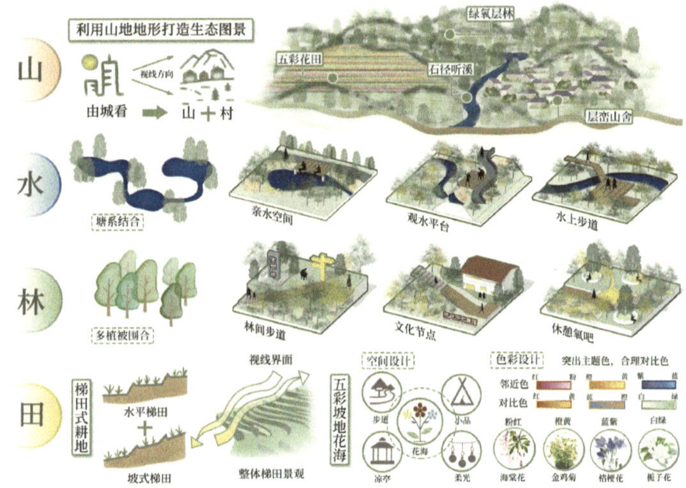

兴经济生产之景

复乡村聚落之景

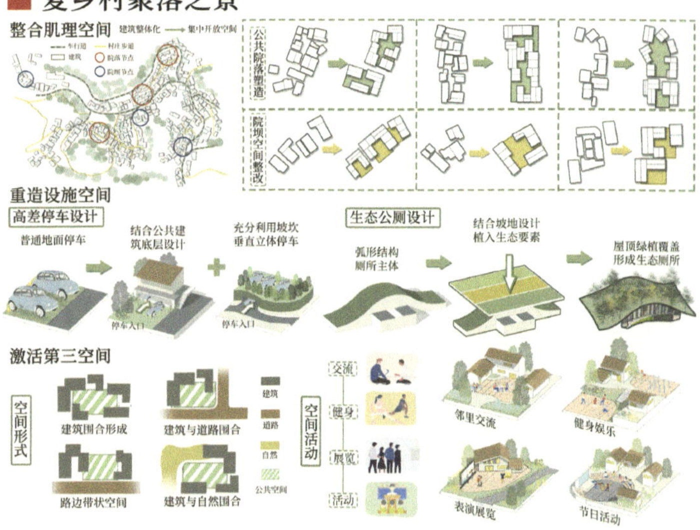

莲花三景图

民居房屋改造指南

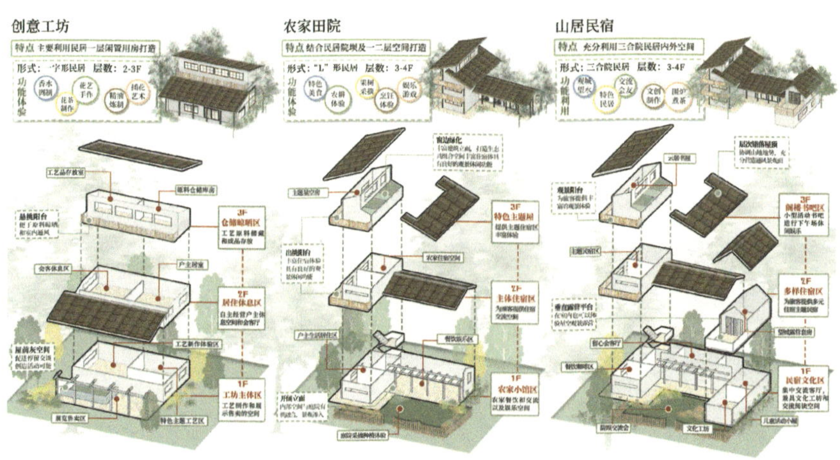

大道巴蜀，烟活九龙

参赛院校：内蒙古工业大学
作者姓名：曹创为　温　昊　石兴怡　王　晶　吴若磐
指导老师：傅　强　富志强
“重庆规划杯”第四届全国大学生国土空间规划设计竞赛　佳作奖

方案点评：

作品提出从空间联合体开发的视角进行规划设计，依据行为联合、空间联合、技术联合三种联合方式将铁路、商业、旅游、居住、景观生态等要素融合，力图打造一个虚实交互的艺术核心，一个蓝绿交织的生态湾畔，一个商旅共生的文化码头，塑造一个艺术融合、文旅结合、生态联合的活力片区。但作品平面设计不细致，绘图不规范，对滨江带人工硬铺装过多，整体平面设计及鸟瞰图效果差。

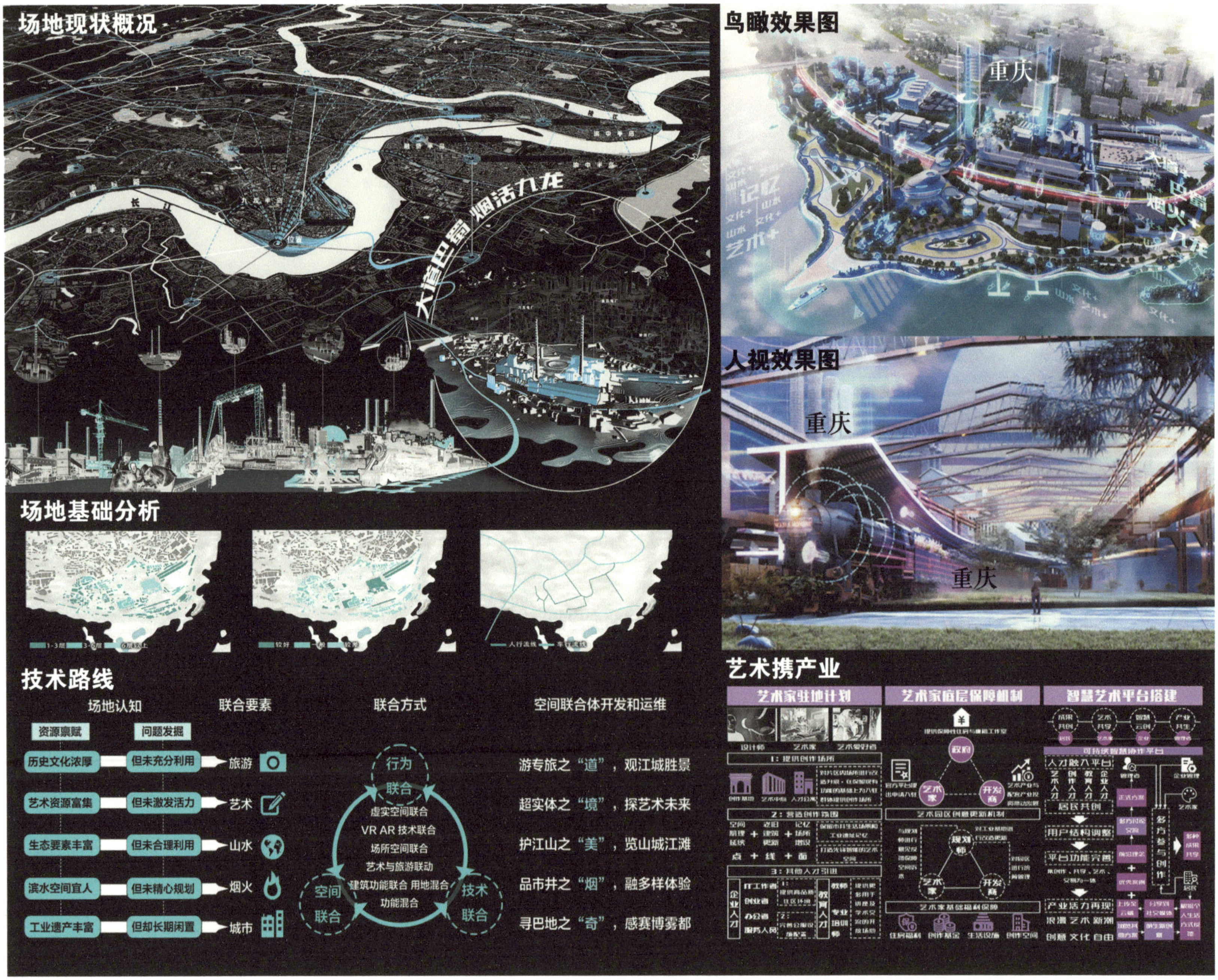

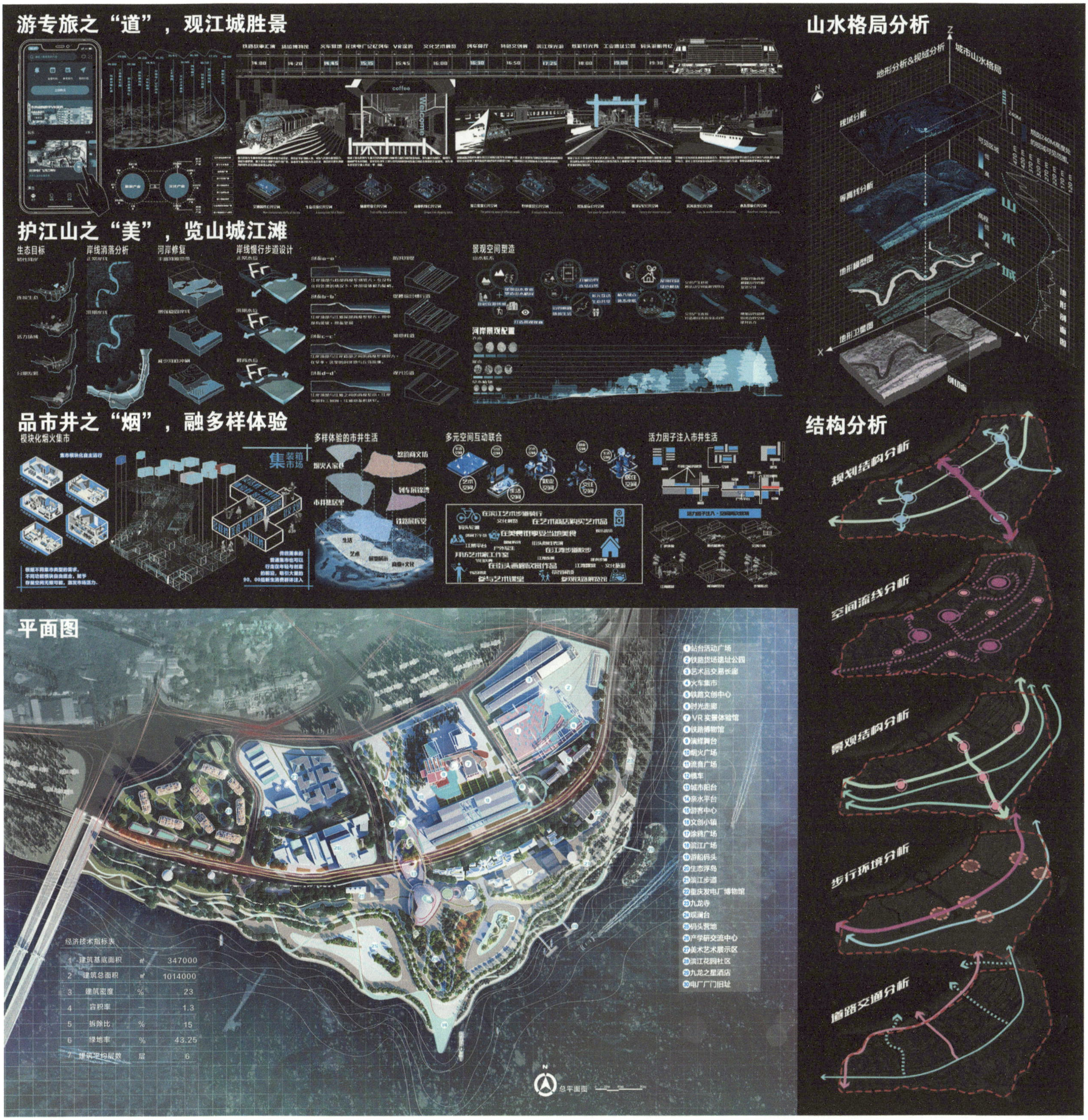

2024年『重庆规划杯』第四届全国大学生国土空间规划设计竞赛获奖作品——本科生组（佳作奖）

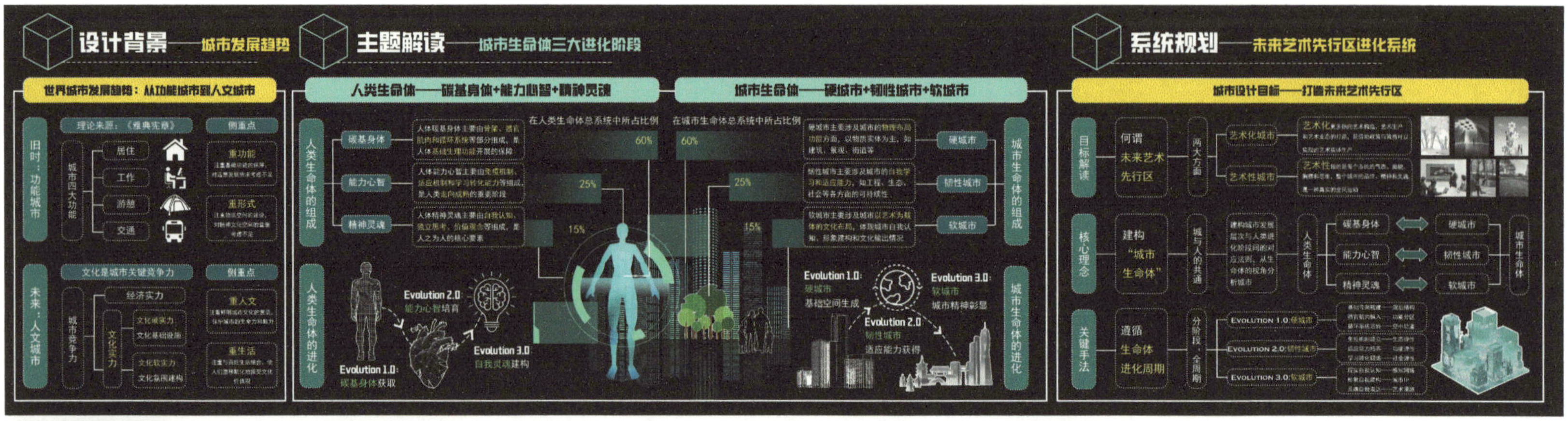

总平面图

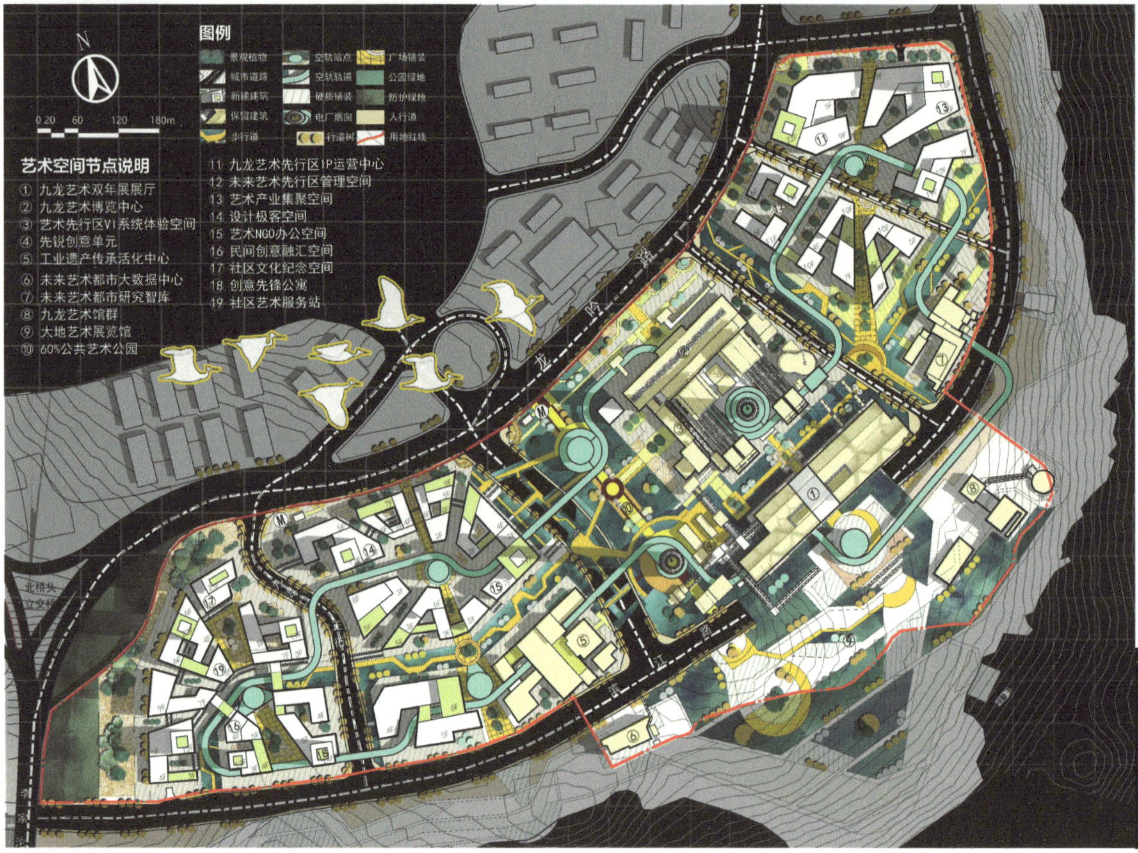

Evolution 3.0——基于城市生命体理念的未来艺术先行区营造

参赛院校：武汉大学
作者姓名：王蕴涵　欧阳卉子
指导老师：张娅薇　周　俊
“重庆规划杯”第四届全国大学生国土空间规划设计竞赛　佳作奖

方案点评：

作品以打造“未来艺术先行区”为场地更新目标，以城市生命体为核心理念，提出遵循生命体进化周期，分阶段、全周期打造该片区。Evolution 1.0阶段：建设“硬城市”，完善结构、功能分区及空中轨道；Evolution 2.0阶段：打造“韧性城市”，提升生态、社会、功能弹性；Evolution 3.0阶段：营造“软城市”，完善该片区艺术及城市IP。该作品的设计思路对片区旧工业遗存改造有一定启示作用，有一定规划创新创意。不足之处：平台布局设计功能分区、产业业态布局不清晰，交通、生态系统设计不明确，对滨江区核心地段与场地及周围环境缺乏结合，很生硬。

营造策略

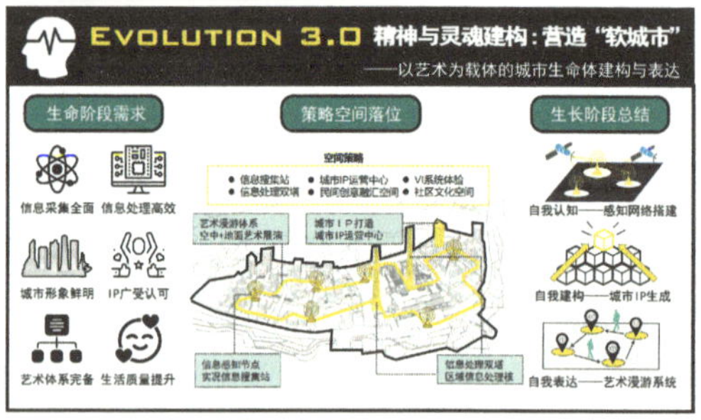

未来艺术性都市畅想

都市艺术性进化——人人共享的艺术生活

艺术性指的是每个市民的气质、面貌、胸襟和思维，整个城市的品位、精神和灵魂，以及在这种软性城市里每天发生的不可预料的、好玩的、有质量的行为、事件、现象和思考，它不是一个形态工程，而是一种真实的全民运动。

社会层面	氛围和谐、公平正义、平等互利的市民社会
教育层面	成功的美育、文化感染力、创造性思想和互动关系
环境层面	推崇绿色可持续，从物质绿色到行为绿色和精神绿色
价值层面	落实对个体的尊重和对个体价值释放的珍视

和谐交往　美育美化　日常艺术　绿色持续

社区艺术服务　公共艺术展览　大地艺术景观　艺术基础设施

未来艺术化都市畅想

都市艺术化进化——完整全面的艺术体系

艺术化是可以“造”出来的物质性艺术体系，主要指向艺术构造、艺术生产和艺术业态的打造，类似于传统城市的营造思路，但更侧重于艺术领域的全方位保障和构建。

艺术计划	推行大公共艺术计划（艺术+交互、艺术+功能、艺术+计划为主）
文化活动	培育品牌性的文化节庆，创建文学、诗歌等特色展演活动
产业经济	发展艺术经济、文化创意产业和第三产业，推动新兴科技产业
文化设施	建造契合地域文脉的优秀建筑，发展博物馆、艺术馆和画廊
文化遗产	重视文化创意设计，保护传统手工艺和非物质文化遗产传承人

艺术策划　艺术活动　艺术产业　艺术经济

公共艺术计划　九龙艺术漫游　艺术产业集聚　非遗文化传承

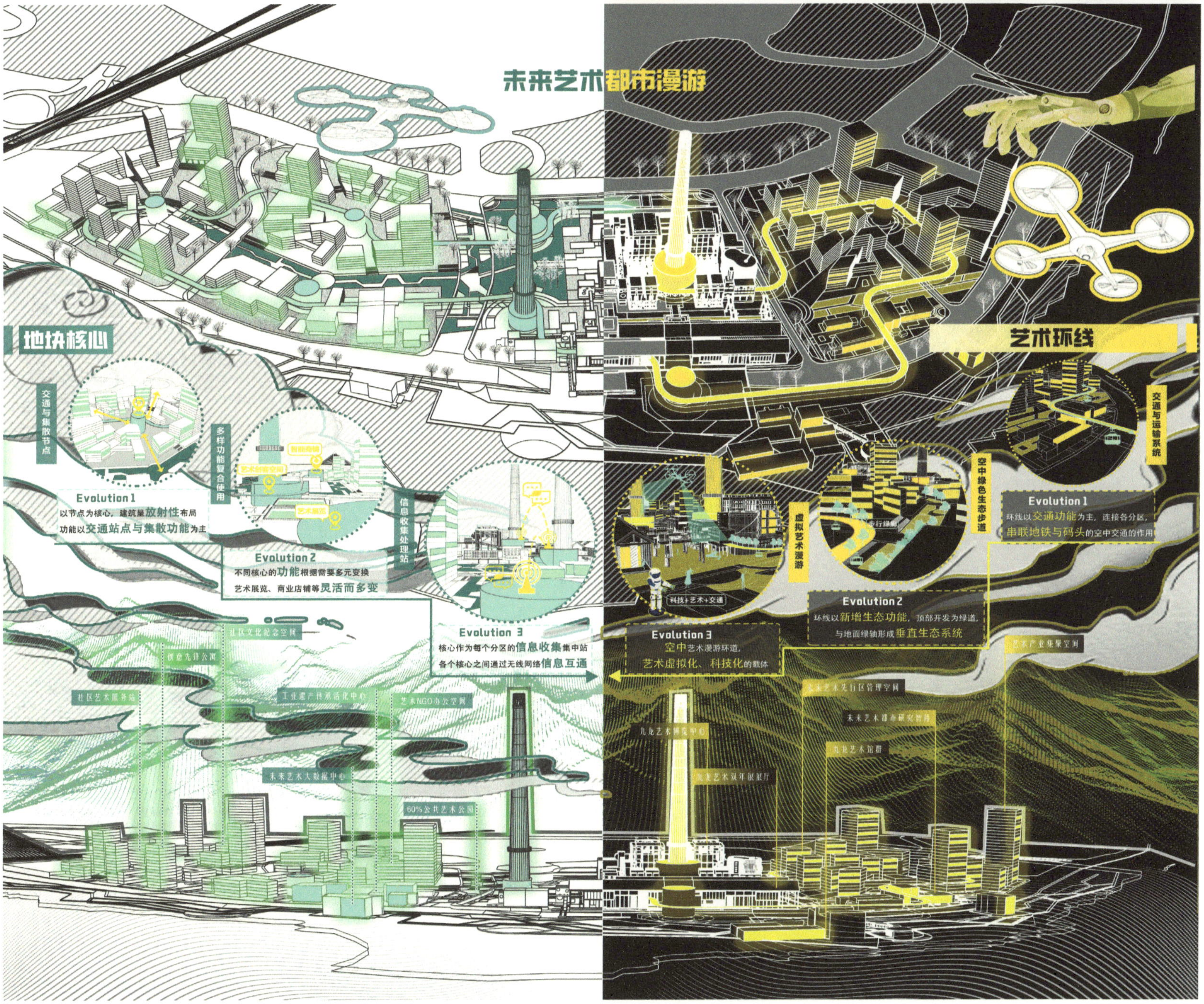

薪火相传，一网无遗

参赛院校：云南大学
作者姓名：仝怡悦　胡可謦　普艳曦　祝小煊　杨雨萌
指导老师：赵　敏
“重庆规划杯”第四届全国大学生国土空间规划设计竞赛　佳作奖

方案点评：

该设计作品旨在保护并延续重庆九龙半岛电厂的工业文化价值，同时促进该片区艺术文化与周边地区的脉络连接，并以高质量建设美术半岛为目标，引入行动者网络理论，为该片区的改造更新提出了具体策略。设计采用“行动者网络”将工业与艺术、旧日与现今、人类行动者与非人类行动者、方与圆的融合，将其联结成一张无缝的网，以期将场地打造为一个空间焕新、资源焕活、活力焕聚的新功能片区。选取六个重要人类行动者与四个重要非人类行动者，以其需求为导向，对各个行动者的需求空间进行有针对性的改造设计，与此同时，满足需求的人类行动者与改造后的非人类行动者将在片区内继续行动，产生接续化的向好作用，最终实现工业遗产的活化利用。整体来看，该设计方案思路较为清晰，立意具有一定的创新性，设计方案逻辑性强，工作量饱满。

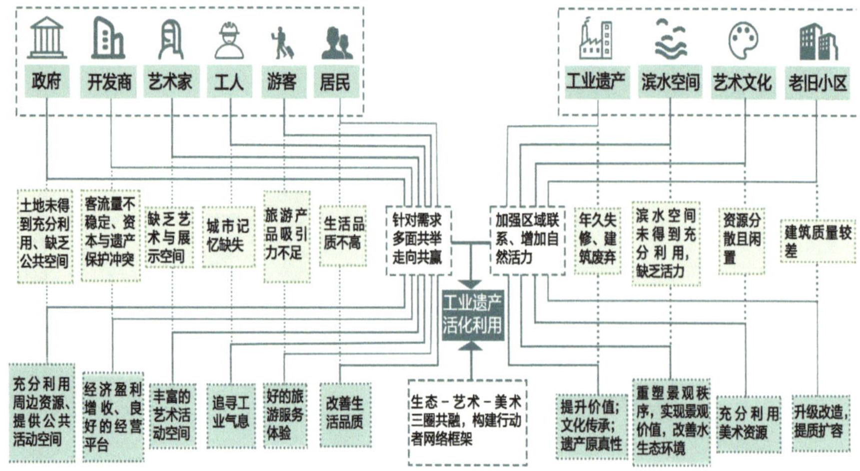

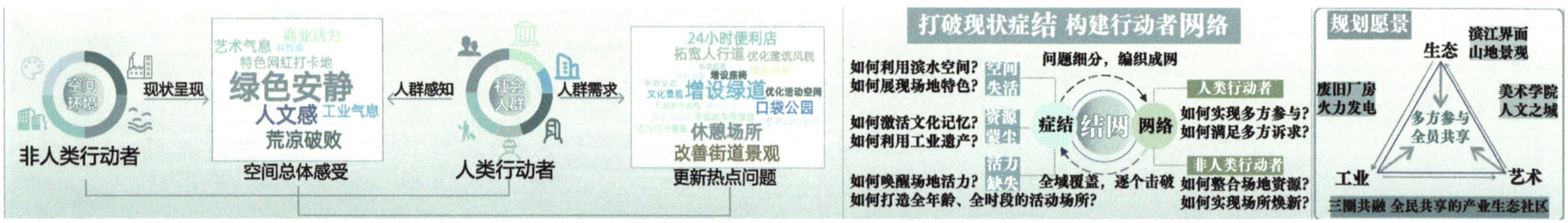

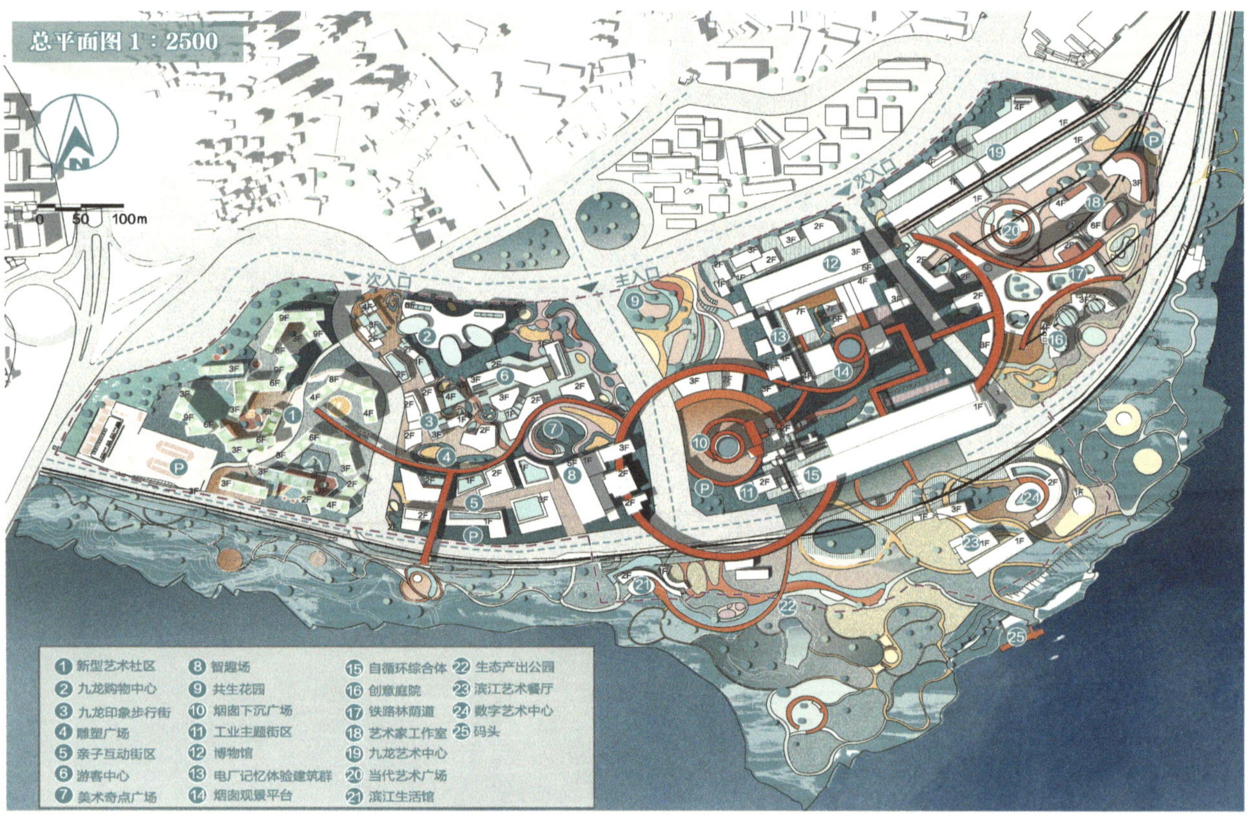

发电流程

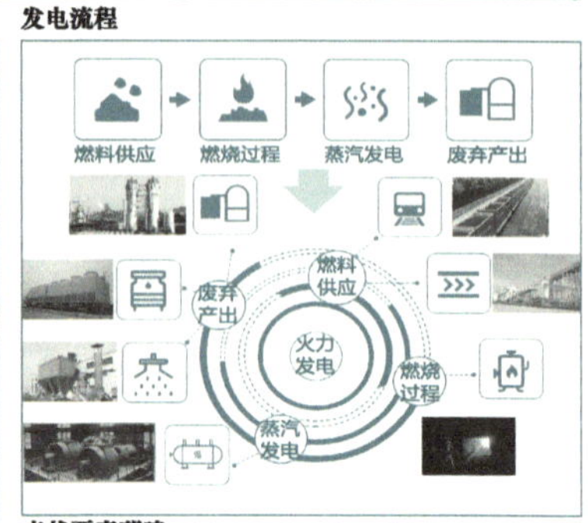

点状要素营建

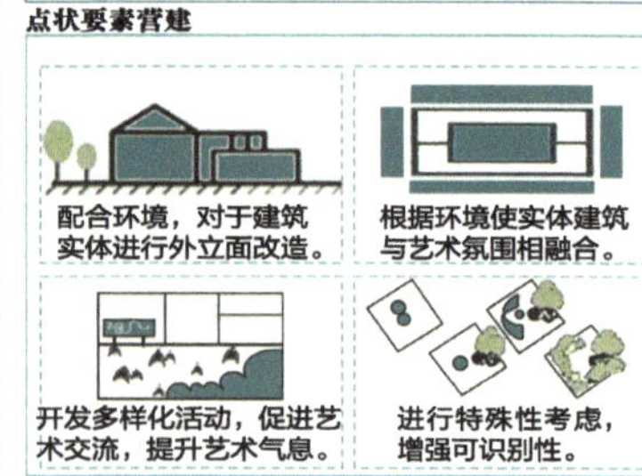

场域艺术构想

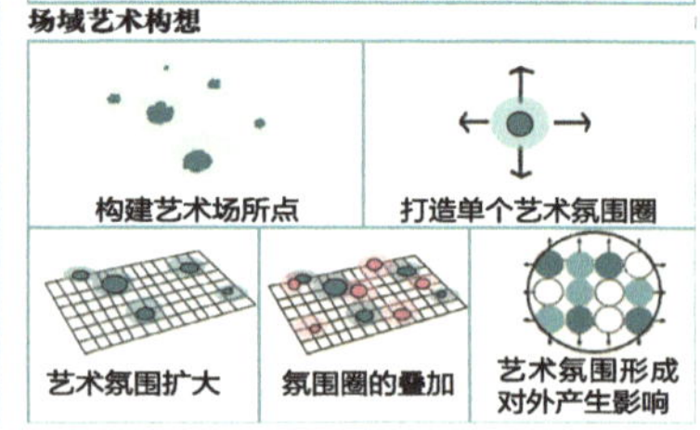

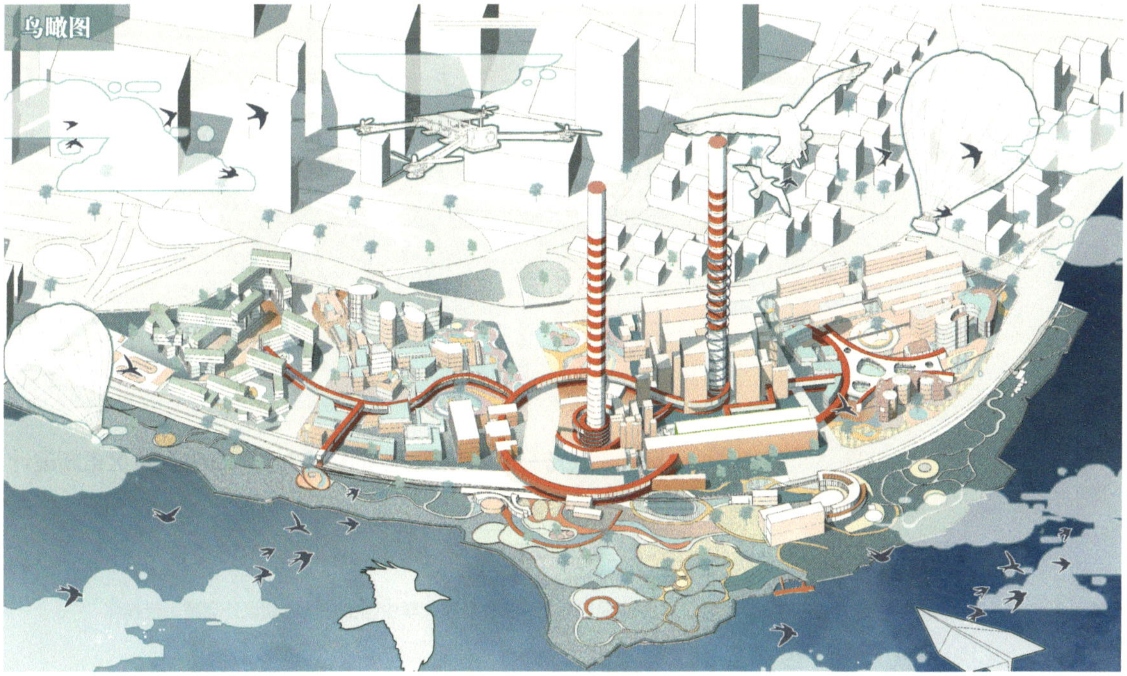
鸟瞰图

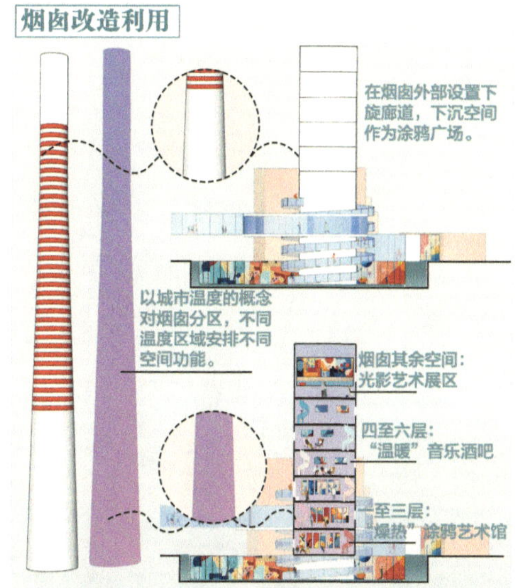
烟囱改造利用
在烟囱外部设置下旋廊道，下沉空间作为涂鸦广场。
以城市温度的概念对烟囱分区，不同温度区域安排不同空间功能。
烟囱其余空间：光影艺术展区
四至六层："温暖"音乐酒吧
一至三层："爆热"涂鸦艺术馆

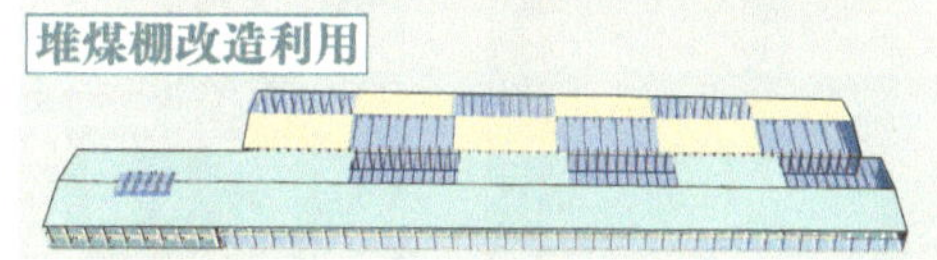
堆煤棚改造利用

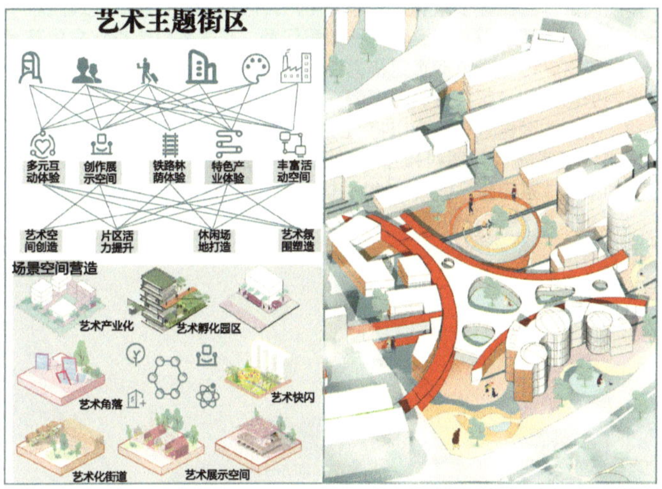
艺术主题街区
多元互动体验
创作展示空间
铁路林荫体验
特色产业体验
丰富活动空间
艺术空间创造
片区活力提升
休闲场地打造
艺术氛围塑造
场景空间营造
艺术产业化
艺术孵化园区
艺术角落
艺术快闪
艺术化街道
艺术展示空间

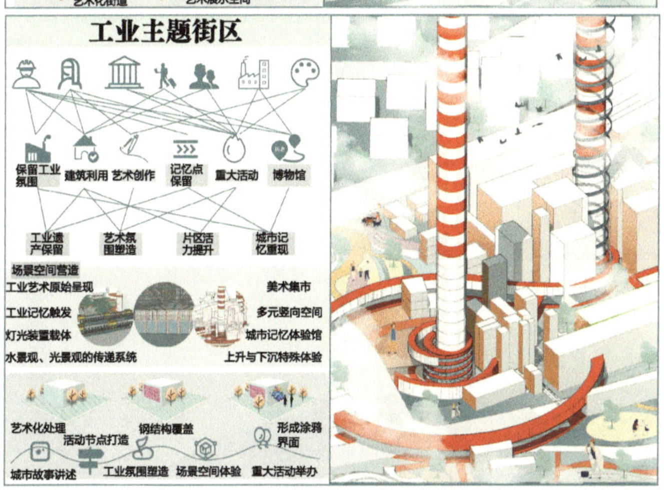
工业主题街区
保留工业氛围
建筑利用
艺术创作
记忆点保留
重大活动
博物馆
工业遗产保留
艺术氛围塑造
片区活力提升
城市记忆重现
场景空间营造
工业艺术原始呈现
工业记忆触发
灯光装置载体
水景观、光景观的传递系统
美术集市
多元竖向空间
城市记忆体验馆
上升与下沉特殊体验
艺术化处理
活动节点打造
钢结构覆盖
形成涂鸦界面
城市故事讲述
工业氛围塑造
场景空间体验
重大活动举办

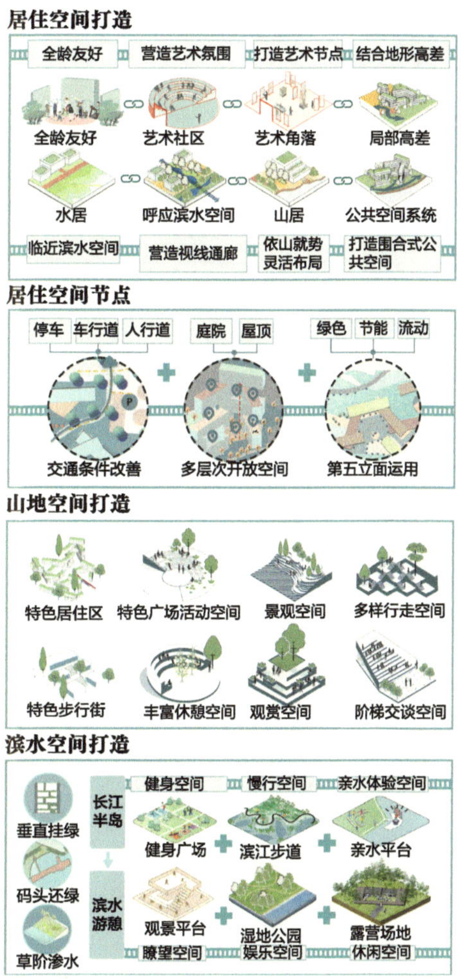
居住空间打造
全龄友好
营造艺术氛围
打造艺术节点
结合地形高差
全龄友好
艺术社区
艺术角落
局部高差
水居
呼应滨水空间
山居
公共空间系统
临近滨水空间
营造视线通廊
依山就势灵活布局
打造围合式公共空间
居住空间节点
停车
车行道
人行道
庭院
屋顶
绿色
节能
流动
交通条件改善
多层次开放空间
第五立面运用
山地空间打造
特色居住区
特色广场活动空间
景观空间
多样行走空间
特色步行街
丰富休憩空间
观赏空间
阶梯交谈空间
滨水空间打造
垂直挂绿
码头还绿
草阶渗水
长江半岛
滨水游憩
健身空间
慢行空间
亲水体验空间
健身广场
滨江步道
亲水平台
观景平台
湿地公园
露营场地
瞭望空间
娱乐空间
休闲空间

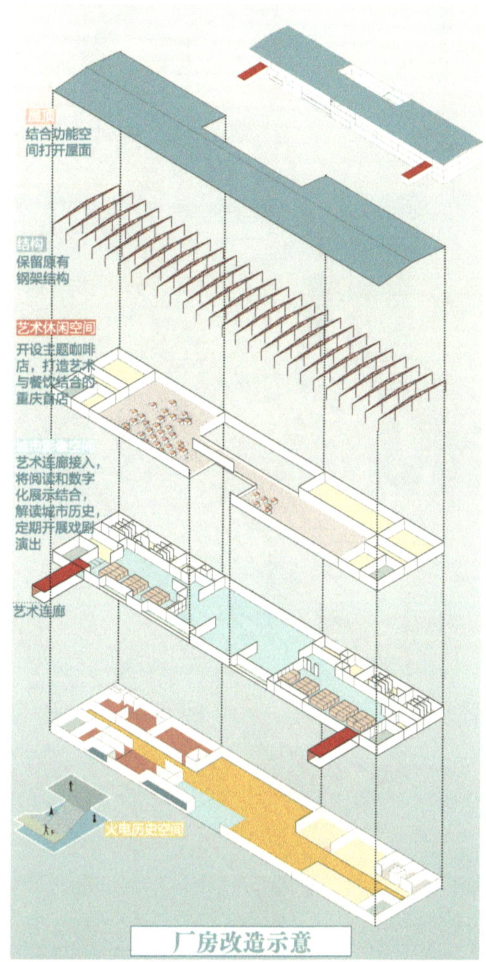
结合功能空间打开屋面
保留原有钢架结构
艺术休闲空间
开设主题咖啡店，打造艺术与餐饮结合的重庆食店
艺术连廊接入，将阅读和数字化展示结合，解读城市历史，定期开展戏剧演出
艺术连廊
火电历史空间
厂房改造示意

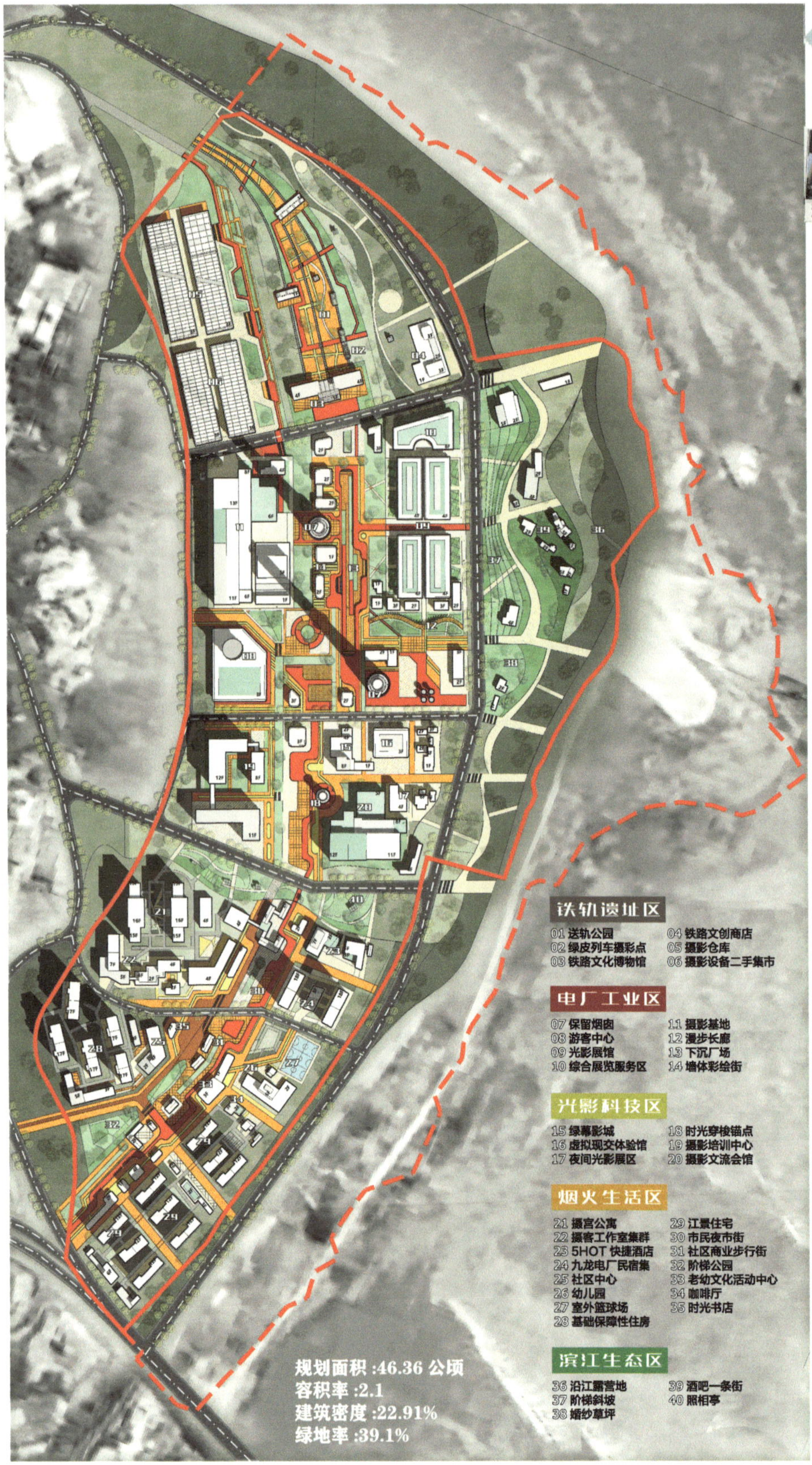

留光，流光——基于摄影学的重庆九龙半岛电厂片区更新设计

参赛院校：哈尔滨工业大学
作者姓名：欧阳利佳　李　娟　周　硕　庞　杰　李景悦
指导老师：赵志庆　戴　锏
“重庆规划杯”第四届全国大学生国土空间规划设计竞赛　佳作奖

方案点评：

该设计作品梳理了重庆九龙半岛电厂片区场地存在现状建筑风貌不一、居民生活环境差、资源利用低效等问题，在未来打造长江文化艺术湾区背景下，以摄影学取景定格为切入点，从摄影空间选择、摄影线路衔接到摄影主题片区打造，将摄影艺术相关策略从历史、产业、生态、科技、生活方面植入，实现以打造重庆九龙半岛电厂为重庆摄影名片、泛艺术生活家园、新质科技遗址公园的未来愿景。整体来看，该设计作品的策略体系完整，图纸表达方式合理，能较好地体现出设计想法。

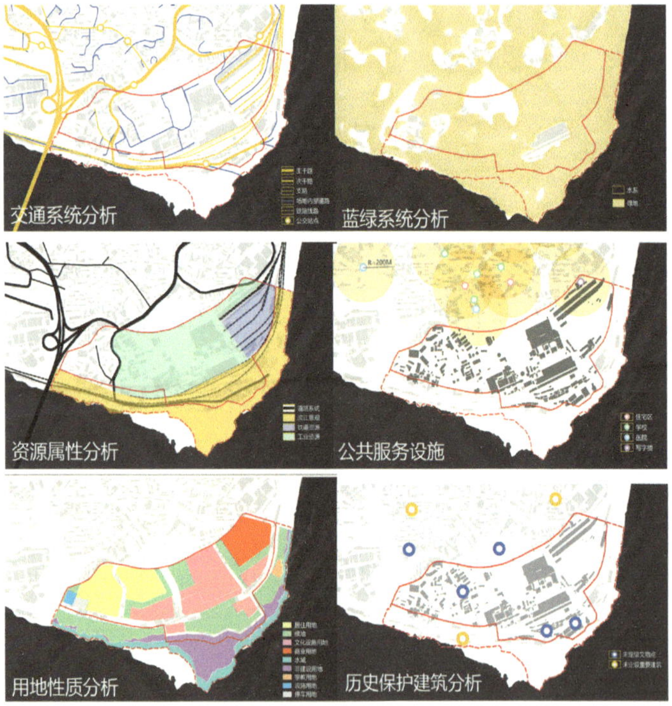

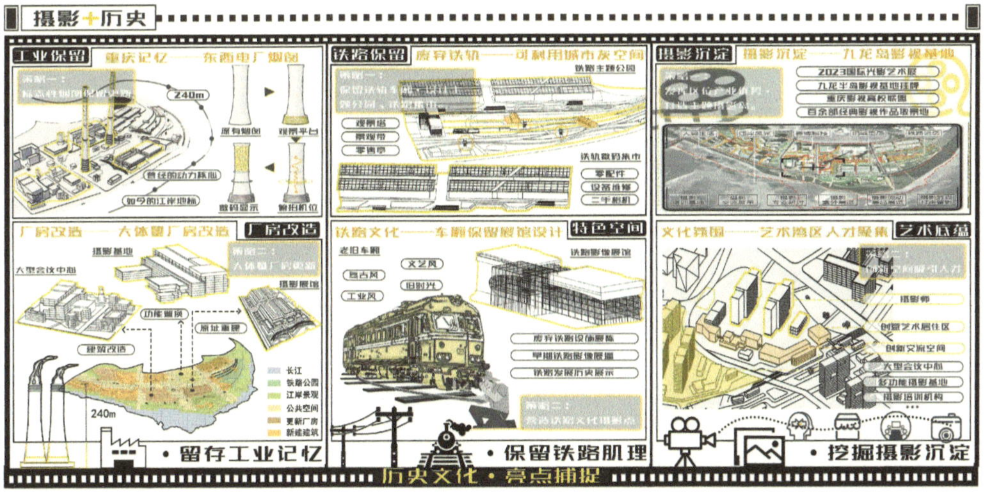

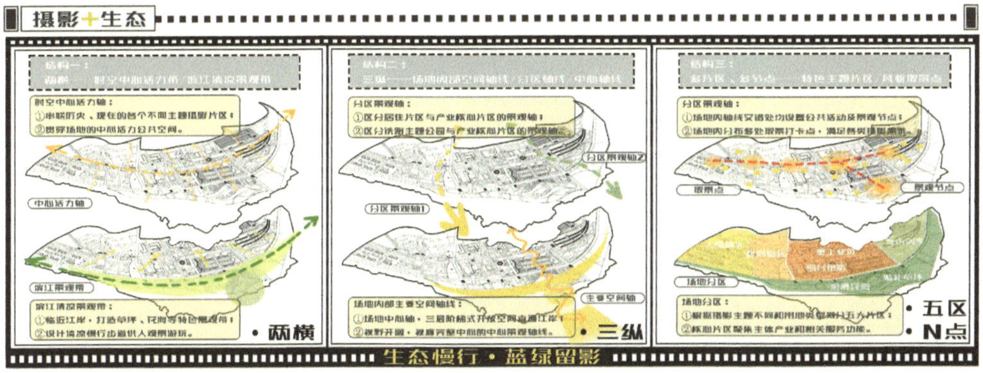

▲ 烟囱作为园区中心节点，是园区的标志，也承接着来往人流集散，其下方是园区的中心下沉广场。环绕烟囱的是供游人攀登远眺的旋转楼梯，也保留了工业遗址的特色空间形式。

沿长江的城市露营地，视野开阔，环境优美，为人提供休闲娱乐和亲近自然的机会

▼

鸟瞰视角突出作品主要活力轴线，大型公共空间体系串联若干取景打卡点。结合山城层峦叠嶂的区位特色和场地内优势显著的摄影产业，体现极具活力的九龙摄影半岛。摄影主题公共空间连接贯穿场地各处，流光溢彩的摄影"天街"点亮激活已然黯淡的老电厂片区，"留光"亦"流光"……

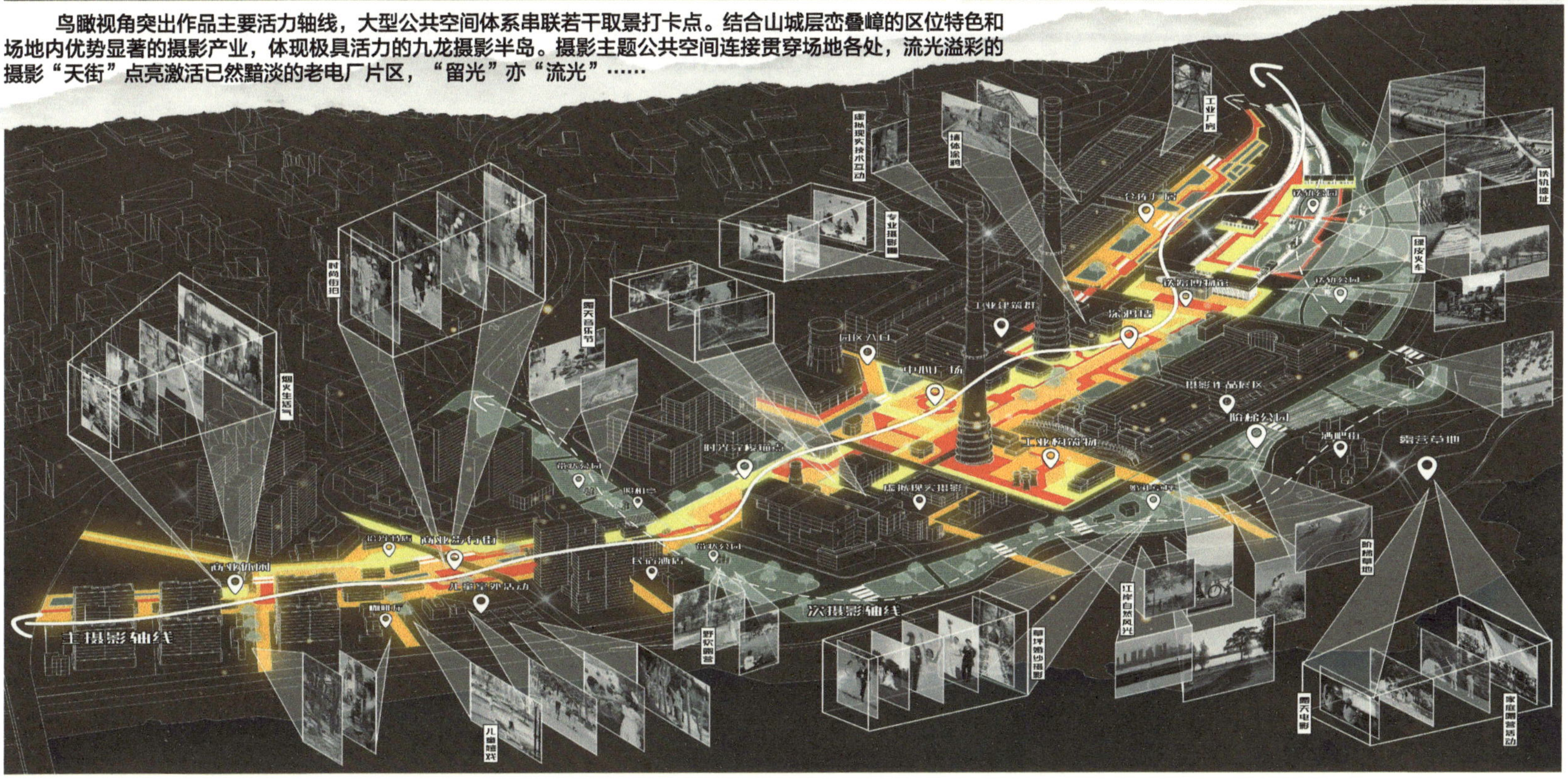

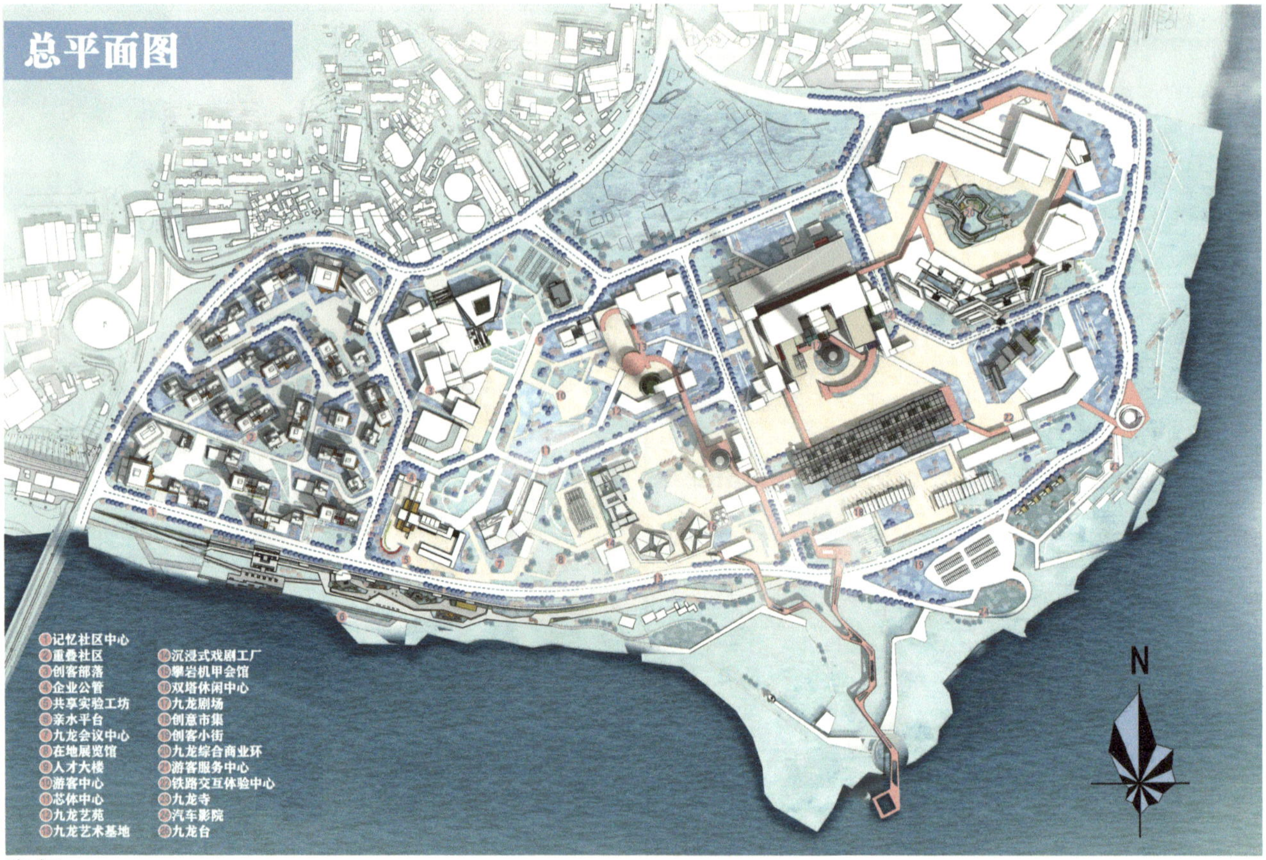

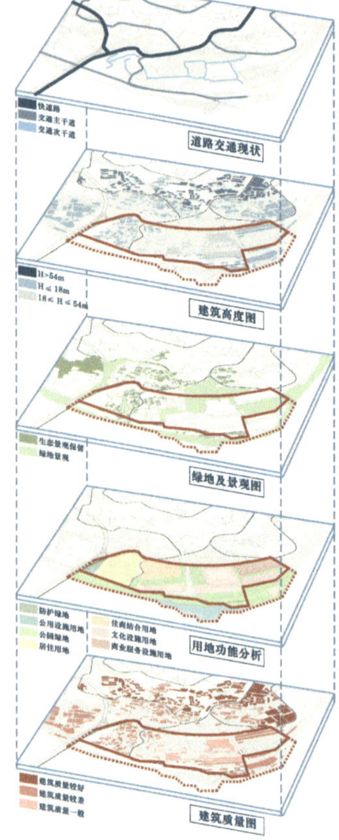

缘起

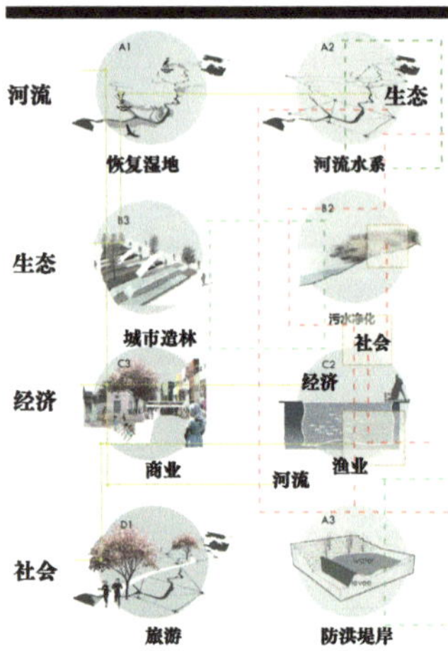

“境由芯生　虚实共塑”——基于多维交叠和未来共生理念下的重庆九龙半岛工业遗址片区设计

参赛院校：太原理工大学
作者姓名：渠焱婷　司烨荣　王雪莹　顾宗敏　王羿钧
指导老师：冯雅茹　刘智深
“重庆规划杯”第四届全国大学生国土空间规划设计竞赛　佳作奖

方案点评：

该设计作品提取了芯片电路板结构，并运用到场地更新中，将人、地、事三个要素组合关联，形成空间重构、体块共生等交叠模式。在具体更新设计中，一是通过居住、记忆、游憩、康养提升人群游玩质量，吸引更多人群客流量，增设交往活动空间，不同属性年龄段的人群可共同活动；二是将地块分为集市售卖区域、艺术展览区域和文创售卖区域，通过步行交通和连廊串联起各个不同功能性质的地块；三是通过重现川美故事，回顾电厂记忆，结合科技共生，根植艺术土壤将地块通过不同层面的故事和记忆交融，赋予地块深刻内涵。总体来看，方案具有一定的创新性，思路清晰，内容饱满。

鸟瞰效果图

三维交叠

通过居住、记忆、游憩、康养提升人群游玩质量，吸引更多人群客流量。增设交往活动空间，不同属性年龄段的人群共同活动。

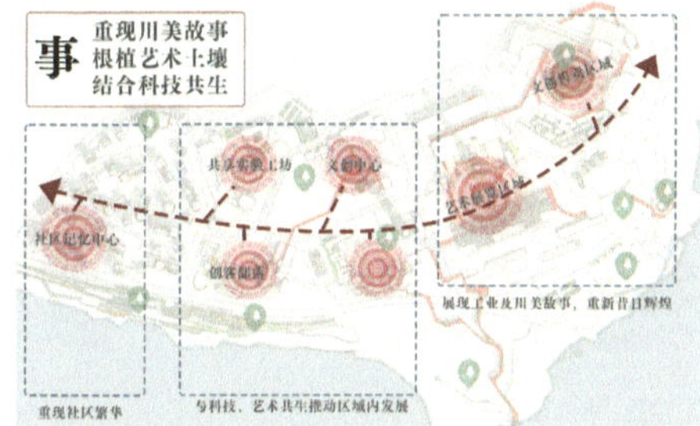

主要将地块分为集市售卖区域、艺术展览区域和文创售卖区域。主要通过步行交通和连廊串联起各个不同功能性质的地块。

未来共生——街区共生

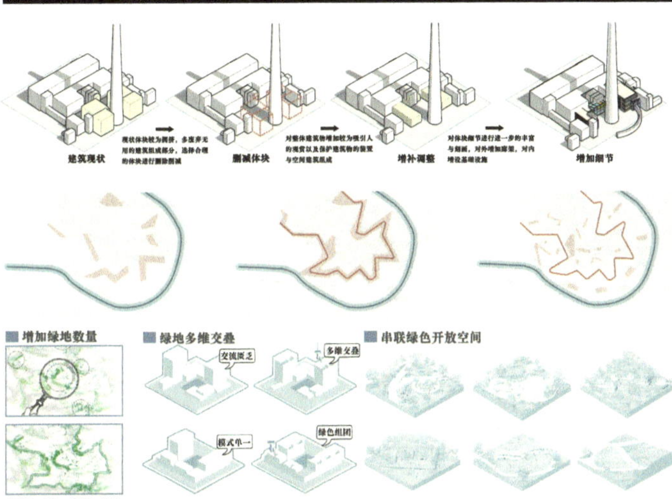

未来共生——记忆共生

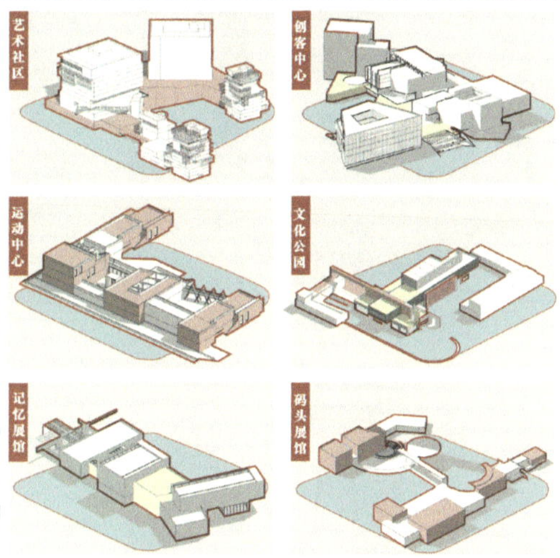

未来共生——产业共生

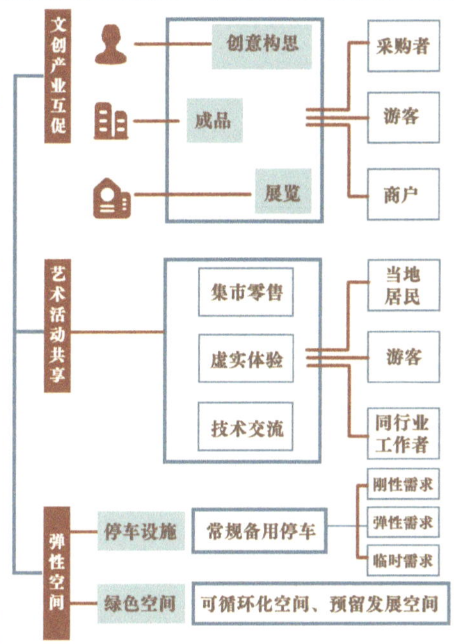

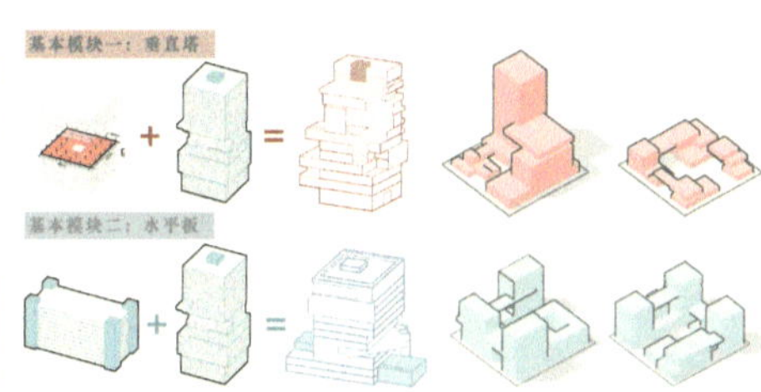

策略落位

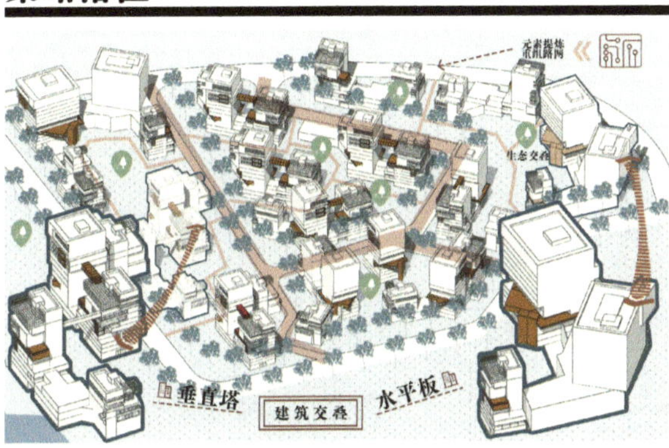

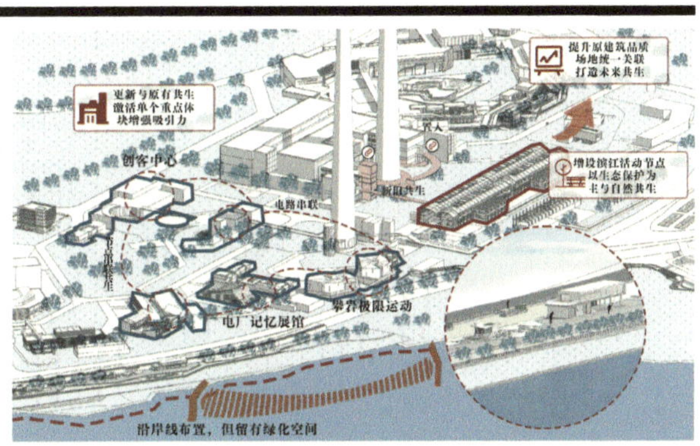

本次规划设计基于空间叙事理论，从空间属性与时间属性的角度，利用人文脉络串联、空间功能改善、友好健康场景营造、社区智慧服务水平提升这四个策略进行社区规划设计，营建厂区老记忆、重庆新文化打卡的“新与旧”场景，讲好鲤鱼池片区故事，追求社区共发展、智慧融生活的构想，打造全龄混居的现代化社区。

瞬光掠影，旧址新辉

参赛院校：西南大学
作者姓名：邓镔洋　罗钰珠　王一朵　徐 璨
指导老师：肖洪未
“重庆规划杯”第四届全国大学生国土空间规划设计竞赛　佳作奖

方案点评：

该作品对场地现状从时间属性和空间属性两方面进行系统、深入分析，更新措施不仅有助于唤醒厂区老记忆，也有助于焕活新型文化IP，以满足不同人群的文化体验需求。在此基础上进行友好场景构建、空间功能优化、智慧服务提升，从文化活化、空间生长、未来共生三个维度打造全龄共享混居社区。总平面设计深度略显不足，总体鸟瞰图也偏概念化，不够完整全面；图面表达效果也可进一步改善。

建筑更新改造意向

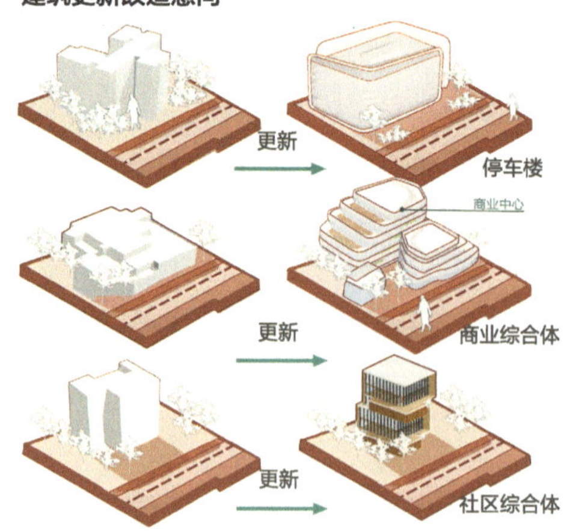

灯塔更新改造意向

现状分析

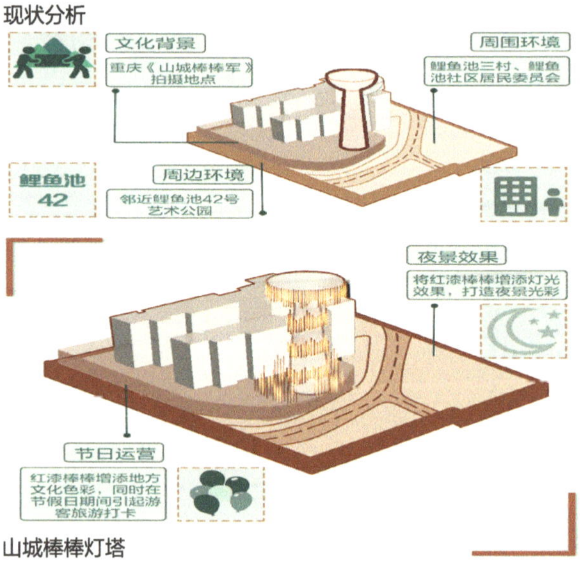

山城棒棒灯塔

生成过程

效果呈现

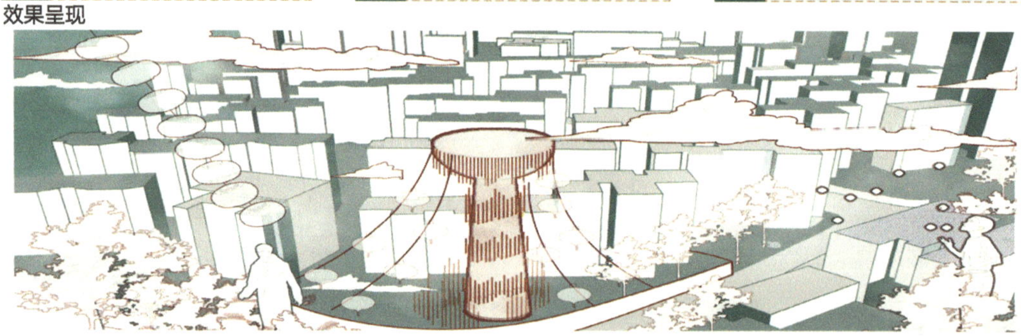

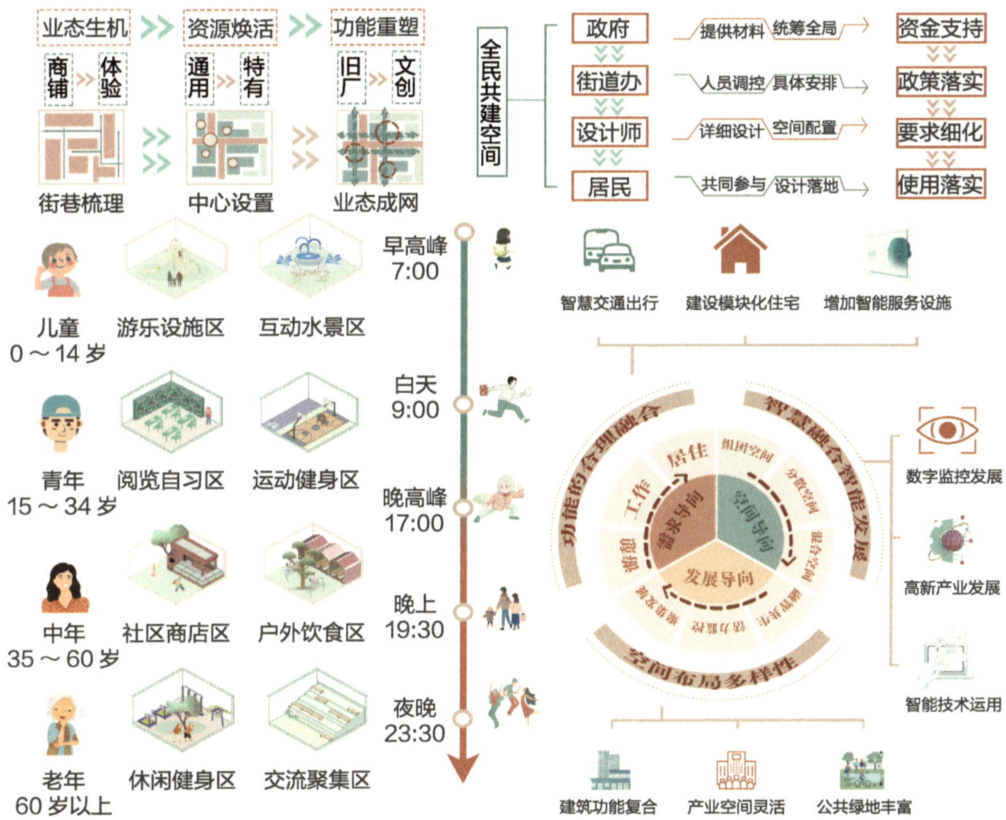

业态生机
资源焕活
功能重塑
商铺
体验
通用
特有
旧厂
文创
街巷梳理
中心设置
业态成网
全民共建空间
政府
街道办
设计师
居民
提供材料
统筹全局
人员调控
具体安排
详细设计
空间配置
共同参与
设计落地
资金支持
政策落实
要求细化
使用落实
儿童
0～14岁
游乐设施区
互动水景区
青年
15～34岁
阅览自习区
运动健身区
中年
35～60岁
社区商店区
户外饮食区
老年
60岁以上
休闲健身区
交流聚集区
早高峰
7:00
白天
9:00
晚高峰
17:00
晚上
19:30
夜晚
23:30
智慧交通出行
建设模块化住宅
增加智能服务设施
功能的合理融合
智慧融合智能发展
空间布局多样性
居住
工作
需求导向
空间导向
发展导向
数字监控发展
高新产业发展
智能技术运用
建筑功能复合
产业空间灵活
公共绿地丰富

天气这么好，适合出门游玩，去棒棒灯塔赏景打卡吧！
春天来啦，百花盛开，到处生机勃勃；樱花飘落，和煦的春风吹到街区的各个角落。

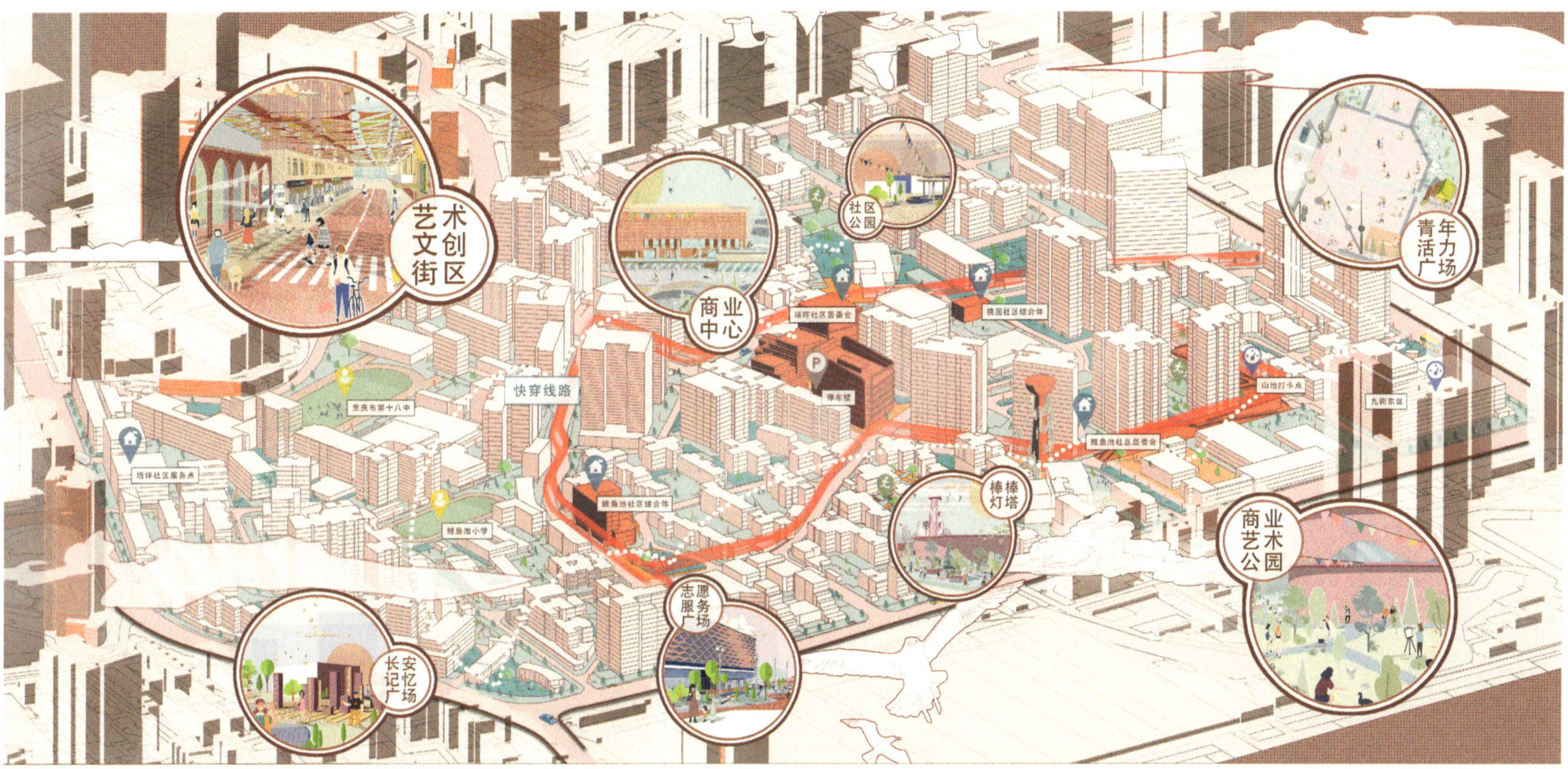

艺术文创街区
商业中心
社区公园
青年活力广场
快穿线路
棒棒灯塔
商业艺术公园
志愿服务广场
长安记忆广场

未来规划·师

2024年

“重庆规划杯”第四届全国大学生国土空间规划设计竞赛获奖作品

——研究生组

智储融合　绿质升维——基于新质生产力提升的九龙半岛电厂片区工业遗产保护更新

参赛院校：天津大学
作者姓名：王贞欢　张　鑫　卢映知　刘子扬　郭淳锐
指导老师：陈　天　侯　鑫
“重庆规划杯”第四届全国大学生国土空间规划设计竞赛　一等奖

方案点评：

作品进行了多视角的现状情况分析研究，通过“谨慎”的空间改造方法，将新旧空间、新旧建筑进行融合，因地制宜地形成了较为完善的城市空间类型和结构，充分体现了基地的工业遗产和滨江生态资源的特点，塑造了具有一定特色的城市形象，同时恰当地赋予了基地新的产业和新的动能。

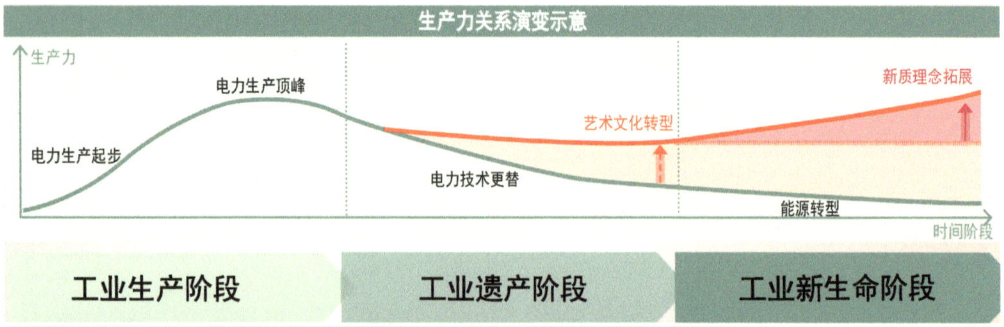

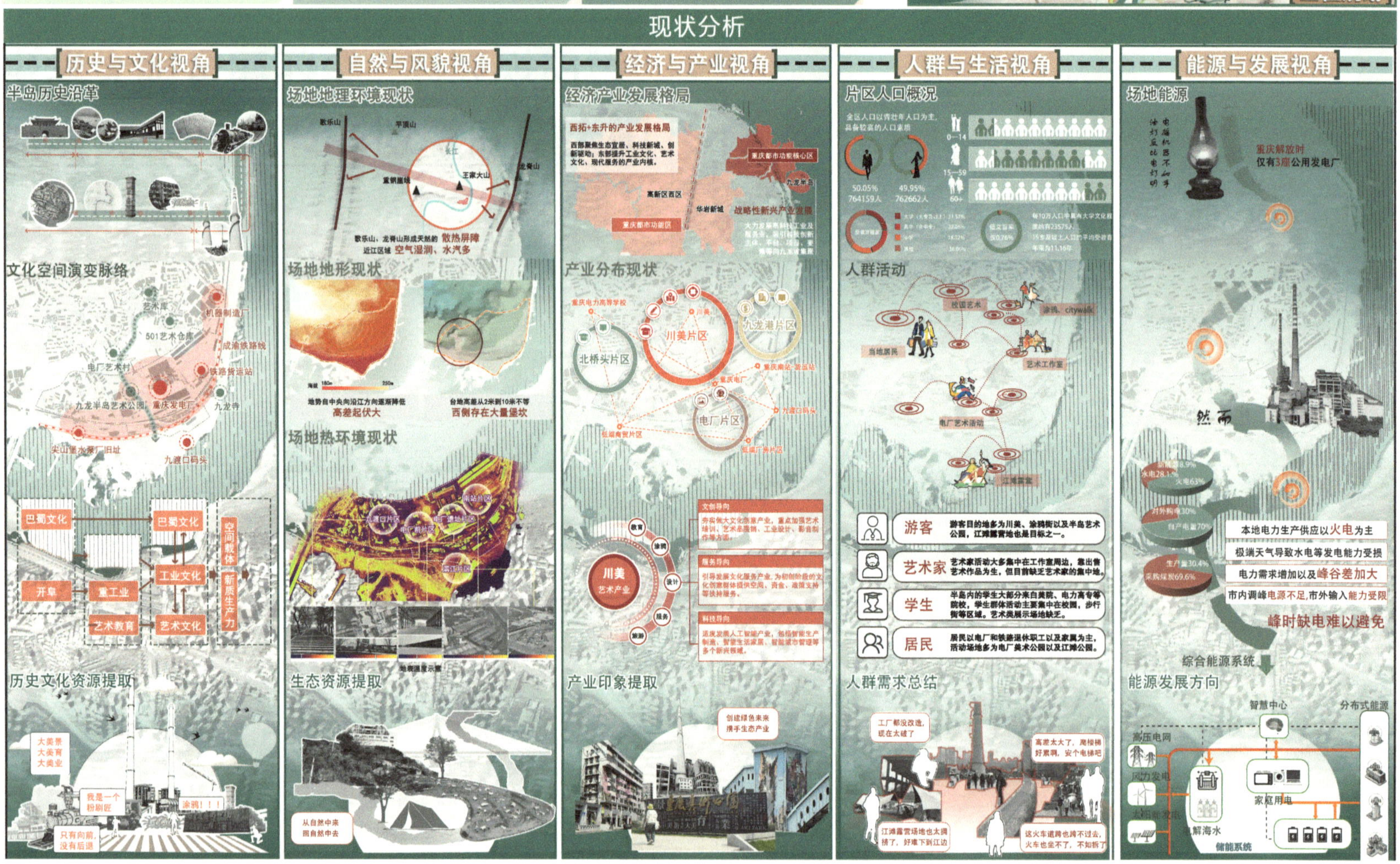

总平面图

设计说明

重庆九龙半岛电厂片区位于重庆市九龙坡区，地处长江之滨。有重庆工业文化重要历史遗存——重庆电厂，毗邻四川美术学院，老重庆的工业剪影与现代的艺术涂鸦轮番上演，规划设计范围约46hm²，研究范围约78hm²。本设计以提高区域新质生产力为目标，从历史与文化、自然与风貌、经济与产业、人群与生活、能源与发展五大视角切入，以“智储融合，绿质升维”的更新理念，低影响低密度更新，引入区域能源基站散点，老烟囱承担碳捕集与碳监测职能，建立廊道体系、打通横向连接、沟通滨江绿带。进而创建立体圈层、新质市场、绿质网络、智储能源体系。使能源有所生、有所储、有所用，老电厂焕新能，旧轨道重贯通，绿带现新生，见证老厂区与长江的重逢。

经济技术指标

用地面积	46hm²	容积率	1.65
总研究面积	78hm²	建筑密度	25.3%
总建筑面积	759097m²	绿地率	38.4%
建筑占地面积	126396m²		

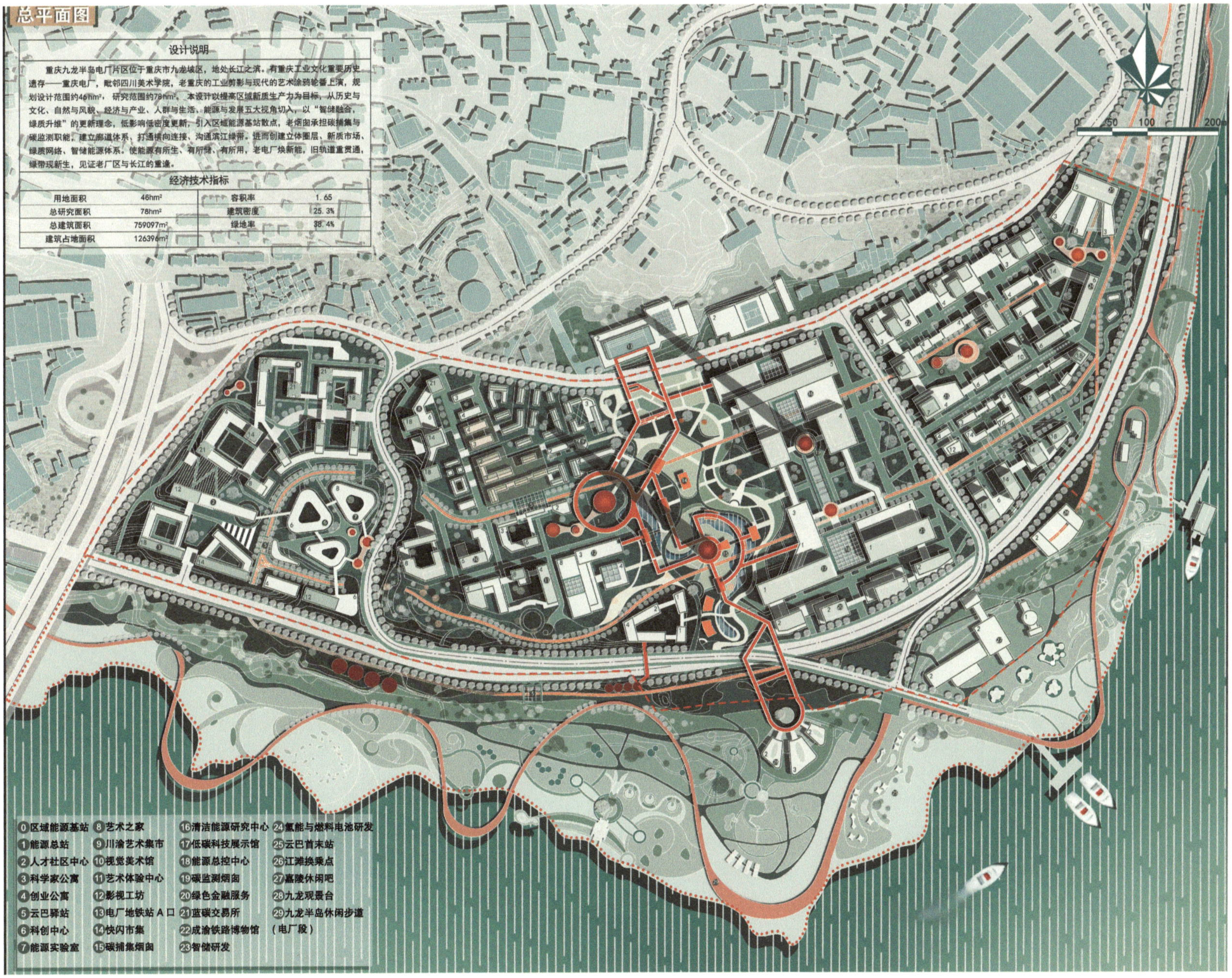

0区域能源基站
1能源总站
2人才社区中心
3科学家公寓
4创业公寓
5云巴驿站
6科创中心
7能源实验室
8艺术之家
9川渝艺术集市
10视觉美术馆
11艺术体验中心
12影视工坊
13电厂地铁站A口
14快闪市集
15碳捕集烟囱
16清洁能源研究中心
17低碳科技展示馆
18能源总控中心
19碳监测烟囱
20绿色金融服务
21蓝碳交易所
22成渝铁路博物馆
23智储研发
24氢能与燃料电池研发
25云巴首末站
26江滩换乘点
27嘉陵休闲吧
28九龙观景台
29九龙半岛休闲步道（电厂段）

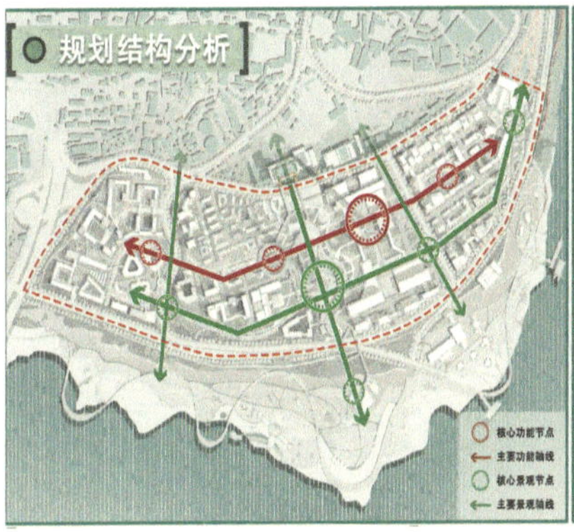

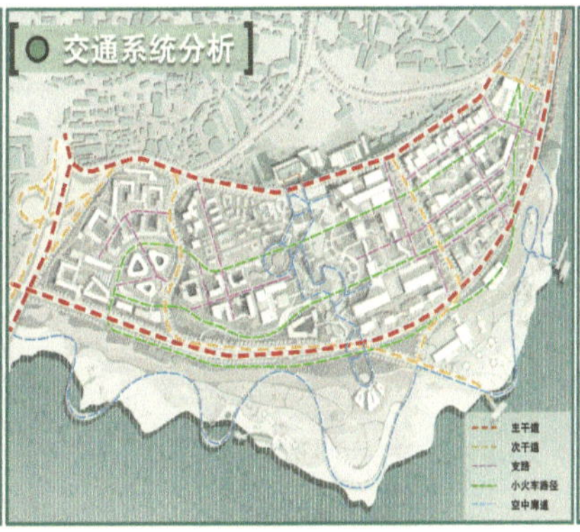

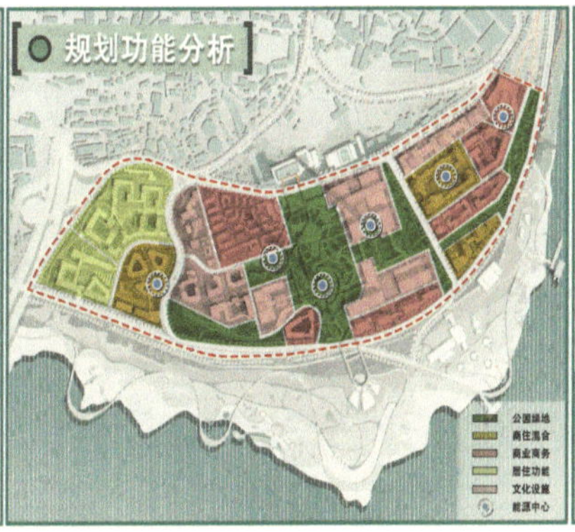

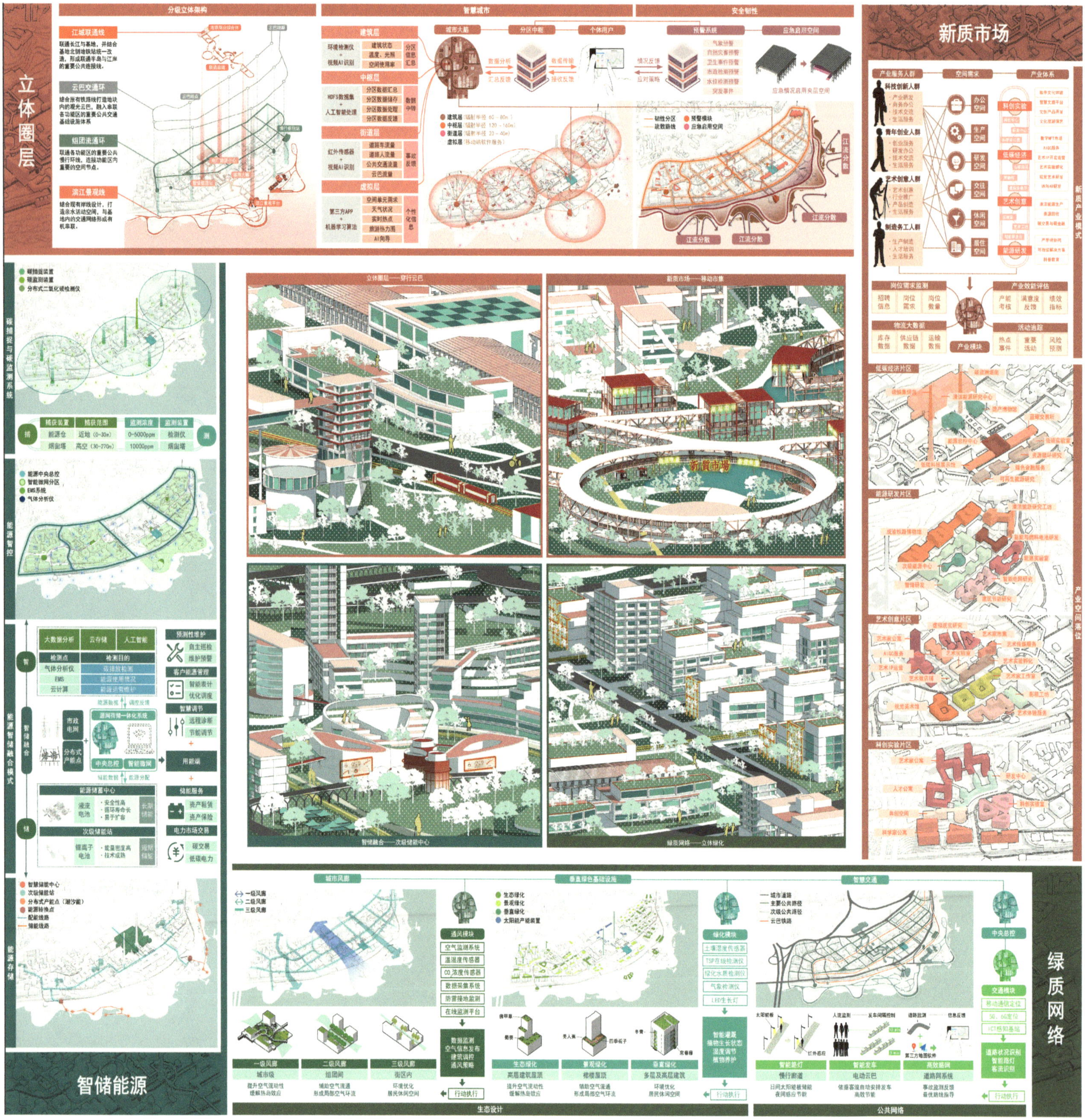
立体圈层
分级立体架构
智慧城市
安全韧性
新质市场
江城联通线
云巴交通环
组团流通环
滨江景观线
建筑层
中枢层
街道层
虚拟层
城市大脑
分区中枢
个体用户
预警系统
应急启用空间
产业服务人群
空间需求
产业体系
科技创新人群
青年创业人群
艺术创意人群
制造务工人群
岗位需求监测
产业效能评估
物流大数据
活动追踪
产业模块
低碳经济片区
能源研发片区
艺术创意片区
科创实验片区
立体圈层——穿行云巴
新质市场——移动市集
智能融合——次级储能中心
绿质网络——立体绿化
碳捕捉与碳监测系统
能源智控
能源智储融合模式
能源存储
智储能源
城市风廊
垂直绿色基础设施
智慧交通
绿质网络
生态设计
公共网络

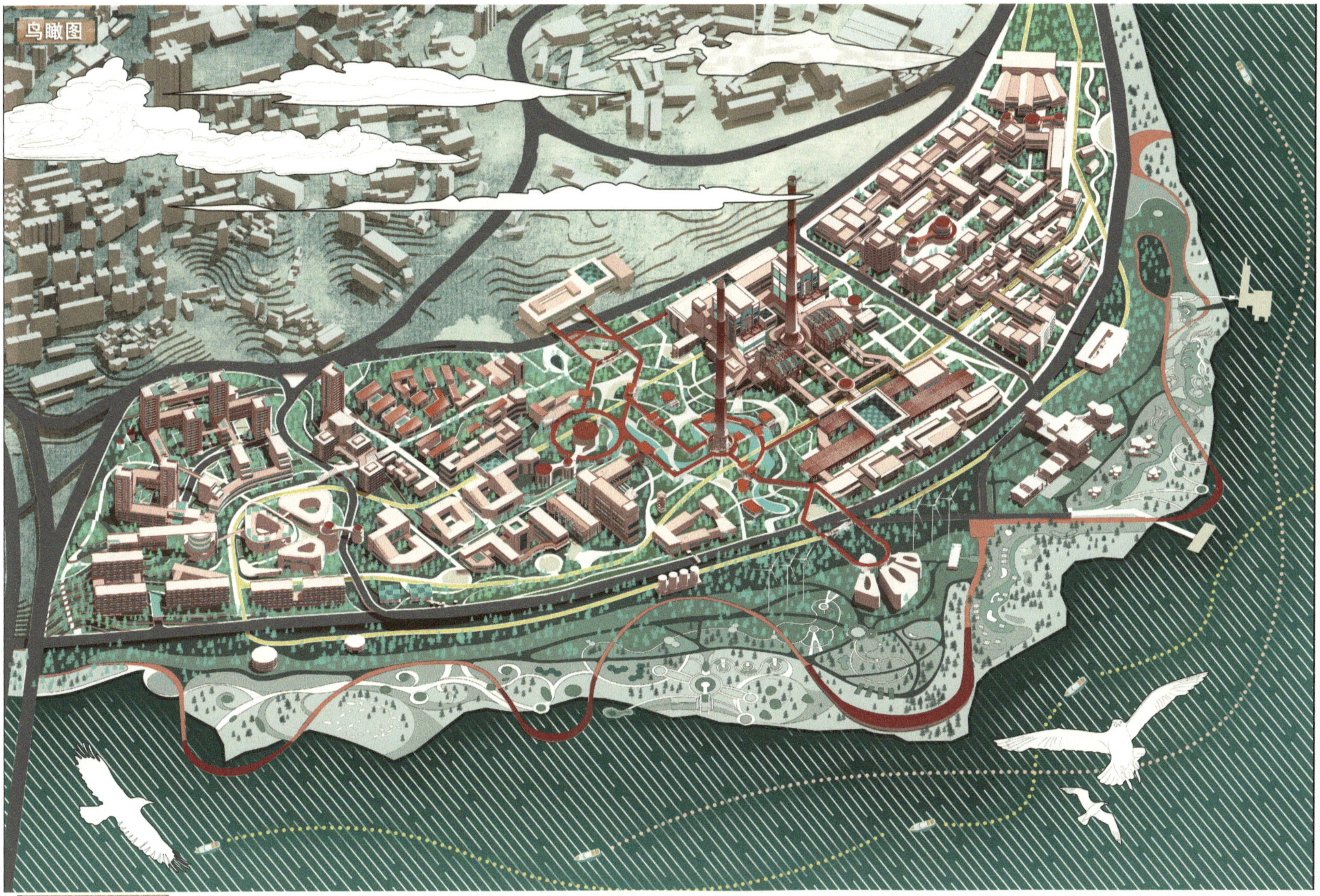
鸟瞰图

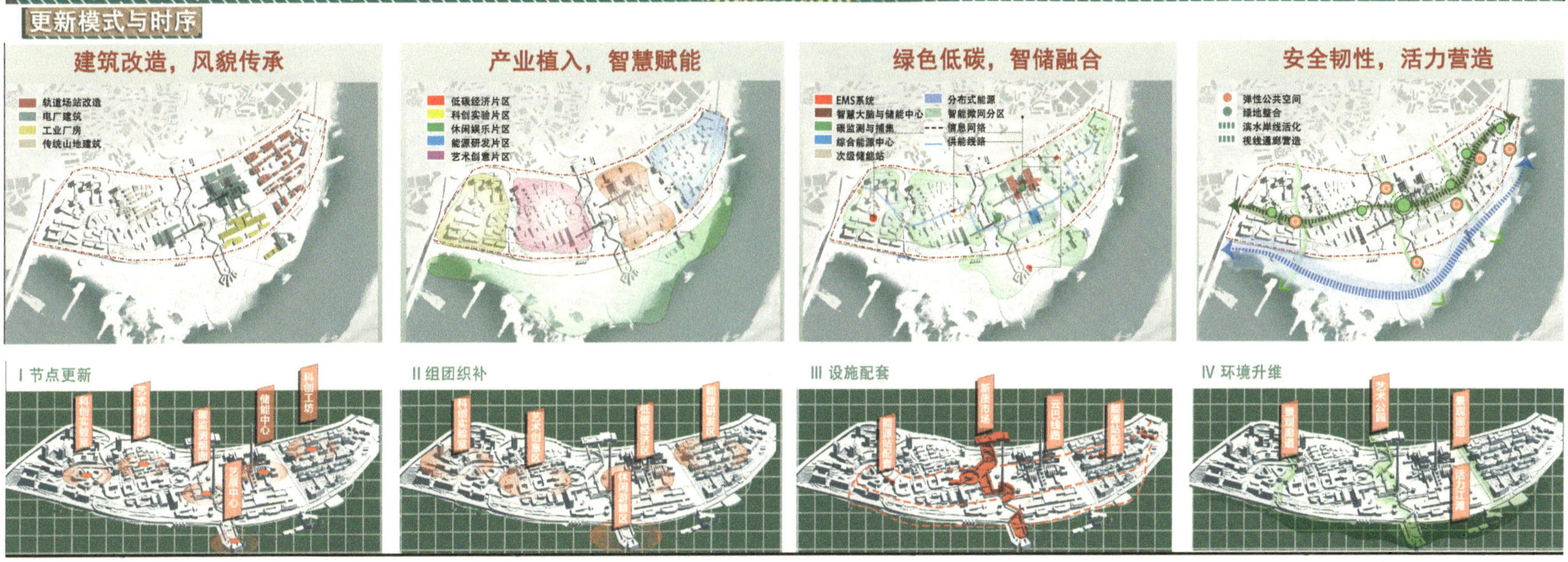
更新模式与时序
建筑改造，风貌传承
轨道场站改造
电厂建筑
工业厂房
传统山地建筑
产业植入，智慧赋能
低碳经济片区
科创实验片区
休闲娱乐片区
能源研发片区
艺术创意片区
绿色低碳，智储融合
EMS系统
智慧大脑与储能中心
碳监测与捕集
综合能源中心
次级储能站
分布式能源
智能微网分区
信息网络
供能线路
安全韧性，活力营造
弹性公共空间
绿地整合
滨水岸线活化
视线通廊营造
Ⅰ 节点更新
Ⅱ 组团织补
Ⅲ 设施配套
Ⅳ 环境升维

健康插件 · 宜享山城——健康生活圈理念下的重庆市观音桥鲤鱼池片区城市更新设计

参赛院校：同济大学
作者姓名：罗歆兰　徐廷佳　贲冰墨
　　　　　高翌灵　邵泉灵
指导老师：王　兰　叶　宇

“重庆规划杯”第四届全国大学生国土空间规划设计竞赛　一等奖

方案点评：

作品以“健康五宜圈”为目标，充分考虑社区人群特征和山地特点，结合“生活圈”打造，在道路交通、公共服务设施和公共空间的更新点位植入“健康服务要素”，构思巧妙，通过空间营造、设施完善、智慧治理，在老旧社区补齐“短板”的同时，实现“健康社区”营造。方案完善了社区的公共服务和公共空间体系，空间更新设计较好地表达了设计意图。

系统设计分解图

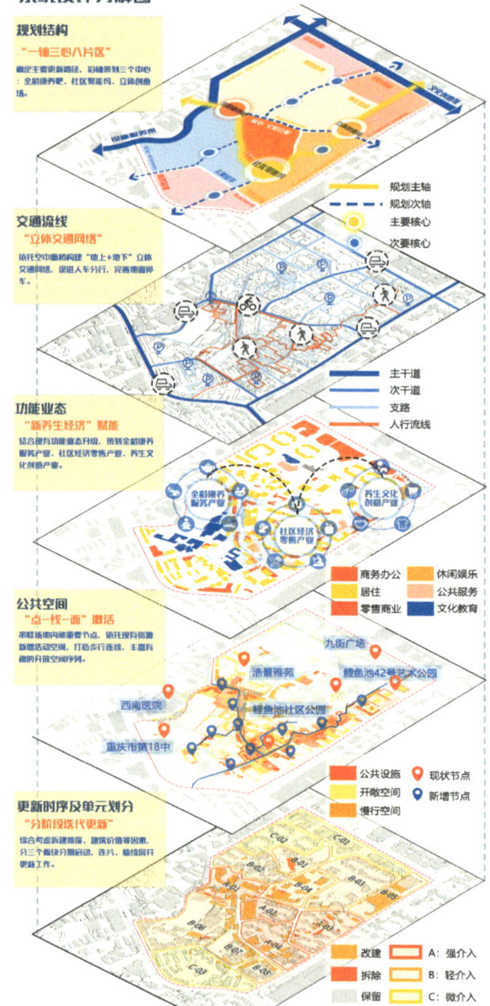

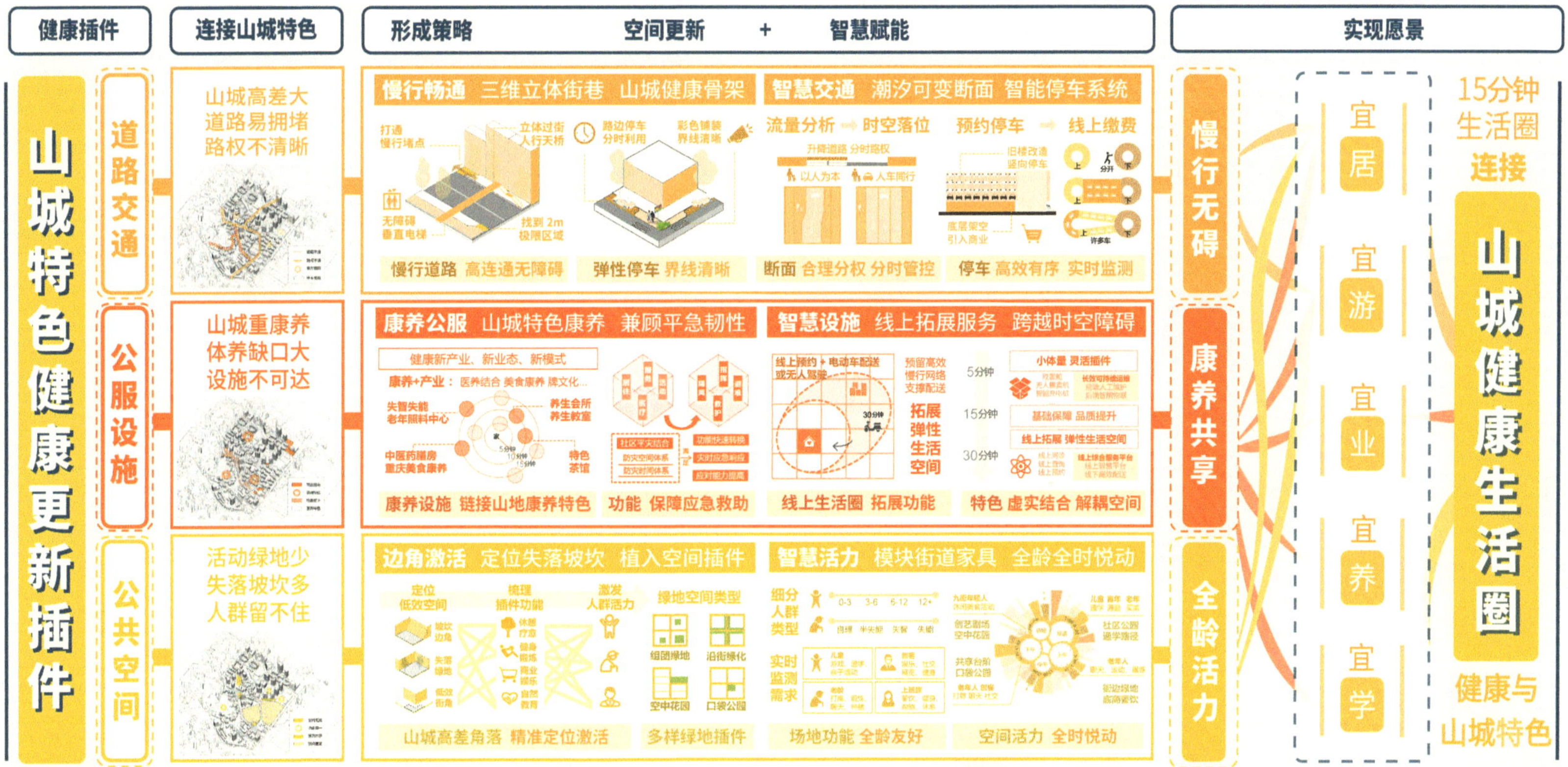
健康插件
连接山城特色
形成策略 空间更新 + 智慧赋能
实现愿景
山城特色健康更新插件
道路交通
山城高差大
道路易拥堵
路权不清晰
慢行畅通 三维立体街巷 山城健康骨架
智慧交通 潮汐可变断面 智能停车系统
慢行道路 高连通无障碍
弹性停车 界线清晰
断面 合理分权 分时管控
停车 高效有序 实时监测
公服设施
山城重康养
体养缺口大
设施不可达
康养公服 山城特色康养 兼顾平急韧性
智慧设施 线上拓展服务 跨越时空障碍
康养设施 链接山地康养特色
功能 保障应急救助
线上生活圈 拓展功能
特色 虚实结合 解耦空间
公共空间
活动绿地少
失落坡坎多
人群留不住
边角激活 定位失落坡坎 植入空间插件
智慧活力 模块街道家具 全龄全时悦动
山城高差角落 精准定位激活
多样绿地插件
场地功能 全龄友好
空间活力 全时悦动
慢行无碍
康养共享
全龄活力
宜居
宜游
宜业
宜养
宜学
15分钟生活圈
连接
山城健康生活圈
健康与山城特色

SKYLINE
TOYS STREET
CREATIVE HEALING

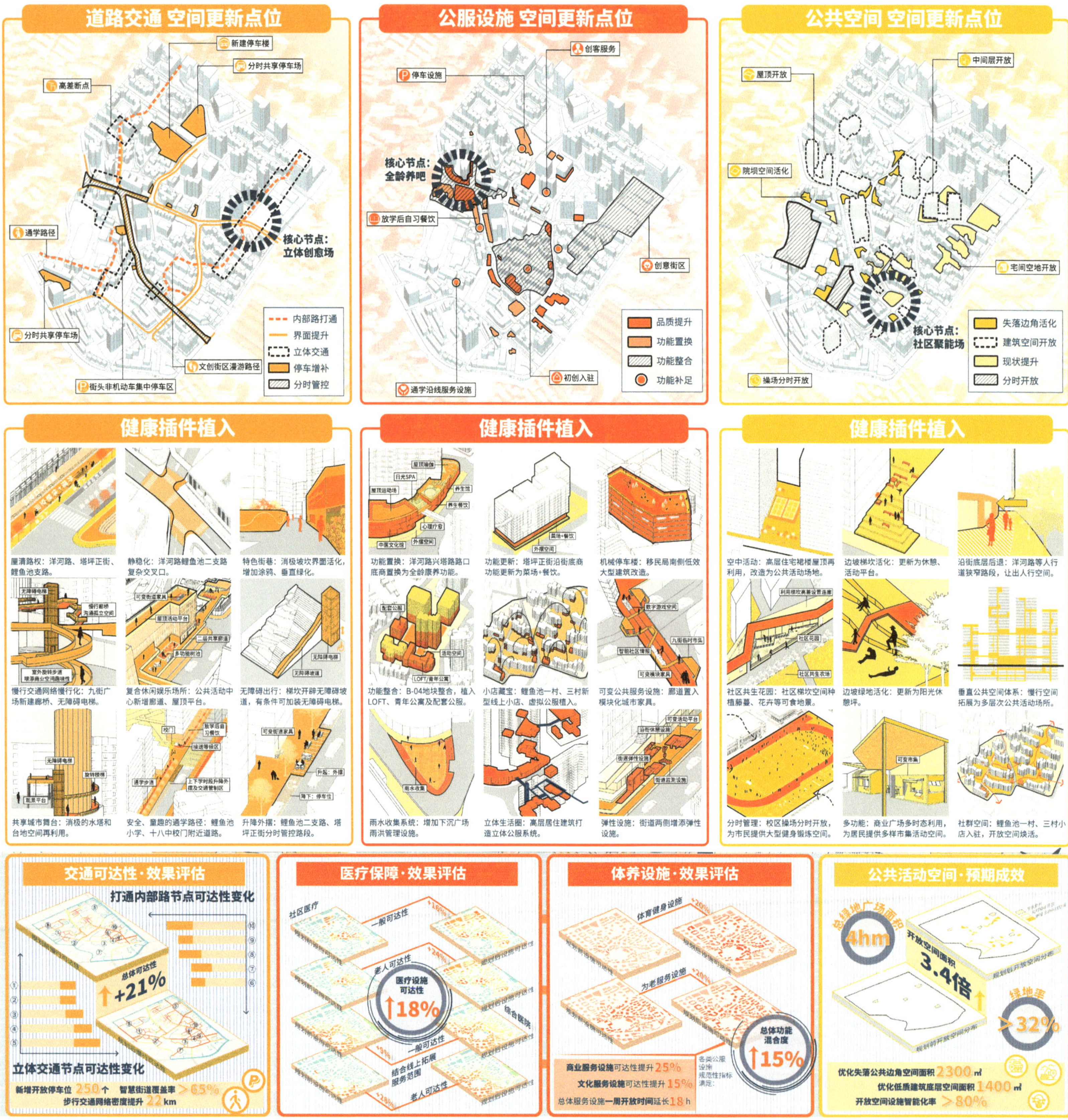
道路交通 空间更新点位
新建停车楼
分时共享停车场
高差断点
通学路径
核心节点：立体创意场
分时共享停车场
文创街区漫游路径
街头非机动车集中停车区
内部路打通
界面提升
立体交通
停车增补
分时管控
公服设施 空间更新点位
创客服务
停车设施
核心节点：全龄养吧
放学后自习餐饮
创意街区
通学沿线服务设施
初创入驻
品质提升
功能置换
功能整合
功能补足
公共空间 空间更新点位
屋顶开放
中间层开放
院坝空间活化
宅间空地开放
核心节点：社区聚能场
操场分时开放
失落边角活化
建筑空间开放
现状提升
分时开放
健康插件植入
厘清路权：洋河路、塔坪正街、鲤鱼池支路。
静稳化：洋河路鲤鱼池二支路复杂交叉口。
特色街巷：消极坡坎界面活化，增加涂鸦、垂直绿化。
慢行交通网络慢行化：九街广场新建廊桥、无障碍电梯。
复合休闲娱乐场所：公共活动中心新增廊道、屋顶平台。
无障碍出行：梯坎开辟无障碍坡道，有条件可加装无障碍电梯。
共享城市舞台：消极的水塔和台地空间再利用。
安全、童趣的通学路径：鲤鱼池小学、十八中校门附近道路。
升降外摆：鲤鱼池二支路、塔坪正街分时管控路段。
健康插件植入
功能置换：洋河路兴塔路路口底商置换为全龄康养功能。
功能更新：塔坪正街沿街底商功能更新为菜场+餐饮。
机械停车楼：移民局南侧低效大型建筑改造。
功能整合：B-04地块整合，植入LOFT、青年公寓及配套公服。
小店藏宝：鲤鱼池一村、三村新型线上小店、虚拟公服植入。
可变公共服务设施：廊道置入模块化城市家具。
雨水收集系统：增加下沉广场雨洪管理设施。
立体生活圈：高层居住建筑打造立体公服系统。
弹性设施：街道两侧增添弹性设施。
健康插件植入
空中活动：高层住宅裙楼屋顶再利用，改造为公共活动场地。
边坡梯坎活化：更新为休憩、活动平台。
沿街底层后退：洋河路等人行道狭窄路段，让出人行空间。
社区共生花园：社区梯坎空间种植藤蔓、花卉等可食地景。
边坡绿地活化：更新为阳光休憩坪。
垂直公共空间体系：慢行空间拓展为多层次公共活动场所。
分时管理：校区操场分时开放，为市民提供大型健身锻炼空间。
多功能：商业广场多时态利用，为居民提供多样市集活动空间。
社群空间：鲤鱼池一村、三村小店入驻，开放空间烧活。
交通可达性·效果评估
打通内部路节点可达性变化
总体可达性 +21%
立体交通节点可达性变化
新增开放停车位 250个　智慧街道覆盖率 >65%
步行交通网络密度提升 22 km
医疗保障·效果评估
社区医疗
一般可达性
老人可达性
医疗设施可达性 18%
一般可达性
结合线上拓展服务范围
老人可达性
综合医疗
体养设施·效果评估
体育健身设施
为老服务设施
总体功能混合度 15%
商业服务设施可达性提升 25%
文化服务设施可达性提升 15%
总体服务设施一周开放时间延长 18 h
各类公服设施规范性指标满足
公共活动空间·预期成效
总绿地广场面积 4hm
开放空间面积 3.4倍
绿地率 >32%
规划前开放空间分布
规划后开放空间分布
优化失落公共边角空间面积 2300㎡
优化低质建筑底层空间面积 1400㎡
开放空间设施智能化率 >80%

智慧赋能·健康插件

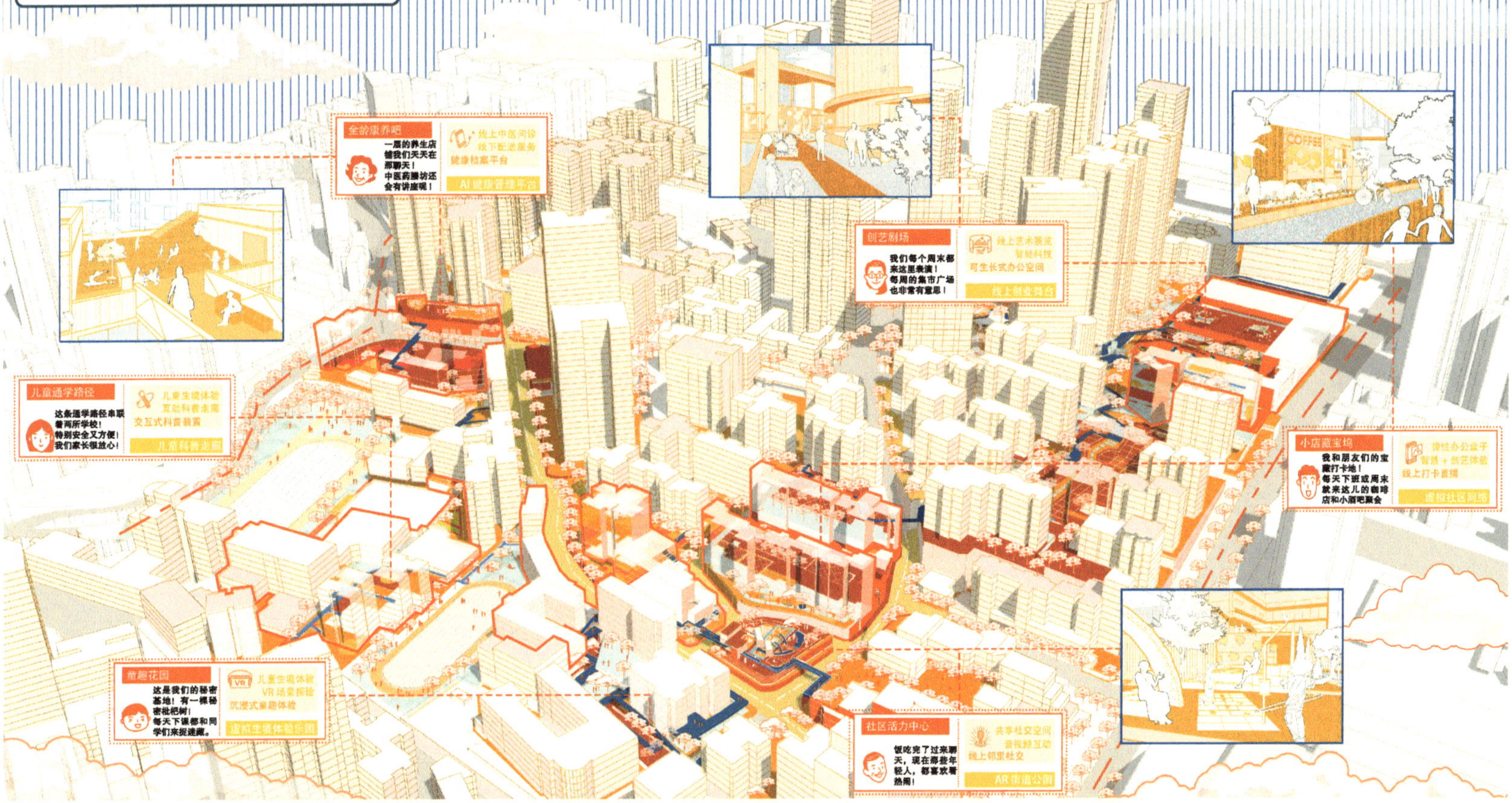

道路交通智慧监管

线上线下公服拓展

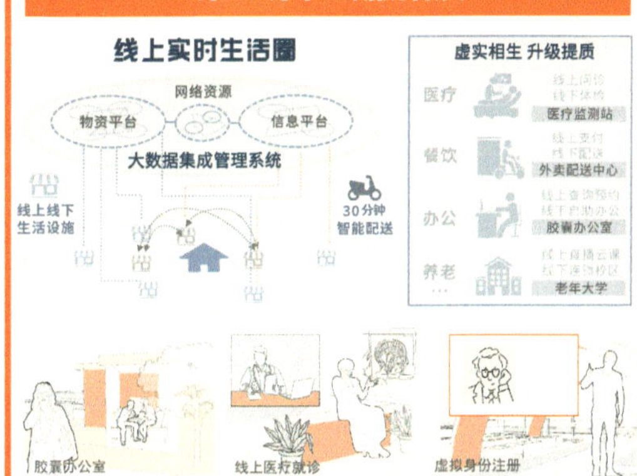

公共空间数智激活

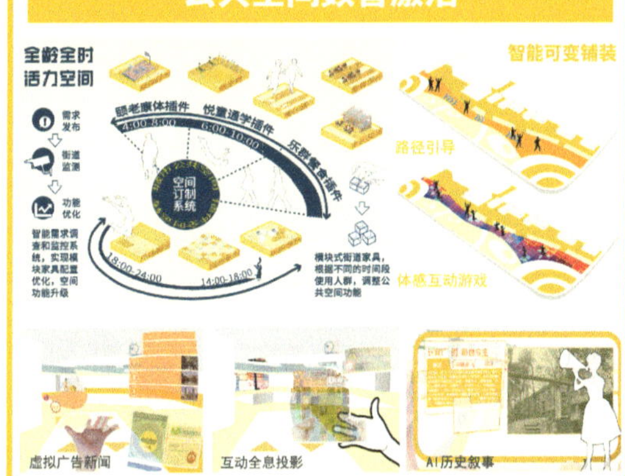

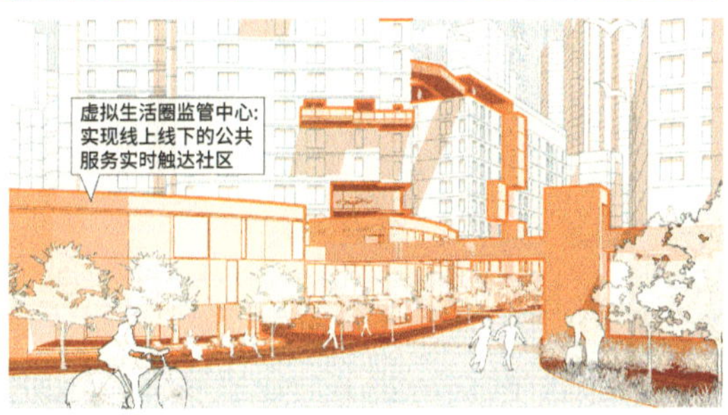

渝皮士公社——信息时代背景下九龙半岛电厂片区规划设计

参赛院校：东南大学
作者姓名：陈　挚　曲海霖　于子涵　郭淑妍　翟嘉欣
指导老师：孙世界　高舒琦
“重庆规划杯”第四届全国大学生国土空间规划设计竞赛　二等奖

方案点评：

作品注重社会文化和情感价值，关注艺术创造产业与都市文旅产业融合的新质产业类型，针对青年群体，植入了丰富的相关业态设想和空间意向，将空间更新与文化意向再造融合在一起，呈现出培育“渝皮士公社”的土壤。作品尊重基于地方文化的特色空间体系，设计中很好地考虑了沿江环境的保护和合理利用，形成了较好的空间形态和城市形象，重要节点的空间更新设计很好地表达了设计意图。

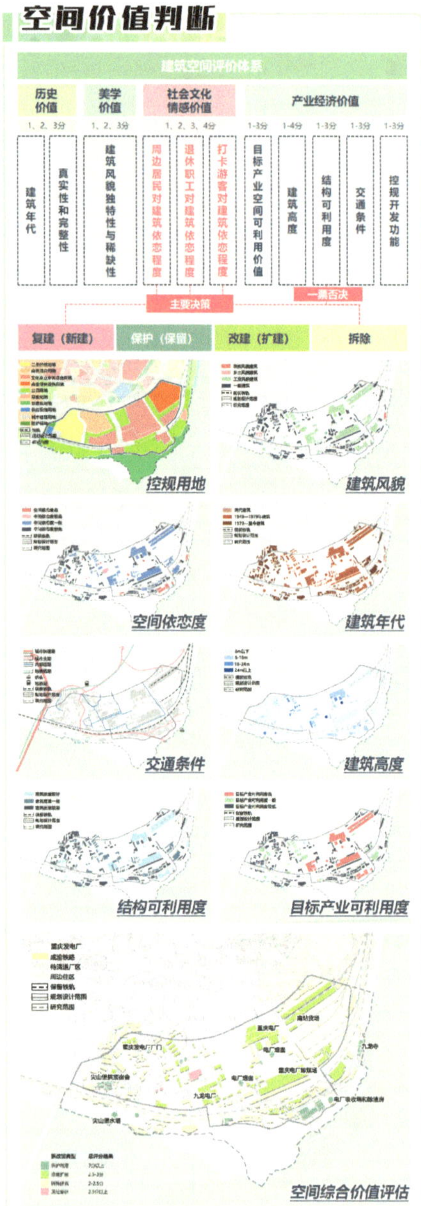

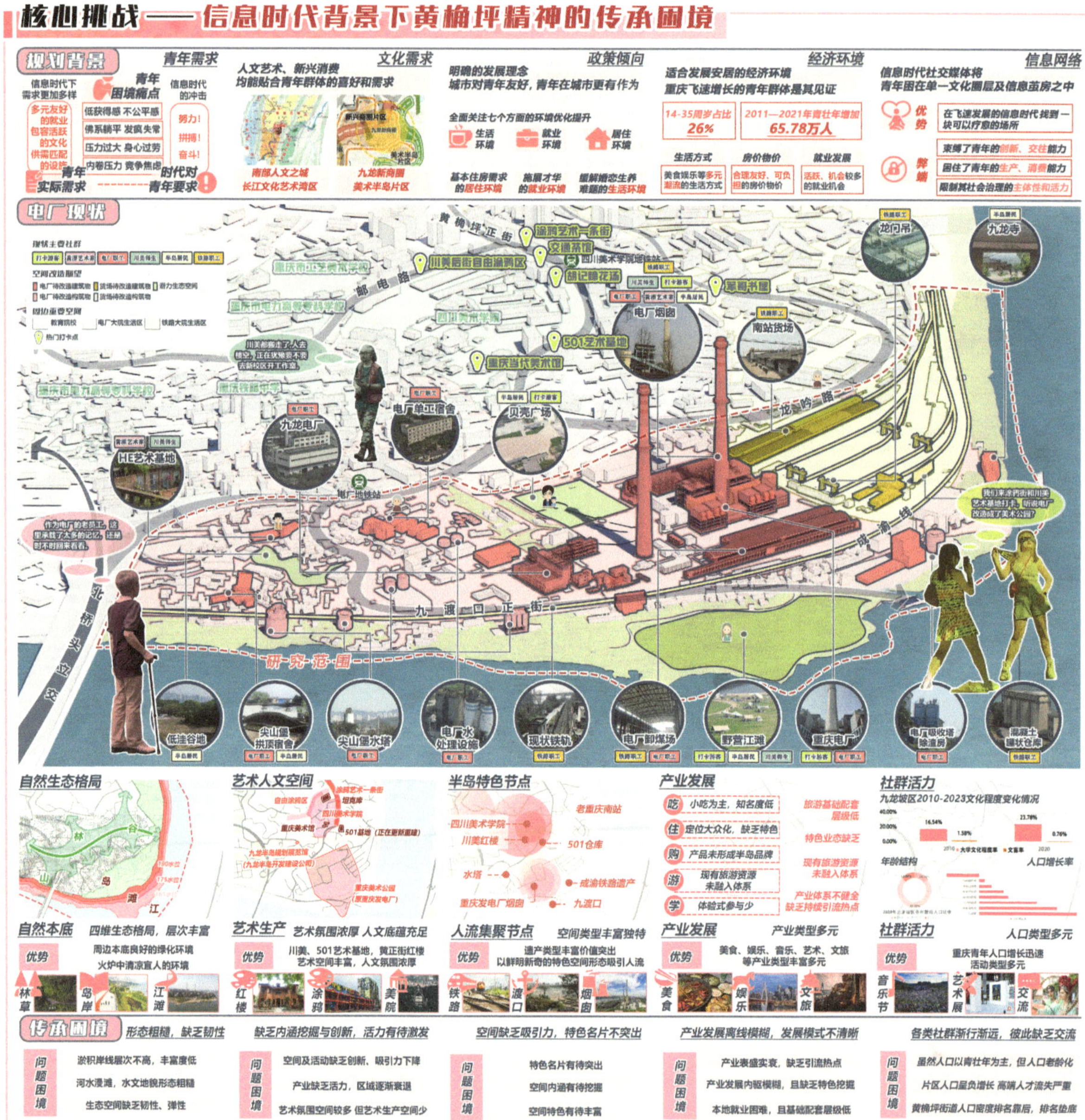

空间方案

空间概念

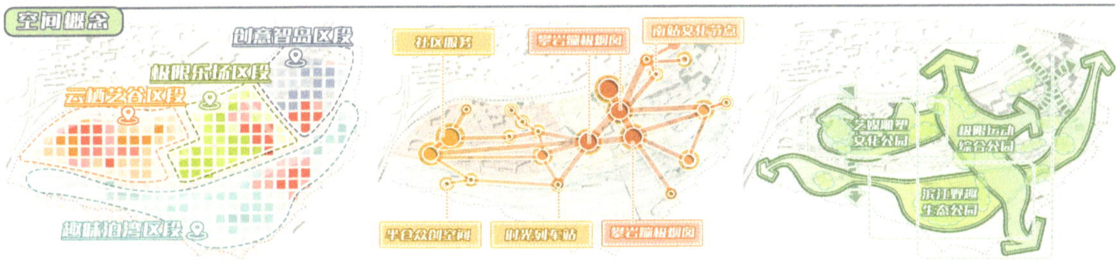

产业空间+配套服务空间——区段　　保存空间意象+社群交往空间——节点　　生态空间+第三空间——乐园

系统规划

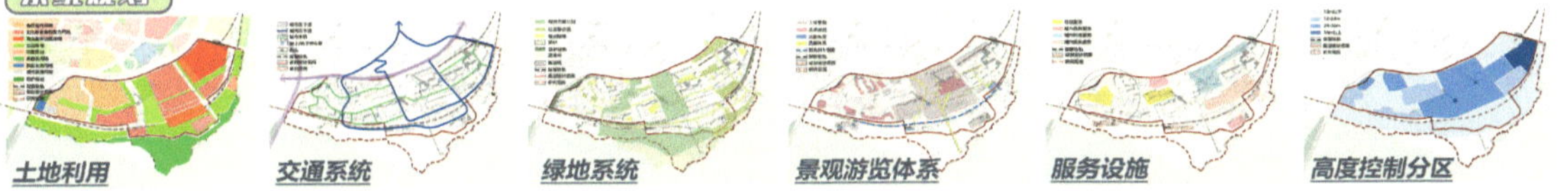

渝皮精神转译

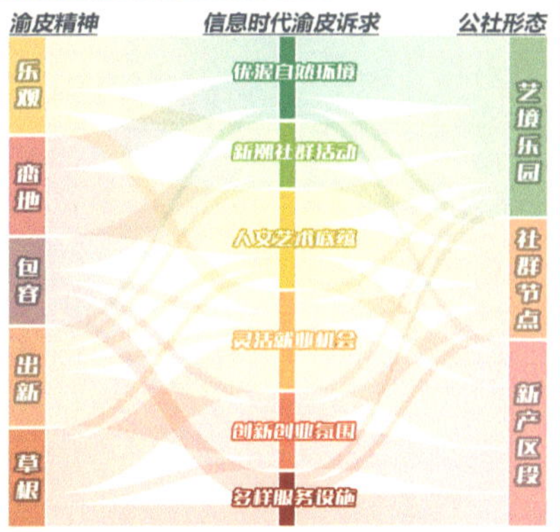

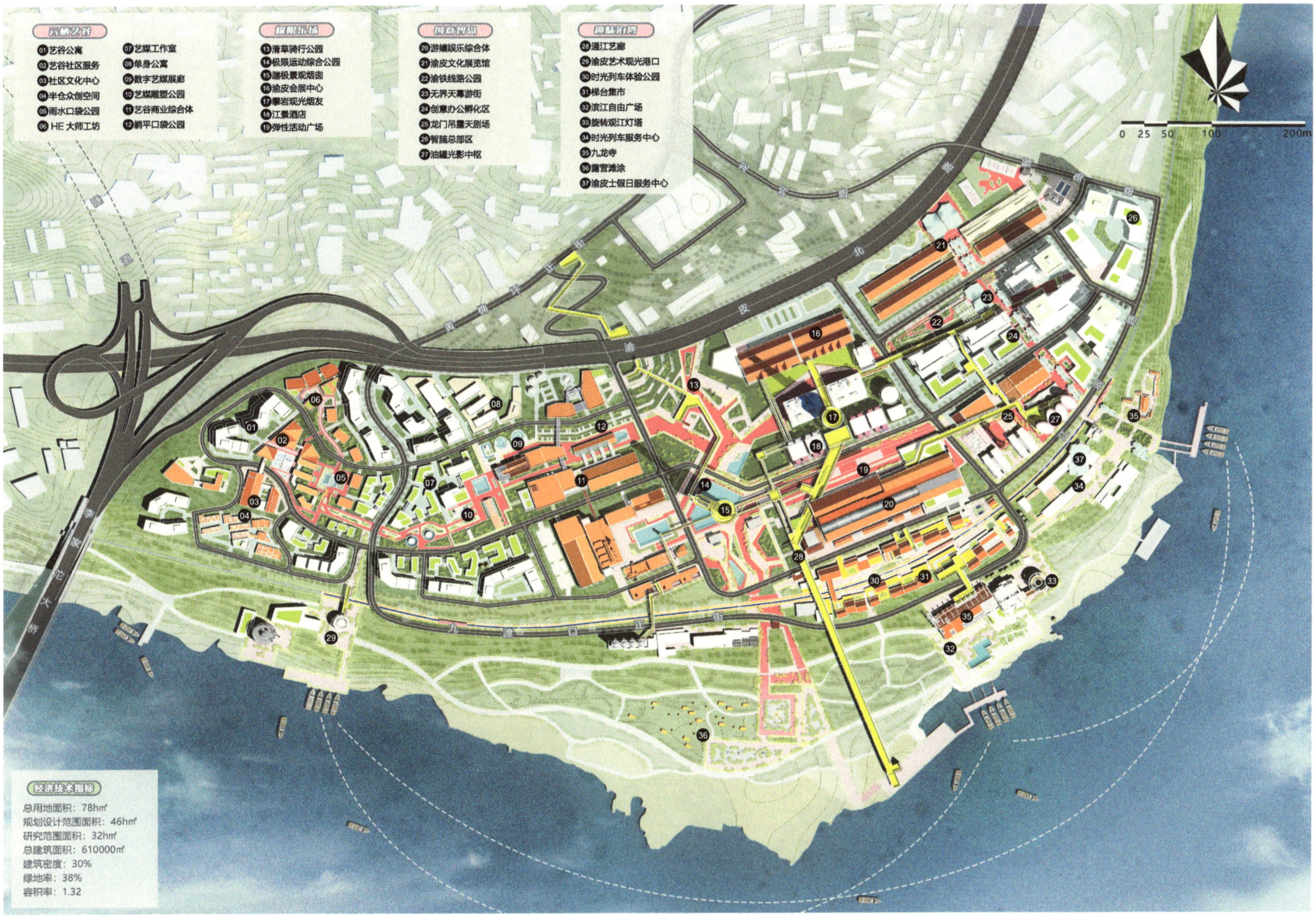

复合循环的新产区段
外接：新质产业赋能
内循：配套服务支撑
创意源社群网络
IP联动执行
新质产业赋能
梳理既有空间
配套服务支撑
新质产业区段
本地渝皮士
游牧渝皮士
精神渝皮士
IP生产
IP发行
IP产品
艺术传媒
时尚娱乐
都市文旅
数字文创
谷·工舍街巷
坡·厂房仓库
岸·近江铁轨
岛·铁路货场
云栖艺谷
极限乐场
趣味泊湾
创意智岛
内外复合循环
文艺创想与游嬉消费的新质产业区段
创意智岛
极限乐场
云栖艺谷
渝皮士艺术大师工坊
艺媒雕塑文化公园
极限运动综合公园
渝皮士假日服务中心
渝皮士创想交流中心
滨江野趣生态公园
趣味泊湾
意象再造的社群节点
本地社群
社群记忆
多元需求
服务社群
数字游牧
场地精神
空间意象保存
建构筑物价值评估与保留改造
社群记忆与空间意象确定
服务功能置入
众创艺术平台
社区基础服务
社群交往休闲
新潮商展会展
便捷出行网络
赛博光影景观
共有意象再造
本地社群与创客先锋的九龙共有节点
事件聚合的艺境乐园
第三空间梳理
节庆活动策划
有文化的潮流公社
足够野的撩港江岸
艺媒雕塑文化公园
极限运动综合公园
滨江野趣生态公园
多维事件聚合
分时同乐与绿意萦岛的渝城艺境乐园
社群调造指南
建筑物更新改造指南
渝皮文化展览馆
江景Bistro
电厂创意酒店
HE大师工坊
艺谷社区文化中心
半仓艺术空间
渝皮会展中心
游憩娱乐综合体
构筑物更新改造指南
油罐光影控制中枢
时光列车轨道车站
数字艺媒展廊
旋转观江灯塔+渝皮士假日服务中心
蹦极景观烟囱
光影VR体验装置
攀岩观光烟囱
龙门吊影院
半岛显色指南
艺媒雕塑文化公园
展廊营造指南 结合绿化、广场、建筑平台的多元展廊空间
街道营造指南 弹性、可变的街道空间
交往空间营造指南 多元形式的户外交往空间
组团中心
单元中心
社群绿带廊道
极限运动综合公园
烟囱改造指南
观景烟囱
景观烟囱
攀岩烟囱
蹦极烟囱
艺术音乐公园营造指南 展演、游乐、休闲的艺术公园
景观慢行艺廊营造指南 快达漫游连廊体系
滨江野趣生态公园
滩涂景观营造指南 满足生物多样性的生态江岸
潮汐驳岸营造指南 时令性特征韧性驳岸
低水位
中水位
高水位
滨江广场营造指南 地形丰富多样的活动空间

攀岩观光烟囱
增加游乐设施，兼具景观和使用功能
渝皮会展中心
利用原有保留工业建筑，基于在地特色，植入展示、交流、拍卖等功能
游嬉娱乐综合体
铁路梯台集市
依托场地内地形及原有小尺度建筑肌理营造以餐饮休闲产业为支撑的景观商业集市
油罐观光综合体
依托保留工业建筑和油罐，打造集滨江特色景观、假日游客服务、购物餐饮消费等为一体的综合体
江边滨水步道
湿地植物护岸
沉水植物
消落带自然式驳岸
滨江活动场地
消落带人工式驳岸
极限运动综合公园
通江艺廊
立体绿植墙绘
时光游览列车
自由“桥”
电厂艺术游likely平台

长江游船见渝皮
一直很憧憬渝皮士的生活方式，好想漫步艺谷寻得几位老渝皮士，在丰仓众创空间里观看现场作画！
这里的变化真的好大，蕴藏着无限的机遇，作为刚步入社会的青年，好期待在这里开始的新生活！每天都是元气满满的一天呢！
半岛江滩真的好凉爽，是夏季避暑的好地方，和好朋友在江边搭个帐篷烧烤野餐，好幸福……
烟囱蹦极看上去真的太好玩啦！还有我想听的演唱会和艺术展览，在这里和大家交流，肯定能交到很多志同道合的朋友～
以前在铁路中学上学，如今光景大不同！好想约上当年的三两老同学，来此坐上时光列车故地重游！

“蜕锈涅槃，艺兴九龙”——基于共生理念的未来长江九龙艺术湾区设计

参赛院校：福州大学
作者姓名：郑家乐　梁佳美　陈晓颖　姚佐谕
指导老师：张兵华　许广通
“重庆规划杯”第四届全国大学生国土空间规划设计竞赛　二等奖

方案点评：

作品基于基地及周边的工业遗产和艺术文化资源，强调“产业、社群、文化、景观”以及工业遗存与多元艺术的“共生”理念，构建“共生支撑体系”和“共生空间承载”体系。作品形成了良好的城市空间形态，较好地将城市与长江连接起来，编制了空间“共生”的规划策略和重点功能空间的设计指南。图纸表达上重点突出，空间结构和设计意图清晰明确。

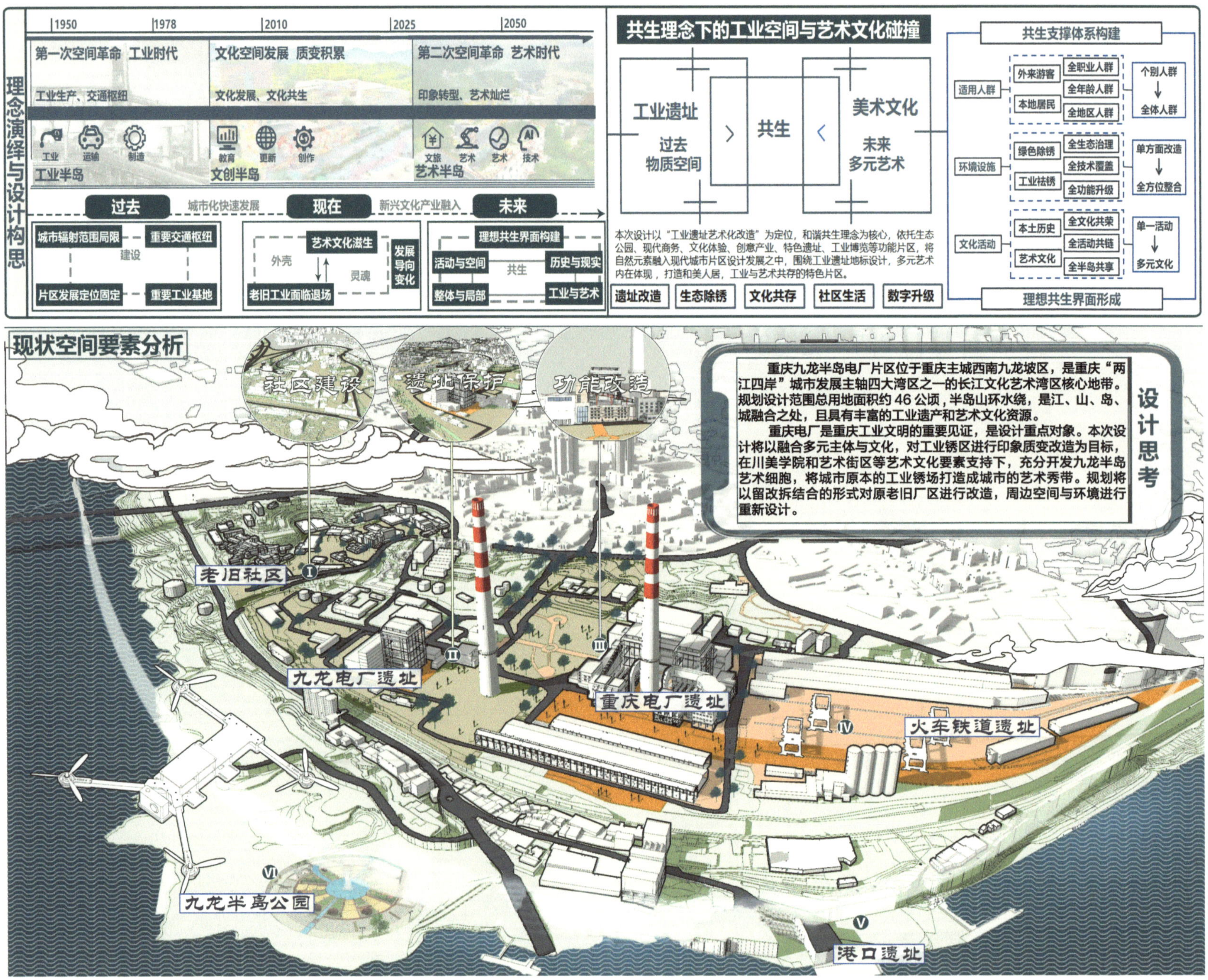

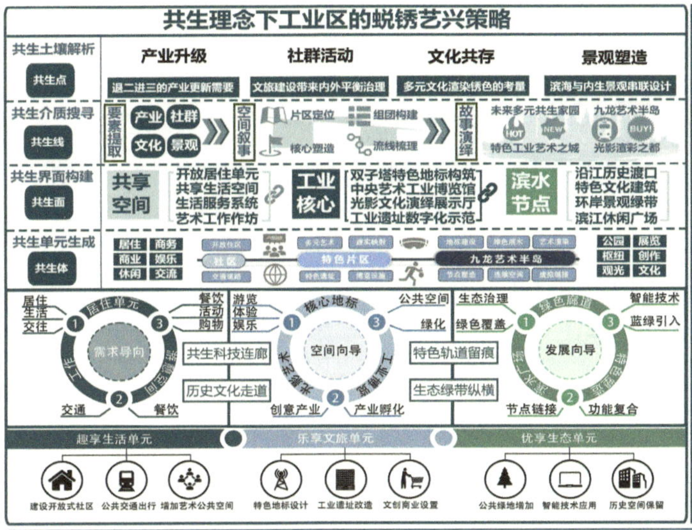

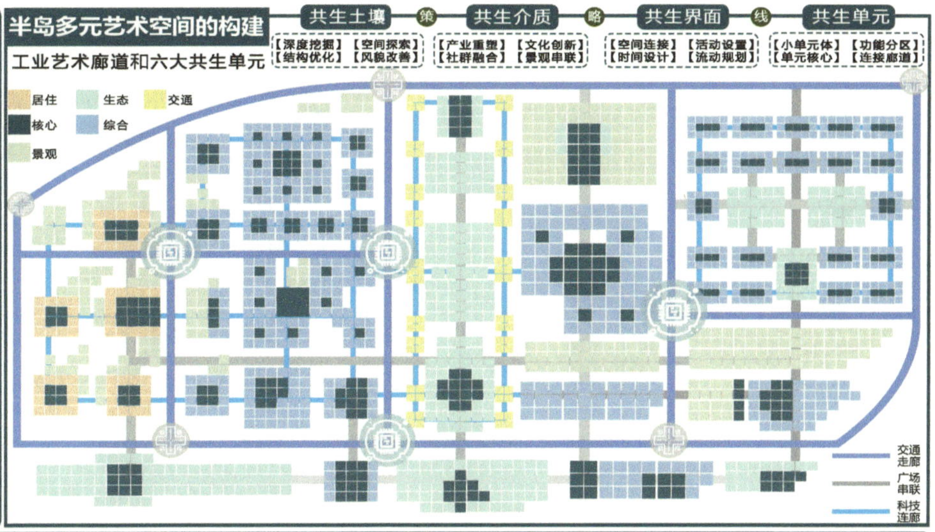

总平面图设计1：3000

共生空间规划策略指导
解题要点
基底
没落工业遗产聚集地 外在
九龙艺术文化半岛区 内涵
长江艺术湾区建设点 整体
特色
滨水 天际线 地标点 山地 社区
目标
多元主体共生 游客 居民 参与者
光影工业秀场 艺术 乐园 建筑
多元共生路径
工业功能丧失之地
锈地如何重生为秀地？
艺术色彩渲染之处
工业遗址：活化利用
历史古迹：保护重塑
艺术文化：特色宣传
社区空间：整治更新
工业除锈
艺术与工业融合
社区营造
构建三大共生单元
社群 景观 产业 共生
核心共生带
文化 记忆 科技 媒介
文化记忆的物质载体
本土历史的现实展现
社区 生态 遗址
社区是遗址发展的延续
生态除锈作为绿色基底
遗址是社区活化的关键
目标导向
中轴公园 光影艺谈 火车商场 枢纽特色 港口艺术 中央连接走廊 轨道改造片区 工业博览 工业数字博览 文化艺术展览 生态艺术连廊 共享社区建设 遗址文化 独立单元 文化交流中心 滨水特色公园 文化活动 沿街商业 沿轨步道 生态广场
规划分析图解析(结构、功能、交通)
规划结构
社区核心 街区核心 地标核心 遗址核心 枢纽核心
中央核心轴 横贯穿次轴 江滨发展带
12个共生核心
连接通道 交错轴线 生态核心 交错轴线 连接通道
功能分区
Ⅰ共享居住单元
Ⅱ艺术商创单元
Ⅲ数字科技单元
Ⅳ地标广场单元
Ⅴ遗址核心单元
Ⅵ枢纽商业单元
Ⅶ滨江文化单元
Ⅷ共享居住单元
交通路网
主干道
数字科技馆 光影高塔 观光天桥 艺术长廊 工艺高塔 光影展厅 火车集市 工业遗址 渡口展馆

重要单元空间设计

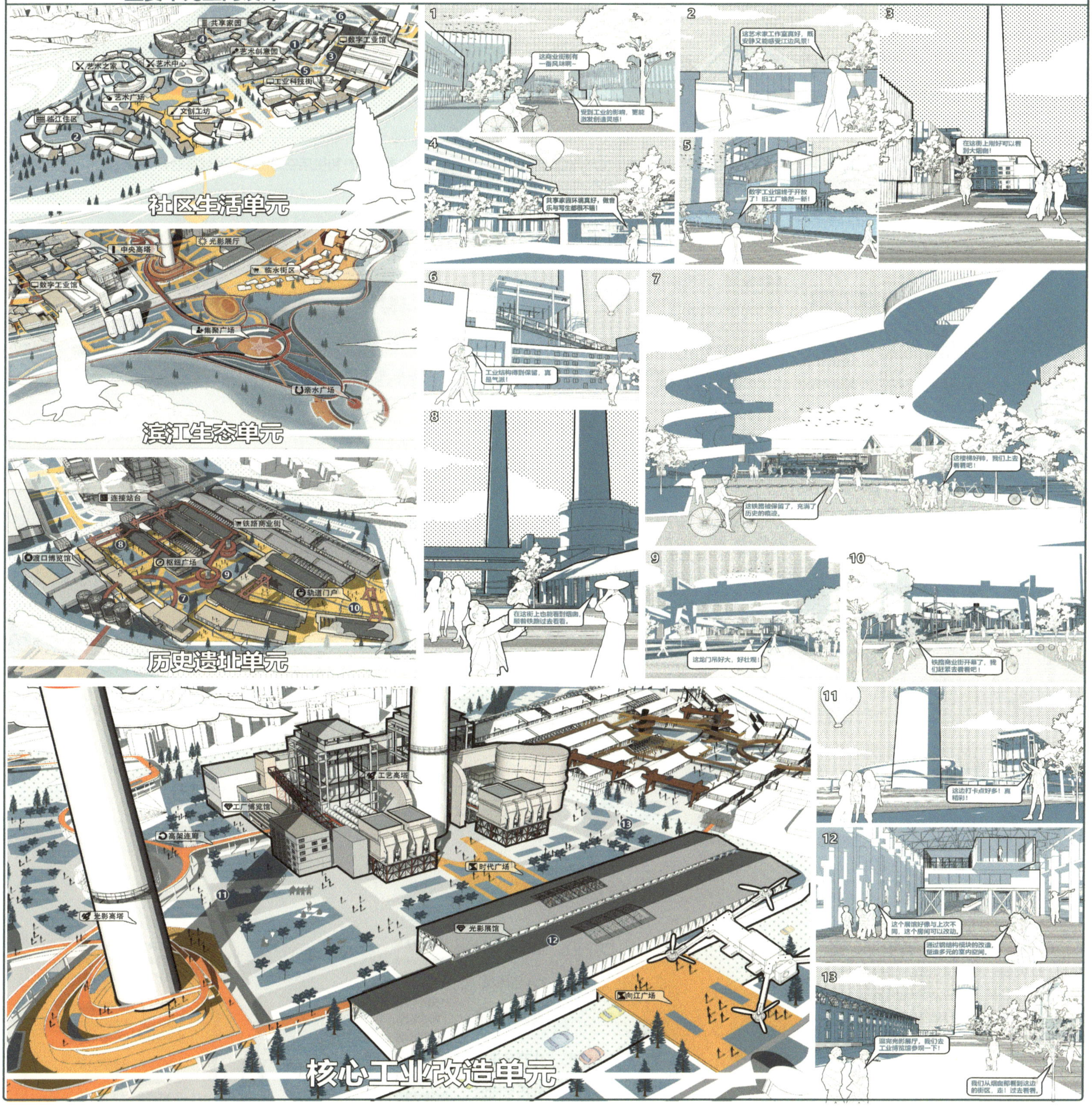
共享家园
艺术创意馆
数字工业馆
艺术之家
艺术中心
工业科技街
艺术广场
文创工坊
临江住区
社区生活单元
中央高塔
光影展厅
临水街区
数字工业馆
集散广场
亲水广场
滨江生态单元
连接站台
铁路商业街
渡口博览馆
枢纽广场
轨道门户
历史遗址单元
工艺高塔
工厂博览馆
高架连廊
时代广场
光影展馆
光影高塔
向江广场
核心工业改造单元
这商业街别有一番风味啊~
受到工业的影响，更能激发创造灵感！
这艺术家工作室真好，既安静又能感受江边风景！
在这街上刚好可以看到大烟囱！
共享家园环境真好，做音乐与写生都很不错！
数字工业馆终于开放了！旧工厂焕然一新！
工业结构得到保留，真是气派！
这楼梯好帅，我们上去看看吧！
这铁路被保留了，充满了历史的痕迹。
在这街上也能看到烟囱，顺着铁路过去看看。
这龙门吊好大，好壮观！
铁路商业街开幕了，我们赶紧去看看吧！
这边打卡点好多！真精彩！
这个展馆好像与上次不同，这个房间可以改动。
通过钢结构模块的改造，塑造多元的室内空间。
逛完光影展厅，我们去工业博览馆参观一下！
我们从烟囱那看到这边的街区，走！过去看看。

涂山映苍翠，莲花景悠然

参赛院校：湖南城市学院
作者姓名：王杰麟　刘艳玲　姚智渊　张　颖　许　阳
指导老师：宁启蒙　曾志伟
“重庆规划杯”第四届全国大学生国土空间规划设计竞赛　二等奖

方案点评：

作品从生态、人居、文化、产业四个维度展开分析，聚焦于空间中生态、生产与生活的共生关系，提出了生态、生产和生活空间的更新发展策略，并研究提出了实现规划目标的相关政策、机制及治理设想。作品很好地体现了乡村特色，其空间格局和风貌展现了基地的资源和景观特征。

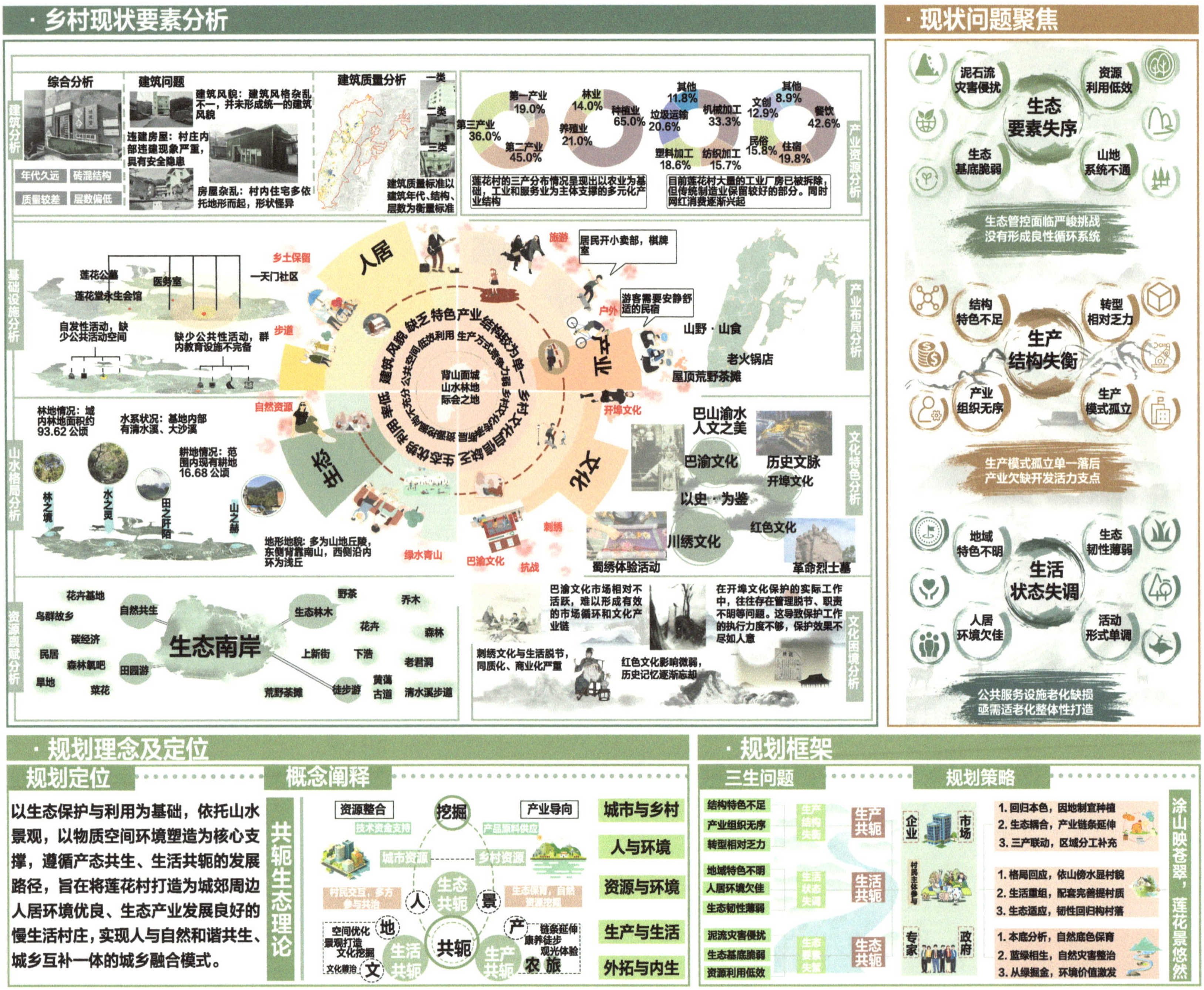

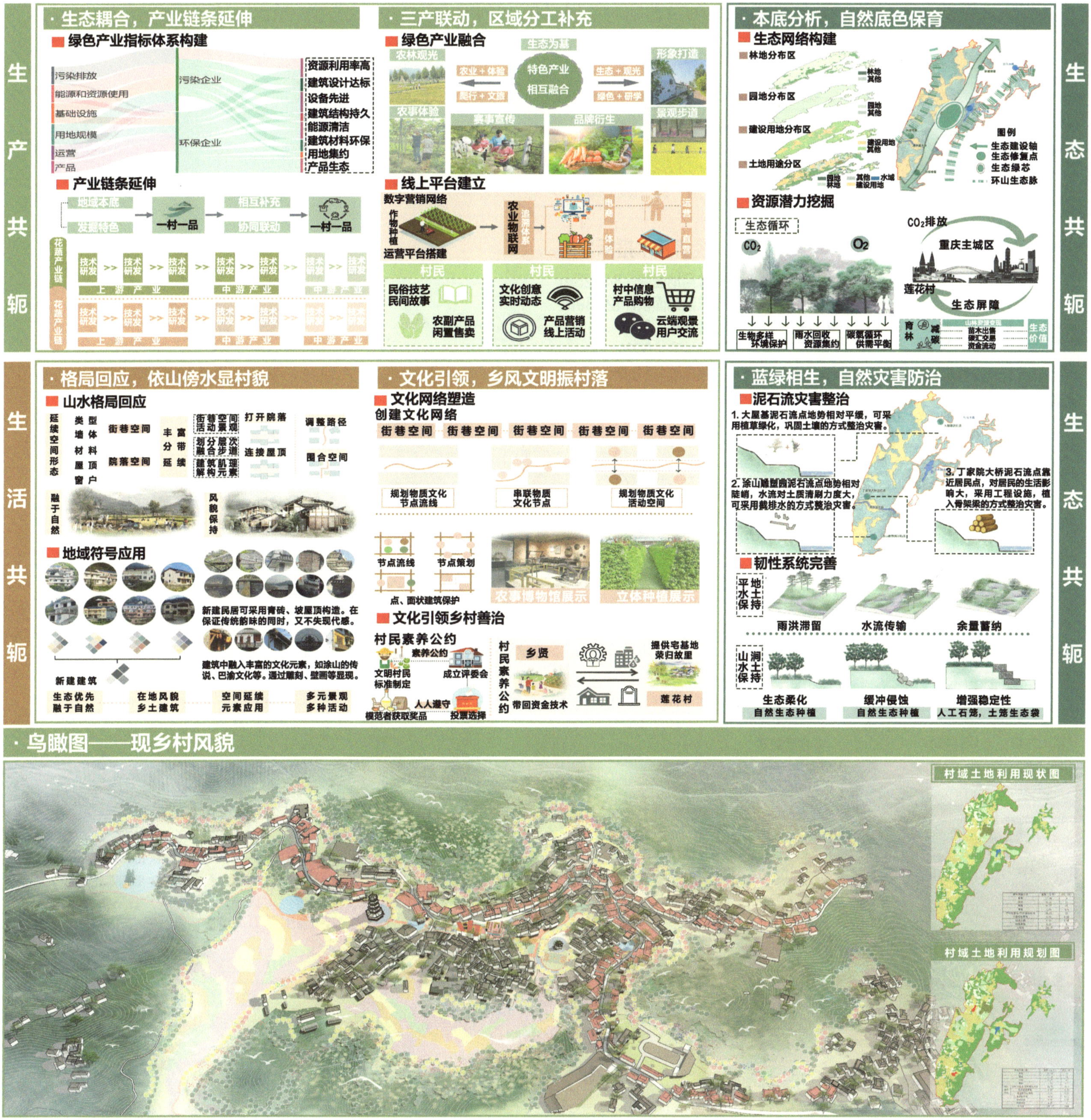

生产共轭
·生态耦合，产业链条延伸
绿色产业指标体系构建
污染排放
能源和资源使用
基础设施
用地规模
运营
产品
污染企业
环保企业
资源利用率高
建筑设计达标
设备先进
建筑结构持久
能源清洁
建筑材料环保
用地集约
产品生态
产业链条延伸
地域本底
发掘特色
一村一品
相互补充
协同联动
一村一品
技术研发
上游产业
中游产业
·三产联动，区域分工补充
绿色产业融合
生态为基
农林观光
农业＋体验
特色产业相互融合
生态＋观光
形象打造
农事体验
爬行＋文旅
绿色＋研学
赛事宣传
品牌衍生
景观步道
线上平台建立
数字营销网络
作物种植
运营平台搭建
农业物联网
村民
民俗技艺民间故事
农副产品闲置售卖
文化创意实时动态
产品营销线上活动
村中信息产品购物
云端观景用户交流
生态共轭
·本底分析，自然底色保育
生态网络构建
林地分布区
园地分布区
建设用地分布区
土地用途分区
图例
生态建设轴
生态修复点
生态绿芯
环山生态脉
资源潜力挖掘
生态循环
CO₂排放
重庆主城区
莲花村
生态屏障
生物多样环境保护
雨水回收资源集约
碳氧循环供需平衡
生态价值
生活共轭
·格局回应，依山傍水显村貌
山水格局回应
延续空间形态
类型
墙体
材料
屋顶
窗户
街巷空间
院落空间
丰富分带延续
街巷空间活动景观
划分层次融合步道
建筑肌理解构元素
打开院落
连接屋顶
调整路径
围合空间
融于自然
风貌保持
地域符号应用
新建民居可采用青砖、坡屋顶构造。在保证传统韵味的同时，又不失现代感。
建筑中融入丰富的文化元素，如涂山的传说、巴渝文化等。通过雕刻、壁画等显现。
新建建筑
生态优先融于自然
在地风貌乡土建筑
空间延续元素应用
多元景观多种活动
·文化引领，乡风文明振村落
文化网络塑造
创建文化网络
街巷空间
规划物质文化节点流线
串联物质文化节点
规划物质文化活动空间
节点流线
节点策划
点、面状建筑保护
农事博物馆展示
立体种植展示
文化引领乡村善治
村民素养公约
素养公约
文明村民标准制定
成立评委会
人人遵守
模范者获取奖品
投票选择
村民素养公约
乡贤
带回资金技术
提供宅基地荣归故里
莲花村
生态共轭
·蓝绿相生，自然灾害防治
泥石流灾害整治
1. 大屋基泥石流点地势相对平缓，可采用植草绿化，巩固土壤的方式整治灾害。
2. 涂山寨泥石流点地势相对陡峭，水流对土质清刷力度大，可采用截排水的方式整治灾害。
3. 丁家院大桥泥石流点靠近居民点，对居民的生活影响大，采用工程设施，植入骨架梁的方式整治灾害。
韧性系统完善
平地水土保持
雨洪滞留
水流传输
余量蓄纳
山涧水土保持
生态柔化
自然生态种植
缓冲侵蚀
自然生态种植
增强稳定性
人工石笼，土笼生态袋
·鸟瞰图——现乡村风貌
村域土地利用现状图
村域土地利用规划图

· 生产空间重造——资源价值挖掘

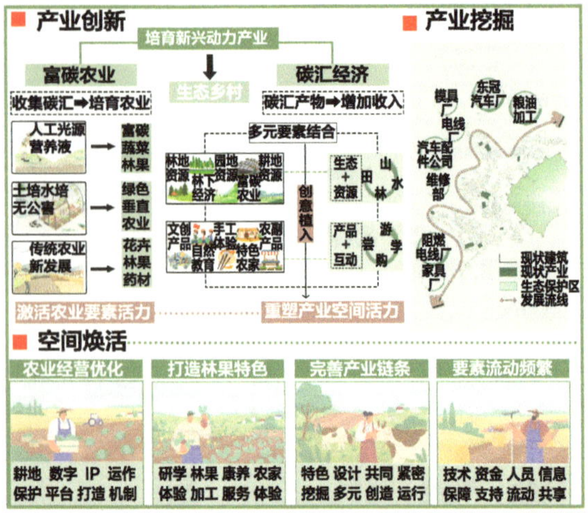

· 生活空间塑造——人居环境提升

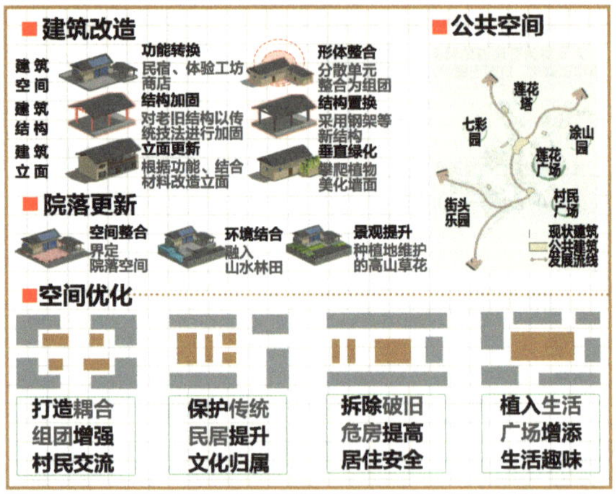

· 生态空间营造——山林景观变现

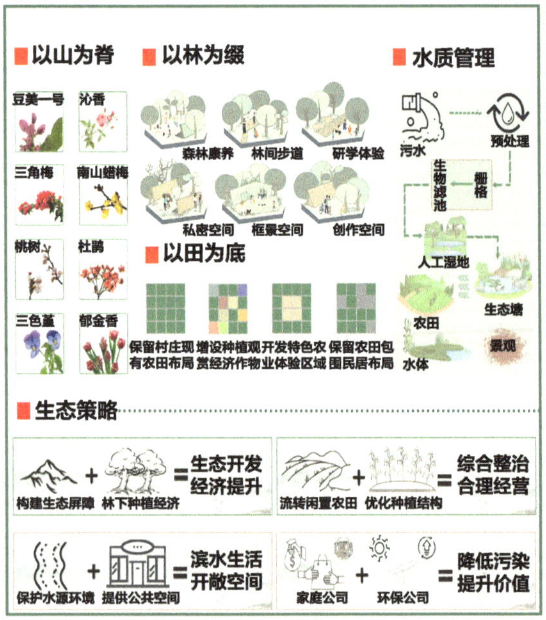

· 核心区域规划总平面图

生产 + 生活重塑提升

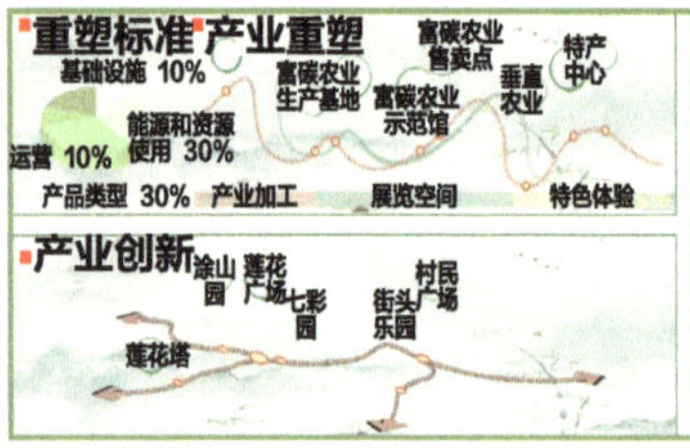

生态价值变现

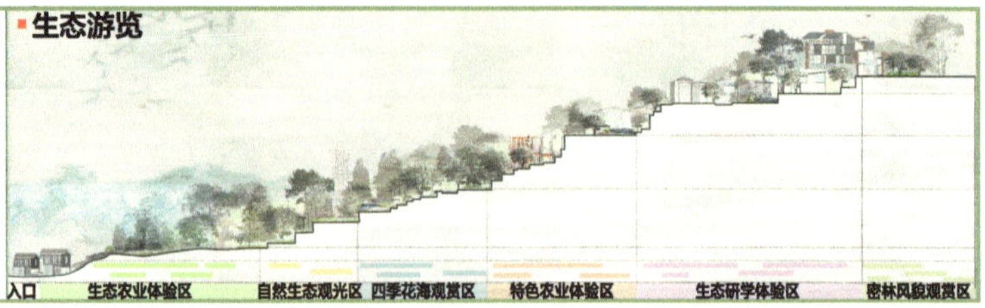

· 畜牧组——民宿改造设计

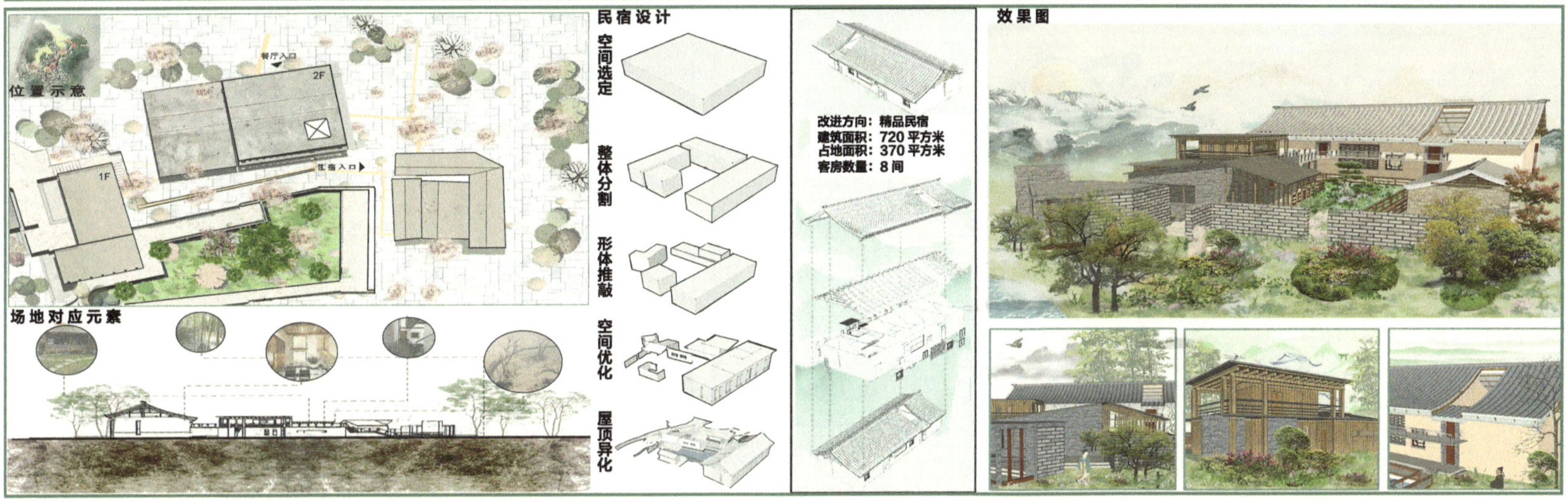

技术路线 | 投资融资机制 | 风貌保护公约 | 多方协同治理 | 分期建设

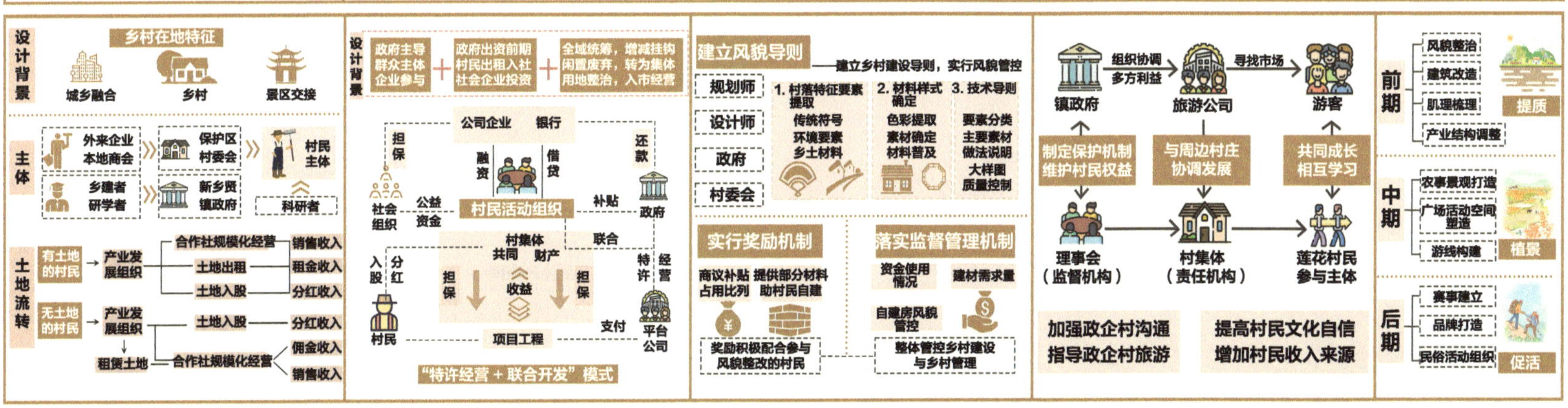

· 生态共轭，城乡要素融合

村域总平面图

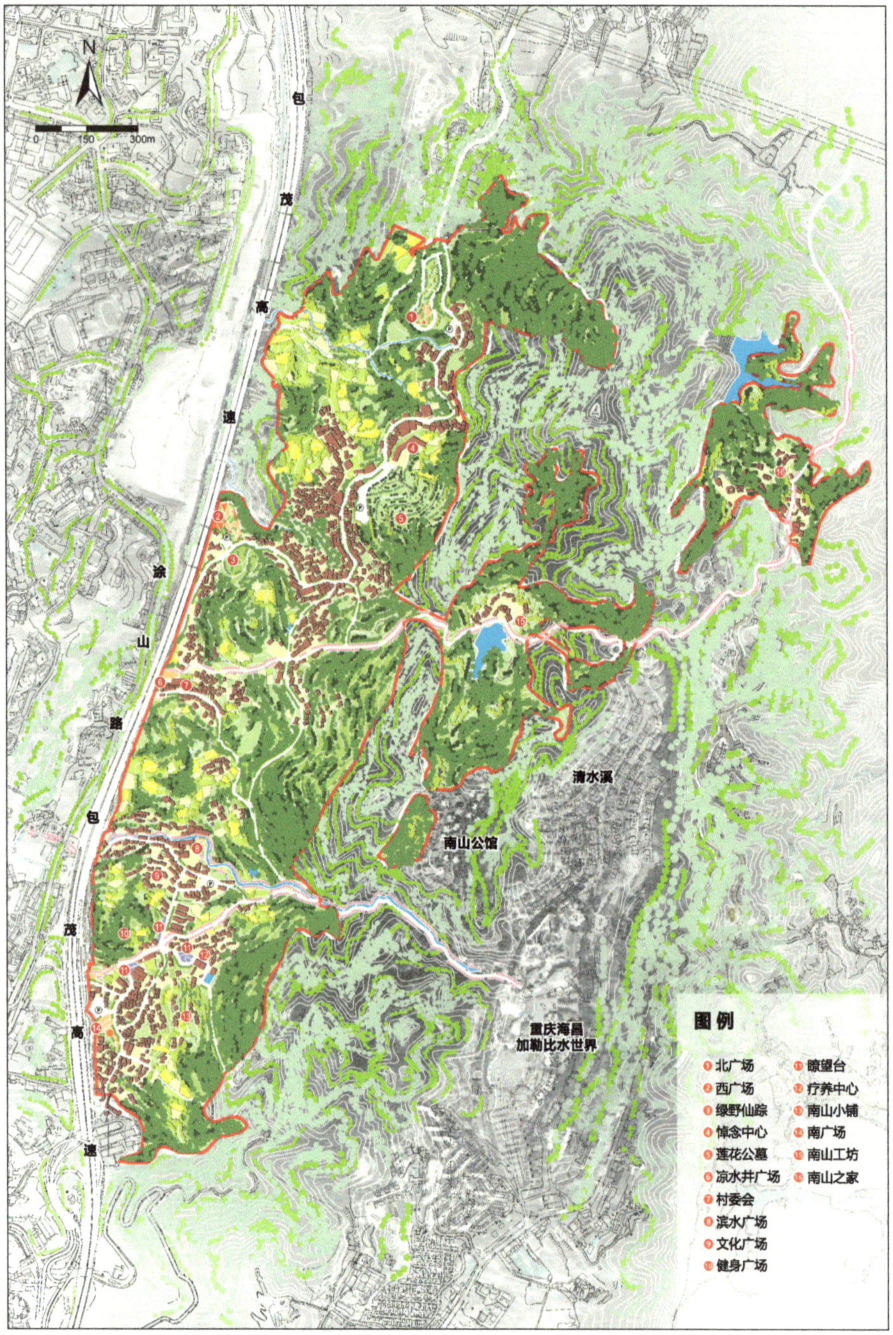

智慧生态引领下的生态空间

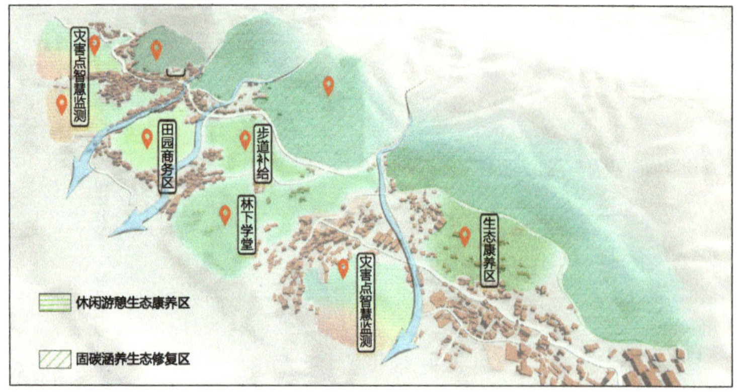

智慧生态引领下的生活空间

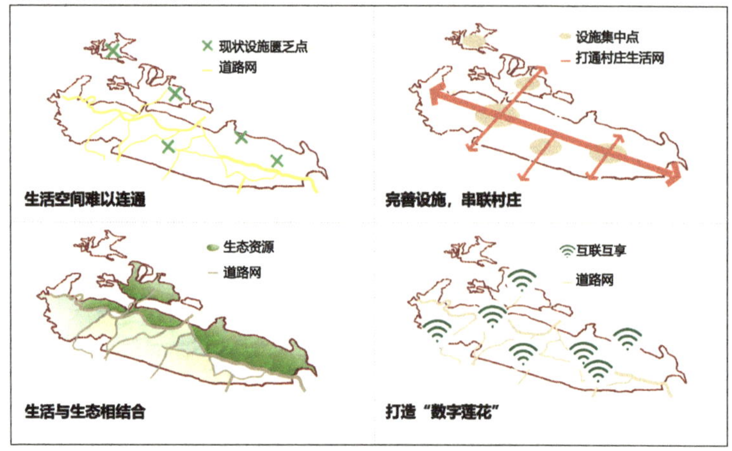

智慧生态引领下的生产空间

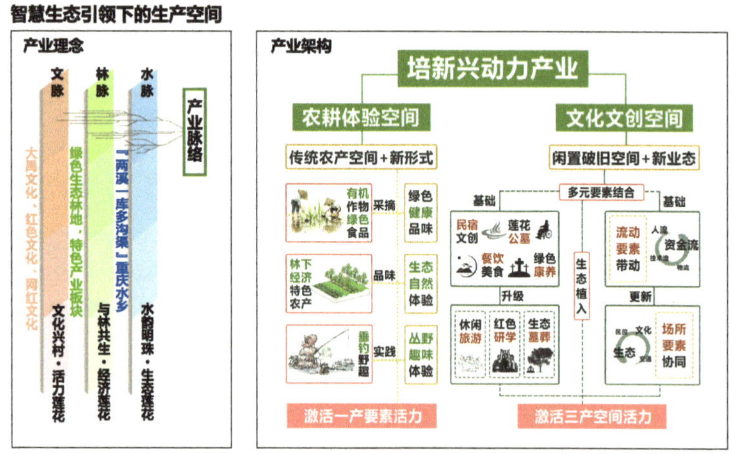

智慧莲乡，生态南山——智慧生态引领下的莲花村村庄规划设计

参赛院校：青岛理工大学
作者姓名：冀昊良　周　杨　燕玉玺　何鸿宏　袁念祖
指导老师：韩　青　吴莞姝
"重庆规划杯"第四届全国大学生国土空间规划设计竞赛　三等奖

方案点评：

作品聚焦生态导向，基于对空间生态本底引领下的三生空间（生态、生活、生产）现状评价、困境识别和路径选择，提出了生态空间、人居空间和产业空间的布局策略，旨在通过生态引领来实现空间格局优化、空间的更新设计以及生态环境修复。此外，作品进一步融入智慧治理要素，将传统乡村规划设计与数字乡村发展相融合，以智慧引领三生空间的发展，搭建多样化的N+场景，构建了"智慧莲乡"的综合规划图及其相应的技术线路架构。

未来构想

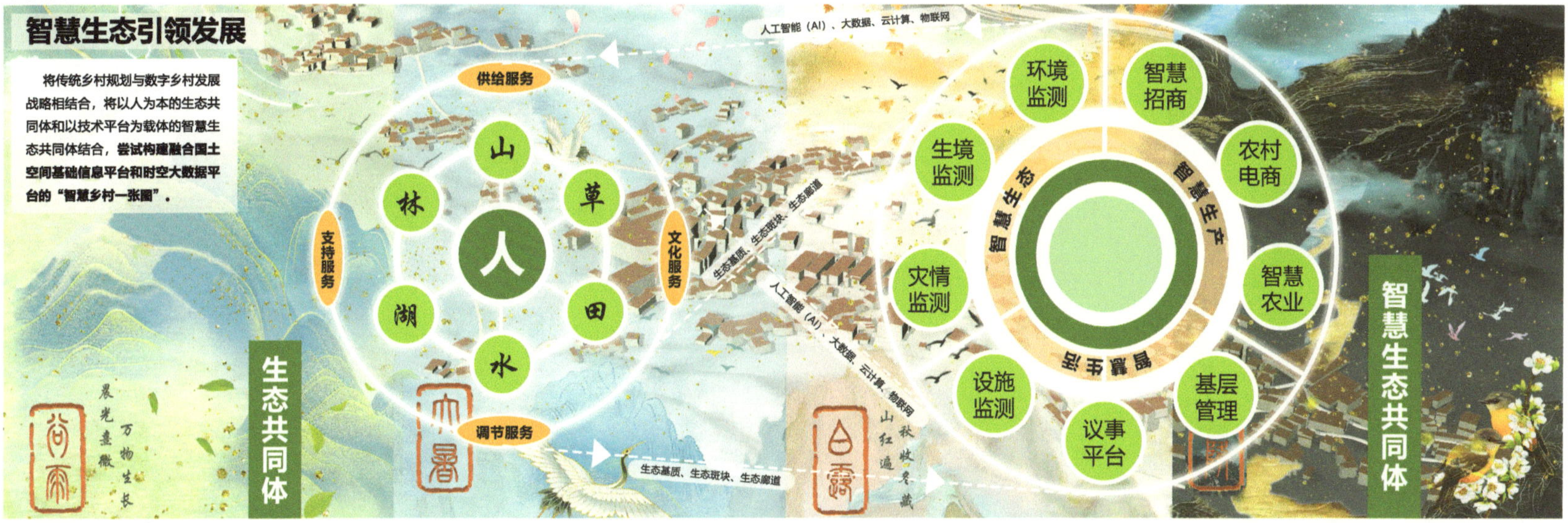

“智慧莲乡一张图”

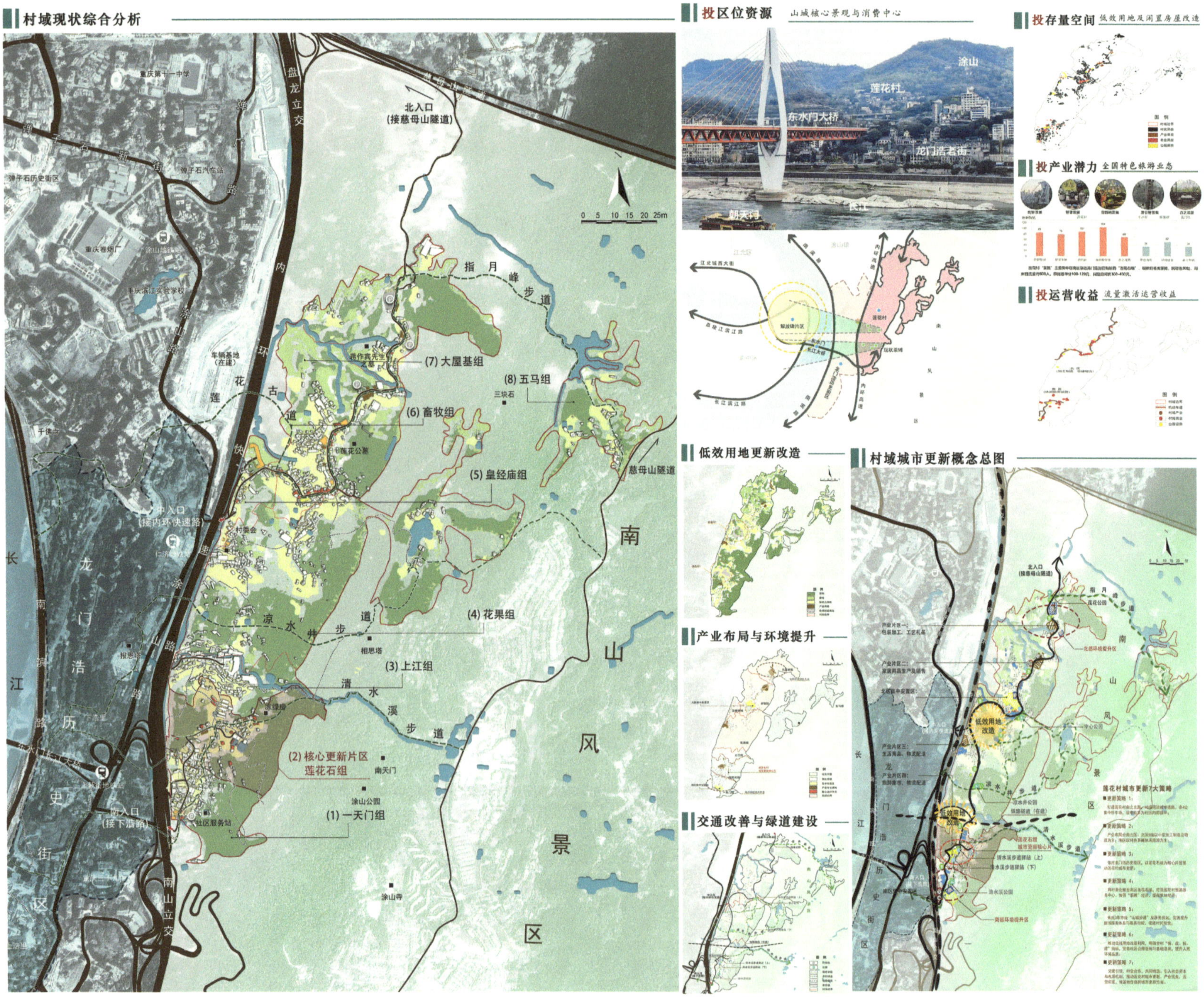

莲花村城市更新“投建运管”

参赛院校：华中科技大学
作者姓名：张馨月　袁泽棋　向若妤　成浩然　姜航宇
指导老师：洪亮平　赵守谅
“重庆规划杯”第四届全国大学生国土空间规划设计竞赛　三等奖

方案点评：

作品关注乡村建设的特性，深入分析城郊乡村人地产城关系和资源、资产的投运价值，围绕价值实现，从“投建运管”的全过程视角探讨城中村的更新路径、重点和规划设计体系。通过运营效益分析，结合村落空间格局，提出针对村庄存量低效用地的具体更新策略，并提供了功能业态、空间形态、村落风貌等方面的策划与设计方案。

莲花石组空间区位

莲花石组现状航拍

核心片莲花石组更新总平面图

山城重庆"最美"茶摊

核心片莲花石组更新效果图

全国"最靓"旅游村寨

规划结构分析

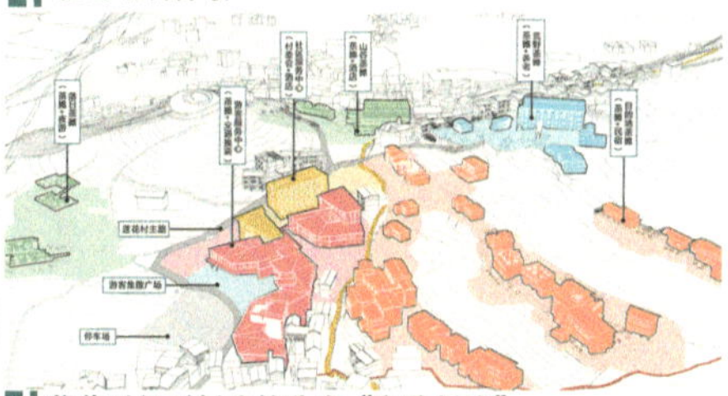

莲花石组更新建筑分类"留改拆建"

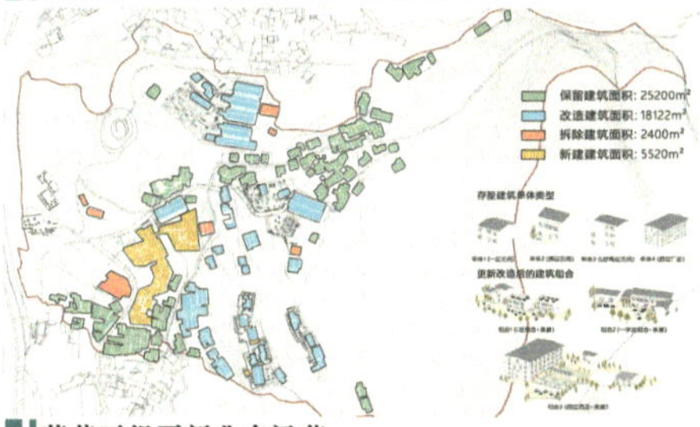

莲花石组更新业态运营

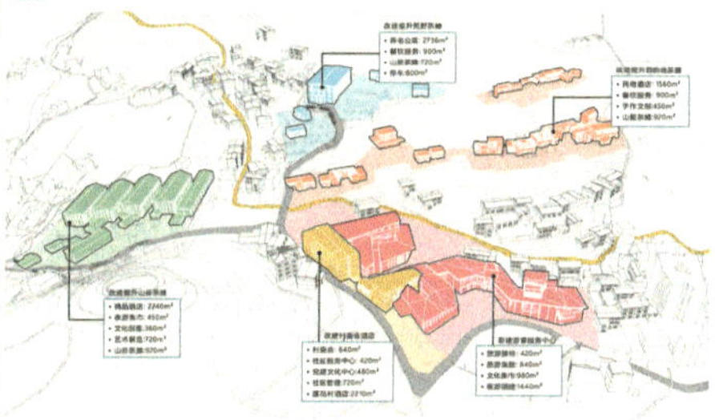

总平面图

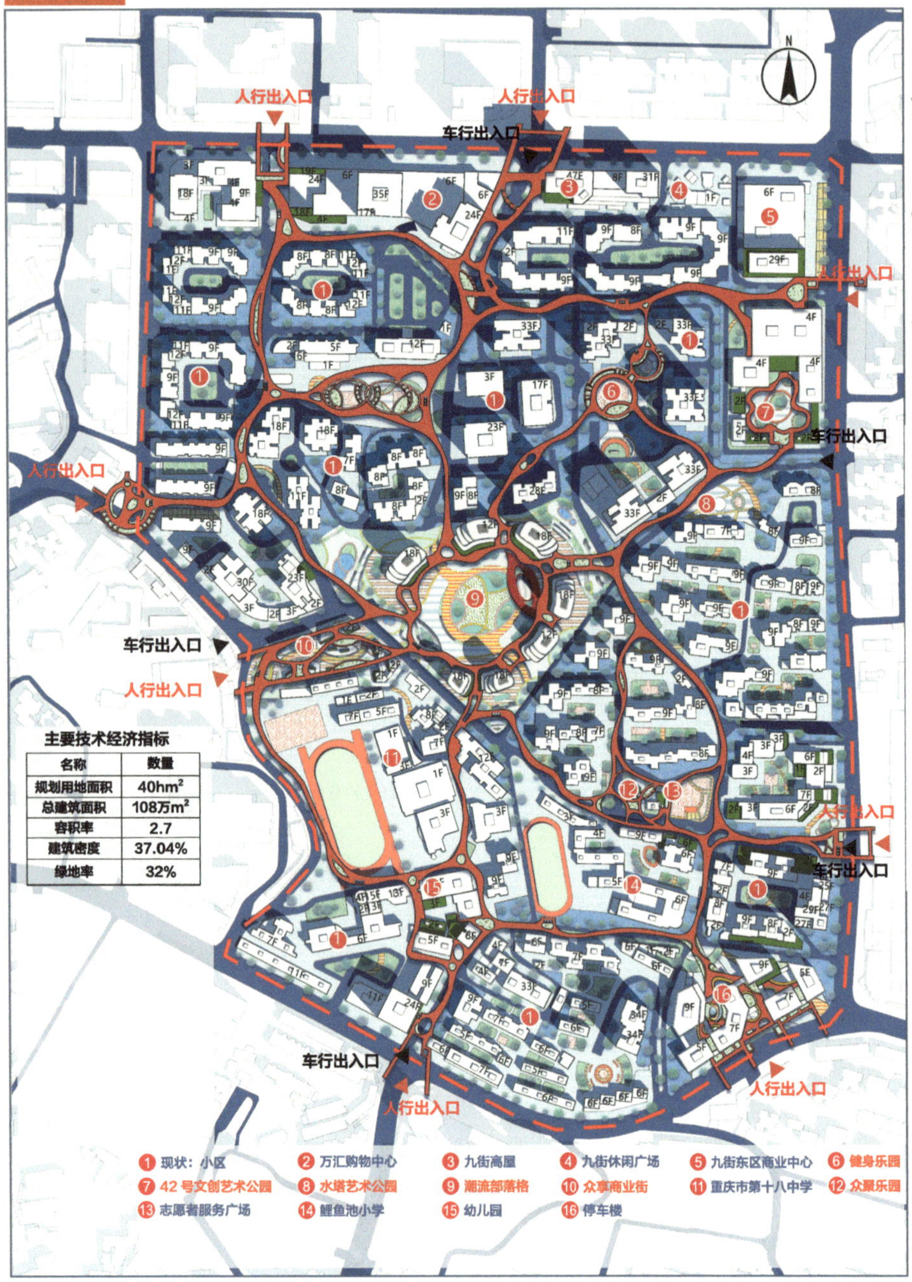

主要技术经济指标

名称	数量
规划用地面积	40hm²
总建筑面积	108万m²
容积率	2.7
建筑密度	37.04%
绿地率	32%

基地分析

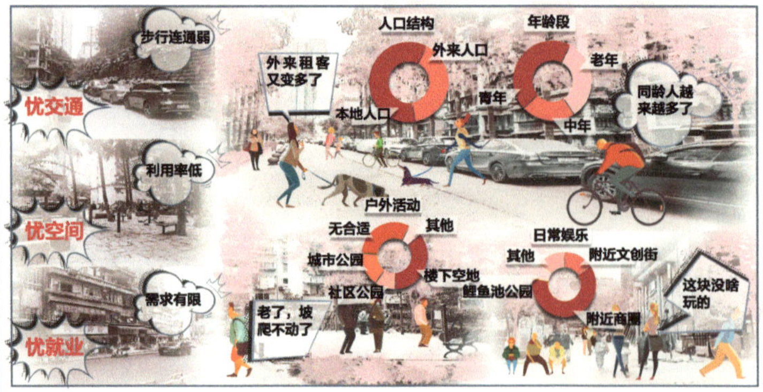

现状分析

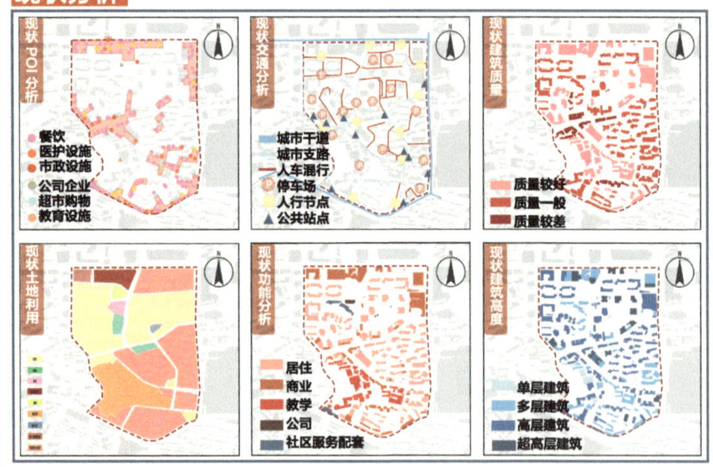

设计策略

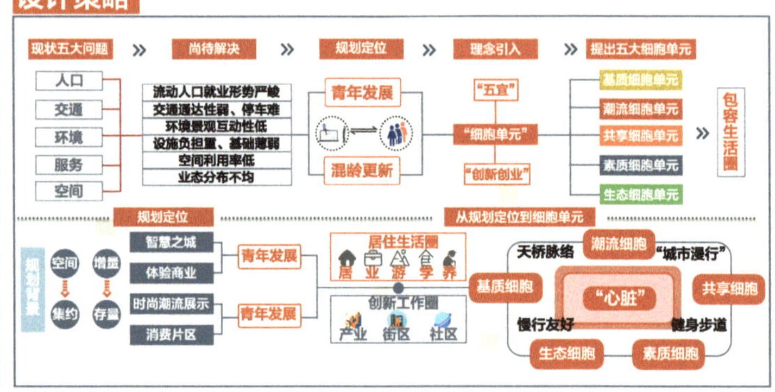

脉动心脏，舒活细胞——基于青年发展的鲤鱼池生活圈混龄更新设计

参赛院校：贵州大学
作者姓名：伍迎萍　林少骏　王东博　杨廷琳
指导老师：杜　佳
“重庆规划杯”第四届全国大学生国土空间规划设计竞赛　三等奖

方案点评：

作品基于基地人口结构特征，关注青年发展，进而推动全龄友好社区建设。作品以“细胞”为规划的空间要素提出更新规划设计策略，体系内容较为完整，设计表达清晰明确。同时，作品需进一步对建筑的“留改拆”可行性及其相应的更新模式进行论证，对连廊系统的必要性和可行性进行评估。

鸟瞰图

规划分析图

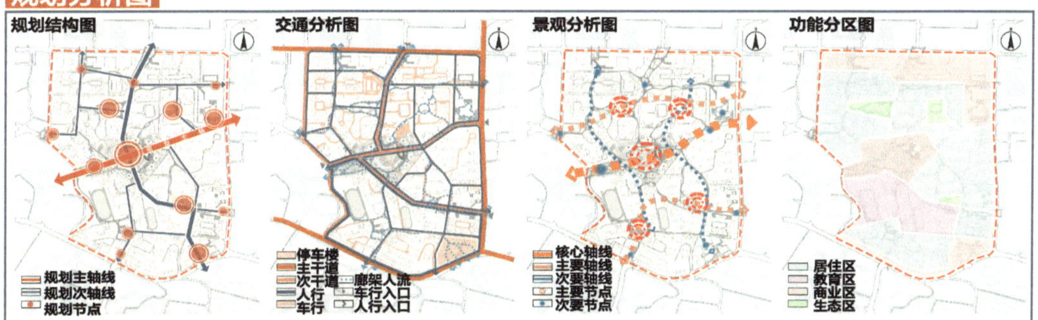

"心脏"——中心街区

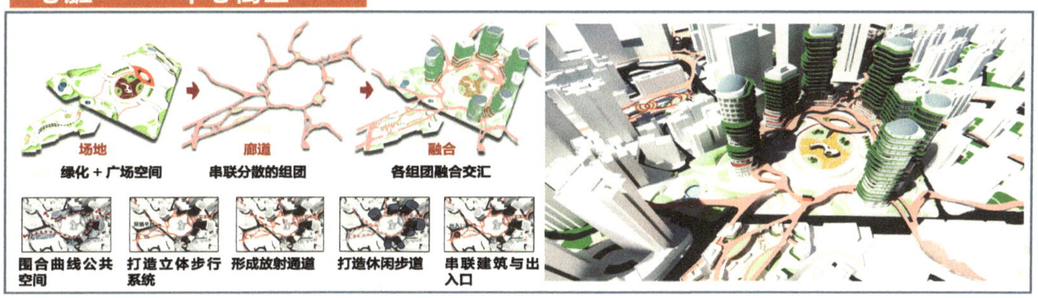

节点图

五大细胞单元

生态细胞单元

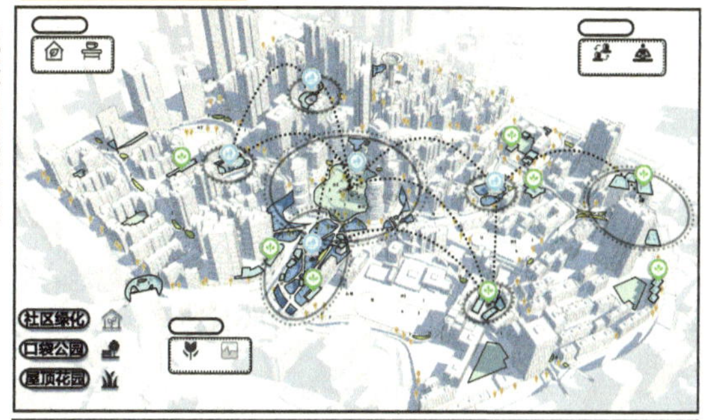

素质细胞单元

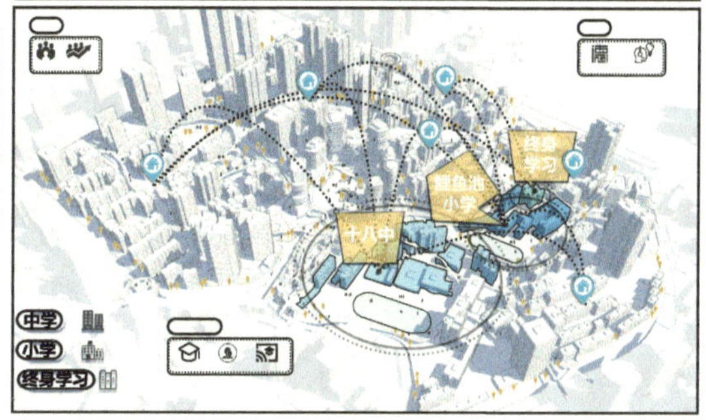

基质细胞单元

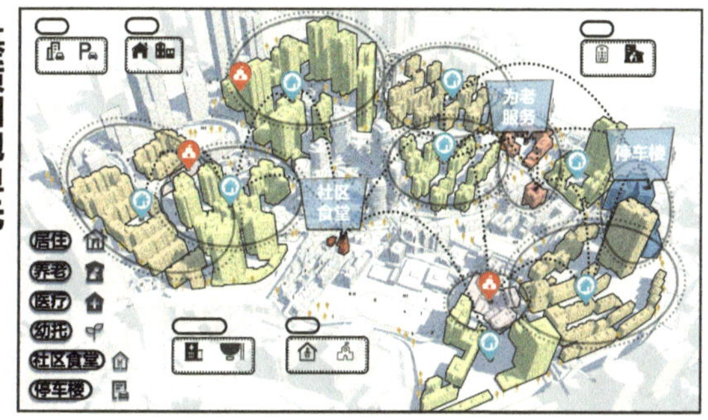

共享细胞单元

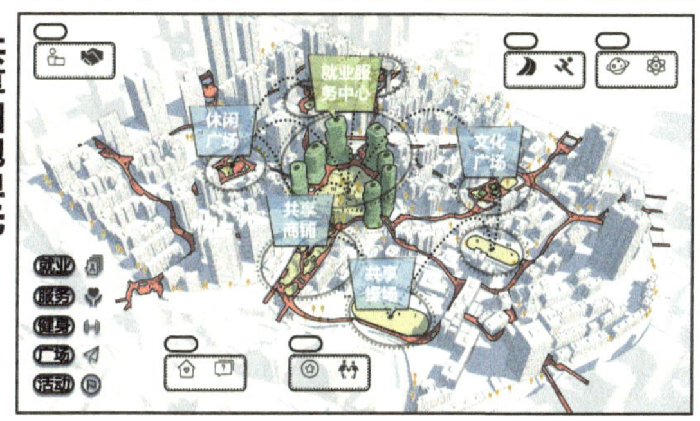

潮流细胞单元

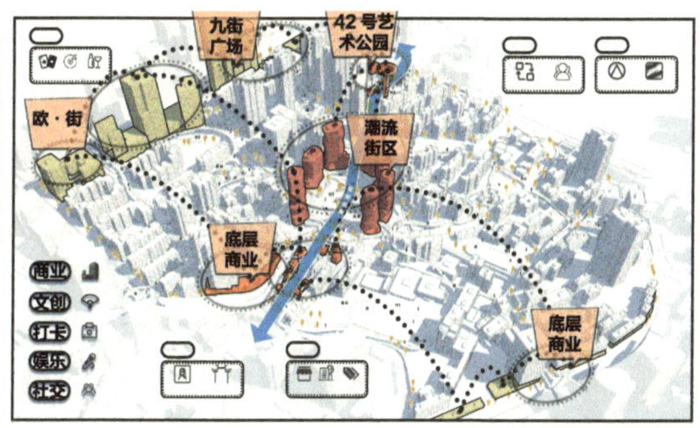

古道山韵，景城乡融——茶马古道文化影响下的景城边缘型乡村营建指南

参赛院校：四川大学
作者姓名：游佳铭　陈子歆　仇乙宇　吕　灏
指导老师：赵　炜　严　祥
“重庆规划杯”第四届全国大学生国土空间规划设计竞赛　三等奖

方案点评：

作品以茶马古道的历史文化为线索，通过对基地的全面评估，将历史文化要素融入村落更新，力图营建具有历史文化意义的村落文化景观。作品为此提出了风貌导控、建筑改造方面的更新策略以及典型空间的设计方案，形象地表达了更新要求和空间意象，也提供了较为完整的村落更新运维策略。

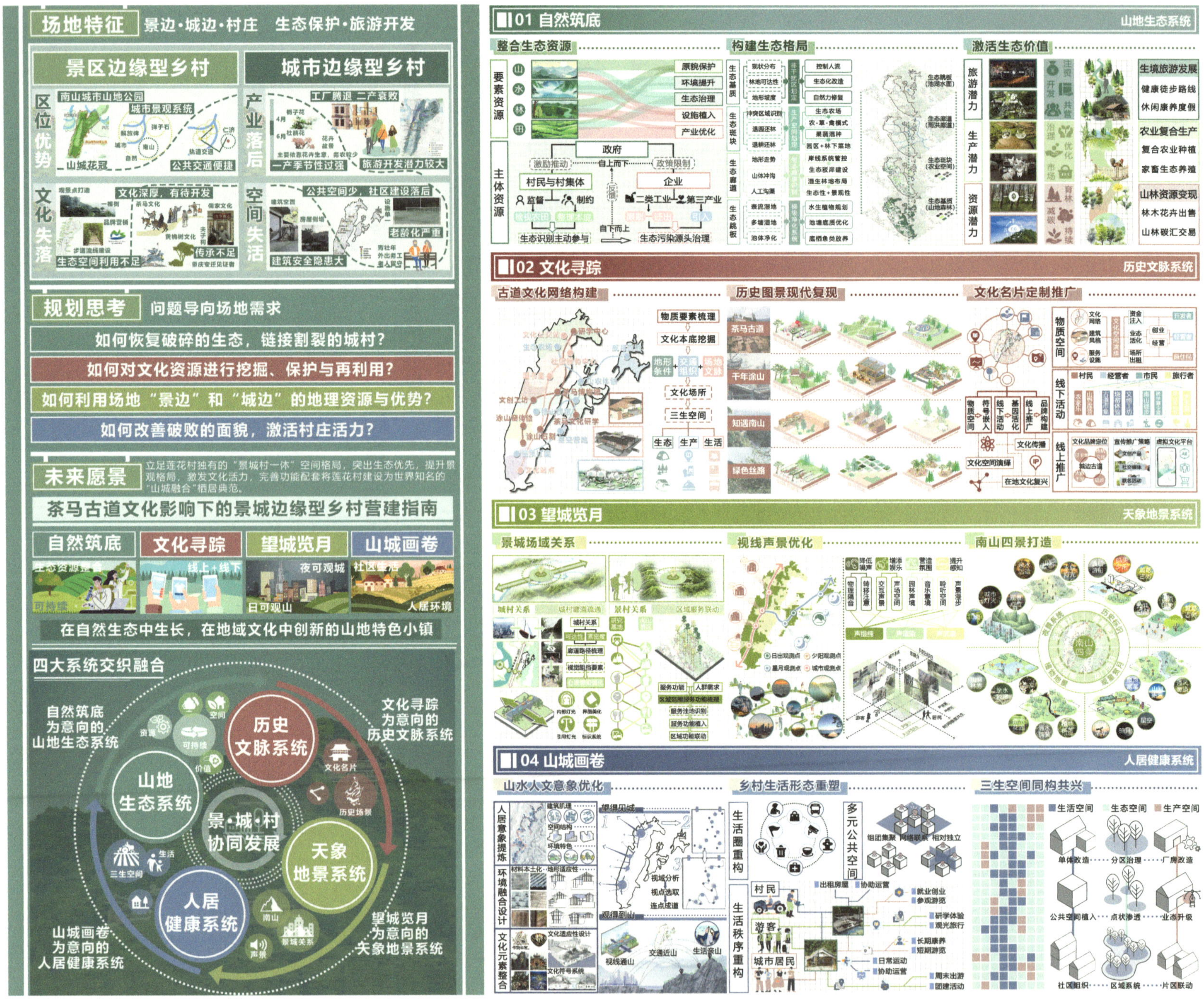

总平面图

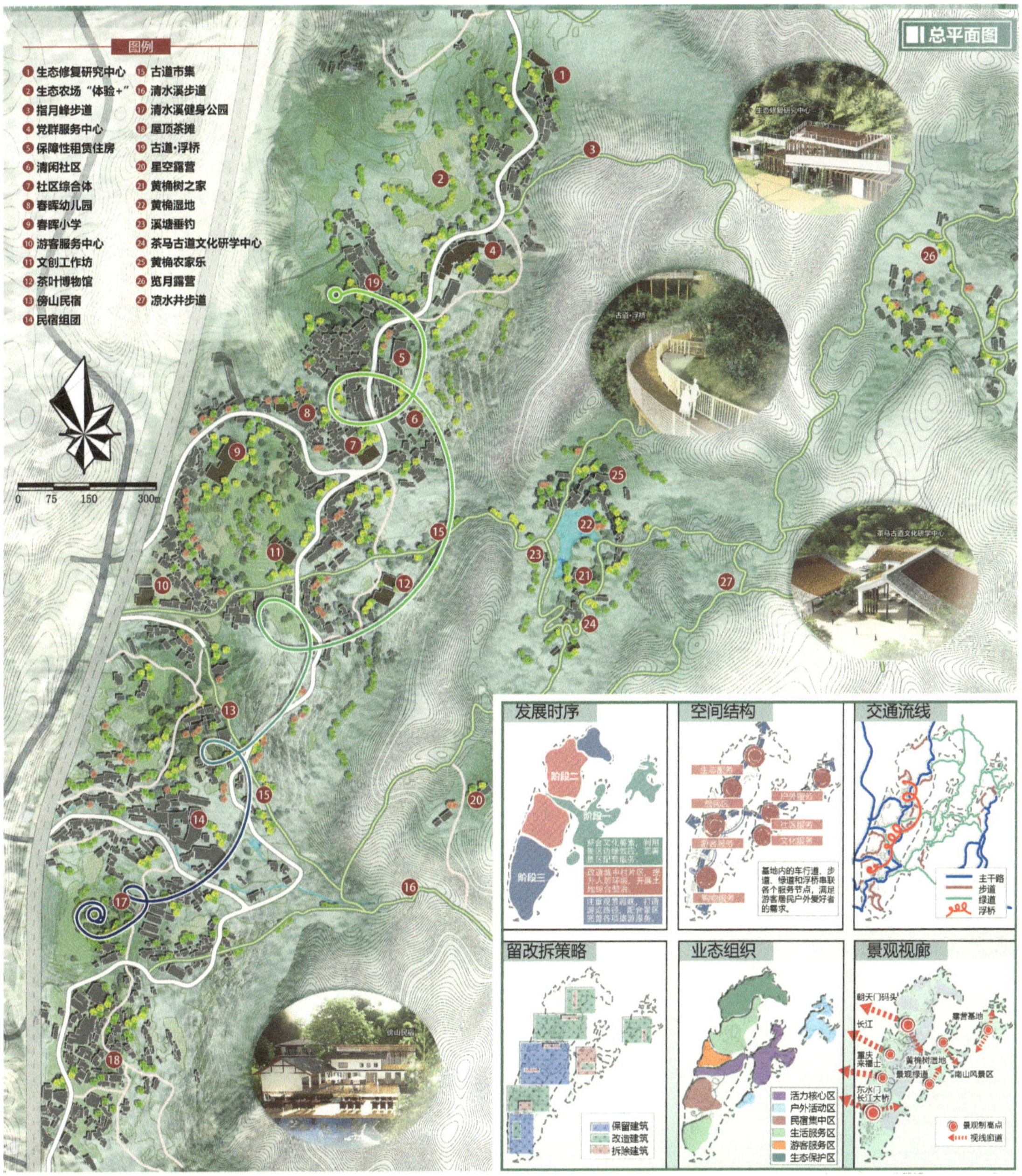

规划鸟瞰效果图

01 自然生态空间

02 生活康养空间

03 寻迹漫游空间

04 星空露营空间

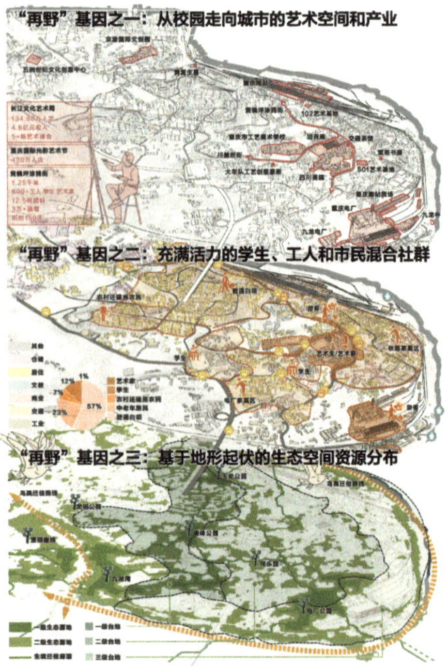

重庆市九龙美术半岛电厂片区城市更新设计“九龙 · 再野”

参赛院校：清华大学

作者姓名：王箬雨　李元赫　谢若曦　周宇恒

指导老师：钟　舸　黄　鹤

“重庆规划杯”第四届全国大学生国土空间规划设计竞赛　三等奖

方案点评：

作品依托重庆电厂片区及周边九龙美术半岛的艺术群落、山水基底和社区、社群资源，尝试将三者在复杂的山地立体空间维度上有机融合，由此构建一个以艺术相关功能产业为主、山地生态公园绿色基底为骨架的三维立体复合空间系统，同时实现了各类人群在多维时空活动网络与绿色立体空间网络的有机互动，空间结构独特，道路、绿化、设施等体系完整。作品中，设计逻辑表达清晰明确。

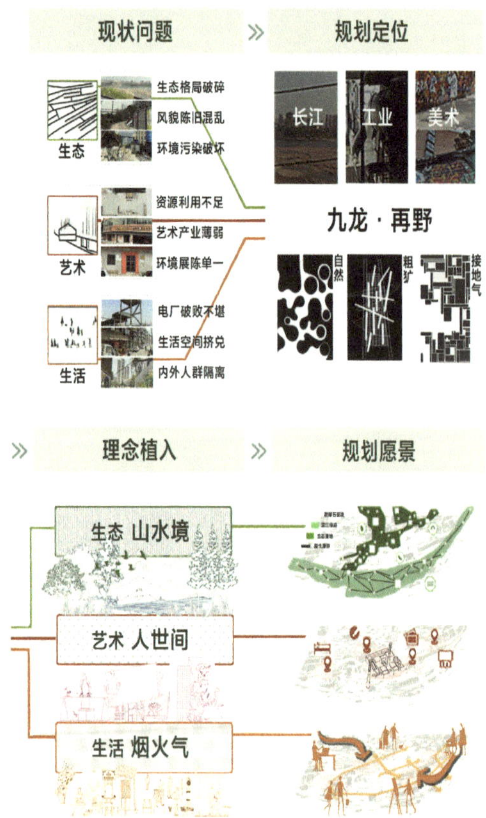

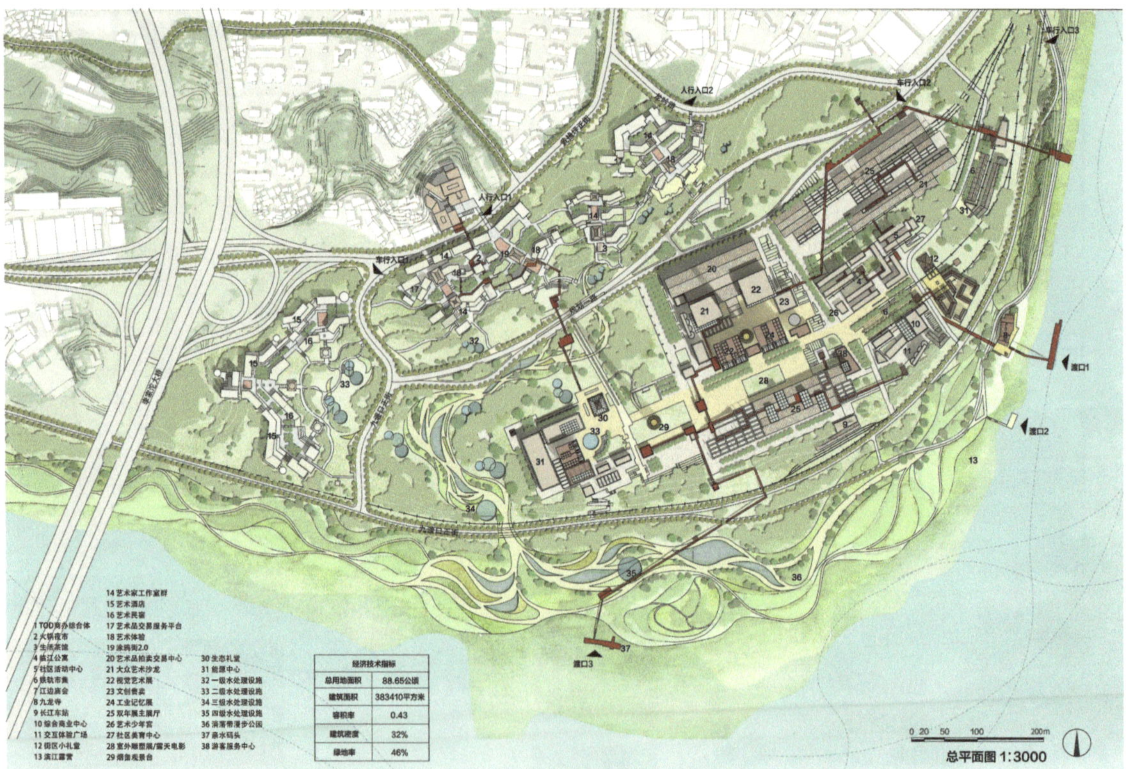

经济技术指标	
总用地面积	88.65公顷
建筑面积	383410平方米
容积率	0.43
建筑密度	32%
绿地率	46%

结构生成分析图　功能分析图　交通与公共空间分析图　水处理设施分析图　建筑拆改留分析图

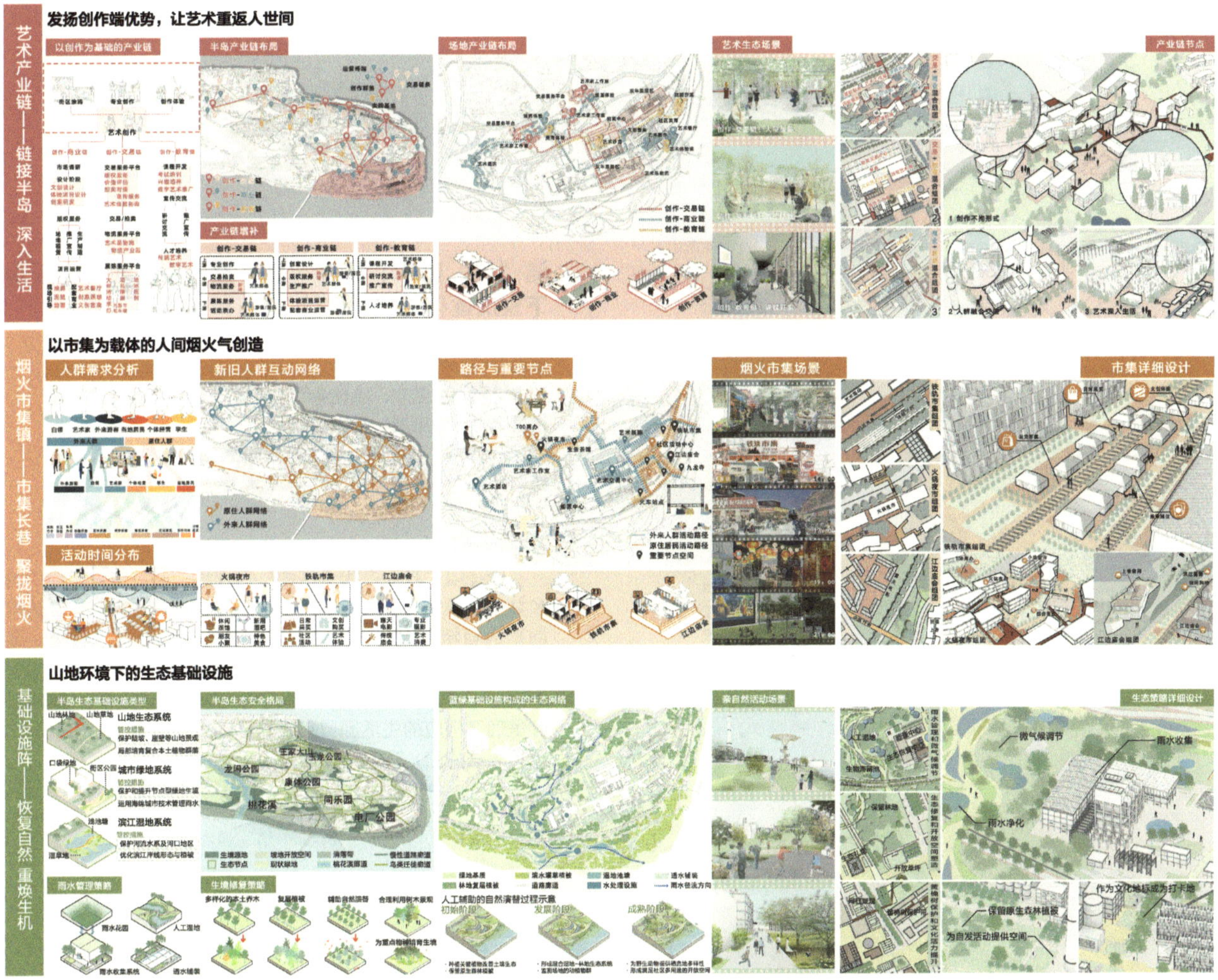
艺术产业链——链接半岛 深入生活
发扬创作端优势，让艺术重返人世间
以创作为基础的产业链
半岛产业链布局
场地产业链布局
艺术生态场景
产业链节点
产业链塑补
创作-交易链
创作-商业链
创作-教育链
烟火市集镇——市集长巷 聚拢烟火
以市集为载体的人间烟火气创造
人群需求分析
新旧人群互动网络
路径与重要节点
烟火市集场景
市集详细设计
活动时间分布
基础设施阵——恢复自然 重焕生机
山地环境下的生态基础设施
半岛生态基础设施类型
半岛生态安全格局
蓝绿基础设施构成的生态网络
亲自然活动场景
生态策略详细设计
雨水管理策略
生境修复策略
人工辅助的自然演替过程示意
初始阶段
发展阶段
成熟阶段

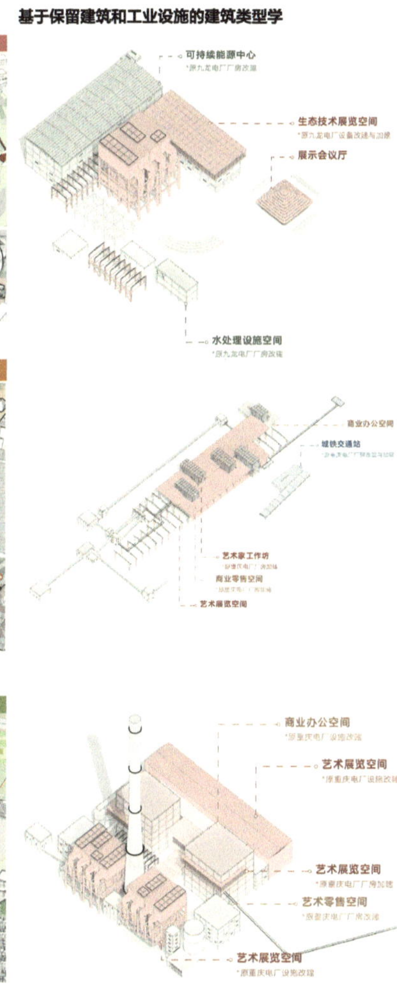
基于保留建筑和工业设施的建筑类型学
可持续能源中心
生态技术展览空间
展示会议厅
水处理设施空间
商业办公空间
城轨交通站
艺术家工作坊
商业零售空间
艺术展览空间
商业办公空间
艺术展览空间
艺术展览空间
艺术零售空间
艺术展览空间

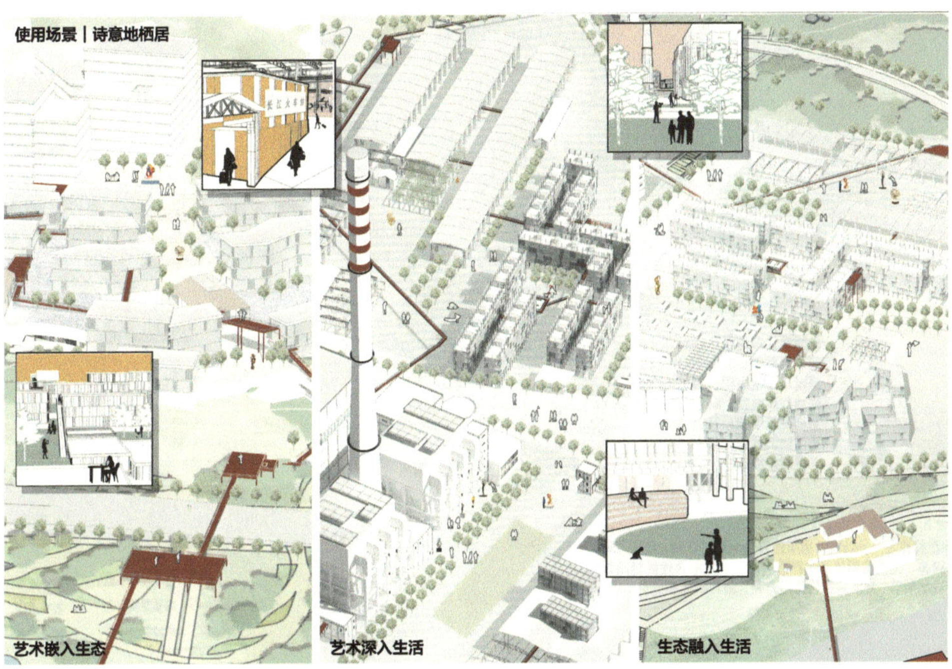
使用场景｜诗意地栖居
艺术嵌入生态
艺术深入生活
生态融入生活

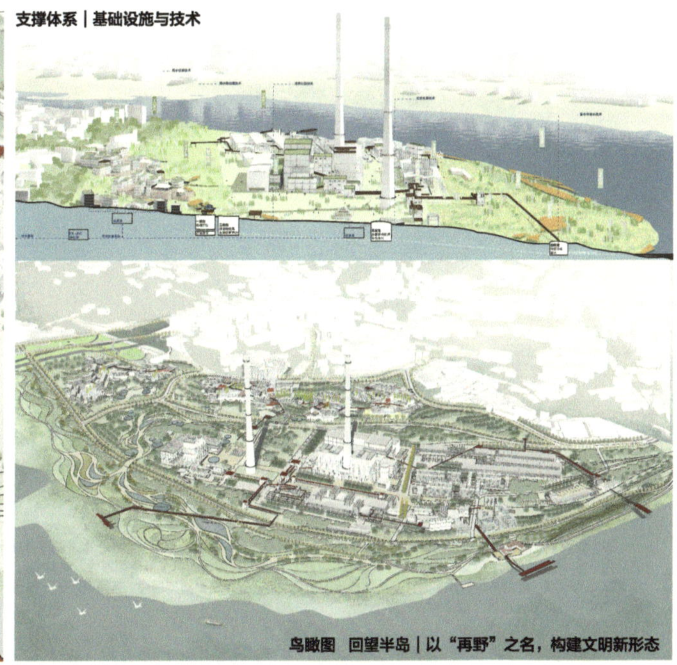
支撑体系｜基础设施与技术
鸟瞰图 回望半岛｜以“再野”之名，构建文明新形态

■总平面图

■经济技术指标

村域规划总面积：1988072.43 ㎡
建筑总面积：324856.81 ㎡
建筑总占地面积：149956.01 ㎡
改造建筑面积：5483.35 ㎡
新增建筑面积：1547.69 ㎡
拆除建筑面积：3241.67 ㎡
总户数：875 户

■设计说明

基地位于重庆南岸区涂山镇南山山脚、处于城市和生态资源的缓冲地带，闹中取静。本规划源自对莲花村作为一种地方性场所的复杂内涵的认知，融入“地方场所”和“地方空间”理念，基于在地共生视角，挖掘莲花村作为场所的多维价值属性，包括生态共同体、生活共同体和生产共同体，通过综合性的场所营造得以完整实现。结合具体特点，探讨在地化的场所营造策略，提出主要实施路径，包括提升宜居性、增进场所感、开展跨域协作等方面，最终构建出一个生态、健康和经济的新时代宜居宜业的城乡共生地带。

渝“见”南山，莲乡“在”造——在地共生视角下重庆莲花村规划设计

参赛院校：安徽建筑大学
作者姓名：戚浩东　康长楠　丁　欣　王惠琴
指导老师：顾康康　张馨木
“重庆规划杯”第四届全国大学生国土空间规划设计竞赛
佳作奖

方案点评：

作品以“在地”和“共生”为理念，通过重点建构“城乡共生”模式，以期实现城乡互动融合的发展目标。设计借助基地独特的山地环境和自然资源优势，提出“磁极、场域、场力、场景”四大空间更新体系和产业发展策略，依据磁极、场域的相关原理，营造了新的村落场景体系，具体设计呈现了相应的生活图景和人群活动的场所意向。图纸设计逻辑表达清晰，环境与场景意向一目了然。

■空间结构

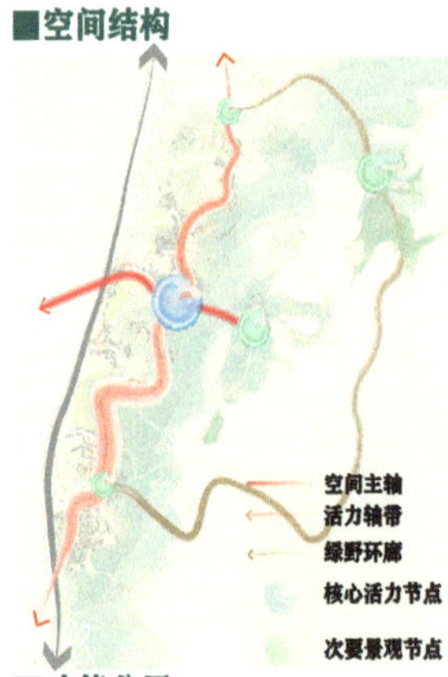

■交通流线

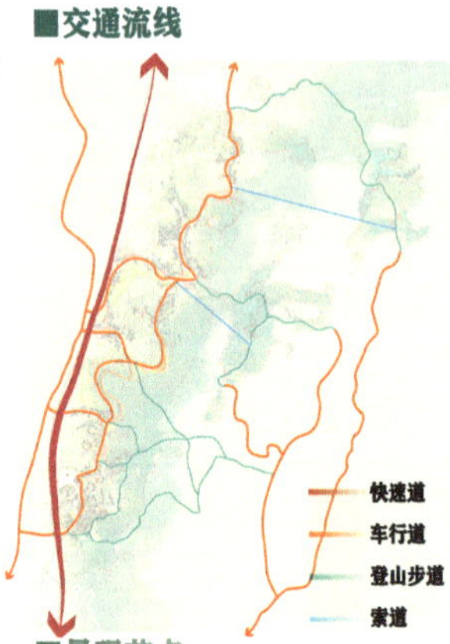

■功能分区

■景观节点

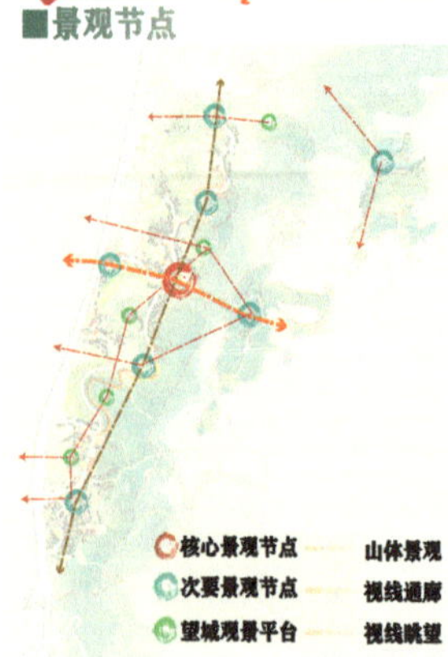

■“在地共同体”设计理念

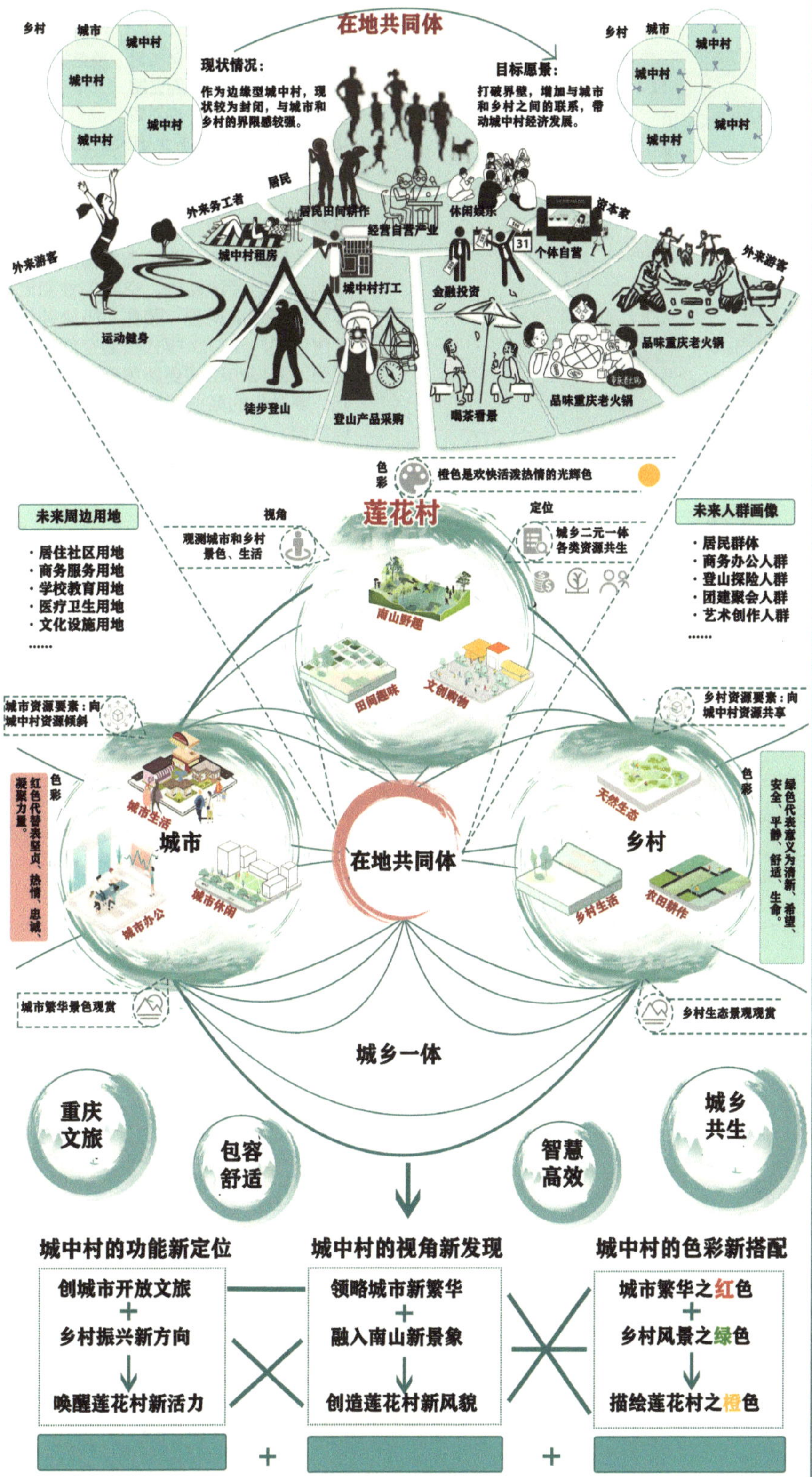

■策略解析

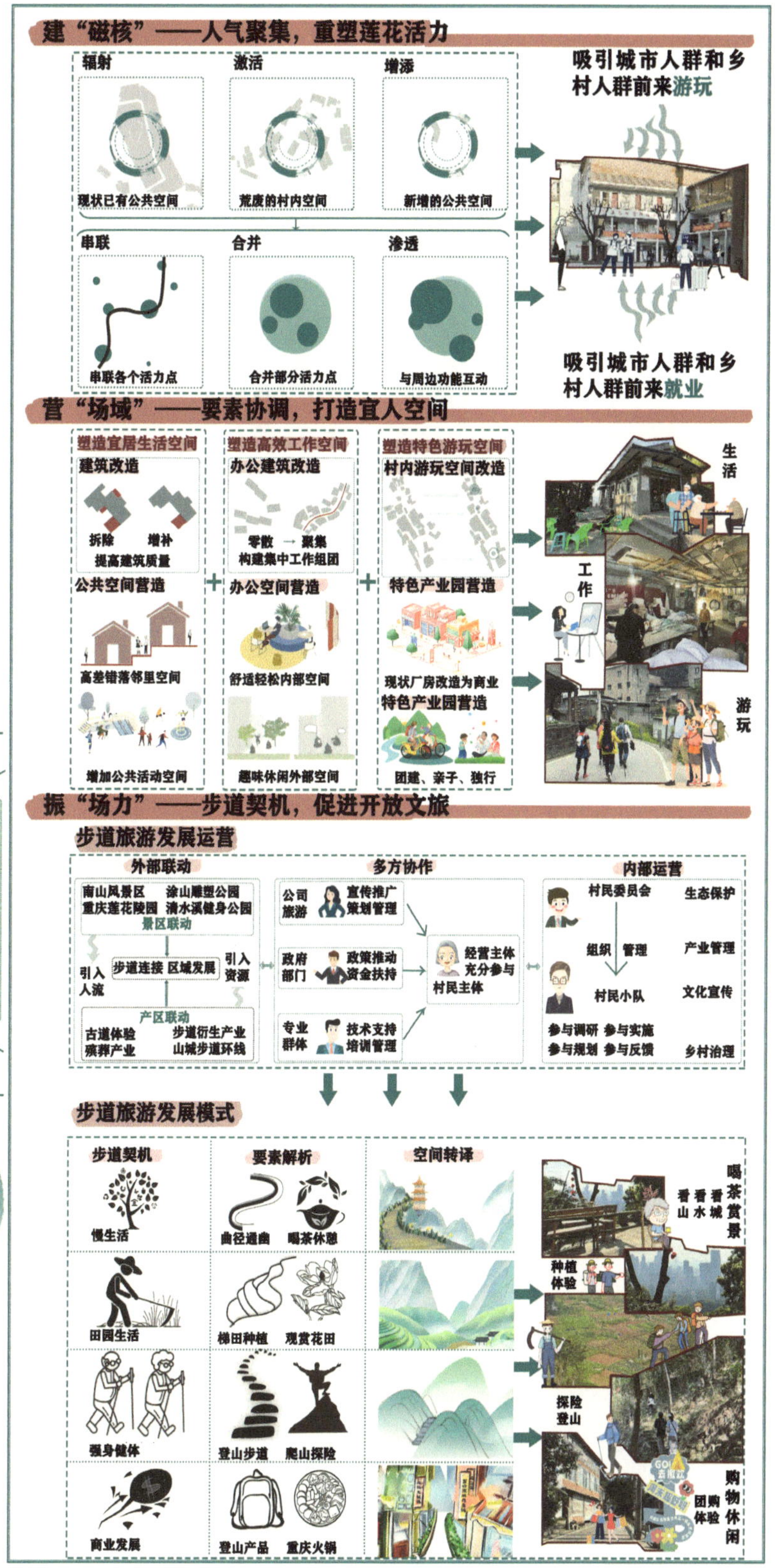

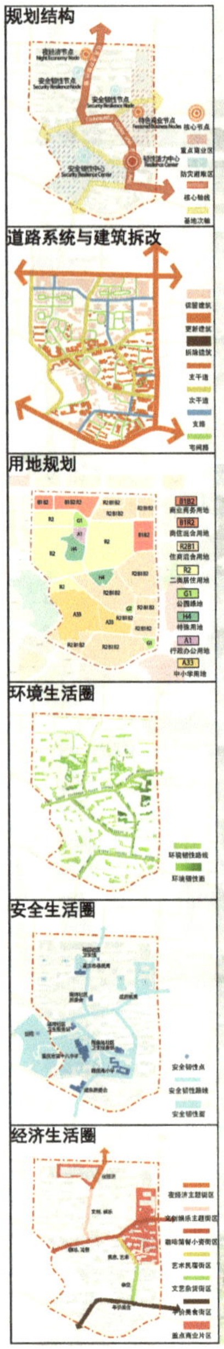

共建“韧性家”——韧性视角下山城内生型社区的更新设计

参赛院校：湖南大学

作者姓名：周　悦　蒋晓慧　凌紫缘　朱玲玲　周玄霜

指导老师：冉　静　许乙青

“重庆规划杯”第四届全国大学生国土空间规划设计竞赛　佳作奖

方案点评：

作品从韧性社区的角度构建规划框架，提出经济韧性、空间韧性和治理韧性的现实问题，聚焦“15分钟社区生活圈”、POD 模式街道空间和庭院空间的城市空间更新策略，以及多元、多样化的商业运营和社区协同治理策略，提供了相应的空间更新图示化指导方案。作品各系统的规划内容体系完整，分析与设计表达清晰。

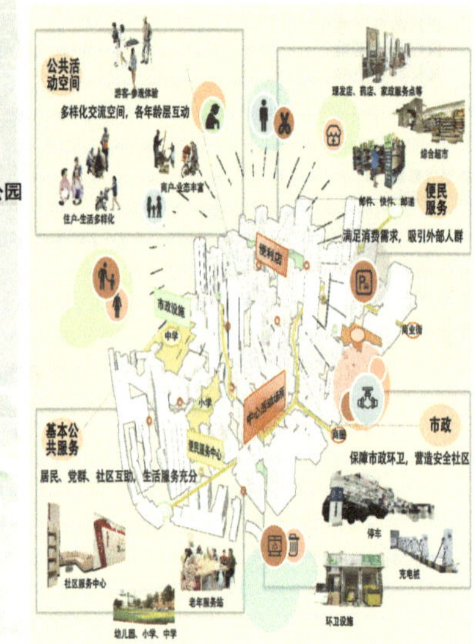

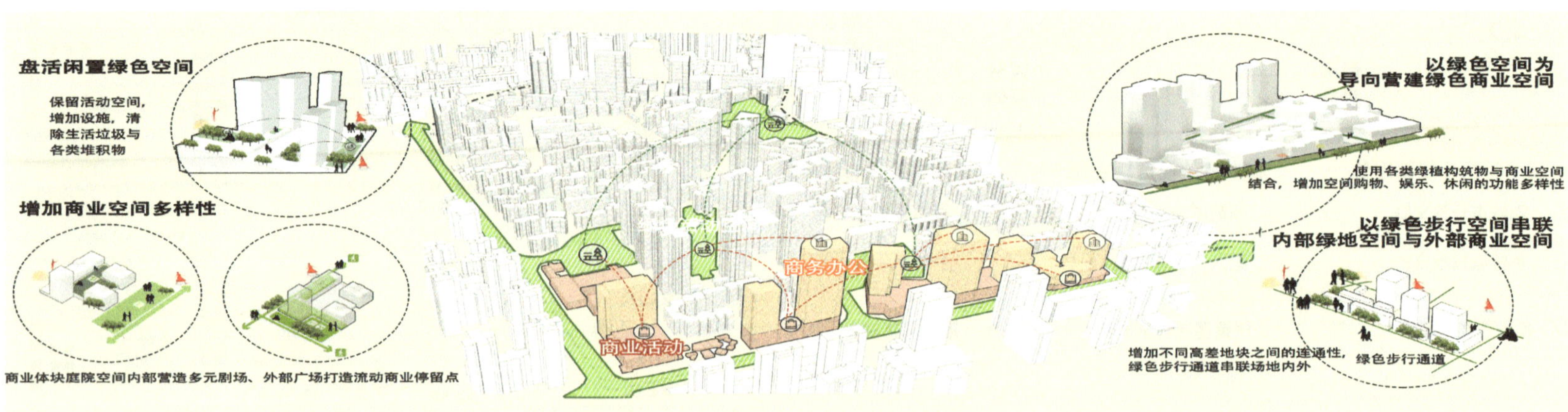

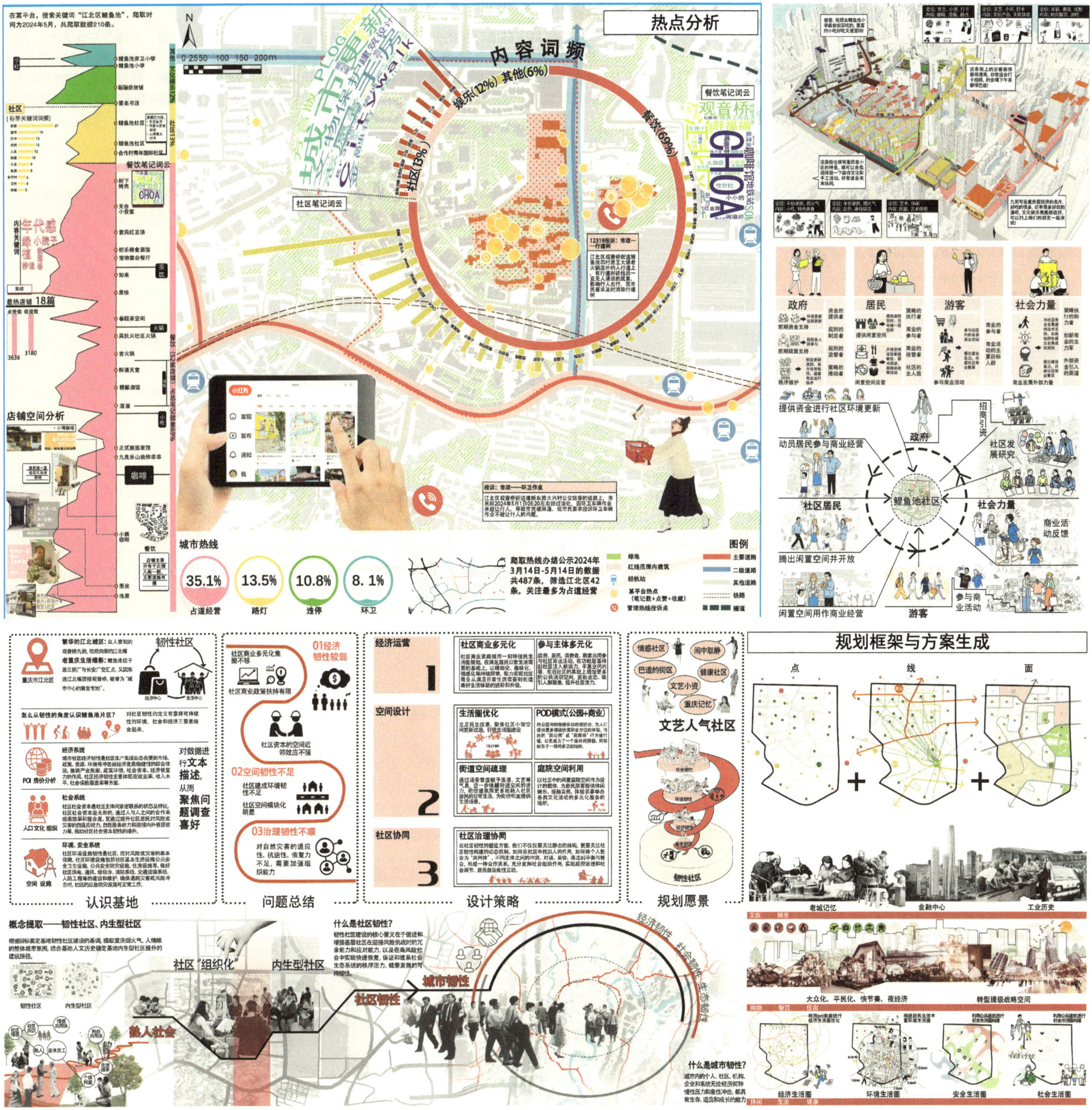
在某平台，搜索关键词"江北区鲤鱼池"，爬取时间为2024年5月，共爬取数据210条。
热点分析
内容词频
餐饮(69%)
社区(13%)
娱乐(12%)
其他(6%)
餐饮笔记词云
社区笔记词云
店铺空间分析
城市热线
35.1%
占道经营
13.5%
路灯
10.8%
违停
8.1%
环卫
爬取热线办结公示2024年3月14日-5月14日的数据共487条。筛选江北区42条。关注最多为占道经营
图例
政府
居民
游客
社会力量
提供资金进行社区环境更新
动员居民参与商业经营
社区居民
腾出闲置空间并开放
闲置空间用作商业经营
鲤鱼池社区
社会力量
招商引资
社区发展研究
商业活动反馈
参与商业活动
游客
规划框架与方案生成
点
线
面
认识基地
韧性社区
怎么从韧性的角度认识鲤鱼池片区？
经济系统
社会系统
环境、安全系统
问题总结
01经济韧性较弱
02空间韧性不足
03治理韧性不顺
设计策略
经济运营
社区商业多元化
参与主体多元化
空间设计
生活圈优化
POD模式(公园+商业)
街道空间疏理
庭院空间利用
社区协同
社区治理协同
规划愿景
文艺人气社区
韧性社区
老城记忆
金融中心
工业历史
大众化、平民化、快节奏、夜经济
转型提级战略空间
经济生活圈
环境生活圈
安全生活圈
社会生活圈
概念提取——韧性社区、内生型社区
社区"组织化"
内生型社区
熟人社会
社区韧性
城市韧性
经济韧性
社会韧性
生态韧性
什么是社区韧性？
什么是城市韧性？

九坎社区——基于完整社区理念的鲤鱼池片区更新设计

参赛院校：山东建筑大学
作者姓名：李振兴　古伟睿　徐　震　邱明楚
指导老师：赵　亮　林伟鹏
“重庆规划杯”第四届全国大学生国土空间规划设计竞赛　佳作奖

方案点评：

作品基于基地存在的问题和人群特征的详细分析，从“交通、设施、治理”三大方面，提出了九项规划的更新措施，并系统地予以空间更新的落位，形成了一个较为完整的空间结构，给出了具有针对性的节点设计方案。作品分析研究细致，规划体系完整，特别是有关空间更新的内容表达较为全面。同时，需进一步对建筑的“留改拆”可行性及其相应的更新模式进行论证。

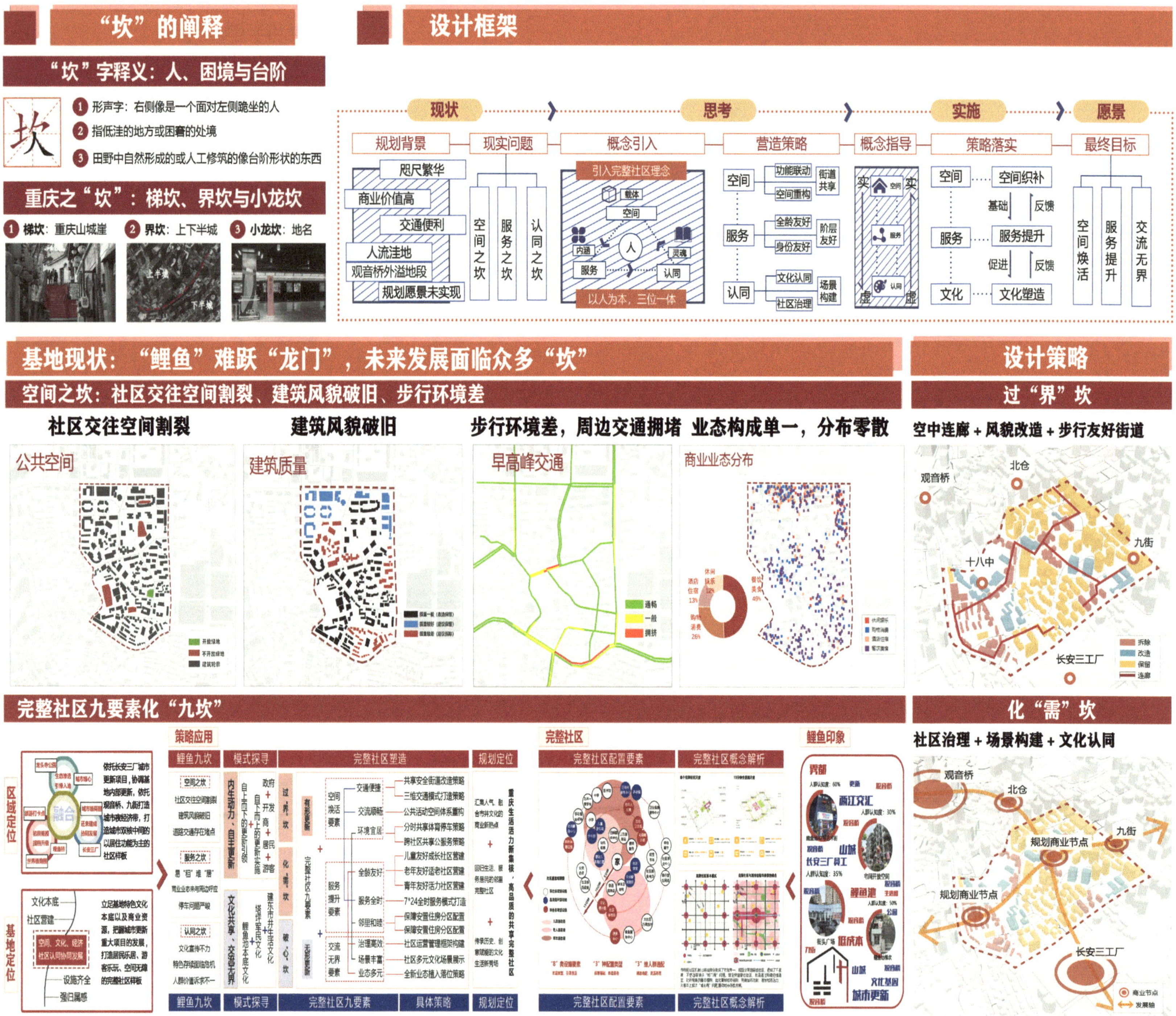

九坎社区

——基于完整社区理念的鲤鱼池片区更新设计

识坎 化坎 织坎 过坎

区域结构联动周边协同发展

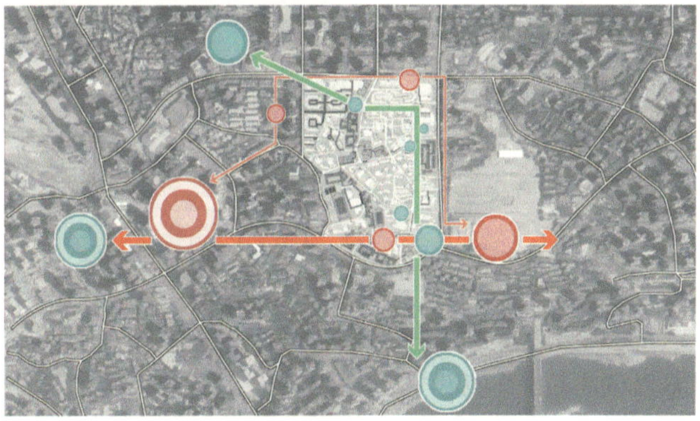

城市级商业中心 城市级景观节点 区域级商业中心 区域级景观节点

区域协同发展轴 商业联动轴 景观走廊

梳理坎体系生成建筑

1 梳理道路与权属　2 组织要素形成坎　3 依据坎组织建筑

步行微循环打破空间与权属坎

步行组织 连廊 空间坎 权属坎

依据台地构建景观体系

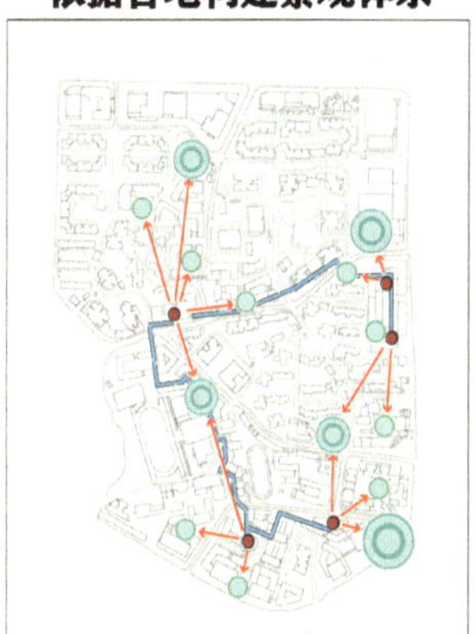

景观核心 景观节点 眺望点 视线通廊 连廊

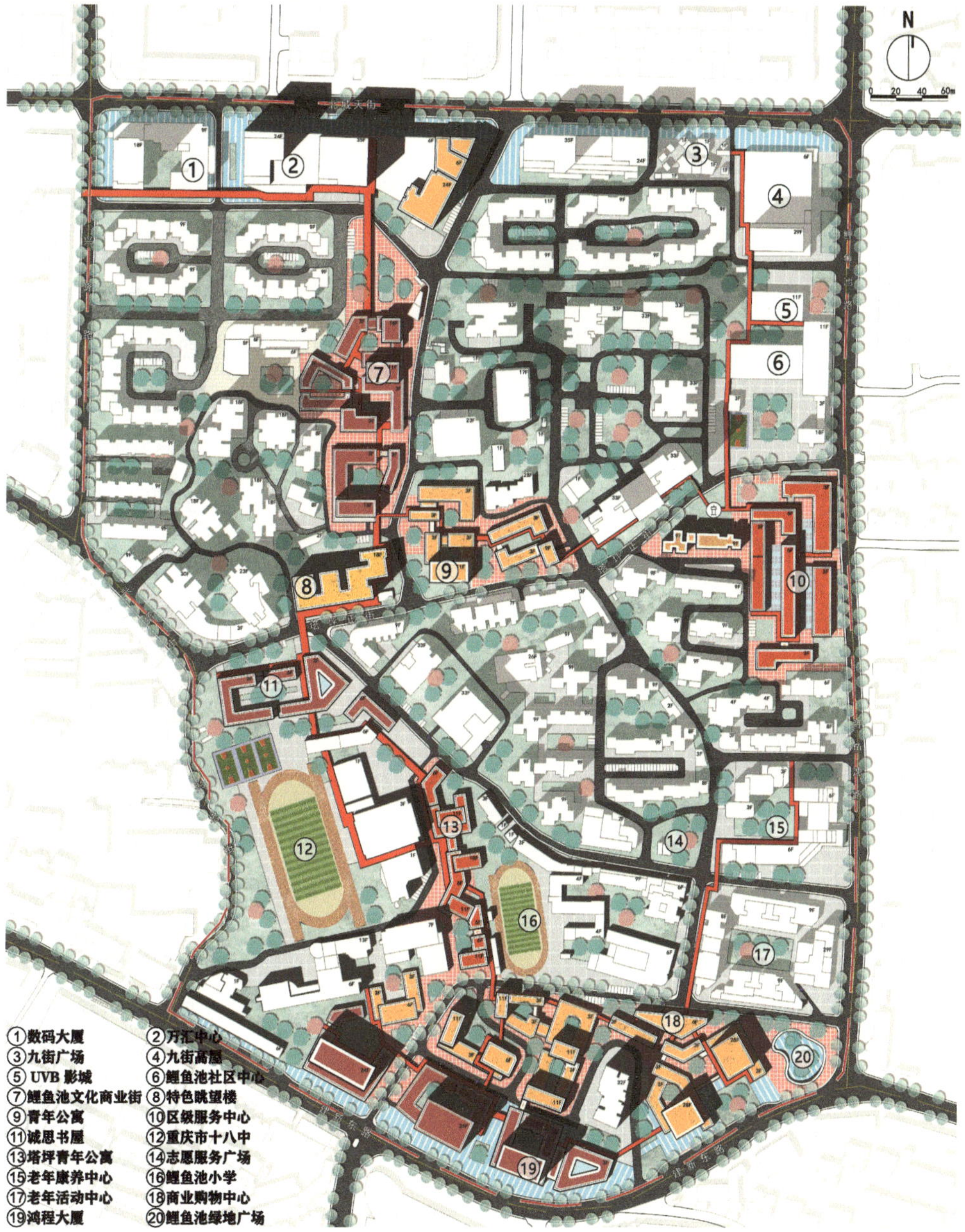

东剖面图

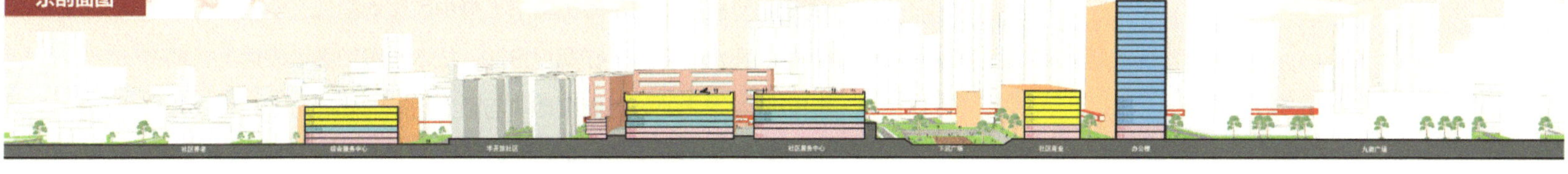

后　记

未来规划师——“重庆规划杯”第四届全国大学生国土空间规划设计竞赛已于重庆顺利闭幕。在竞赛中，参赛选手展开了激烈的角逐，最终评选出了一系列优秀的作品。经过精心筹备，本届竞赛的获奖作品集即将与公众见面。目前，竞赛已经成功举办了四届，第五届的筹备工作也正在进行中。四年来，竞赛始终坚持真题真做，得益于组委会和各参与高校的共同努力，“未来规划师”品牌逐渐树立，从南京、天津、武汉再到重庆，参赛师生为城市贡献了许多规划智慧。本书全面展示了国土空间规划相关专业师生在第四届竞赛中取得的成果。在此，我们祝贺所有获奖团队，感谢参与竞赛的所有师生，并期待未来能有更多的师生参与到这项竞赛中来。

本届竞赛以“规划引领城市更新　创新激发城市活力”为主题，聚焦“生态文明　老旧社区更新　工业遗址活化”，围绕城市更新的可实施性，加强城市更新项目运营维护、收益分配等方面的研究。本届参赛作品紧密结合了重庆城市更新的特点和需求，产生了一系列高质量的设计方案和研究成果，为塑造具有山城特色的高品质城市空间场域提出了切实可行的实施方案。

《未来规划师——全国大学生国土空间规划设计竞赛获奖作品集（2021—2022）》《未来规划师——全国大学生国土空间规划设计竞赛获奖作品集（2023）》均已出版，已成为许多国土空间规划专业师生的参考工具书。书中完整地呈现了全国性行业竞赛中的高水平作品，在规划方法、技术手段和图纸表达上，都有可借鉴学习之处。对真实地块与真实问题的处理方式，也成为高校课程教学中学生感知实践的途径之一。

城市更新离不开公众参与。本书图文并茂，浅显易懂，对于关心城市更新工作的非专业人士来说，提供了一个便捷且直观的了解途径。我们希望更多人能够了解“城市更新”这项与我们生活紧密相关的工作，并积极参与其中，共同将城市建设得更美好。

在本书即将面世之际，我们谨代表竞赛组委会，向竞赛的承办高校、各位参赛者以及获奖者表达我们诚挚的谢意。

感谢段进院士担任本届竞赛评审委员会主任。

感谢本书编委会各位专家老师的辛勤工作，同时感谢对本书出版作出贡献的各位专家老师，他们是：

重庆大学建筑城规学院王正、韩群、谭文勇、刘鹏、徐苗、叶林、肖竞、方辰昊、彭荣熙、钱笑、但雨泽、王彬燕、牟燕川、张辉。重庆市规划设计研究院杨乐、章蕾、张玭、王莹颖、高小钦、张政、欧阳吉祥、和天骄。

竞赛组委会

2025年3月